Arte e Comunicação representam dois conceitos inseparáveis. Deste modo, reúnem-se na mesma colecção obras que abordam a Estética em geral, as diferentes artes em particular, os aspectos sociológicos e políticos da Arte, assim como a Comunicação Social e os meios que ela utiliza.

CB036731

HISTÓRIA DO TEATRO

TÍTULO ORIGINAL
Storia del Teatro

© 1972, 1982, Arnoldo Mondadori Editore, Milano
© 1996, Gius.Laterza & Figli

TRADUÇÃO
Sandra Escobar

REVISÃO
Luís Milheiro

DESIGN DE CAPA
FBA

DEPÓSITO LEGAL Nº 305648/10

Biblioteca Nacional de Portugal – Catalogação na Publicação
MOLINARI, Cesare
História do teatro. - (Arte & comunicação ; 94)
ISBN 978-972-44-1558-1
CDU 792

PAGINAÇÃO, IMPRESSÃO E ACABAMENTO
Pentaedro, Lda.
para
EDIÇÕES 70, LDA.
Fevereiro de 2010

ISBN: 978-972-44-1558-1

Direitos reservados para todos os países de Língua Portuguesa
por Edições 70

EDIÇÕES 70, LDA.
Rua Luciano Cordeiro 123, 1º Esq.
1069-157 Lisboa, Portugal
Telfs. 213 190 240 – Fax. 213 190 249
e-mail: geral@edicoes70.pt

www.edicoes70.pt

Esta obra está protegida pela lei. Não pode ser reproduzida, no todo
ou em parte, qualquer que seja o modo utilizado, incluindo fotocópia
e xerocópia, sem prévia autorização do Editor. Qualquer transgressão
à lei dos Direitos de Autor será passível de procedimento judicial.

CESARE MOLINARI
HISTÓRIA DO TEATRO

70

Prefácio

Este livro foi editado pela primeira vez, em 1972, com o título *Teatro. O Espectáculo Dramático nas Etapas da Sua História* e, mais tarde, reeditado, com as devidas actualizações, como *História Universal do Teatro*, em 1985, em ambos os casos pela Editora Mondadori. Como autor, não posso deixar de me sentir feliz por agora, à distância de mais de vinte anos da primeira edição e de dez da segunda, uma outra grande editora ter considerado o meu trabalho digno de voltar a ser proposto à atenção do público, não obstante nestes últimos anos terem sido traduzidas em italiano mais duas *Histórias do Teatro* de importantes estudiosos: a de Glynne Wickham (Il Mulino, Bolonha 1988) e a de Oskar G. Brockett (Marsilio, Veneza 1988).

Contudo, não posso deixar de me interrogar sobre o significado que pode ter uma *História do Teatro* relativamente sintética como esta. Na verdade, preferi sempre o título da primeira edição do meu livro àquele um tanto ou quanto presunçoso e pouco credível da segunda. No entanto, todas as histórias do teatro tendem a ser «histórias universais», salvo, obviamente, as que declaram a sua sectorialidade e que, em geral, são excepção à regra.

Nas últimas décadas, aliás, desde as investigações da Escola histórica, o conceito de teatro – ou melhor, os interesses dos cultores daquela disciplina em particular que, em italiano e em outras línguas, é definida exactamente como «história do teatro», ao passo que o alemão prefere «ciência do teatro» (*Theaterwissenschaft*) –, tem vindo a alargar-se ao ponto de abranger todas as manifestações que tenham algum carácter espectacular – da *performance* do ilusionista às procissões religiosas ou civis, mas também inclusive as manifestações que, de certo modo, deveriam excluir o conceito de «espectáculo», como os rituais com grande participação. Ora, em geral, nas «histórias do teatro», tudo isso é ignorado ou permanece em segundo plano. Assim como geralmente permanecem em segundo plano manifestações que, pelo contrário, não só têm um carácter espectacular como também perfeitamente «teatral», no sentido mais estrito que se pode atribuir a este adjectivo na tradição ocidental: a dança e o *ballet*. As causas destas totais ou parciais exclusões de sectores que, ao invés, foram conceptualmente homologados no conceito de «teatro» são várias. No primeiro caso, devem talvez procurar-se na enorme variedade dos rituais civis ou religiosos, bem como nas dificuldades em identificar uma fronteira à qual circunscrevê-los; ao passo que no segundo caso têm de procurar-se no sentimento de que a dança e o *ballet* exigem conhecimentos técnicos específicos que normalmente não estão ao alcance do historiador de teatro. De resto, o mesmo sucede na crítica militante, que entrega a outros especialistas o tratamento do teatro de prosa, do teatro lírico e da dança. Estas especializações entram naturalmente em crise quando se encontram outras formas de espectáculo – norma em certas civilizações (por exemplo, a indiana) – que aparecem com frequência nos teatros ocidentais: quem tem competência para analisar certos espectáculos de Bob Wilson, ou o muito recente *Claustrophobia* de Lev Dodin?

Para além disso, creio que a razão principal reside na ideia, ou no preconceito, de que o núcleo essencial do teatro é constituído por aquele sector que habitualmente definimos como «teatro de prosa», e que pode, portanto, ser o fio condutor que nos orienta, com alguns desvios, através de uma matéria e de um desenvolvimento histórico já bastante vastos e complexos. O primeiro, e mais realista, título deste livro reflectia esse preconceito e, mais importante ainda, a consciência dos meus limites.

Com efeito, a matéria por si só é demasiado vasta e complexa. Todavia, para definir tal complexidade, independentemente de todas as reflexões que se possam fazer, e das que

PREFÁCIO

foram feitas, sobre a obra de conjunto, sobre a contribuição de vários ramos para a composição de um espectáculo dramático, já para não falar da *Gesamtkunstwerk* de wagneriana memória, bastaria a variada e multiforme relação entre o texto dramático e a encenação que o «interpreta».

Mas, paradoxalmente, é aqui que reside a possibilidade, se não mesmo a necessidade, das histórias mais ou menos «universais» do teatro. Como muito bem disse Ferdinando Taviani num ensaio recente, «Alexandre Dumas filho (com o leque dos seus dramas e não só por *A Dama das Camélias*) foi um importante dramaturgo do teatro italiano do fim do século XIX». O mesmo se poderia dizer de Shakespeare e do teatro romântico alemão. E não se trata aqui, como facilmente se pode perceber, de trocas mútuas entre diferentes literaturas, nem de um simples problema de tradução. As tragédias de Shakespeare e os dramas de Dumas, embora possam conter uma visão teatral, só se tornam efectivamente teatro no momento em que um olhar teatral posa neles e os assume como tema ou ponto de partida de uma realização cénica concreta.

Pois nem toda a dramaturgia se presta ao teatro: não nos podemos esquecer de que, durante séculos, alguns dos maiores textos da história da literatura dramática (as tragédias de Ésquilo, Sófocles e Eurípides) foram considerados irrepresentáveis e, portanto, não «teatrais». O próprio Shakespeare não é representável para o teatro neoclássico francês; e mesmo hoje, quem acha cenicamente exequíveis os grandes mistérios medievais de Greban e de Marcadé?

O conceito de «teatralidade» só tem um certo significado exegético, ou simplesmente taxonómico, se for usado com consciência histórica. Porém, isso não diz respeito apenas à literatura dramática. Falando dos esboços dramáticos de Baudelaire, Roland Barthes escreveu: «Dir-se-ia que Baudelaire pôs o seu teatro em toda a parte, excepto, precisamente, nos seus projectos teatrais.» E Taviani vai mais longe, sustentando que algumas «teorias (recorde-se que esta palavra originariamente significava *visões*) não devem ser consideradas discursos *sobre* o teatro, mas autênticas obras *de* teatro. São uma das formas de *fazer teatro*». Não se poderia dizer melhor, e às *visões* literárias poder-se-iam acrescentar as figurativas, muitas vezes directamente inspiradas na literatura dramática, como é o caso das ilustrações terencianas dos finais do século xv. Todavia, se é verdade que de entre as funções do historiador se conta também, e talvez em primeiro lugar, a de determinar «*was eigentlich gewesenes*», o que realmente aconteceu, há que distinguir as realizações que materialmente tiveram lugar em termos cénicos (uso o termo no seu vasto significado metonímico) do que permaneceu na imaginação do espaço literário. Por outro lado, uma vez que a história do teatro é a história de obras desaparecidas – ou talvez se possa dizer história de acontecimentos em vez de obras –, esta distinção, relevante no plano da verdade, é-o menos no plano do significado: para nós, os extraordinários projectos de encenação elaborados por Artaud poderiam muito bem ser descrições de espectáculos efectivamente realizados.

Todavia, estou a divagar: convém regressar ao sentido que pode ter uma história «geral» (termo que me parece mais adequado do que «universal») do teatro. Esta história está eivada de paralelismos, contradições, recorrências, pelo que só tendo consciência (ainda que sumária) dos mesmos se pode determinar o verdadeiro alcance e o efectivo significado do fenómeno. Repare-se no seguinte exemplo: os historiadores italianos fixam as origens do teatro profissional na data simbólica de 1545, quando foi assinado o contrato que constituiu a primeira companhia da *commedia dell'arte*. Mas não se tem em consideração o facto de que no espaço de poucos anos, com um sincronismo impressionante que exclui a eficácia de um único modelo, o profissionalismo surge e prospera em toda a Europa. O problema não é, portanto, descobrir as origens do profissionalismo, antes apreender as suas diversas flexões.

E ainda: as viagens dos comediantes italianos para França, onde estes acabam por criar um teatro subsidiado, um dos três teatros de Paris, ou o dos *Englische Komödianten* na Alemanha,

PREFÁCIO

dizem respeito ao teatro italiano ou ao francês, ao teatro inglês ou ao alemão? A geografia é um factor fundamental da história do teatro e, naturalmente, a divisão escolar deve ter isso em conta bem como a cronologia. Precisamente por isso é de primária importância ser-se capaz de apreender, ainda que da forma sumária que um manual permite, como e de que modo o tempo e o espaço são atravessados.

Chamei a este livro um «manual»: uma definição pouco nobre, para não dizer desagradável. Porém, devo salientar que não se trata de um ensaio de beletrísticas divagações, mas sim de um percurso histórico, baseado o mais possível em factos. Um percurso, por outro lado, que procura, em primeiro lugar, fixar alguns pontos de referência, que são, no fundo, os aceites pelo bom senso e pela tradição historiográfica.

Além disso, os leitores aperceber-se-ão de que um espaço proporcionalmente minúsculo está reservado aos teatros extra-
-europeus, e perguntar-se-ão se não seria mais honesto propor simplesmente uma história do teatro europeu. Sim e não. Sim porque esta *é* substancialmente uma história do teatro europeu; não porque, por um lado, a influência que, por exemplo, os teatros orientais exerceram no teatro europeu, pelo menos no último século, não pode de modo algum ser silenciada, como mostrou Nicola Savarese; e, por outro – principalmente –, porque é indispensável que quem se aproxima da história do teatro possa fazer uma ideia da distância abissal que separa as diferentes civilizações teatrais, bem como do quanto essas possam ser semelhantes. Nestas últimas e dramáticas décadas quis-se frequentemente colocar a ênfase no conceito de diversidade, com intenções radicalmente opostas, pelo que talvez seja altura de ter em conta que as semelhanças são muito mais profundas e numerosas. Afinal, 90 por cento dos conhecimentos são adquiridos nos primeiros três anos de vida. Dever-se-ia, por isso, deduzir que só uma percentagem infinitesimal separa a inteligência e a cultura de Einstein das de um selvagem das florestas amazónicas. Só tomando consciência desse facto se poderá começar a pensar numa real convivência de culturas.

HISTÓRIA DO TEATRO

Esta terceira edição é, como se costuma dizer, uma edição «revista, corrigida e actualizada», quer por introduzir algumas referências aos acontecimentos recentes mais importantes, quer por adequá-la às mais recentes aquisições dos estudos, quer, em todo o caso, pela mudança de perspectiva do autor.

Uma história do espectáculo teatral

Até há cerca de trinta anos, as histórias do teatro tinham, com raras e parciais excepções, uma fisionomia idêntica e precisa: histórias de um *género* dramático literário, ou seja, a dramaturgia. Os autores davam-se mais ou menos obscuramente conta da parcialidade desta operação, apressando-se a declarar, nas suas introduções, que o teatro era, no entanto, outra coisa, consistindo numa complexa relação entre três elementos essenciais: o público, o actor e o autor. Mas estas declarações não se reflectiam na práxis historiográfica real, permanecendo confinadas às «origens» do teatro, identificadas no rito religioso ou na identificação mágica entre o homem-actor e o animal, o objecto por ele representado. Na verdade, são posições bastante diversas: no primeiro caso, o teatro era considerado do ponto de vista da instituição social, no segundo, de forma geral, como linguagem. Mas, como dizíamos, o concreto desenvolvimento do discurso histórico permanecia confinado ao âmbito da literatura dramática. E isso acontecia, sobretudo, por dois motivos.

Em primeiro lugar, porque no conjunto dos elementos que constituem o fenómeno teatral e na relação dialéctica que os modifica profundamente, o único que sobrevive, em certa medida, intacto é exactamente o texto dramático; e, em segundo lugar, porque o espectáculo era implicitamente considerado interpretação do texto, elemento adicionado e sobreposto e, de certo modo, desnecessário. Instrumento prático da comunicação, porém, não fazia parte da concepção do que era verdadeiramente essencial: a obra de poesia. Este não é o lugar oportuno para demonstrar as contradições e as parcialidades desta posição, já muitas vezes refutada, embora ainda activa e essencial.

HISTÓRIA DO TEATRO

Convém antes demonstrar o modo como se pode escrever uma história do espectáculo teatral, como esta pretende ser – mais uma vez uma história da instituição e não da linguagem, ou da linguagem assimilada pela instituição. Tal não significa de todo excluir a legitimidade e a possibilidade de outras perspectivas: das pesquisas de carácter mais estritamente sociológico, que vertem sobre a vida, a posição, a dinâmica interna dos grupos e dos indivíduos que produzem teatro; ou das investigações sobre linguagem teatral em si, embora pareça evidente que esta tende amplamente a identificar-se com os instrumentos da comunicação humana considerada no seu conjunto. Aliás, são estas as perspectivas a que frequente e não ocasionalmente recorreremos.

Foi desde sempre lugar-comum e realidade evidente que o espectáculo teatral não sobrevive a si próprio. Com efeito, esta condição esteve muitas vezes na génese das suas sucessivas fortunas: outrora era a *obra*. Resultado e símbolo da criatividade que assemelha o homem a Deus, a obra era também a espiral do homem em direcção à imortalidade. Monumento, ela permanecia no tempo para além da vida empírica do seu autor. Mas, em tempos recentes, a obra deixou de ser vista sob esta luz mística, tendo sido despromovida a produto, semelhante ao produto industrial, símbolo da alienação do trabalho no objecto, comercializável como esse: mercadoria.

Um dos motivos da suposta inferioridade do teatro (e, como se disse, da sua consequente assimilação ao género literário: o teatro é o que dele resta), quer dizer o seu ser efémero, torna-se de súbito o seu título de nobreza: se antes era condenado por não produzir obras, mais tarde é enaltecido por não produzir produtos. E tal foi a força desta perspectiva que, por um lado, o teatro foi considerado a estrutura de excelência da vida em comunidade, e, por outro, a própria poesia e sobretudo as artes figurativas propenderam à adopção das condições do teatro: *performance, action painting, body art* excluíram o valor do produto artístico para concentrarem, quando muito, a atenção nas modalidades da sua prática. A história do espectáculo teatral não é história de obras, história de monumentos. Mais parecida com a história política do que com a das artes, tem como objectivo reconstruir a imagem de fenómenos perdidos com base em documentos de vários tipos: documentos figurativos, literários, directos ou indirectos, relativos ao fenómeno em particular ou mais abrangentes. Do antigo vaso onde está retratado um actor de traje à moderna gravação televisiva de um espectáculo, da descrição de um evento teatral à metáfora referida a uma imagem do teatro. Os próprios textos dramáticos e os próprios edifícios são considerados documentos do espectáculo.

É claro que estes documentos, que não são poucos nem irrelevantes, muito raramente conseguem reconstituir com suficiente precisão as imagens de cada acontecimento, de cada espectáculo. No entanto, é possível reconstituir a ideia de teatro vigente na cultura de uma época e de um determinado país, entendendo-se por este termo «ideia» não só o pressuposto teórico tendente a limitar e definir o campo dos fenómenos que podiam ser considerados teatro, mas também a imagem geral que se concretizava nas diversas realizações. Ideia de teatro que teve, como alguém demonstrou recentemente, também uma forte função negativa, na medida em que excluiu de qualquer tipo de consideração uma série de fenómenos que poderíamos definir de teatralidade difusa, os fenómenos, isto é, não directamente reconduzíveis à instituição teatral, aos quais se poderá alargar a futura história do teatro: passarão a fazer parte dela as festas, o espectáculo popular, certos tipos de jogos, os desfiles e as procissões, as exibições individuais, no limite a «*apresentação do eu no dia-a-dia*», título de um famoso estudo sociológico americano. Está a trabalhar-se activamente nesta direcção nos diferentes sectores, mas ainda se está longe de uma síntese geral. Porém, a história do espectáculo teatral já pode contar com uma larga série de investigações específicas, bem como com alguns trabalhos gerais. De entre eles destacam-se, enquanto antecessores directos desta «História», *The Development of Theatre* de Allerdyce Nicoll, que remonta a 1927, e a grande *Theatergeschichte Europas* de Heinz Kindermann.

HISTÓRIA DO TEATRO

O leitor, em todo o caso, não poderá procurar neste livro o que ele não pretende dar: as obras dramáticas são tomadas em consideração só enquanto funcionais na síntese cénica. Não se pode, portanto, admirar com algumas ausências importantes, devidas não ao gosto do autor, mas sim à escolha da perspectiva de abordagem.

O que evidentemente não significa negar a importância do texto dramático, assim como não significa negar a legitimidade de fazer história da dramaturgia subordinando a consideração do espectáculo à do texto. Porque, aliás, naquele particular género de espectáculo que podemos definir como espectáculo dramático, o texto – comédia, tragédia, drama ou farsa que seja – tem um papel e uma função privilegiada, não só porque, seja como for, o espectáculo pode resolver-se na comunicação vocal da obra literária, que predomina sobre outros elementos, mas também porque, do ponto de vista da génese do espectáculo, essa constitui frequentemente (embora nem sempre e necessariamente) o ponto de partida para o desenvolvimento da realização cénica. Por outras palavras, o problema que amiúde se coloca é o de interpretar ou de encenar um texto.

Na realidade «interpretar» e «encenar» são palavras com um significado bem diferente: «interpretar» quer dizer executar uma operação de carácter crítico sobre o texto, ou seja, dar-lhe uma leitura particular. E claro está que, neste caso, a análise do espectáculo deveria resultar na ilustração da relação singular destes dois momentos. «Encenar», ao invés, quer dizer desocultar o espectáculo que estará implicitamente contido no texto dramático, reconstituindo o fantasma cénico do autor. A encenação seria, portanto, uma execução e o texto nada mais que uma notação, incompleta naturalmente, mas nem por isso menos constringente. E os termos musicais não são usados por acaso. Esta ilusão durou muito tempo. Adolphe Appia, um dos mestres da encenação moderna, ainda sustentava que o autor (e falava do autor do *Worttondrama*, isto é, do drama wagneriano de palavras e de música) deveria introduzir uma quarta linha na sua partitura, ou seja, a linha descritiva dos movimentos dos actores. De resto, esta tem um fundamento real, quanto mais não fosse porque os autores na maioria das vezes sabiam para que tipo de cena e de representação escreviam. Há longos períodos da história do teatro em que o espectáculo representa uma estrutura forte. Como, por exemplo, o *nõ*, japonês, onde cenografia, arranjo, guarda-roupa e a própria coreografia são descritíveis em termos gerais e cada encenação constitui uma variável previsível. O mesmo acontece na comédia italiana do Renascimento, embora em termos muito mais latos.

Contudo, a consequência é diferente daquela imaginada, pois o texto não contém o espectáculo enquanto o cria, mas sim enquanto o espectáculo, ou, aliás, o seu esquema, precede o texto e o condiciona do ponto de vista formal, tal como o género literário precede e condiciona do ponto de vista formal cada obra em particular. Este tipo de relação biunívoca não é constante: a ligação de previsibilidade entre texto e espectáculo perdeu-se completamente no teatro moderno e não existia de todo no medieval. No entanto, seja como for, ela exige precisamente o conhecimento dessa ideia de espectáculo dominante em cada período da história. E, em certa medida, justifica igualmente a frequente redução (e, em parte, também aqui) da história do espectáculo a história do espectáculo dramático.

1

O teatro dos povos primitivos

Dedicar aos «primitivos» o primeiro capítulo de uma história do teatro pode significar que se considera esta história e, em geral, a da cultura e da civilização como a evolução de uma linha unívoca de desenvolvimento das supostas «origens» até ao provisório culminar da actual contemporaneidade. Admitindo-se assim implicitamente, por um lado, que esta evolução coincide com o progresso da técnica, ou seja, da capacidade do homem dominar e explorar as forças da natureza e, por outro, que em todos os momentos da evolução humana estão presentes nelas todas as suas fases, quais anéis do tronco de uma árvore cortada. Por conseguinte, o «primitivo» que, apesar de viver no mesmo ano em que nós vivemos, não tem uma história sua, representa o primeiro degrau de uma escada que tem o seu cume na civilização ocidental. Ora, este critério de medida e de avaliação do progresso humano é legítimo, como muitos outros, mas é igualmente arbitrário e parcial. Este obsta, em particular, a que se perceba o modo como as sociedades, cuja estrutura exterior está pouco sujeita a mudanças, se renovam também profundamente, quer a nível interno, quer por contactos recíprocos, pelo que nas formas mímicas e representativas dos Pigmeus encontramos representado o negro banto ou o explorador branco, que não podem certamente ser originários dessa cultura. Porém, este critério de avaliação pode também justamente impedir-nos, o que seria muito mais grave, de compreender patrimónios da cultura e da humanidade que por serem diferentes do nosso não são por isso menos válidos ou menos nobres. Reconhecer esses valores, não na absurda tentativa de travar, em seu nome, o progresso da nossa civilização, mas para fomentá-la no confronto com outras civilizações diferentes, foi o mérito de grandes correntes culturais modernas – não última, como veremos, a vanguarda teatral –, além, naturalmente, da nova escola etnológica que reconhece o seu grande antecessor em Jean-Jacques Rousseau, para quem, não por acaso, o teatro devia extravasar o âmbito de um edifício restrito para se tornar uma grande festa colectiva – como sucede em muitas das sociedades chamadas primitivas.

Portanto, dedicarmo-nos ao teatro dos «primitivos» não significa de todo para nós dedicarmo-nos às origens do teatro, mas a diversas formas deste que devem ser conhecidas prioritariamente, de modo que quem está habituado a sentar-se numa sala escura, perante actores profissionais que interpretam um texto, possa perceber quais são os elementos estruturais daquele incerto conceito que costumamos designar pela palavra «teatro». A riqueza e a variedade destas formas não se esgotam seguramente num breve capítulo (nem num vasto estudo, dado o estado actual dos nossos conhecimentos), aliás, seria uma mistificação o simples facto de deixar que se acreditasse nisso.

Se no conceito de teatro incluirmos não só os aspectos expressivos, linguísticos e culturais do fenómeno, mas também os sociais e organizativos, é importante, para perceber o seu lugar no interior de um certo grupo humano, identificar o «quando» das suas manifestações. Ora, em muitos povos, predominantemente nos agrícolas, as manifestações teatrais, que envolvem toda a comunidade, estão associadas à recorrência dos ciclos sazonais. Esta conexão assume, no caso específico, um claro significado ritual e propiciatório, na medida em que a representação pretende celebrar e favorecer a renovação do ciclo a cuja regularidade está ligada a sobrevivência da comunidade.

O povo Nahuatl, hoje extinto na América Central, celebrava o regresso do Verão com um espectáculo que representava e propiciava o renovar da fertilidade: no centro da aldeia era colocado um poste com quinze metros de altura, em cujo cume se punha a imagem, fortemente colorida, do deus da fertilidade, e, em baixo, numa plataforma, estavam dois rapazes presos, pela cintura, com uma longa corda em volta do poste. No espaço em torno, setenta homens, uma parte dos quais vestidos de mulher, executavam uma dança frenética. De súbito, a dança era interrompida e os dois rapazes atiravam-se no vazio para descer com acrobática lentidão, seguindo o desenrolar da corda até ao chão, onde se retomava efusivamente a dança: a fertilidade regressara aos campos.

O significado ritual destes espectáculos periódicos nem sempre é assim tão claro: às vezes, a ligação era, desde o início, apenas cronológica. Por seu turno, os povos agrícolas não são os únicos a associar ao ciclo sazonal as suas mais intensas manifestações de espectáculos, pois também o fazem os povos caçadores, sobretudo os do Extremo Norte, que pretendem deste modo celebrar não o retorno dos meses, mas o fim da longa noite polar. Tal é o caso dos Esquimós que vivem no delta do rio Copper um drama bastante complexo no qual, através de um narrador de actores, que actuam mimicamente, e de um coro feminino, se representa o roubo e depois a libertação das fontes de luz.

Contudo, a periodicidade das festas teatrais pode estar associada a outros ciclos que não os da natureza, ou não se associar sequer a nenhum deles: os Yamanas montam os seus espectáculos sobretudo por ocasião das festas de iniciação da juventude, mas como se trata (ou melhor, tratava-se, pois os brancos exterminaram com metódica ferocidade este pacífico povo que vivia no canto mais pobre e inóspito do mundo, a Terra do Fogo) de pescadores dispersos em pequeníssimos núcleos familiares, os encontros são muito raros e quase casuais. Para os Pigmeus Bambutis do vale do Alto Ituri, o jogo teatral é, ao invés, uma forma de entretenimento quase quotidiana: nela os pequenos homens da floresta primeva exprimem o muito cívico prazer de estar em grupo, de viver sem chefes nem autoridade.

Na maioria das vezes, a actividade teatral associa-se não a uma periodicidade fixa, mas aos eventos da vida colectiva. Assim, o nascimento e a morte, que nos parecem factos pura-

O TEATRO DOS POVOS PRIMITIVOS

mente individuais, para muitos povos são acontecimentos que interessam a todo o grupo social e dão, por isso, lugar a manifestações colectivas, muitas das quais com carácter espectacular: combatem numa batalha simulada em que os dois grupos opostos se acusam reciprocamente de ter causado directa ou indirectamente a morte do desaparecido – assunção de responsabilidade da colectividade em relação ao indivíduo, cujo significado moral vai além do desejo de purificação. Os Pigmeus do Gabão, por seu turno, recordam quem morreu reproduzindo mimicamente os factos salientes da sua vida. Não se trata tanto de uma comemoração quanto da necessidade de restituir ao presente o que pode parecer irremediavelmente passado.

De resto, para muitos povos, o teatro é um instrumento bastante válido para ligar e estreitar numa única rede de conexões os diferentes momentos da vida, para abolir a nítida distinção entre passado, presente e futuro em nome de uma experiência global que envolve, além da experiência individual, a história e o próprio destino do grupo a que os indivíduos pertencem. Assim, enquanto de um lado, os Arandas da Austrália Central, pintando o corpo e adornando-se com chapéus de forma muito abstracta e, em seguida, realizando uma acção mímica igualmente estilizada e parca em movimentos, se identificam com os heróis da «era do sonho», com aqueles seres míticos, isto é, que fundaram os usos e a cultura da tribo num tempo remoto, mas sempre presente – o sonho, precisamente; do outro, os Pigmeus do Gabão e os Kivupys prefiguram numa acção mímica, de pormenorizadíssima e quase pedantesca precisão naturalista, a caça ao elefante ou ao Sol, como essa terá lugar, exactamente nos mesmos termos e com o mesmo resultado, no dia seguinte.

Não se trata de magia, conceito infinitamente mais limitado e preciso. E, por muito que ambos os casos possam ser associados à ideia de «participação», tão cara à velha escola etnológica para definir a chamada mentalidade dos primitivos, as perspectivas das duas experiências são completamente distintas: os Arandas pensam alcançar com a acção teatral a efémera mas eternamente presente dimensão do sonho, o duplo espiritual da vida, ao passo que para os Pigmeus realizar ao mínimo pormenor uma acção sem objecto predetermina como um duplo, ao prefigurá-la, a acção concreta. Antonin Artaud, ao falar do «teatro e do seu duplo», terá inconscientemente presentes estas duas possibilidades. E é claro que enquanto os Australianos necessitam de um profundo conhecimento da sua cultura mitológica (o papel que a mitologia desempenha na sua civilização é, de facto, de extrema importância: uma terra à qual não sejam legados mitos não pode ser a pátria), o pigmeu deve centrar-se no minucioso e concreto conhecimento da natureza que o rodeia, dos animais, das plantas e dos fenómenos que ele de facto possui com tal intimidade ao ponto de ser capaz de reproduzi--lo, não o exteriorizando, mas configurando-o no seu próprio corpo. Os Pigmeus são todos eles mestres na imitação fónica e mímica dos animais que muitas vezes constituem o núcleo temático das suas representações. É uma forma de conhecimento, talvez a mais completa, pelo menos em termos concretos. O próprio ensinamento dos fenómenos da natureza ocorre por intermédio do instrumento mímico: o ancião mostra ao rapaz como se comportam os animais e como são feitas as plantas com uma acção mímica não genérica, mas sim pormenorizada e complexa.

Que estas duas diferentes perspectivas se concretizem em soluções formais opostas é bastante compreensível. Ao realismo mímico dos Pigmeus, a cuja evolução, aliás, não é estranha uma rigorosa medição rítmica, contrapõe-se a abstracção geometrizante do traje, das máscaras e do gesticular dos Australianos. Porém, esta não parecerá tão facilmente explicável, se pensarmos que a reevocação do herói mítico se identifica com a do seu antepassado totémico de cuja «carne» o australiano sustenta ser feito. No entanto, a chave do problema talvez esteja precisamente nessa ambiguidade: o antepassado totémico do aborígene australiano não é o simples animal (como para os clãs de certas tribos da África negra que se identificam directamente com o leopardo ou o tigre e que devem, portanto, reproduzir no ritual a figura e os movimentos do animal), mas sim homens, justamente heróis, que a dada altura da história se transformaram em animais. E talvez seja por isso que as relações internas dos dois grupos são tão diferentes nos dois teatros: os Pigmeus focam-se sobretudo na mímica, que *diz* muito mais que as palavras, ao passo que a narração mítica esgota boa parte do significado do teatro aranda.

Uma das funções primárias do teatro australiano é, de resto, a de transmitir aos iniciandos não só o património da cultura mitológica sem o qual o tecido social se dissolveria, como também as normas do comportamento moral: no decorrer das cerimónias de iniciação, na tribo dos Kulins (um povo do sul do continente) são extremamente frequentes representações de autênticos dramas didácticos em que os anciãos mostram aos iniciandos o que poderão e o que não poderão fazer agora que se tornaram homens.

De resto, a transmissão do património mítico-cultural em termos representativos é um dos elementos mais constantes do teatro de todos os povos e, talvez, o principal motivo da sua frequente associação aos rituais de iniciação. Tais rituais, que podem esgotar-se numa breve cerimónia, ou inserir-se num ciclo com duração de muitos anos, têm, geralmente, três momentos essenciais: as provas físicas ou psíquicas a que os jovens são sujeitos; as manifestações aos não iniciados dos espíritos, geralmente representados por máscaras, bem como por simples sons; e a revelação feita aos neo-iniciados que os espíritos são, na realidade, personificados por homens (o que não significa que sejam vistos como uma fraude). O diferente rigor das separações de casta ou de sexo implica, por um lado, uma maior ou menor consciência, por parte dos não iniciados, da realidade humana que se esconde por detrás das personagens mascaradas que se apresentam como espíritos e, por outro, uma diferente organização do espaço cénico e uma diferente relação entre actores e espectadores. Quando o teatro não está associado a cerimónias iniciáticas é feito na zona central da aldeia ou em qualquer outro lugar; todos os espectadores fazem de coro, mas quem deseja exibir-se, ou tem algo a dizer, intervém livremente no espectáculo. Às vezes não há espectadores: para representar a navegação da canoa ou a luta entre o tubarão e o peixe--espada, ambos representados por correntes de homens, é necessário um número mínimo de participantes, porém, não está estabelecido um número máximo, pelo que todos podem participar activamente. Todavia, quando um segredo encobre o significado da representação, os espectadores devem ser mantidos separados dos actores ou, no mínimo, cada um deve desempenhar o seu papel preestabelecido.

Na *kina* dos Yamanas, a grande cabana que serve de abrigo aos intérpretes que saem de dentro dela como os espíritos marinhos saíam das águas, com movimentos lentos e monótonos, cobertos de desenhos abstractos, é colocada a uma distância de quase cinquenta metros da aldeia onde as mulheres assistem à representação; noutros casos, elas escondem a cabeça debaixo de uma esteira para não verem os seus homens que, estando por cima delas, fazem um estrondo endiabrado para fazerem crer que os espíritos invadiram o lugar.

Os australianos Kamilarois, por seu turno, encenam num espaço claramente delimitado por uma série de fantoches, que representam os espíritos dos antepassados, longe da aldeia e onde só são admitidos os iniciados e os iniciandos. Tão-pouco faltam representações em ambiente fechado, sendo típicas as *kwakiults* da Colúmbia Britânica, encenadas na casa do chefe, que, sozinho, personifica diversos espíritos e as suas gestas, mudando continuamente de máscaras elaboradas com material maleável e aderente ao rosto. De entre todas as personagens emerge a do Sol, representado como um homem esplendoroso, coroado com raios de sol e em perene caminho circular. Só pontualmente intervêm outras personagens. Em outros casos, o único intérprete autorizado das personagens divinas é o xamã que, com ou sem máscara, tende a uma total compenetração, muitas vezes alcançada através do transe: parece que, em certos casos, estamos perante um autêntico desdobramento da personalidade, limite extremo da relação entre personagem e actor.

Assim, da análise dos lugares das representações, passámos ao problema que, nos tempos modernos, se chamaria gestão do teatro. Os Pigmeus não usam máscaras: o seu é um teatro totalmente contido na mímica e na voz, e os temas são exclusivamente a representação da vida animal e humana. Em muitos outros povos encontramos formas representativas análogas: os Bosquímanos de Angola, por exemplo, representam numa dança fortemente ritmada a luta entre a avestruz e o elefante; na tribo dos Yamanas são muito frequentes as representações de cenas da vida marinha. Mas quando estas formas de representação são ladeadas ou substituídas por outras a que fizemos referência, directamente ligadas à vida religiosa e, sobretudo, às cerimónias iniciáticas, a máscara torna-se um elemento quase constante. No teatro dos Pigmeus pode participar quem quiser (apesar de, na maioria das vezes, a tribo inteira preferir fazer uma roda e ouvir as narrações mimadas de alguns velhos particularmente bons), mas nem a todos é permitido possuir uma máscara. Aliás, supõe-se que muitos nem sequer tenham conhecimento da sua existência e em certos casos é efectivamente assim. Às mulheres, por exemplo, só muito raramente lhes era permitido possuir e usar máscaras. Com efeito, a difusão quase universal de uma história, que narra que em tempos passados eram exactamente as mulheres que as possuíam e usavam para fingirem ser espíritos e assustarem os homens, demonstra claramente como a máscara é quase sempre um instrumento de poder. Um poder que naturalmente se exercia de formas e a níveis muito diversos: há efectivamente uma grande diferença entre a aceitação de um ritual festivo, cuja execução é pedida a um grupo em vez de outro, mas cuja realização e substância real são do conhecimento de todos (sem que isso anule o poder evocatório), e a detenção de um segredo que permite identificar uma classe de pessoas com a divindade.

Dois exemplos esclarecedores são-nos dados por dois povos muito distantes entre si: o Kono da ex-Guiné Francesa e o Elema da Nova Guiné.

O número das máscaras kono é rigorosamente estabelecido, assim como as suas funções. Há quinze, algumas delas divindades dotadas de poderes mágicos que intervêm na vida da aldeia não só por ocasião das cerimónias iniciáticas, mas também a pedido de indivíduos para resolver alguns problemas particulares em troca de uma côngrua. São-lhes devidos sacrifícios rituais. Nas suas saídas são sempre acompanhadas por um grupo de iniciados que as servem. Outras são espíritos que fazem uma espécie de serviço público em prol da comunidade, mantendo a ordem e a higiene desta. Outras ainda são máscaras de carácter puramente cómico, que intervêm nas festividades, mas nunca se podem encontrar com as superiores. As máscaras do primeiro tipo são apanágio dos sacerdotes e dos guerreiros, sendo a sua transmissão hereditária; a máscara é conservada no mais rigoroso segredo e o proprietário toma todas as precauções para não ser identificado durante as saídas. Os outros dois tipos são confiados pelos notáveis a pessoas consideradas idóneas e a sua posse não é hereditária. Cada máscara tem características metafísicas precisas, sendo também individualizada psicologicamente. A referência figural das máscaras é o rosto humano, mais ou menos fortemente deformado no sentido hierático e expressionista; só as máscaras dos guerreiros têm uma referência claramente animal, o bode. Quem usa a máscara veste também um fato, formado por uma ampla e longa saia de ráfia e por uma espécie de xaile, que cobre completamente o corpo: o homem desapareceu na divindade, os não iniciados não sabem que debaixo da forma divina está um sacerdote.

Os Elemas, habitantes de inúmeras aldeias da zona costeira da Nova Guiné que se situa no golfo de Papua, constroem só três tipos de máscaras: *kovave, charo* e *hevehé*, que não se diferenciam pelo seu significado – são sempre espíritos das florestas ou do mar de visita à aldeia –, nem pelo seu poder – têm apenas um de favor geral –, mas pelo aspecto exterior e pela altura das suas aparições. As *kovave* têm um aspecto de esplêndidos pássaros irónicos com uma altíssima crista: a máscara cobre toda a cabeça e assenta numa curta túnica redonda de ráfia que cobre o corpo e os braços, mas que deixa livres as pernas. Quando o seu portador levanta os braços durante a corrida, a ráfia ganha o aspecto de leves asas e a personagem, no seu conjunto, o de uma estranha espécie de avestruz. E, com efeito, a *kovave* é muito veloz: aceita de bom grado as provocações dos miúdos que depois persegue e atinge na brincadeira. As *caro* são foliões, pois se o seu aspecto grotesco é uma nítida evocação totémica, a sua função é sobretudo a de atenuar a tensão do ciclo cerimonial quando este começa a atingir níveis dramáticos. Este ciclo cerimonial assume o nome dos espíritos (as máscaras) que são seus protagonistas, *hevehé*, e pode durar até vários anos. Começa no dia em que os não iniciados da aldeia ouvem aproximar-se um ruído violento e caótico, mas não ameaçador, vindo do mar, e correm a refugiar-se nas suas cabanas: é o espírito de Ma-hevehé (a mãe dos *hevehé*) que se aproxima. O grupo de homens que compõe este ruidoso espírito entra na aldeia deserta e penetra no *eravo*, casa dos homens – um grande edifício que recorda as formas de uma catedral gótica interpretadas por um arquitecto de vanguarda –, para aí depositar alguns pedaços de madeira, que representam as filhas de Ma-hevehé. A partir dessa altura, no interior do *eravo*, começa a construção das grandes máscaras *hevehé*, que, no dia final do ciclo, evocadas em voz alta pelas mulheres, sairão ao terraço do *eravo* para, em seguida, irem dançar na aldeia. Quando regressam, a festa já acabou e as máscaras são abandonadas juntamente com o edifício.

As máscaras *hevehé* ascenderam a um número bastante significativo: 122, o que significa uma para quase cada habitante masculino adulto da aldeia. Trata-se de máscaras imensas, de forma oval, cuja parte inferior é da altura do rosto de quem a traz, e é pintada com elementos que evocam o nariz, olhos e boca, enquanto a parte superior, que se estende ao longo de pelo menos dois metros para cima, é decorada com formas abstractas, decorações que são os símbolos dos clãs a que o proprietário pertence, mas também do espírito individual. Qualquer um pode ter o seu *hevehé* ou inventá-lo: qualquer um, em sonho ou numa visão durante a caça, que se encontre diante de um espírito benigno, criará a máscara correspondente. Entre os Elemas não há um mediador autorizado entre os homens e os espíritos, assim como não há um chefe, se bem que ninguém falte ao respeito devido aos anciãos. A relação é directa e a festa, o espectáculo, é de todos. Os espíritos estão verdadeiramente presentes na aldeia, e as máscaras, que descem a um contacto tão estreito com a população dos não iniciados, sabe-se muito bem quem as está a usar.

A máscara é, portanto, predominantemente encarnação do espírito. Mas nem sempre o ritual-espectáculo, ou o espectáculo de reevocação se esgota na aparição do espírito: pode igualmente representar a relação que se estabelece entre o espírito e o homem, que é como dizer entre o espírito e as forças da natureza. Este é provavelmente o significado de um simples, mas ao mesmo tempo, espectáculo completo que tive oportunidade de observar numa aldeia *baulé* (Costa de Marfim). O espectáculo é anunciado como tal, e, aliás, é representado a pedido do público por puro divertimento, como sublinham os indígenas. Os ouvintes aguardam reunidos no centro da aldeia, no espaço onde se situa o *apatam*, a grande cabana aberta, usada sobretudo pelos anciãos para as suas reuniões. De súbito, apercebemo-nos de que, ao fundo, num dos caminhos que levam à «praça», apareceu uma personagem mascarada: uma máscara branca, de traços delicados, quase orientalizantes, e com o habitual fato de ráfia. Perto desta personagem estão dois homens, um dos quais bastante velho. A paragem é longa. Depois um rápido avanço para os lados da praça, onde o velho e a máscara se colocam um diante do outro, enquanto o terceiro homem está um pouco afastado. A um sinal deste, o velho, que tem na mão um instrumento musical, dá início a uma espécie de acção provocatória, dirigindo palavras ásperas e gestos violentos à máscara que, de súbito, responde com uma dança *sur place*, semelhante a um velocíssimo tip-tap, a qual exige uma formidável habilidade de pernas enquanto o resto do corpo permanece quase imóvel: poucos movimentos frenéticos, depois a imobilidade. Então, o velho, que continuou a sua acção e que serve também de acompanhamento musical, ergue-se e dá uma volta em torno de si próprio, quase triunfal, e afasta-se um pouco para regressar em direcção da máscara à chamada do terceiro homem, que parece ser o árbitro. A acção repete-se, idêntica e fascinante, até que a máscara, acabado o seu número, se afasta para desaparecer rapidamente de onde viera. Mais tarde aparecerá uma segunda, desta vez vermelha, e depois ainda uma terceira, maior, de traços já não humanos mas sim animalescos: por cima da veste de ráfia uma pele de gazela. A primeira máscara é o espírito do dia, a segunda o da tarde e a terceira o terrível espírito da noite: o homem enfrenta-as sucessivamente e doma-as, desafiando-as para uma rebelião que demonstra não temer. O que se representa é, portanto, uma luta, da qual o homem sai vitorioso. E, de certo modo, é interessante sublinhar que semelhantes representações da relação conflituosa entre o homem e outras forças da natureza, animais ou espíritos, não são estranhas a zonas civilizacionais mais próximas: na Sardenha, o tema do homem que doma os animais está na base das festas carnavalescas de Ottana e de Mamoiada.

Uma vez que não se pode incluir no conceito de teatro (senão num sentido muito latitudinário) o autêntico ritual propiciatório, que abarca os gestos da oração, da invocação e do sacrifício, não digo ter identificado formas de espectáculo em que seja estranha a representação de uma personagem, seja esta uma canoa, um elefante ou um deus. A dança é também predominantemente representativa, mas muitas vezes é difícil perceber em que medida o disfarce significa entrar na personagem, ou não passa de pura transfiguração ornamental do próprio corpo. É o caso de uma dança praticada entre o povo Bororo e assim descrita por Levy-Strauss: «Os dançarinos estavam cobertos de folhas da cabeça aos pés e, como não se lhes via o rosto, imaginávamo-lo mais acima, ao nível do diadema das penas que domina o traje, atribuindo-se assim involuntariamente uma estatura exagerada à personagem. Tinham na mão ramos de palha, ou bastões ornados de folhas [...]. A princípio, os dançarinos exibiam-se sozinhos, divididos em duas quadrilhas, uma diante da outra na extremidade do terreno; correndo uma ao encontro da outra, gritavam "Oh! Oh!" e giravam sobre si próprios até que as posições iniciais fossem invertidas. Mais tarde, algumas mulheres inseriam-se entre os dançarinos masculinos e então era uma interminável farândola que avançava saltitando, conduzida por corifeus nus que caminhavam às arrecuas, agitando os seus guizos, enquanto outros homens cantavam acocorados.»

Todavia há que recordar que, muitas vezes, o significado inicial de uma dança tradicional se vai apagando, ou mudando aos olhos dos protagonistas, não só porque as suas origens estão cronologicamente muito distantes, mas também porque a improvisação e o contributo individual são uma constante. Seja como for, há danças cujos protagonistas personificam apenas a si próprios, sobretudo nas danças eróticas: o esquema mais comum é o das duas filas opostas de homens e mulheres, mas enquanto nos Pigmeus as raparigas saem da fila à vez para se aproximarem de um rapaz e o convidarem empurrando violentamente a púbis para a frente, nas tribos negras as duas filas vêm ao encontro uma da outra com minúsculos passos ritmados, os corpos tomados por um tremor violento, os rostos sérios e atentos, e aproximam-se até a boca das raparigas tocar a dos homens. Duas diferentes concepções de teatro que correspondem a duas diferentes concepções de amor no quadro de um esquema inicial idêntico.

Assim sendo deixamos de estar apenas na perspectiva objectiva do teatro, isto é, na perspectiva do espectador que observa uma acção à qual atribui valor teatral e a decifra, descobrindo ou atribuindo-lhe significados – estamos igualmente no interior da perspectiva subjectiva, o ponto de vista do autor, daquele que realiza uma acção. Só a partir desta perspectiva se pode colocar o problema que tanto agitou a reflexão sobre o teatro no Ocidente: o problema da relação entre o actor e o objecto, entre o actor que representa e a personagem representada. Nas sociedades ditas primitivas, ou seja, nas sociedades

O TEATRO DOS POVOS PRIMITIVOS

que ficaram mais tempo isoladas e fechadas num desenvolvimento endógeno, onde a dimensão está mais estritamente ancorada à dimensão quotidiana e social, essa relação desenvolve-se, nas suas formas extremas, em fenómenos de transe e de possessão, observáveis muitas vezes no contexto dos rituais de iniciação e, de quando em quando, também nos momentos importantes da vida social, as festas.

Nas regiões do interior da Costa de Marfim ainda existe uma aldeia habitada exclusivamente por mulheres ou, mais precisamente, por bruxas (no bom sentido e religioso do termo). A rapariga que é acolhida na comunidade feminina participa como protagonista num ritual-espectáculo em que, actualmente, também são aceites viajantes. Este ritual consiste numa dança circular, lenta e ritmada, na qual o repetido abanar de cabeça induz a um ligeiro torpor que aumenta quando a inicianda, saindo do grupo, força o ritmo até perder as referências espaciais. Nessa dimensão meio onírica ela recebe em si as forças mágicas que poderá usar para adivinhar ou curar: é um transe leve, em nada dramático e, em certa medida, genérico.

Contudo, o fenómeno torna-se mais preciso e determinado quando não se trata da passagem de *status*, como é o caso da iniciação, mas sim do apossar-se da personagem divina e de a relacionar com o seu ser individual.

Fenómenos de possessão estão também presentes em muitas manifestações teatrais da ilha de Bali onde, importa realçar, manifestações de tipo ritual, em que as fronteiras entre o ritual e o espectáculo são volúveis e incertas, convivem, ao invés, com formas de carácter requintadamente teatral, danças narrativas cujo tema é extraído na maior parte das vezes da saga hindu do *Ramayana* ou do *Mahabarata*, representadas num palco ou, em todo o caso, numa zona distinta da dos espectadores, por actores-dançarinos profissionais e de alta qualificação técnica. Esta convivência deveu-se, em parte, ao facto de a cultura balinesa, embora fundada nas grandes religiões asiáticas, ter permanecido fechada em si mesma durante vários séculos, dando vida a formas culturais e teatrais de grande riqueza e de inigualável variedade baseadas na síntese do hinduísmo e animismo. No que respeita ao tema da possessão nos espectáculos rituais balineses, essa é frequentemente induzida pelo ritmo dos movimentos, da dança, do ruído da música e implica a total identificação do sujeito actor com a personagem divina, que lhe transmite a sua virtude, a sua liberdade, o seu comportamento: identificação subjectivamente real porque o actor abandona no vórtice do ritmo a sua personalidade e crê ser portador da do deus, podendo assim realizar gestos e acções impensáveis num estado normal, dos quais se torna capaz não através da concentração mas sim do esquecimento. A possessão tem, no entanto, uma implicação de carácter psicológico e social numa sociedade que tende a uma total despersonalização do indivíduo na vida quotidiana: «No momento oposto – relata Ferruccio Marotti –, isto é, aquando da festa, no momento diferente da vivência quotidiana, o indivíduo é levado a personalizar-se ao máximo, a afirmar-se de forma prepotente como indivíduo, numa relação com a divindade e não com os outros membros da aldeia, tornando-se estes observadores e guardiões da própria relação. No momento em que o indivíduo se torna outro em relação a si mesmo, é tomado por deus e torna-se mais livre, mais ele próprio. O que no teatro ocidental constitui o grande problema do actor como sujeito e objecto: o actor que se expõe ao outro como objecto, embora não consiga perder a sua subjectividade individual; tudo isto em Bali assume uma forma extrema, sendo institucionalizada e exposta num tecido social que a aceita. O nascimento do actor configura-se como um momento necessário à própria conservação da vida social: sem estes momentos de loucura, de liberdade absoluta, não poderia conservar-se com aquele rigor, aquela rigidez, aquela despersonalização, o alheamento do indivíduo perante a realidade da vida típica da cultura balinesa.» O teatro para exercitar a vida, como havia dito Artaud em 1930. E, desde então, cada vez mais o Ocidente europeu se dirigiu às sociedades orientais e «primitivas» para nelas encontrar modelos alternativos à sua platónica ideia de teatro.

2

As origens da tragédia grega e os coros dos sátiros

Se, portanto, as origens do teatro não podem ser procuradas nas manifestações de espectáculos dos povos chamados «primitivos», é verdade que a base histórica da tradição teatral do Ocidente pode ser localizável nas representações trágicas e cómicas que nos aparecem, em forma já madura, no século v a. C. na Grécia, em Atenas.

Mas qual foi o anterior desenvolvimento dessas formas? Da resposta a esta pergunta depende, em certa medida, a interpretação que delas poderemos fazer.

De uma passagem da *Poética* de Aristóteles e de um excerto das *Histórias* de Heródoto chegou-se à ligação da tragédia com o canto lírico-coral chamado «ditirambo», ligação para nós particularmente interessante porque o ditirambo era cantado com acompanhamento de danças e, portanto, mais do que uma forma literária, era uma forma de espectáculo.

Todavia, a interpretação de ambas as passagens é dúbia. Com efeito, Aristóteles escreve que a tragédia nasce dos *exarchontes* (aqueles que iniciam, que dão o tom) do ditirambo. Mas, como Aristóteles usa o plural, pensou-se na presença de dois coros distintos, um dos quais composto por sátiros, personagens animalescas que, representando os antigos espíritos da natureza, fizeram depois parte do cortejo de Dioniso, o deus do êxtase; mas os *exarchontes* poderiam também ser simplesmente os coreutas que cantavam todo o ditirambo; ou (se se ignorar a questão do plural) poderia tratar-se do corifeu, ou, em suma, do autor do ditirambo, que tinha ainda as funções de director e de solista do coro.

De facto, é possível que, tendo o ditirambo sido reduzido ao canto repetido de um refrão por parte do coro processional, se tenha confiado ao corifeu (*exarchon*) a tarefa de preencher os amplos vazios que se iam criando com a improvisação de uma monodia (canto a solo) lírico-narrativa, e que os autores mais tarde fixaram literariamente. Assim, a frase de Aristóteles teria uma explicação literal, ao passo que a tragédia não derivaria directamente do ditirambo, antes dos *exarchontes*, isto é, da sua narração – seguramente alusiva às gestas de um herói mítico – mais ou menos improvisada e intervalada por cantos e danças do coro. O *exarchon* ir-se-ia destacando do coro, em relação ao qual era uma entidade autónoma que, ao longo do tempo, acabaria por encarnar uma personagem em vez de narrar as suas empresas, dando assim origem a uma forma dramática.

Por outro lado, Heródoto narra que o tirano de Sícion, Clístenes, estando em guerra com Argos, retirou ao herói argivo, Adrasto, o culto que lhe era dedicado, entregando os sacrifícios a Menalipe e os *tragikoi choroi* (coros «trágicos») a Dioniso. Por conseguinte, a interpretação deste excerto diz respeito, por um lado, à origem dionisíaca da tragédia e, por outro, ao próprio significado da palavra «tragédia».

Na verdade, é possível que o termo usado por Heródoto (*apedoké*) não signifique simplesmente «entregou», mas sim restituiu, e que, além disso, Adrasto não passe de uma personificação argiva de Dioniso. A ser verdade, o excerto reforçaria a hipótese de uma origem dionisíaca – e, por isso, sagrada e ritual – da tragédia. Mas se no gesto de Clístenes se vir uma autêntica inovação a favor do culto de Dioniso, ao qual os *tragikoi choroi* preexistiam em todo o caso, então o significado ritual e religioso da tragédia diminuiria significativamente, aliás, seria praticamente anulado, pelo menos no seu aspecto dionisíaco, o que implicaria ainda a necessidade de formular hipóteses diferentes sobre a encenação da tragédia. Haveria que colocar de novo em causa a comummente aceite grandiosidade sagrada, tanto mais que alguns estudiosos consideram puramente casual o facto de, ao longo dos séculos VI e IV, as representações trágicas terem tido lugar no decorrer das festas dionisíacas: em virtude das suas representações, terá sido concedida a Téspis (o quase mítico «inventor» da tragédia) a orquestra de Dioniso, que era a única zona adequada a esse fim, e por esse motivo prático ter-se-á começado a associar as Grandes Dionisíacas à tragédia.

Mas, regressando ao excerto de Heródoto, o que queria dizer o grande historiador ao falar de coros trágicos? Referia-se aos coros do ditirambo enriquecidos com a improvisação do *exarchon* ou, antes, aos coros de bodes (*tragoi*)? Neste último caso, é provável que «tragédia» signifique precisamente «canto dos bodes» (*tragòn oidè*), isto é, canto de um coro ferino, que não seria senão o segundo coro que se juntava àquele oficial do ditirambo, dando assim origem ao germe fecundo da forma trágica. No primeiro, ao invés, o nexo entre a tragédia e o *tragos* (o bode) seria mais exterior, e poderia explicar simplesmente que o bode era o prémio atribuído ao melhor coro ditirâmbico. Porém, há ainda uma terceira hipótese que nega a relação entre a tragédia e o *tragos* e que encontra a origem etimológica da palavra num termo indo-europeu associado ao conceito de força e de potência. Tragédia seria, portanto, o canto do herói, daquele que logo a seguir à primeira fase narrativa do ditirambo é personificado pelo *exarchon* do coro ditirâmbico, que narrava ou representava as gestas, ou aliás, as experiências dolorosas. Evitar-se-ia assim a passagem pouco clara das confusas evoluções dos sátiros à solene métrica da tragédia clássica.

Mas, na verdade, existem muitos outros documentos figurativos que provam uma estreita relação entre os bodes, os sátiros e a tragédia: não só as mais antigas representações dos coros ferinos em vasos de barro, mas também as mais recentes que mostram, quer a conexão entre as danças dos sátiros e os temas da saga heróica, quer o modo como os heróis do mito nem sempre eram envolvidos pelo grotesco das acções dos sátiros. Os espectáculos trágicos eram encenados no decorrer das festas em honra de Dioniso, as Grandes Dionisíacas que tinham lugar todos os anos em Março. Cada autor apresentava uma «tetralogia», isto é, um grupo de quatro dramas, três dos quais tragédias, enquanto o quarto tinha características grotescas e o coro era formado por sátiros (homens-cavalo), donde deriva o nome de dramas satíricos. Todavia, o drama satírico não é um estádio cristalizado da evolução da forma trágica, antes um produto posterior à sua afirmação nos esquemas clássicos. Por conseguinte, é provável que se possa remontar a uma raiz comum entre ambas, da qual os coros de sátiros ou de bodes deveriam certamente fazer parte. Em todo o caso, um grande número de documentos figurativos testemunha a existência, ainda nessa época histórica, de coros satíricos, que podem ser autónomos ou integrados num espectáculo dramático mais complexo.

Vejamos de perto, portanto, quais as formas que a dança ou, de um modo geral, o espectáculo satírico poderia tomar. Antes de mais, importa salientar que a muitas representações onde aparecem os sátiros se pode atribuir um certo valor documental para a história do espectáculo, quanto mais não seja por estarmos perante personagens mascaradas: não à representação de figuras mitológicas, mas sim à representação das figuras que essas personificavam em certas ocasiões. Destes documentos deduz-se que a acção dos sátiros podia ser simplesmente coreográfica, ou dramático-representativa, tanto que se pode considerar que, em certos casos, permaneceu numa espécie de plano decorativo, distinto do da representação dramática. Uma prova disso poderá encontrar-se na chamada «Caixa de Pandora», em cuja secção superior se vêem os deuses a levarem as suas oferendas a Pandora, enquanto em baixo um grupo de sátiros dá, ao som de uma flauta, estilizados passos de dança, dos quais se destacam os movimentos amplos, mas claros e secos, quase cristalizados em figuras geométricas.

Noutros casos, o coro de sátiros constitui o único tema das representações de vasos, que parecem ilustrar quão diversos podiam ser os motivos coreográficos de semelhantes espectáculos. Com efeito, a dança satírica poderia consistir numa corrida desenfreada e agitada, como que o irromper das forças naturais simbolizadas por tais personagens, como se vê num vaso conservado em Boston; ou num andar solene e majestoso propositadamente lento e acompanhado por movimentos amplos e dilatados, que decerto significava uma imitação parodiada de outras representações corais mais complexas. Exemplo bem claro disso é um coro de sátiros citaristas representados por um pintor chamado Polião que, no seu vaso, ilustra vários matizes dos comportamentos do coro, do falsamente embaraçado do último coreuta, que parece tentar reprimir a vontade de saltar aplicando-se na tentativa de extrair doces sons do seu instrumento, ao solenemente exibicionista daquele que encabeçava a fila.

Mas noutros casos, com certeza mais frequentes, a acção dos sátiros passa de coreográfica a efectivamente representativa e envolve na sua forma grotesca as personagens divinas e heróicas da saga olímpica: nestes termos era interpretado o drama satírico como fora literariamente fixado por Pratina, um autor que viveu nos primeiros anos do século v e do qual restam apenas alguns fragmentos. Um dos exemplos mais interessantes para ilustrar esta forma de representação é uma *kylix* decorada com figuras vermelhas pelo «Pintor de Byrgos» (que trabalhava habitualmente para o ceramista Byrgos), em actividade entre 500 e 480 a. C., isto é, justamente nos anos a que remontam as primeiras representações de tragédias esquilianas. A importância deste vaso é ainda maior pelo facto de a acção se desenrolar em torno de um altar, facilmente identificável com a *thymele*, o altar que estava no centro da orquestra dos teatros gregos. A acção dos sátiros é aqui vista em duas situações opostas: de um lado, vemo-los de facto a tentar ser violentos com Íride, agarrando-a pelos braços em longos, firmes e violentos movimentos, que visam descrever o irromper selvagem da sua sensualidade e que formalmente se concretizam numa profunda penetração das linhas, que se repetem mais extensas na superfície vivamente tracejada em que terminou a personagem da deusa aterrorizada e, portanto, envolvida irremediavelmente no tema grotesco; do outro lado, ao invés, os sátiros procuram surpreender Hera, mas a sua trama é interrompida pela intervenção de Hermes e de Hércules. Os sátiros assustam-se e o seu movimento é interrompido e como que petrificado num êxtase elástico, em que a sua natureza ferina parece concentrar-se antes de se enfurecer. Mas se a presença do deus e do herói deteve os sátiros, nem por isso essa se manifesta em comportamentos dignos e solenes, pois o gesto de Hermes é bastante vulgar e significa «o que queres, o que procuras»: o gesto um pouco interdito de quem não tem coragem, mas que quer amedrontar.

Não diversamente, num famoso vaso conservado em Richmond, enquanto os companheiros de Ulisses estão em vias de cegar Polifemo, alguns sátiros fazem de contraponto à acção com gestos de exagerada tensão que, digamos, se reflectem na acção, de outro modo séria e pacata, dos heróis.

O facto de nesta forma de drama satírico, o coro semiferino actuar em sentido definitivamente representativo e «dramático» não significa naturalmente que despreze a sua própria função coreográfica, que se confundia com a acção, como se pode ver num vaso que foi referido num desaparecido drama satírico de Ésquilo, o *Prometeu Portador do Fogo*: nele os sátiros esboçam os típicos passos da *sikinnis* (era assim que os Gregos designavam a dança do drama satírico, enquanto a da tragédia e da comédia eram designadas, respectivamente, *emmeleia* e *kordax*), que regra geral consistiam em movimentos rápidos e secos, que se imobilizavam com frequência em atitudes forçadas evidenciando todas as possíveis angulosidades do corpo, numa contínua passagem, poder-se-ia dizer em termos técnicos gregos, da *forà* ao *schema*, do movimento à figura, isto é, do movimento à pose em que este se conclui, sem nada tirar à violência vitalista da acção, e sem que a dança se transformasse numa decorativa passagem de figura em figura, pois, caso contrário, conotar-se-ia com um preciso significado representativo.

Portanto, se no drama satírico, tal como foi fixado por Pratina no limiar do século v a. C., o mito era rebaixado na maioria das vezes ao nível do grotesco dos sátiros, podemos conjecturar uma altura em que as evoluções do coro satírico permaneciam desligadas da acção do protagonista, o *exarchon* ou quem, por ele, personificava com toda a seriedade da tradição

AS ORIGENS DA TRAGÉDIA GREGA E OS COROS DOS SÁTIROS

um deus ou um herói do qual cantava ou inclusive representava as gestas. Procurando esclarecer melhor a questão, examinemos ao pormenor o famoso vaso de Pronomos, um dos mais importantes documentos no que respeita ao conhecimento do teatro grego. Com base em bons argumentos, foi datado de 410 a. C., mas poderá reflectir uma situação cénica mais remota, uma vez que parece ser a cópia de uma antiga pintura votiva. Na parte dianteira deste grande vaso são os actores e não o drama o tema de decoração, ao passo que na parte traseira é uma fantasia onde os sátiros que rodeiam Dioniso e Ariadne são retratados como personagens míticas e não como actores que os interpretam. O grande interesse do vaso está na inequívoca e imediata referência à prática teatral testemunhada pelas máscaras que, quer os sátiros do coro, quer as outras personagens têm na mão – apenas um coreuta tem já a máscara colocada. Esta consideração permite-nos, antes de mais, definir como cénicos os fatos dos sátiros e os das personagens e de ver, no passo de dança esboçado pelo único coreuta que colocou a máscara, um típico movimento da *sikinnis* (e neste aspecto a representação do vaso de Pronomos apenas confirma as deduções que havíamos feito a partir de outros documentos).

Ora, as duas personagens que estão ao lado do casal divino, Dioniso e Ariadne, retratado no centro, envergavam longos quítons (*) com mangas e adornos de sarapintados ornatos figurativos e decorativos, segundo uma moda arcaica e orientalizante, confirmada por um passo da obra *Coéforas* de Ésquilo, na qual Orestes, falando das suas vestes, as descreve enfeitadas com cenas de caça: trata-se de trajes ricos e dignos, bastante diferentes daqueles usados na vida comum, mas em nada pom-

---

(*) É uma túnica de linho rectangular, inicialmente confeccionada com lã, utilizada na Grécia antiga, geralmente com um cinto à altura da cintura e presa sobre os ombros com alfinetes ou broches. Era uma peça de vestuário que tanto podia ser usada por homens como por mulheres. Nos homens, podia-lhes cobrir as pernas até ao meio da coxa ou descer até aos pés; ao passo que as mulheres a usavam lassa. (*N. T.*)

HISTÓRIA DO TEATRO

posamente sumptuosos ou, muito menos, grotescos. Assim, as máscaras que têm na mão apresentam traços pouco acentuados que, na figura masculina, exprimem uma pacata alteração sentimental. Hércules enverga um traje curto que talvez fosse canónico, enquanto a personagem ao pé é, provavelmente, um Paposileno que fazia parte do coro.

De tudo isto podemos deduzir que muito dificilmente essas personagens podiam estar directamente envolvidas no grotesco do coro sátiro. Por outras palavras, as características específicas do estilo dos dois elementos (divindades olímpicas e sátiros) não se confundiam apesar de estarem juntos. Mas, por outro lado, esta co-presença na distinção permite formular uma hipótese sobre o significado originário do espectáculo trágico, uma hipótese próxima daquela que Nietzsche enunciou na sua fase mais madura. O espectáculo trágico não é a expressão do momento dionisíaco e musical do espírito grego. É, quando muito, o lugar de confronto entre os dois aspectos da realidade humana e metafísica, entre o momento apolíneo, luminoso, elevado, representado pelas divindades olímpicas, e o momento terreno, vitalista, obscuro, indistinto, que ganha corpo na figura animalesca dos sátiros. E o drama satírico seria então a mais tardia degradação escarninha deste decisivo confronto.

Mas do vaso de Pronomos podemos tirar ainda outras conclusões no que respeita essencialmente ao traje trágico. Em primeiro lugar, esse tinha uma forma particular em relação ao da vida quotidiana, mas era ágil e simples, apesar de ornamentado e sarapintado: de facto tinha a função de insuflar e aumentar a figura; a máscara era de tipo «realista», embora acentuasse ligeiramente traços e expressões; os coturnos eram sapatos requintados que não aumentavam a estatura, nem obrigavam o actor a ser estático, como sucederá no período alexandrino e no teatro romano.

3

O espectáculo trágico no século v a. C.

Para tentar perceber como eram representadas as obras dos grandes tragediógrafos atenienses da época de Péricles, como Ésquilo, Sófocles ou Eurípides, convém, naturalmente, atentarmos na estrutura do edifício teatral e da cena em termos gerais, mas incidindo em particular no teatro ateniense de Dioniso Eleutero onde essas tragédias foram representadas, pela primeira vez, no decorrer das Grandes Dionisíacas.

A forma da cávea, isto é, das bancadas onde se encontravam os espectadores, parece ter sido, ainda na época de Sófocles, essencialmente trapezoidal e não semicircular, ou seja, relativamente próxima da planta dos teatros arcaicos: já nos edifícios cretenses e micénicos foram encontrados pátios com essa forma verosimilmente dedicados a lugar de espectáculo.

Mas mais interessante ainda é definir a área em que tinha lugar a representação. Com efeito, alguns estudiosos, seguindo a tradição mais antiga, sustentam que já nas primeiras representações trágicas de Téspis, ou pelo menos de Ésquilo (isto é, entre os séculos VI e V a. C.), tinham sido criados dois planos distintos para a acção e as evoluções do coro que decorriam na orquestra – o espaço trapezoidal e, mais tarde, circular entre as bancadas, assim chamado em virtude do termo grego que significa dança –, ao passo que o actor e, em seguida, dois ou três actores actuavam numa plataforma erguida no fundo da própria orquestra. Esta plataforma, equivalente ao nosso palco, apoiava--se numa espécie de barraca de madeira chamada *skenè*, que era usada pelos actores para se mudarem, mas que servia ainda de elemento coreográfico.

Para outros, ao invés, o coro e os actores representavam todos na orquestra, sem a distinção de planos, que viria a ser feita bastante mais tarde, ou seja, no período alexandrino, altura em que a *skenè* se transformou num amplo edifício de dois andares, servindo o tecto do primeiro de palco. Porém, no século V a. C., quando se representaram os dramas de Ésquilo, de Sófocles, de Eurípides e de Aristófanes, os actores nunca usufruíram de um palco, aliás a própria *skène* não era do conhecimento dos primeiros autores trágicos (Téspis, Pratina), nem de Ésquilo quando levou à cena as suas primeiras obras: a orquestra era rodeada por um estreito terraço, ao mesmo nível ou ligeiramente mais alto, e sobre esse apareciam, subindo por uma passagem chamada *parodos* (como o canto de entrada do coro) e recortando a paisagem livre, o coro e os actores, que depois actuariam no mesmo âmbito da orquestra. A *skenè* aparece muito mais tarde, justamente para servir de camarim aos actores, pois cada um deles desempenhava mais de um papel e só casualmente serviu de fundo negro à representação. Segundo a tradição, foi Sófocles quem a mandou adornar com quadros ou motivos arquitectónicos. Com o passar do tempo, a sua porta central foi por vezes adornada com um pórtico e, ao que parece, por volta de 450 a. C., foram acrescentados em ambos os lados dois pequenos edifícios salientes, duas alas, chamadas *paraskenia*, talvez dotadas de uma porta, ou adornos de colunas.

É claro que aceitar uma ou outra hipótese leva a conclusões radicalmente diferentes sobre a concepção que os Gregos teriam do espectáculo dramático. No primeiro caso, os actores representariam num espaço inequivocamente limitado, como sucede actualmente; a sua representação encontraria um eco, por assim dizer, no espaço mais amplo da orquestra, embora permanecendo inevitavelmente uma fractura entre o coro e a acção cénica. No segundo caso, ao invés, o coro torna-se realmente uma personagem, cuja acção está intimamente ligada à dos actores: ambos os grupos ocupam o único espaço amplo da orquestra onde as danças corais continuavam a acção, e não a intervalavam, mesmo quando os actores saíam do teatro.

O fundo criado pela *skenè*, quando esta foi introduzida, constituiu-se como pólo gerador da acção, apesar de o coro ter continuado a entrar através da *parodos*. Quando mais tarde a estrutura da *skenè* se estendeu à orquestra com a anexação dos *paraskenia*, todo o espaço da orquestra pareceu ser uma extensão daquele idealmente limitado pelos próprios *paraskenia*, no qual se veio talvez a concentrar, sem nunca aí se fechar, a acção dos protagonistas. E tal extensão tinha de parecer infinita, tendo por limite o círculo fixado pelos espectadores. Esta segunda hipótese parece-me ser a mais provável. Admitamos que foi este o contexto cénico e arquitectónico no qual tiveram lugar as representações originais dos textos dos grandes tragediógrafos que, dirigidas pelos próprios autores, constituíram uma experiência irrepetível, porém decisiva, na história do espectáculo dramático. O teatro adquiriu a sua forma definitiva no espaço de um século: a orquestra assumiu uma configuração circular e as bancadas dispuseram-se em conformidade, no entanto, tal não altera de forma definitiva as relações que se haviam estabelecido no teatro de planta trapezoidal.

Para procurar reconstruir as formas gerais da antiga representação trágica podemos servir-nos, por um lado, de elementos extraídos dos textos, mas cujas indicações são sumamente genéricas, inclusive pela total ausência de didascálias; por outro, podemos mencionar algumas pinturas de vasos, cujo valor documental é, todavia, muito menos exacto e directo do que o dos vasos que se referem ao espectáculo satírico; e, além do mais, é possível extrair testemunhos literários, alguns extremamente preciosos porque no fundo são coevos, que se encontram nas comédias de Aristófanes, sobretudo no que diz respeito à dicção e aos trajes.

Outras indicações encontram-se em Aristóteles ou no Dicionário (*Onomastikon*) do gramático Giulio Polluce. Este, que viveu no século II d. C., fornece muitos pormenores (mas em que medida serão válidos para a tragédia clássica?) sobre máscaras, que se distinguiam pela cor, o penteado, a riqueza da barba, a expressão das sobrancelhas, e descreve a estrutura do coro. Há ainda que ter em conta um factor organizacional muito importante: os espectáculos trágicos tinham um carácter

HISTÓRIA DO TEATRO

excepcional, realizavam-se uma vez por ano por conta e sob a vigilância da autoridade pública: tratava-se de um concurso, ou competição, no qual eram admitidos três poetas previamente seleccionados, enquanto a despesa e os preparativos da encenação eram confiados a cidadãos ricos, que os aceitavam por razões de prestígio. Com efeito, atribuía-se prémios à melhor encenação, ao melhor poeta e ao melhor actor. O tempo de preparação do espectáculo podia ser muito longo, pelo que a responsabilidade financeira se tornava elevada.

Seja qual for a origem e a evolução, a tragédia clássica era constituída pelo diálogo dos dois ou três actores (que iam representando várias personagens, mudando de máscaras e trajes) entre eles e com um coro composto por quinze pessoas, em nome dos quais falava o corifeu. Estes diálogos constituíam os episódios, que hoje diríamos actos, da tragédia, intercalados por intervalos líricos cantados por todo o coro, chamados *stasimi* (estásimos), com excepção do canto com que o coro fazia a sua entrada, que se chamava *parodos*. Durante os estásimos nenhum actor estava presente no teatro, mas no momento de maior tensão dramática um ou mais actores também se podiam envolver no canto e talvez até na dança do coro: era o *kommòs*. Mas como actuavam e representavam o coro e os actores?

Segundo Giulio Polluce (e, pelo que diz, confirmado por Aristóteles), o coro entrava em cena ordenado em três filas de cinco coreutas e mantinha essa disposição durante todo o espectáculo. Os raros testemunhos que se podem extrair das tragédias conservadas contrariam esta perspectiva, tal como uma píxide ática, datada do fim do século v a. C. e conservada em Boston, onde está representada Nausícaa a jogar à bola com as suas aias, que se refere talvez à encenação de um drama perdido de Sófocles (do qual se diz, justamente a propósito desta cena, que era um dançarino muito habilidoso), dado o traje nitidamente teatral da protagonista: as aias que, provavelmente, constituíam o coro, são retratadas nas mais variadas situações e, além disso, não se percebe como seria possível jogar à bola na estrutura fechada descrita por Polluce. A solução mais provável, embora bastante paradoxal, é a seguinte: o coro permanece imóvel no que respeita à sua ordenação por filas e classes durante os cantos entre os episódios, os estásimos, ou seja, os cantos imóveis. Ao invés, é móvel e activo no decorrer dos episódios, sobretudo, no *kommòs*. Obviamente que não se pode imaginar uma acção dispersa e naturalista: o coro, por um lado, permanece uma unidade cujos movimentos são sempre explicitamente coordenados; por outro, tais movimentos são estilizados e ritmados, próximos da dança, embora de uma dança não abstracta – a orquestra é precisamente o lugar da dança. Esta solução não força o texto de Polluce, escrito, aliás, num período em que a importância do coro tendia a anular-se, e é admissível graças ao longo período de preparação de que o corego dispunha.

Mas analisemos por partes o problema, ilustrando-o com alguns exemplos extraídos das tragédias dos três grandes autores do século v a. C., Ésquilo (525-426), Sófocles (496-405), Eurípides (480-406).

Das sete tragédias de Ésquilo que chegaram até nós, as indicações mais explícitas encontram-se, como veremos, nas *Euménides*. Todavia, em *Os Sete contra Tebas*, a que se reduziria o significado espectacular do confronto entre a ira magnânima de Etéocles, soberbo rei da cidade sitiada pela aliança grega, que apoiava o regresso do irmão Polinices ao trono de Tebas, e o receio feminino das jovens tebanas que compunham o coro, se excluíssemos a possibilidade de uma confusa expressão de terror se manifestar não só no agitar das mãos, como também no passar pela orquestra e no atirar-se ao chão abraçando o altar? Por outro lado, as indicações que se retiram do texto são bastante claras e explícitas, censurando Etéocles ao coro «este seu lançar nas estátuas numes protectores» e o «gritar frenético, assim abraçado às estátuas dos deuses».

Mas, principalmente, a que se reduziria a encenação das *Suplicantes*, a tragédia essencialmente coral em que se narra o refúgio em Atenas das filhas de Dánao, perseguidas pelos seus primos que pretendem desposá-las, se os diálogos não fossem

HISTÓRIA DO TEATRO

«representados» pelas protagonistas, se o alternar-se de medos e esperanças, de convicção no seu direito e de desfalecimento ao ver afirmar com violência um direito oposto, não fosse acompanhado pelo menos de um abrir e fechar das linhas do coro? E, além disso, não é possível pensar que o choque entre o coro vestido de branco dos Egípcios (trate-se de um verdadeiro segundo coro ou de um grupo de figurantes) com o das Danaides se limita ao vivo contraste de coros, devia, pelo contrário, tornar-se explícito numa violenta mímica representativa.

Tal não significa que o coro perca o seu carácter de elemento unitário: esse actua sempre como conjunto, porém, é extremamente móvel, quer na translação – não é por acaso que se foi divulgando a anedota de que a orquestra era muitas vezes marcada com linhas brancas que orientavam as evoluções do coro –, quer na sua estrutura interna, que podia transformar-se de infinitas maneiras. Pois o coro, sobretudo em Ésquilo, é uma personagem, que com os seus movimentos e a sua própria variada configuração exprime sentimentos e paixões, e não, como quer a afortunada e errada definição de Schlegel, um «espectador ideal».

A mobilidade do coro devia ser um dos elementos de uma forma de espectáculo seguramente rica e complexa, na qual entravam também os trajes sarapintados dos actores, a acção de grupos de figurantes, os acessórios decorativos, utilizados particularmente nas tragédias que Aristóteles definia «espectaculares», citando, aliás, o *Prometeu Agrilhoado* de Ésquilo: o Oceano e o coro das Oceânides, de forma a escutar os lamentos do herói que Zeus condenou para puni-lo do dom do fogo que deu aos mortais, entravam em cena em esplêndidos carros, enquanto no final a terra treme e, «sombria, ribomba a voz do trovão».

É, todavia, nas *Euménides* que encontramos as referências mais explícitas a uma acção claramente representativa do coro. Com efeito, no início, que tinha lugar provavelmente dentro da estrutura dos *paraskenia*, vemos as deusas da vingança, que compõem o coro, despertadas pela sombra de Clitemnestra

O ESPECTÁCULO TRÁGICO NO SÉCULO V A. C.

(a mulher do rei de Argos, Agamémnon, que, depois de ter matado o marido, foi por sua vez assassinada pelo filho Orestes, e deste assassinato pedia vingança). Depois, excepcionalmente, o coro sai da orquestra e volta a entrar de forma dispersa à procura de Orestes. Uma vez encontrado, as deusas ameaçam-no, andando à sua volta numa frenética dança em que personificam o seu remorso e a sua loucura, agitando temerosamente os seus véus negros. Foi provavelmente com a acção cénica destas terríveis personagens que Ésquilo traduziu em termos espectaculares a atmosfera de pesadelo que domina a trilogia dos Atridas.

Esta trilogia é a única de todo o teatro grego que chegou na íntegra até nós (falta, no entanto, o drama satírico). Nela narra-se o regresso de Agamémnon da Guerra de Tróia, a sua morte às mãos da sua mulher (*Agamémnon*), o matricídio de Orestes para vingar o pai (*Coéforas*) e, por fim, a perseguição de Orestes por parte das divindades protectoras da estirpe e a sua absolvição por um tribunal ateniense convocado por Atena (*Euménides*). Toda a trilogia foi representada em termos intensamente espectaculares, isto é, com um desdobrar-se de motivos cenográficos e coreográficos nunca antes realizado.

A *skenè* assume, talvez pela primeira vez, uma função coreográfica positiva, organizando diferentes soluções espaciais com a presença dos *paraskenia* que, segundo alguns, pelo menos nas *Euménides*, foram usados também para que cada um deles representasse um lugar diferente (o templo de Apolo em Delfos e o de Atena em Atenas), semelhante à fórmula medieval do cenário simultâneo.

Infelizmente só podemos imaginar os moldes em que poderá ter sido realizada cenicamente esta obra grandiosa. Por exemplo, é difícil dizer se a escura atmosfera nocturna com que começa o *Agamémnon* era transmitida apenas pela mímica e narração da sentinela, ou se, iniciando-se o espectáculo às primeiras horas da aurora (pois uma tetralogia era representada ao longo de um só dia), o repercutir-se dos incêndios da Ásia no palácio de Argos foi efectivamente representado pelos improvisados relâmpagos de fogo que se incendeiam, na incerta atmosfera da madrugada, no declive da colina da Acrópole. O que, no fundo, é mais do que provável, se pensarmos que o final das *Euménides* e, portanto, de toda a trilogia, contém o motivo espectacularmente aparatoso da procissão à luz das velas, de modo que «o sentido caracteristicamente helénico da simetria une, numa subtil e profunda harmonia, o grande *pathos* trágico esquiliano».

Com maior aproximação podemos pelo menos imaginar os elementos de uma outra cena muito rica em motivos espectaculares e que devia constituir um dos pontos-chave da trilogia: a entrada de *Agamémnon* pela *parodos* à esquerda (que indicava a chegada de longe), num coche junto com Cassandra. Seguia-o um grande número de guerreiros regressados de Tróia; o coro devia então estar diante do *paraskenion*, à direita. O coche dourado detinha-se em frente ao centro da cena, embora muito distante desta, talvez mais perto do altar, colocado no centro da orquestra, do que da própria cena. Por conseguinte, Clitemnestra mandava estender uma longuíssima passadeira púrpura do coche à porta principal da *skenè*. Se há algum fundo de verdade nestas hipóteses (e é possível, dada a estrutura do teatro e as indicações do texto), não é difícil imaginar como estes amplos e macroscópicos movimentos tenham evoluído segundo percursos rígida e explicitamente pré-ordenados, como uma parada militar, da qual o coro também terá feito parte dispondo-se, desta feita, de forma fechada, para que houvesse algo de frio e, em certo sentido, exterior no acolhimento: uma cerimónia de etiqueta, carregada de tensão subterrânea, pois não há alegria neste regresso do herói a sua casa; a inveja dos deuses recai na riqueza das armas e dos tapetes, a vingança de *Dike* (Justiça).

O motivo do confronto trágico entre dois direitos opostos (*Dike* contra *Dike*), que perpassa toda a obra de Ésquilo, subentendido no *Agamémnon*, torna-se explícito nas *Coéforas*, tragédia conduzida num ritmo de lentíssimo mas implacável crescendo, não só na acção como também no confronto e na encruzilhada de sentimentos contraditórios na alma dos protagonistas. Partindo da análise do texto é muito difícil admitir a hipótese de que na representação desta tragédia domine aquele gesticular monótono e solene que gostamos de atribuir indiscriminadamente ao teatro da Antiguidade Clássica. A arte figurativa coeva mostra uma certa predilecção pelo gesto amplo e extenso, porém, não faltam exemplos de expressão recolhida e sem sentimento. A acção das personagens podia, portanto, articular-se no interior de uma escala gestual mais ampla, além de toda a programática solenidade e, principalmente, de toda a grandíloqua magnificência: recorde-se que o traje dos actores trágicos era geralmente constituído por um longo quíton com mangas, e por um *himation* (*), de modo a evocar a arcaica atmosfera do mito e a excluir a anedota quotidiana, sem com isso impedir a presença humana da personagem.

Por outro lado, não é impossível que uma encenação tão complexa tenha sido realizada por Ésquilo apenas nas últimas tragédias. As primeiras tiveram lugar sobre o fundo cenográfico neutro da *skenè*, ou inclusive da ampla paisagem na qual se pode imaginar o recortar-se repentino da sombra real de Dario que, nos *Persas*, vem explicar à mulher, Atoxa, o motivo da derrota do filho, Xerxes, em Salamina. Em todo o caso, a estrutura da linguagem cénica grega do século v a. C. foi fixada, por assim dizer, por Ésquilo, nos seus termos mais gerais e nos seus elementos – vestuário, máscaras, passos de dança e, talvez também, estrutura cenográfica.

Mas é bem possível que as representações das tragédias de Sófocles tenham tido uma forma concreta e um significado bastante diferente das de Ésquilo.

Sófocles é o poeta das grandes personagens, dominadas por uma só e irrefreável paixão, bem como o grande narrador que desenvolve a sua história segundo uma linha tão inevitavelmente

---

(*) É um manto de linho que fazia parte das peças de vestuário da Grécia antiga. (*N. T.*)

necessária quanto, às vezes, imprevista: nos seus textos, o momento mais denso do real, a *sticomitia*, transforma-se em empolgante acção dramática. Tudo isso dever-se-ia reflectir nas representações.

Em relação às personagens mais complexas e esbatidas de Ésquilo, as de Sófocles deviam aparecer em cena «maiores», mas ao mesmo tempo mais capazes de actuar, mais móveis e dinâmicas: os grandes confrontos entre os formidáveis antagonistas dos seus dramas – Antígona e Creonte, Electra e Clitemnestra, Filoctetes e Ulisses – tiveram seguramente um significado preciso também no plano espectacular.

É provável que Sófocles, enquanto ensaiador, tenha utilizado um amplo e orquestrado jogo de figurantes em função das suas personagens do qual se encontram frequentemente referências nos seus dramas. Aliás, às vezes estas acções dos figurantes podiam assumir um significado decisivo para a interpretação do texto trágico. Assim, na *Antígona*, a procissão que conduz à morte a jovem, culpada de ter enterrado o corpo do irmão Polinices contra a proibição do rei Creonte, é passível de ser reconduzida, na ambiguidade da figuração, com igual probabilidade tanto ao rito nupcial quanto ao fúnebre, ou seja, a identificação de núpcias e de morte significa, na figura da heroína, coincidência de triunfo e de derrota, sacrifício definitivo e total às leis não escritas em nome das quais ela violava as do Estado: primeiro exemplo, no mito, do dever moral da desobediência civil.

Diferente é a função do coro, que vem perdendo, desde Sófocles, o valor primário que tinha em Ésquilo. Tal não significa que se reduzisse aos intervalos líricos dos estásimos, todavia, a personagem-coro (e a personagem-corifeu) raramente alcança um primeiro plano, mesmo quando, como no *Filoctetes* e no *Ájax*, a sua acção se torna explicitamente representativa. O coro deixa de ser protagonista bem como co--protagonista, realizando-se a sua acção em função do herói. Assim, quando no *Ájax*, o coro volta a entrar disperso para procurar o herói (que já se matou após a afronta sofrida com a recusa das armas de Aquiles), a sua acção é meramente episódica e não tem outros desenvolvimentos. Além disso, Sófocles na sua última tragédia, *Édipo em Colono*, atribui ao coro um papel mais amplo e contínuo, quase uma homenagem extrema à tradição, na realidade já apagada, dos grandes espectáculos esquilianos.

Considerações idênticas são sugeridas pelas tragédias de Eurípides, cuja variedade estrutural é acompanhada por uma diferente utilização do coro. Com efeito, se é verdade que a importância literária do coro diminui nos dramas de Eurípides, inclusive em relação aos de Sófocles, é igualmente verdade que em muitas tragédias o texto reflecte um forte interesse pela variada acção cénica do coro. Nas *Bacantes* e nas *Suplicantes*, o coro assume a função de protagonista virtual da tragédia, ao passo que no *Reso* serve essencialmente para sugerir a atmosfera e o ambiente em que se desenrola o drama – o coro confunde-se aqui com os figurantes ou substitui-os na representação do diversificado e desordenado enredar-se de sentinelas e de soldados na noite cerrada em campo troiano.

A partir de Aristófanes podemos deduzir qual foi, de Ésquilo a Eurípides, a evolução dos estilemas cénicos da representação trágica, provavelmente paralela à do conjunto arquitectónico e coreográfico do teatro: as personagens de Ésquilo vestiam trajes mais majestosos e imponentes, visto que os semideuses (segundo o que diz a própria personagem de Ésquilo em *As Rãs*) usando palavras maiores devem também usar vestes mais próximas das sagradas (*himatioi semnoteroi*). Ao invés, Eurípides chega a vestir personagens reais como Electra e Menelau com «trapos» (*rakia*). À diversidade de trajes correspondia também uma maior variedade de gestos e uma mais intensa mobilidade dos actores: por um lado, Aristófanes recorda as personagens enroupadas e imóveis das tragédias esquilianas; por outro, quase um século mais tarde, Aristóteles cita as acusações dos actores ligados à tradição mais antiga, que censuravam aos seus sucessores o facto de se agitarem como macacos ou como mulheres da má vida.

Todavia, talvez não seja absolutamente correcto atribuir a Eurípides a plena responsabilidade desta evolução. Importa ter em conta que o dramaturgo não era definido «poeta», mas «maestro», *didaskalos*, um termo que equivale principalmente ao nosso encenador. Os primeiros tragediógrafos, de Téspis a Ésquilo, reuniam as funções de autor, de ensaiador e de actor, funções essas que Sófocles começou a separar, renunciando ao papel de actor. E é possível que tenha, em certa medida, dispensado também a encenação (embora as primeiras informações nesse sentido digam respeito apenas a Aristófanes). Em todo o caso, Eurípides concebia para os seus dramas uma determinada forma de representação e definia-a nas suas indicações cénicas, que nos permitem intuir os modos efectivos em que podia ser realizado o espectáculo de acordo com aquelas determinadas condições de ambientação.

O grande sucesso que Eurípides teve logo a seguir à sua morte, reflectindo-se também nas artes figurativas, permitiu que nos chegassem documentos gráficos referentes a representações euripidianas tardias, das quais podemos tirar ilações gerais sobre a estrutura da cena grega dos anos imediatamente posteriores a 400 a. C.

Um vaso proveniente da Magna Grécia, embora não diga muito sobre os trajes e sobre a acção, dada a concisão e a rudeza do desenho, atesta definitivamente a estrutura da *paraskenia*, cujas portas podiam servir de entrada dos diversos «lugares» que, por vezes, os *paraskenia* representavam: a pintura dá a sensação de que a *skenè* propriamente dita não tem nenhum significado representativo, servindo apenas de fundo espacial neutro.

Todavia, noutras cerâmicas pintadas é possível estudar os comportamentos dos actores. É de grande interesse a comparação entre dois vasos nos quais estão representadas (em trajes teatrais que encontrámos no «Vaso de Pronomos») as personagens de uma tragédia desaparecida, talvez euripidiana, a *Andrómeda*: os pintores deviam ter em mente duas diferentes encenações, uma vez que no primeiro a heroína aparece amar-

O ESPECTÁCULO TRÁGICO NO SÉCULO V A. C.

rada a uma rocha, de cujos contornos tracejados da hera restam apenas as marcas; no segundo vaso, Andrómeda está presa a duas colunas, com certeza elementos de um *paraskenion* ou do pórtico da porta real, que, com uma convenção bastante distante da verosimilhança, deviam representar a rocha do mito. Tudo isso parece demonstrar que a pintura cenográfica, mais ou menos organizada em termos de perspectiva, deve ter tido um papel bem reduzido e, em todo caso, puramente decorativo no teatro grego da época clássica.

Contudo, em ambos os casos, o comportamento da heroína é de suprema calma e serenidade: pode ser que o pintor tenha querido reproduzir a doce tristeza com que as mulheres de Eurípides enfrentavam no teatro o momento supremo, tanto é que grande parte da pintura de vasos que nesses anos se refere aos temas das tragédias apresenta as personagens com um gesticular contido e pacato.

Mas não devia tratar-se de uma norma, na medida em que num outro vaso do Sul de Itália, onde estão representadas cenas de uma outra famosa tragédia de Eurípides, *Medeia* (ou uma sua nova redacção), as personagens manifestam através de uma mímica intensa de movimentos violentos o *pathos* perturbante do mais atroz drama da Antiguidade sem, no entanto, transcenderem a amplificação retórica dos sentimentos que será característica dos espectáculos da época romana e alexandrina.

Antes de concluir o capítulo sobre a tragédia, convém recordar que, no breve tratado intitulado *Poética*, Aristóteles analisou de forma muito pormenorizada a estrutura da tragédia do século v a. C. Aristóteles escreveu por volta de 330 a. C., num período já muito distante, porém, tal não significa que esta pequena obra seja menos interessante, tanto mais que nela se fundará toda a tratadística do neoclassicismo italiano e francês.

No que respeita à história do espectáculo, encontramos informações relevantes que nos permitem determinar que, antes de Ésquilo, a tragédia consistia no simples diálogo entre o actor e o coro: foi Ésquilo, de facto, quem introduziu um segundo actor, ao passo que Sófocles acrescentou um terceiro. Ainda segundo Aristóteles, é à época de Sófocles que remonta a utilização da coreografia pintada e, como vimos anteriormente, é muito improvável que essa tenha tido um grande peso na economia do espectáculo clássico. Além disso, na *Poética*, delineia-se uma primeira sistematização da relação entre texto literário e espectáculo: a tragédia é, para Aristóteles, uma obra puramente literária, completa em si e perfeitamente autónoma, compreensível com a simples leitura, independentemente de qualquer representação que deve ser simplesmente considerada um instrumento de comunicação do texto poético, nem mais, nem menos como o canto e a mímica da rapsódia em relação ao poema épico.

Seria esperar muito que Aristóteles fizesse uma idêntica afirmação da autonomia da linguagem espectacular, embora não faltem referências implícitas. Se, com efeito, é verdade que a tragédia deve suscitar «piedade e terror» independentemente de vê-la ou não representada, é igualmente verdade que é possível «obter este efeito através do espectáculo». Mas, segundo Aristóteles, isso diz respeito ao corego e não ao poeta. Por outro lado, Aristóteles admite, entre outros géneros de tragédia, a tragédia espectacular, ou seja, aquela escrita em função do espectáculo que, nesses casos, terá multiplicado os elementos visuais: acessórios, figurantes, cenografia e ainda os elementos mecânicos que, sobretudo em Eurípides, serviam para introduzir as aparições divinas, como o *deus ex machina*.

4

Aristófanes e a comédia antiga

As últimas palavras da parte da *Poética* de Aristóteles que nos chegaram são: «no que diz respeito à comédia». Mas o tratado deste género literário, visto evidentemente como homólogo e oposto ao trágico, não chegou até nós, privando-nos assim de uma preciosa fonte de informação.

Seja como for, na opinião do filósofo estagirita, apesar da nítida contraposição simétrica com o que havia afirmado acerca da tragédia, a comédia deriva dos que entoam (*exarchontes*) os cantos fálicos no decorrer de um cortejo (*komos*, donde deriva o nome de comédia), à época celebrado em honra de Dioniso, mas originariamente referia-se certamente aos rituais de fecundidade.

Em Atenas, as comédias eram representadas predominantemente durante as Leneanas, festas que tinham lugar no mês de Janeiro, Fevereiro e que ficaram sob a tutela do Estado a partir de 442 a. C.; mas nas Grandes Dionisíacas também se dedicava um dia aos espectáculos cómicos.

Os filólogos dividem a história da comédia grega em três fases: antiga, média e nova. Ao período antigo pertencia a célebre tríade de autores citada por Horácio: «Eupolis atque Cratinus, Aristofanesque poetae». A estrutura literária é extremamente livre nesta fase: o elemento central é constituído pela parábase, uma espécie de desfile de coro e actores acompanhado por versos mordazes, ao qual se juntam a luta, oposição entre dois ou mais actores, ou entre semicoros, e os verdadeiros episódios.

As comédias de Aristófanes (450-388 a. C.), as únicas que foram conservadas, têm uma trama muito ténue: Evélpides e Pistetero vão construir uma cidade entre o Céu e a Terra em

55

As Aves, as mulheres negam-se aos seus maridos maníacos da guerra na *Lisístrata*, Trigeu vai ao Céu para reconquistar a paz perdida em *A Paz*. Mas são infinitamente ricas em temas e conteúdos: não vertem sobre o mito, nem sobre os problemas eternos do destino humano, como na tragédia, mas directamente sobre a problemática política e social, *hic et nunc*, da *polis* ateniense: a polémica contra a guerra e os demagogos (*Os Acarnenses, A Paz, Lisístrata*), contra os sofistas e Sócrates (*As Nuvens*), contra a nova escola literária (*As Rãs*). Pode discutir-se se a posição de Aristófanes é a de um reaccionário genial ou, pelo contrário, a de um homem envolvido no tormento da crítica construtiva da própria sociedade. A verdade é que no centro dos seus interesses está a *polis* ateniense, às vezes vista na projecção utópica da cidade das aves, mas quase sempre na sua quotidiana realidade política, social e cultural. Não nos pode surpreender, portanto, que o público seja tantas vezes interpelado e que esteja na mira de Aristófanes. Podemos imaginar que as respostas do público a estas solicitações não fossem só risos e aplausos, mas que às vezes se instaurasse um verdadeiro diálogo, através dos actores, entre o poeta e a multidão ateniense.

Sobre a comédia antiga dispomos de uma vasta documentação figurativa que nos permite imaginar com maior rigor os temas espectaculares nela representados.

Da estrutura literária das comédias de Aristófanes e das referências e indicações nelas contidas é possível deduzir que, na comédia, a função espectacular do coro tenha sido ainda mais intensa e mais variada do que na tragédia e, sobretudo, mais intimamente integrada no conjunto da representação: não há solução de continuidade entre o vivo diálogo das personagens entre si ou com o corifeu de um lado, os cantos e a dança do coro do outro. Além do mais, o coro intervém frequentemente – enquanto conjunto – na acção; e o desenrolar-se dos seus movimentos era sugerido também pela estrutura do teatro de Dioniso *en lymnais*, onde durante muito tempo se realizaram os concursos cómicos: um único degrau rectilíneo se erguia diante da *skenè* do lado oposto à orquestra, que era rectangular.

Nesta situação, o coro dever-se-á ter aberto e fechado, por assim dizer, diante das personagens, ou ter estado em frente delas ao longo de uma linha paralela à do palco ou, ainda, ter-se disposto nos lados da orquestra que, de quando em quando, a ocupava integralmente, não alternando com a sua a acção das personagens, mas dominando-a com o expandir e o forçar do ritmo do movimento.

No conjunto do espectáculo, o coro tinha muitas vezes a função de criar aquela dimensão fantástica, que em alguns casos (*As Rãs*, *As Aves*) também estava no texto, e colidir com o significado do drama e da representação. Podemos fazer uma ideia de como era a partir de uma série de vasos com figuras negras, que certamente se referem a representações cómicas, embora anteriores a Aristófanes.

Num desses vasos, conservado em Berlim, vemos um coro de homens com máscaras de galos, enrolados em amplos mantos que encerram dentro de si os membros numa massa pesada e compacta, a avançar seguindo um empertigado flautista com passo muito lento e parodicamente solene (na verdade os coreutas-galos estão representados parados, mas é evidente que a um passo em frente do seu andar solene e majestoso se seguia um compasso de espera). Por intermédio de testemunhos literários sabemos que os elementos do coro cómico tiravam o manto para dançar: muito provavelmente estas figuras imponentes, recolhidas num volume estático e comprimido, tornavam-se, de súbito, ágeis, explosivas e plenas de movimento; a um primeiro ritmo lento e solene na sua comicidade sucedia-se uma corrida desenfreada e desordenada à volta da orquestra, semelhante ao que nos deixa imaginar um outro belíssimo vaso onde estão pintadas figuras humanas com asas enfiadas nos braços, que trazem inevitavelmente à memória o coro aristofânico das aves.

Nesta fantástica duplicidade da essência humana e ferina do coro inseria-se, sem solução de continuidade, a acção das personagens. Estas actuavam num plano mais nitidamente caricatural do que o texto deixa prever, exprimindo-se com uma mímica intensa e bastante viva, embora não necessariamente excessiva ou verdadeiramente grotesca, como também sugeria, mais do que a máscara, o traje das personagens, que tinham o ventre e o rabo acolchoados e avolumados, trazendo muitas vezes um mastodôntico falo entre as pernas. Todavia, o grotesco só abrangia violentamente aquelas que podemos definir como personagens negativas, ou seja, as que eram alvo da polémica política e cultural do autor. Ao passo que, por outro lado, a gesticulação e o movimento dos actores cómicos dava também muito espaço ao gosto de apreender e representar, com a maior intensidade possível, a pequena humanidade nos seus comportamentos mais verdadeiros, mais espontâneos e característicos, mas sem intenção alguma de fazer uma representação realista.

Disto fazem prova o grande número de estatuetas de terracota que representam as personagens da comédia antiga e média, fazendo algumas delas recordar certas e inesquecíveis personagens de Aristófanes. Como não ver, por exemplo, nos dois felizes bêbedos do Museu de Berlim, uma evocação do protagonista de *Os Acarnenses*, Diceópolis, que festeja a sua paz privada na barba dos soldados e dos belicistas, enaltecendo os prazeres da vida? A referência não é seguramente pontual, tal como não o é aquela a *Eclesiazusas* (*As Mulheres na Assembleia*) do extraordinário casal de velhotes que nos contam cobiçadas informações, porém, isso não diminui o valor documental destas esculturas em relação aos comportamentos e à mímica dos actores da comédia.

Importa ainda referir que, na maior parte das comédias conservadas, o coro não é constituído por personagens fantásticas ou alegóricas, mas simplesmente por homens (*Lisístrata, Os Acarnenses*, etc.). Nestes casos, a unidade entre o coro e as personagens tornava-se ainda maior, embora em sentido contrário ao que sucedia nos textos definitivamente fantasiosos, como *As Rãs* e *As Aves* (onde é frequente o uso de truques mecânicos com finalidades espectaculares nitidamente paródicas), estendendo-se o estilo de representação e a mímica das personagens ao próprio coro.

ARISTÓFANES E A COMÉDIA ANTIGA

Para melhor compreender o significado espectacular da comédia antiga, convém recordar os temas e as formas da farsa italiota, o *flyax*, que é importante, na medida em que está ilustrada em inúmeras representações nos vasos que testemunham a sua enorme popularidade, alargada talvez à mãe-pátria.

As farsas fliácicas tinham lugar num palco de madeira muito pequeno, erguido na própria orquestra dos teatros, ou talvez também nas praças: o fundo do palco, às vezes, era fechado por uma pequena estrutura arquitectónica de um material leve, que constituía a cenografia, por vezes substituída por uma cortina ou uma tela pintada. O palco erguia-se sobre duas pequenas colunas entre as quais se estendiam panos, e estava sempre ligado à orquestra – ou à praça – através de uma pequena escada: assim a acção podia deslocar-se frequentemente da orquestra para o palco, inclusive para dar fôlego ao movimento demasiado limitado que o palco permitia. Importa não esquecer que este tipo de representações floresceu na segunda metade do século IV a. C. Talvez nessa altura a *skenè* do teatro trágico tivesse começado a ser utilizada como palco e construída em pedra.

Tematicamente, a farsa fliácica foi relacionada com a *hylarotragodia*, a paródia trágica. Com efeito, trata-se de uma paródia mitológica, em que os deuses e heróis estão impiedosamente na berlinda, embora não faltem temas burgueses e quotidianos. Aqui a caricatura transforma-se no grotesco mais arrojado: as personagens, deformadas até ao limite do verosímil no rosto e na estatura, desenvolvem uma acção tão concentrada no espaço quanto violenta e dilatada na mímica, que só a intervalos se recolhe em estilizados movimentos de dança. Os acessórios eram utilizados para acentuar os aspectos caricaturais e grotescos: num desses espectáculos, o grande Zeus, por exemplo, tinha umas perninhas curtíssimas e estava sentado num trono alto, onde aparecia qual menino numa cadeirinha de bebé.

A acção nunca devia parar, só talvez para se concentrarem num gesto mais exasperado. Os flíacos deviam constituir, na

Antiguidade, a mais violenta e, aparentemente, incontrolada explosão de vitalidade em palco.

É provável que a comédia média tenha marcado a diminuição da importância do coro e, aliada à progressiva degradação da polémica política e pessoal, uma maior concentração na personagem, que perde gradualmente a sua dimensão caricatural.

Esta tendência é já perfeitamente reconhecível na última comédia de Aristófanes, *Pluto*, que remonta a 388 a. C. Nessa deixa de haver marcas da parábase, limitando-se a função do coro às intervenções ocasionais do corifeu. A temática deixa de ser política, vertendo sobre um problema de ordem puramente moral e em que intervêm personagens alegóricas.

Porém, a total subversão da estrutura formal e dos conteúdos dramáticos e humanos da comédia ocorreu a par da perda da independência política e ao consequente desaparecimento dos sonhos de grandiosidade, por um lado, e do compromisso civil, por outro. No dia seguinte à derrota de Queroneia, em 338 a. C., podemos dizer que a *polis* ateniense passa de Estado a município, e o interesse dos autores e do seu público concentra-se no âmbito da quotidianidade da vida individual.

É o período da comédia nova, cujos maiores expoentes foram Filémon (361-263 a. C.) e Menandro (343-291 a. C.): do primeiro, que gozou de maior simpatia junto dos seus contemporâneos, restam-nos apenas pouco fragmentos; do segundo uma comédia praticamente inteira (*O Escorbútico*) e partes relativamente consistentes de outras quatro.

A importância desta nova forma dramática não pode ser subestimada. Com esta estabelecem-se dois elementos estruturais que durante séculos farão parte da própria ideia de drama: o enredo e o carácter. Os episódios são organizados num esquema lógico e rígido, que conduz de um desequilíbrio inicial a uma ordem equilibrada final; e nas personagens é dado destaque a um traço psicológico dominante, baseado numa opereta de Teofrasto, que mais tarde se tornou famosa e foi recuperada, no século XVII, por La Bruyère, não por acaso contemporâneo de Molière: *Os Caracteres*. A ordem dos acontecimentos diz respeito ao foro individual: histórias de amor proibidas, de crianças perdidas e reencontradas, de casamentos em perigo.

Do ponto de vista cénico é, portanto, provável que tenham desaparecido todos os elementos que deformavam mas que, ao mesmo tempo, engrandeciam a imagem do homem: os símbolos fálicos, as barrigas, as corcundas. No entanto, o esgar da mímica do rosto, espelho do carácter, é acentuado pela máscara. Além disso, a acção concentra-se nos reduzidos espaços da quotidianidade: o ambiente é definido como o espaço entre as casas dos protagonistas. Mas enquanto a imagem da personagem sofre uma certa redução em termos realistas, o espaço cénico e a cenografia permanecem dilatados e simbólicos: um contraste que se tornará particularmente evidente no teatro romano, cuja dramaturgia é, em grande parte, constituída por reelaborações da comédia nova.

5

Os teatros helénicos e romanos

Representava-se a tragédia e a comédia em Atenas no decorrer das Grandes Dionisíacas primaveris e invernais. Parece que por ocasião destas festividades, quando se representavam os espectáculos trágicos, chegavam a Atenas muitos forasteiros, atraídos à cidade por exigências pessoais, mas que escolhiam aquela data justamente para participar nas festas e nos espectáculos: no século IV a. C., o teatro era já um fenómeno comum em toda a vasta área da civilização grega e parece que não faltavam aficionados a fazer viagens para assistir às representações em diversas cidades. Assim o atesta uma passagem polémica de Platão.

Todas as cidades tinham um teatro: o viajante que percorre a Grécia, a Itália Meridional e, sobretudo, a costa da Ásia Menor (ou seja, da actual Turquia) depara-se frequentemente com ruínas de edifícios que testemunham que o teatro era um elemento fundamental da civilização e da cultura helénicas. De resto, o teatro não era só lugar de espectáculos, mas também de assembleias políticas.

A leitura arqueológica destes monumentos nem sempre é fácil: os edifícios teatrais foram várias vezes refeitos para ajustá-los às mudanças de exigências e à diferente concepção do espectáculo.

A história do edifício teatral antigo é praticamente a história dos seus elementos constitutivos (a orquestra, a cávea, a *skenè*, as *parodoi*), do seu significado, da sua função, das suas relações internas, que, como se disse, se tornaram cada vez mais orgânicas ao ponto de se contraírem numa real unidade arquitectónica nos teatros do período imperial.

A *skenè*, num período arcaico, estava distante da zona da orquestra, onde se desenrolava o espectáculo, mas é certo que já antes de meados do século v a. C. ela fornecia o fundo da acção. A cávea talvez tenha sido primeiramente trapezoidal, mas bem cedo, seguindo a forma circular da orquestra, foi colocada num arco de círculo. Quer quando se tratava de escadas de madeira, quer quando, a partir do século IV a. C., essas foram construídas em pedra, pois os Gregos costumavam construir os teatros aproveitando uma pendência do terreno, ou seja, inserindo os degraus no declive de uma colina, em cuja base se abria a zona da orquestra, numa relação orgânica entre arquitectura e paisagem verdadeiramente admirável na sua imediatez e simplicidade.

A partir de meados do século IV a. C., a *skenè* é igualmente construída em pedra. É provável que essa consistisse, na sua parte traseira, numa espécie de pórtico entre cujas colunas eram inseridos os elementos pictóricos, os *pinakes* (quadros), que tinham a função de ambientar os acontecimentos do drama. Na verdade, as anedotas sobre tais elementos cenográficos remontam ao período esquiliano, sendo muito difícil determinar o seu valor. Além disso, durante o período clássico, o tecto da *skenè* era utilizado nas aparições divinas e nas cenas que deviam desenrolar-se num plano mais alto. Mais tarde, quando os festivais se reduziram à representação das obras clássicas, os actores começaram a actuar sobre a *skenè*, ou, melhor, sobre um novo elemento, o *proskenion*, correspondente ao nosso palco, enquanto a orquestra permanecia disponível para o coro. Assim, a estrutura cénica torna-se um edifício em dois andares: o primeiro, a fachada do proscénio, fazia de pano de fundo às evoluções do coro, o segundo, a fachada da cena, fazia de pano de fundo aos actores.

Tudo isto é apenas a hipótese mais provável. A única certeza é que no período helénico, ou seja, a partir do século III a. C., a estrutura cénica foi constituída por uma dupla colunata, cujos intercolúnios eram ocupados por grandes painéis pintados. Nesta estrutura, os *parascenium*, isto é, os elementos laterais salientes da *skenè* clássica, estão geralmente ausentes.

A cávea, que quando a situação do terreno o permite ocupa um arco de mais de duzentos graus em torno do círculo da

HISTÓRIA DO TEATRO

orquestra, tende a alongar-se em ferradura, ao passo que a orquestra perde a sua forma circular: de resto, o coro na época helénica deixou de «actuar», limitando-se a curtas intervenções realizadas numa disposição fechada.

Por último, os *parodoi*, que tinham a dupla função de entrada do público e de entrada do coro, passam a desempenhar essencialmente a primeira, perdem a antiga disposição oblíqua e são encerrados por duas cancelas dispostas perpendicularmente que unem o edifício cénico à cávea.

Segundo o historiador Tito Lívio (59 a. C. - 17 d. C.), em Roma, no período republicano, os espectadores assistiam em pé às representações teatrais. Mas esta informação é contraditória com elementos extraídos das comédias de Plauto (254-184 a. C.) e de Terêncio (190-159 a. C): os espectadores têm lugares sentados em degraus lenhosos diante de um palco provavelmente idêntico ao da farsa fliácica. Em todo o caso, tratava-se de elementos destinados a serem destruídos após o término das festas.

O primeiro teatro estável, de pedra, é construído em Roma por Pompeu em 55 a. C., e permanece durante muito tempo o «teatro» por excelência. Em 13 a. C., é construído um segundo teatro, o de Balbo, e, poucos anos depois, o de Marcelo, o primeiro do qual nos chegaram vestígios consideráveis.

Durante o período imperial em toda a província romana, da Gália à Mauritânia, foram construídos *ex-nuovo* inúmeros teatros, ao passo que os teatros helénicos, na Grécia assim como na Itália Meridional e na Ásia Menor, eram adaptados às exigências e ao gosto dos teatros romanos.

Mas quais são elementos que mais diferenciam os teatros gregos dos romanos? Antes de mais, um elemento de carácter estrutural: os Romanos só usaram pontualmente um declive natural para apoiar os degraus da cávea, que, ao invés, se apoiam habitualmente numa estrutura portante exterior formada por uma série de arcadas sobrepostas, sendo que se entra no interior do teatro através da primeira, chegando-se também à parte alta da

OS TEATROS HELÉNICOS E ROMANOS

cávea pelas escadas. Em outros casos, como por exemplo no extraordinário teatro de Aspendos, no Sul da Turquia, perfeitamente conservado, a estrutura portante era constituída simplesmente por poderosas muralhas em quadrilátero, que conferiam ao edifício o aspecto de fortaleza e não tanto de teatro.

Quanto aos elementos interiores mantêm-se os do teatro grego, mas a sua função e as relações recíprocas alteram-se profundamente: o espaço da orquestra é reduzido a metade e torna--se semicircular e, por consequência, o arco da cávea é igualmente semicircular. A orquestra deixa de servir o coro, praticamente ausente no teatro romano, transformando-se numa «plateia» para os espectadores importantes. O palco, que no teatro helénico tinha mais de três metros de altura, é rebaixado à altura do homem, de forma a ser visível também pelos espectadores da plateia. A *scaenae frons*, ou seja, a fachada do edifício cénico (a *skenè* grega), é uma estrutura arquitectónica que se torna, no período imperial, cada vez mais imponente: uma série de colunatas sobrepostas em diversos pisos, até três, com colunas e pilares de preciosos mármores policromos e intercolúnios adornados com estátuas e pinturas. Nela se manifesta todo o gosto pela grandiloquência própria da romanidade oficial. Nesta grandiosa fachada arquitectónica, neutra e omnivalente do ponto de vista semântico («o cenário hoje representa Atenas; hoje representa Tarento», diz-se com frequência nos prólogos das comédias), os elementos funcionais para o espectáculo são simplesmente as três portas, que podem representar as casas das personagens, através das quais os actores entram em cena. A porta central, desde o início particularmente imponente e ornada, era chamada *real*: abria-se no interior de uma vasta concha e constituía, pode dizer--se, o elemento central do teatro. As duas portas laterais chamavam--se *hospitalia* e abriam-se em pequenas reentrâncias da estrutura arquitectónica, encerrada lateralmente por dois elementos perpendiculares, duas espécies de asas, designadas *versurae*, pelas quais entravam em cena as personagens que vinham «da cidade» ou do «porto», segundo uma convenção que remontava à efectiva disposição do teatro ateniense de Dioniso.

A *scaenae frons*, dada a sua função e estrutura, representa originariamente a fachada de um palácio real, o lugar, isto é, onde predominantemente tinha lugar a acção da tragédia grega e das adaptações romanas. Mas uma vez que a tragédia era representada nos palcos romanos muito mais raramente do que a comédia ou a farsa, essa função representativa vinha-se perdendo enquanto se multiplicavam os seus elementos caracterizadores.

É difícil determinar qual terá sido o papel da pintura neste contexto. Vitrúvio, o arquitecto do imperador Augusto a quem devemos uma cuidada comparação entre o edifício teatral grego e o romano, fala de três tipos de cenografia pintada: o cenário trágico, o cómico e o pastoral. Provavelmente eram colocados nos intercolúnios com um papel mais ornamental do que indicativo. Mas porquê, então, Vitrúvio lhe terá dado tanta atenção? Não existe nenhum monumento figurativo que o possa esclarecer, senão em sentido negativo, excluindo todos a presença de elementos do género.

A função das *parodai* gregas, em certa medida, é dividida nos *versurae* e nos *vomitoria* que eram aberturas às vezes cobertas, pelas quais o público podia entrar e sair do teatro. As cúpulas dos *vomitoria* ligavam o edifício cénico à cávea, fundindo os vários elementos num único espaço definido.

Esta impressão de perfeita organicidade era reforçada pelo facto de o teatro poder ser coberto por uma grande tenda que, partindo do pequeno tecto que cobria o cenário (e que tinha sobretudo uma função acústica), se estendia até à galeria em volta dos degraus, dando ao edifício um digno coroamento.

As diferenças entre o teatro grego na sua definitiva versão helénica e o teatro romano são, portanto, imensas e profundas. Importa não esquecer que o teatro romano não é um fenómeno autógeno, não é um lugar natural de reunião do povo, mas uma douta reelaboração de uma cultura estranha, um lugar maravilhoso e mais consonante com uma escolha cultural do que com concretas exigências de ordem dramatúrgica e espectacular, uma escolha aliás imposta e à qual tudo se deve adaptar e se adapta, naturalmente, desnaturalizando-se. O que, neste sentido, explica e esclarece o significado dos espectáculos romanos.

6

Os espectáculos romanos

É conhecida a anedota, certamente verdadeira uma vez que é contada pelo próprio Terêncio, de que o público romano abandonou por duas vezes o teatro onde estava a ter lugar a representação de *Hecyra*, hoje considerada a obra-prima de Terêncio. A primeira vez, os espectadores foram embora para verem um equilibrista, a segunda vez para assistirem a lutas de gladiadores. Esta anedota foi sempre interpretada como uma clara indicação do pouco interesse cultural do público romano, que preferia as manifestações desportivas aos requintados diálogos do poeta caro a Cipião. É seguramente esse o seu significado, mas existe ainda um outro, ou melhor, uma outra explicação.

Terêncio, como antes dele Plauto e, no âmbito da tragédia, Lívio Andronico, construíra as suas comédias alterando-lhes o enredo (que habitualmente narra os amores de um jovem dificultados pelo velho pai ou por um outro obstáculo, removido graças à astúcia de um servo ou ao reconhecimento – agnição – da verdadeira origem da rapariga amada), as personagens (jovens enamorados, moças raptadas, meretrizes, alcoviteiras, parasitas, velhos sábios, ou demasiado severos, ou mais estroinas do que os jovens) e inclusive o modelo e a construção dos exemplos gregos, não da comédia de Aristófanes mas da comédia burguesa e romântica de Menandro. De idêntico modo, Lívio Andronico e todos os que depois dele escreveram tragédias em latim até Seneca, salvo raras excepções, retomaram os temas geralmente tratados pelos grandes tragediógrafos gregos.

Tudo isto, bem entendido, não afecta em nada a originalidade estética e os conteúdos dos autores romanos, em particular de Plauto, nem diminui o nível dos espectáculos romanos, modo contar com um público mais vasto. Para conquistar a simpatia podiam seguir-se duas vias: inserir no contexto neo-helénico temas e motivos da cultura popular – e foi a via seguida por Plauto, que vivifica as suas personagens com violentas ênfases de sátira, o *italum acetum* (*) pelo qual era famoso, e com a variedade métrica do canto popular – ou encontrar argumentos e ideias que, pelo seu carácter, fossem capazes de estimular o arrebatamento ou outras sensações fáceis.

Sempre se considerou que a tragédia é a forma dramática que gozou de menos simpatia no teatro romano. Mas talvez não seja totalmente verdade, quanto mais não seja porque a *scaenae frons* parece ter sido construída principalmente em função dessa. Com efeito, após as tentativas de Lívio Andronico, de Névio e de Ácio no período republicano (séculos III-I a. C.), cuja produção aliás desapareceu completamente, muito poucos exemplos a recordam, até que Seneca começou a reelaborar, nos seus tenebrosos e violentos dramas escritos por volta de 50 d. C. durante o reinado de Nero, os temas clássicos da tragédia grega (à excepção de *Octávia*, de resto de atribuição dúbia, que tratava de um episódio da história romana).

Partindo de modelos helénicos, desde os tempos da República que a máscara trágica devia ser de grandes dimensões: caracterizava-se pela alta peruca de caracóis que caíam sobre a testa e as têmporas, emoldurando o rosto; a barba, também ela moldada pelos caracóis, das personagens masculinas. Assim, a dimensão da máscara era posteriormente aumentada e suscitava a sensação de majestosa opulência. A boca escancarada e o furo redondo dos olhos conferiam, àquele rosto imóvel, uma expressão de dolorosa admiração, cuja rigidez, na ampliada extensão das feições, devia seguramente resultar em algo alucinante. Porém, não era só o rosto que ganhava dimensões maiores do que o natural: os coturnos dos Gregos

---

(*) «Vinagre romano» que em sentido figurativo significa espírito satírico romano. (*N. T.*).

HISTÓRIA DO TEATRO

não se mantiveram como um calçado rico para os Romanos, tornaram-se antes o meio para aumentar ao máximo a estatura da personagem, que devia parecer real e majestosa, sobre-humana. Podemos bem imaginar como estes semideuses se apresentavam e se moviam no palco dos teatros do período augustiniano: as três portas e a colunata da *scaenae frons* apoiavam-se num pedestal, pelo que o actor tinha de descer alguns degraus para chegar ao palco. Mas algumas personagens principais, ao entrarem pela porta real, detinham-se demoradamente no seu limiar e, então, toda a imensa colunata não era mais do que a digna moldura da sua majestade. Depois, uma vez no palco, a forma de se moverem e gesticularem deveria ser lenta e solene e as explosões de dor e de cólera como que contidas pelo papel imposto.

Tudo isso, a longo prazo, devia ser bastante aborrecido. E, então, a dimensão começou a tornar-se sumptuosidade, a personagem foi assumindo um aspecto cada vez mais imponente, chegando mesmo a tornar-se terrível. As manifestações de dor e de cólera ultrapassaram os limites do *decorum*, da dignidade solene, tornaram-se atrozes e desenfreadas, assustadoras naqueles seres desmesurados. Séneca já havia transposto para o palco esses episódios violentos, assassínios e suicídios, que na tragédia grega eram apenas narrados pelo núncio. A encenação a ele posterior teve de esforçar-se ao máximo no sentido de tornar os episódios cada vez mais cruéis para agradar ao gosto do macabro, e macabras e disformes eram, desde a sua primeira aparição, as personagens, cujas figuras confinam com o grotesco. Elas faziam rir as pessoas ou repugnavam-nas, como Luciano, a quem devemos esta descrição do actor trágico do Império tardio: «Que espectáculo repugnante e terrível é aquele de um homem ataviado de modo a que a estatura fique desproporcionada, em cima de grandes socas e com uma máscara que ultrapassa a altura da cabeça e cuja boca está escancarada num grande bocejo, como se quisesse comer os espectadores. Para não falar dos chumaços do peito e do ventre, que lhe conferem uma corpulência artificial e disforme.»

OS ESPECTÁCULOS ROMANOS

Assim, a tragédia, de eleita forma ideal, passa a um entretenimento grotesco para o povo inculto na província, capaz até de desmaiar de medo perante aqueles fantoches horrendos. Todavia, na época de Augusto, da tragédia deriva um novo género de espectáculo que, aliás, acaba por se identificar com ela. Trata-se da pantomima: um coro ou um cantor cantavam os passos mais belos de conhecidas tragédias, enquanto um único actor, com uma máscara de três rostos, interpretava todas as personagens, representando com um intenso e variado gesticular os seus volúveis sentimentos. A atenção deixa de estar centrada nos conteúdos e na forma, se por forma entendermos a concretização da fantasia em imagem, passando a concentrar--se no virtuosismo deste saber fazer-se compreender, desta que se poderá definir como tradução literal da linguagem verbal para linguagem gestual.

A comédia teve uma história menos agitada. As aventuras amorosas complicadas por disfarces, trocas de pessoas e reconhecimentos, os truques de servos argutos, que constituíam intricadas tramas de forma a satisfazer os desejos dos seus patrões, enganando velhos e estroinas, talvez não fossem arrebatadoras – e prova disso é o fracasso de Terêncio – mas, como eram sempre iguais e diferentes, também não se tornavam aborrecidas. Por isso, a comédia, quer na sua forma literária, quer na sua encenação, permanece sensivelmente inalterada, pelo menos, até ao advento do Império.

As máscaras, as perucas e os trajes tinham como função dar uma representação não pessoal, mas sim típica das personagens: expressão do rosto, a sua cor, o penteado e a coloração dos cabelos, a barba, a forma do traje, eram sinais através dos quais o espectador percebia imediatamente se a personagem que entrara em cena era um servo ou um parasita, um sacerdote ou um estroina. A personagem nominalmente central era o jovem, cuja satisfação dos seus desejos era geralmente o mote do drama; o jovem usava uma máscara de traços delicados, sem qualquer tipo de deformação cómica. O mesmo se pode dizer também das jovens. Contudo, as duas personagens entre as quais efectivamente se dava o confronto, o velho e o servo, tinham traços bastante pronunciados. O servo tinha uma grande boca afunilada, através da qual se podia vislumbrar o rosto do actor, numa grande risota, meio irónica, meio amedrontada. O velho não tinha uma expressão muito diferente, mas distinguia-se pela peruca e pela barba brancas, elegantemente penteadas. O servo fazia uma série de gestos praticamente infinita, embora sempre caracterizada pelas suas qualidades predominantes, a esperteza e pavidez, tanto que mais tarde se sentiu necessidade de tirar a rigidez ambígua à sua máscara, dando-lhe uma com dupla expressão que mudava consoante o lado a partir do qual era vista. O braço direito cómico do servo era o parasita: usava uma peruca vermelha, desarranjada, e uma máscara que indicava a sua fome insaciável. O papel do parasita no período imperial teve uma fortíssima evolução pelas possibilidades cómicas que oferecia com a sua contínua procura de convites para almoçar, e a máscara acaba por ser uma imagem quase animalesca da voracidade.

Face a esta produção erudita de origem grega, a produção popular pode resumir-se em três géneros principais: a atelana, o fescenino e o mimo. Os primeiros dois são de origem italiota e, portanto, mais próximos da tradição autóctone romana. A atelana era um jogo de personagens fixas – Dossenus, Pappus e outros – de máscaras, isto é, com um carácter pessoal próprio, sempre invariável através de infinitas e breves aventuras. Na época imperial, a atelana teve uma revivescência douta e agradou às classes altas. O fescenino teve uma vida mais breve, sobretudo por causa da sua temática política e da propensão a introduzir elementos de sátira pessoal.

O mimo, de origens gregas, prosperou principalmente nas colónias helénicas do Sul da Itália, e a este se dedicaram alguns poetas com certo valor (Herondas, Epicarmo). Todavia, o mimo romano tem a ver com o grego mais pelo nome e esquema formal abstracto do que pela substância do seu volúvel conteúdo concreto. Características do mimo foram a temática extremamente vulgar, quotidiana, requintadamente citadina e a presença de actores que representavam de rosto descoberto, sem máscara.

Com base nestas premissas, o mimo torna-se a forma teatral, por excelência, do povo romano: nas personagens plebeias, a massa do público reflectia-se a si própria, no actor sem máscara, os Romanos descobriam a sua vocação para o realismo representativo e o seu gosto pela subtileza arguta da expressão mímica, cujos termos podiam também ser forçados em sentido caricatural e grotesco sem prejuízo da realidade, pois as fronteiras entre actor e personagem iam-se tornando cada vez mais incertas.

Após o breve sucesso do mimo literário, a frágil trama destas representações acabou por constituir uma simples moldura que dava ideias para uma série de curtas cenas cómicas, sob as quais muitas vezes se ocultava o veneno da polémica política; por fim, o mimo transformou-se, provavelmente, num espectáculo de variedades, incluindo canções, danças e *strip-teases*, mas dominado sempre pela figura do actor-personagem, tanto é que mimo e actor acabaram por se tornar sinónimos.

É provável que, no período da decadência, o mimo fosse a única forma de espectáculo ainda vital, na medida em que, embora de forma corrompida e deformada, condensava em si, se não a cultura, pelo menos o gosto de um povo que parece ter deixado a sua marca indelével na história do Ocidente. No entanto, é só a marca do Senado romano. Mas o facto talvez mais importante do ponto de vista histórico é que, em Roma, também o teatro oficial, com base no qual se constrói a própria *ideia* de teatro, começa a fazer parte, por assim dizer, do dia-a-dia da vida. Já não associado à dimensão da festividade religiosa, nem ao debate civil e político, transforma-se institucionalmente em divertimento ou, como se diria hoje, numa forma de lazer: entendido mais como *circensis* do que como instrumento de cultura e, enquanto tal, é oferecido à plebe da mesma forma que os jogos desportivos e as lutas de gladiadores. Mantém, mais precisamente, um carácter festivo, no entanto, não se trata de festas religiosas, mas sim de festas oferecidas ao povo, dos magistrados pelos edis. De resto, os dias festivos, já numerosos, acabaram por se tornar ainda mais numerosos do que os dias úteis. Não causa certamente surpresa que tudo isso tenha tido como consequência um particular posicionamento social do actor, mais próximo do gladiador e da prostituta que do poeta. Os actores atenienses eram igualmente profissionais, porém, o seu profissionalismo era visto como uma função do Estado e do culto. Em Roma, os actores eram escravos ou homens livres: exerciam uma profissão necessária, mas degradada, tanto que o homem livre perde a sua condição e a sua dignidade justamente no momento em que se exibe como actor. Num certo sentido, o actor romano é abrangido pelo desprezo generalizado que atinge o trabalho, actividade, por definição, própria dos escravos, mas com a agravante de que este trabalho consiste na exibição de si próprio. Contudo, precisamente nessa situação, nasce a admiração pelas particulares habilidades dos actores, um paradoxo frequente: se a classe, no seu conjunto, é desprezada, o actor individualmente é, pelo contrário, estimado e elogiado. Róscio foi amigo de Cícero e acolhido nos círculos intelectuais. Começa, portanto, já na Roma republicana, a longa história da marginalização social dos actores que contrasta com o fascínio de uma profissão proibida.

Enquanto, para o teatro grego, me limitei a tomar em consideração o período historicamente mais relevante, aquele em que floresceram os grandes autores que eram também, convém não esquecer, ensaiadores e, pelo menos nos primeiros tempos, actores, no que toca o teatro romano tentei uma improvável síntese de pelo menos três séculos de história. Porque, não obstante o grande número de testemunhos literários, o teatro romano permanece, paradoxalmente, um objecto muito mais misterioso do que o grego, quer porque os próprios testemunhos são muitas vezes contraditórios e obscuros, quer porque é difícil identificar pontos de viragem significativos – com excepção daquele marcado pelo advento do Império, quando a pantomima parece esgotar praticamente todas as formas de espectáculo «dramático» ou, pelo menos, de espectáculo público.

Existem outras contradições nos factos. Referimos anteriormente que as primeiras memórias de edifícios teatrais remontam a 55 a. C., cerca de um século depois da morte de Terêncio, precedido por uma longa série de autores como Lívio Andronico, Pacúvio, Énio, Cecílio e Plauto. Por conseguinte, onde poderiam então ser representados os seus dramas, recordando que, já no século II a. C., os dias dedicados aos jogos cénicos eram pelo menos cinquenta e cinco (tendo-se tornado inclusive mais de cem no Império)?

Florence Dupont (autora de um belíssimo ensaio sobre o teatro romano, um daqueles livros sempre válidos ainda que historicamente discutíveis) sustenta que na época de Plauto e de Terêncio o teatro era um não-lugar: a acção ter-se-á desenrolado num *pulpitum* colocado diante de uma *scaenae frons* que se erguia solitariamente num espaço aberto, sem que a área reservada aos espectadores fosse, de alguma forma, delimitada ou, muito menos, dotada de assentos previamente predispostos. *Cavea* da *cavus*: o espaço do público é um vazio. Nem ao grande teatro de Marco Scauro, todo de materiais preciosos, correspondia um edifício, apenas bancadas provisórias, imediatamente desmontáveis. No entanto, como vimos, nos poucos anos que se seguiram, o teatro tornou-se quase um edifício simbólico da civilização romana na qual adquiriu uma perfeita coerência estrutural.

Não podemos acreditar que esta ausência de estruturas permanentes, ou, em todo o caso, globais, se devesse, nos séculos III e II a. C., à reduzida intensidade da dimensão espectacular. Sabemos, aliás, com certeza, que a música e a dança desempenhavam um papel talvez mesmo preponderante: quer as tragédias, quer as comédias articulavam-se em *diverbia* e *cantica*, sendo estes últimos executados por um cantor, enquanto, ao som do próprio flautista, o actor executava uma dança mímica.

Segue-se a questão das máscaras. Dupont defende que foram usadas muito raramente no teatro romano: nas atelanas, enquanto foram representadas por homens livres, e num curto período após a morte de Róscio até à afirmação do mimo que, por definição, representa de rosto coberto. As máscaras terão sido, ao invés, apanágio das cerimónias fúnebres, onde eram usadas às centenas para representarem os antepassados do defunto. Ora, sucede algo estranho, que, quanto a mim, contradiz esta hipótese embora não de forma cabal. A escultura romana é riquíssima em máscaras marmóreas que parecem ter uma função ornamental. E não só em máscaras trágicas, ou que representam rostos nobres, mas também em máscaras cómicas, nomeadamente máscaras de servos. Tal poderia advir do gosto de rodear-se de um fictício manto teatral, como sucede com os frescos pompeanos que representam cenas teatrais. Todavia, este gosto só pode derivar de um teatro: não do romano, onde as máscaras não terão tido uso; mas sim do grego, no entanto, a estatuária grega não guardou máscaras decorativas, ao passo que as máscaras marmóreas romanas, ou pelo menos as trágicas, têm traços definitivamente latinos.

Por fim, a questão do repertório. Da dramaturgia grega restam-nos obras de quatro autores, dos quais três tragediógrafos, que remontam ao século v a. C.. Sabemos que nos dois séculos sucessivos, a produção dramática continuou e que, pelo menos a comédia, sofreu uma profunda mudança estrutural, testemunhada pelo quinto autor que sobreviveu de forma não de todo fragmentária: Menandro. Mas sabemos ainda que, desde o século iv a. C., as obras de Ésquilo, Sófocles e Eurípides foram consideradas «clássicas» e várias vezes interpretadas.

No que respeita ao teatro latino, encontramo-nos na estranha situação de possuir um número relativamente elevado de comédias de dois autores, entre os séculos iii e ii a. C., e tragédias de um autor da época de Nero. Importa questionarmo-nos se, e em que medida, Plauto e Terêncio, que se apresentavam como «tradutores», foram considerados clássicos e interpretados durante os séculos ii e i a. C., quer dizer até ao advento de Augusto. Ou, senão, qual foi o repertório do teatro dramático, pois é certo que, na época de Cícero, eram representadas comédias e tragédias, pois o próprio Cícero, amigo de Róscio, sustenta que o orador ideal devia ter a voz da tragédia e a vivacidade mímica e gestual do comediante – indicação preciosa, entre outras coisas, para compreender em que sentido os dois géneros de espectáculo diferiam um do outro.

Seja como for, tudo isso permite fixar certas periodizações aproximativas: de 354 a. C., quando foram instituídos os *ludis caenici*, a cerca de 240, com o advento de Lívio Andronico, o teatro romano consistia essencialmente em danças e em farsas de origem osca ou etrusca; dos tempos de Lívio Andronico à agonia da República, às representações de tragédias e comédias acrescentam-se, frequentemente em forma de exodia, as atelanas e, mais tarde, os mimos. Comédias, tragédias atelanas e mimos são representados, até 55 a. C., em teatros provisórios, embora, por vezes, com cenários arquitectonicamente majestosos; com Augusto e, sobretudo, com Nero, a comédia é substituída pelo mimo e a tragédia pela pantomima.

Todavia, para concluir, importa ainda acrescentar que a tragédia literária sobrevive nas *recitationes* privadas. Defendeu-se muitas vezes que as tragédias de Séneca destinavam-se à leitura e não ao teatro. Há um fundo de verdade neste lugar--comum, uma vez que aquelas tragédias não se destinavam aos teatros públicos. Porém, as representações que tinham lugar nas casas dos ricos e dos nobres não eram simples leituras, antes autênticos espectáculos, em que talvez o elemento verbal prevalecesse sobre os elementos visuais. Os textos não eram necessariamente dramáticos: as *Bucólicas* de Virgílio e os *Tristia* de Ovídio podiam ser representados como o eram as tragédias de Séneca. Contudo, representar não quer dizer ler e os grandes monólogos dos *furiosos* senequianos eram, provavelmente, propostos num estilo completamente diferente daquele utilizado pela poesia bucólica e não elegíaca.

7

Mimos e jograis da Idade Média

A instituição teatral da Antiguidade, como a descrevemos, com a sua complexa estrutura organizativa e com a imagem que essa implicava, é destruída pela queda do Império Romano e desaparece: a última informação relativa a autênticas representações teatrais, segundo o significado que se atribuía a esta expressão na civilização greco-romana, remonta a 467 d. C. para o Ocidente europeu.

A actividade teatral de carácter oficial perpetuou-se durante mais tempo no Império do Oriente. Em Bizâncio, o centro desta actividade era o hipódromo onde, juntamente com competições desportivas, tinham lugar representações mímicas de breves cenas ligeiras, até de carácter realista, bem como de poemas ou inclusive de tragédias clássicas. Além disso, parece que, nessas representações, a acção mímica era separada da representação: o texto era declamado por um cantor, ao passo que os actores se limitavam a executar acções mudas que o ilustravam. Esta fórmula é já conhecida, na medida em que a pantomima romana da época imperial baseava-se nela.

De resto, também no Ocidente, os eruditos, que, de certa forma, conservaram a memória do teatro antigo, tiveram sempre este tipo de imagem do mesmo. Um comentário à *Ars Poetica* de Horácio que remonta ao século XI, o *Tractatus Vidobonensis*, propõe um esquema em dois pólos: o *recitator* e as *personae agentes et loquentes* de uma representação, isto é, um esquema que os actores não se limitam à simples pantomima, mas onde é necessária a presença de um narrador. Isto significa que a ideia de representação já não se baseia num texto estruturado de forma dramática, composto apenas por deixas dialógicas, mas sim numa narração em que se incluem partes recitadas.

E não é improvável que esta imagem tenha nascido, em certa medida, da síntese de uma memória erudita e da observação de algo que os eruditos, mais ou menos obscuramente, pensavam poder associar ao conceito de teatro. Com efeito, nos mosteiros continuava-se a copiar as comédias e as tragédias da latinidade clássica, e a monja Hroswita (935-973) testemunha que Terêncio ainda era lido por muitos: lido, mas não representado, como provavelmente eram concebidos para a leitura os textos da própria Hroswita, considerada o único verdadeiro autor dramático da Alta Idade Média. Seja como for, a actividade teatral institucional, isto é, entendida como actividade que se desenvolve regularmente em edifícios projectados ou adaptados para o fim, com a contribuição de vários especialistas e graças ao financiamento do Estado ou de particulares ricos está menos presente na Alta Idade Média. Assim, a ideia de teatro torna-se indefinida e nebulosa, mas capaz de reagrupar um mais vasto e diversificado número de fenómenos, visto que, se se perdeu a imagem da instituição, não se perdeu o conceito de função teatral, aliás, a «*theatrica*» é a dada altura introduzida entre as profissões por aquele grande sistematizador da cultura que foi Hugo de São Vítor (m. 1141): na sua ideia, a «*theatrica*» é a profissão do divertimento, útil para restaurar a «*laetitia*», que o homem perdeu com o pecado original. Hugo de São Vítor pensa que a função teatral deve realizar-se em lugares a ela reservados: não teatros, mas simplesmente espaços isolados do fluir da vida séria e quotidiana. Apesar de não ter uma ideia precisa de teatro, Hugo de São Vítor reconhece a existência e a liceidade da função. O teatro, poder-se-á concluir, não existe como coisa em si, existem antes os teatrantes. Esta apreciação, não preconceituosamente negativa, foi partilhada por outras figuras abalizadas, como Thomas de Cabham e o próprio São Tomás de Aquino, no entanto, permaneceu uma excepção à regra.

Paradoxalmente, nestes séculos de eclipse da instituição teatral, houve um grande desenvolvimento do que poderemos definir a teatralidade generalizada. Não se trata, obviamente, da sobrevivência das formas mais simplificadas da linguagem teatral, mas da perpetuidade e, aliás, da minuciosa difusão da categoria dos profissionais do espectáculo que os eruditos reconheciam ser herdeiros directos dos mimos e dos actores latinos, agraciando-os com o título de *histriones*, com o qual a latinidade clássica definira os actores de teatro: originariamente a palavra significava dançarino, mas Cícero usou-a num sentido mais geral, e Plínio tem expressões como «*histrio tragediarum, histrio comediarum*».

Porém, os nomes com que serão chamados em baixo latino e, mais tarde, nas várias línguas vulgares são muito variados: *joculatores, mimi, scurrae*, e, mais tarde, ainda *menestriers* e *troubadours* (isto é, menestréis e trovadores). Estes nomes não correspondem, se excluirmos talvez os últimos dois, a funções substancialmente diferentes, antes ao conjunto das funções exercidas por tais personagens. O mais difundido foi seguramente *joculator* (bobo, *jongleur*), no qual é evidente a raiz de *jocus*, jogo, que identificará, também nas línguas germânicas, o conceito de acção teatral e de actor: *Spiel-Spieler, Play-player*, e os verbos relativos. *Joculateur* é, portanto, aquele que se dedica ao jogo, mas desde o século VI que o termo parece ter sido aplicado aos clérigos e aos monges «fugitivos» e vagabundos, a quem se censuravam as turpitudes que faziam com palavras e gestos e o facto de serem «vadios», ou seja, sem uma morada fixa e um lugar estável na sociedade. Por conseguinte, o termo surgiu imediatamente conotado em sentido negativo.

De resto, a história dos jograis e dos actores em geral, ao longo de toda a Idade Média e não só, é a história da sua condenação. A sociedade romana já havia atribuído um *status* social degradado, mas os Padres da Igreja (Santo Agostinho, Tertuliano, São Jerónimo) inauguraram a longa luta que a Igreja levará a cabo durante séculos contra o teatro, luta essa ainda não terminada no século XVIII. Compreende-se o significado desta luta, na sua origem, se tivermos presente a revolução cultural protagonizada pelo cristianismo primitivo com a negação absoluta da cultura clássica, da qual o teatro era a expressão mais mun-

MIMOS E JOGRAIS DA IDADE MÉDIA

dana e diabólica; e que se explicita, posteriormente, no âmbito da ideologia social e moral da nova sociedade cristã. Com efeito, as condenações oficiais e oficiosas repetem-se: nos sínodos e nos concílios (Tours 813, Paris 829; Eichstadt 1435), bem como nas obras dos teólogos e dos moralistas de São João Crisóstomo ao bispo Alberto, de João de Salisbúria a Pedro, *o Cantor.*

O motivo destas condenações, muitas vezes incrivelmente duras – assistir a um espectáculo é «*vitium immane*», os jograis são «infames», «*instrumenta damnationis*», etc. –, não é genérico, há de facto referências bastante específicas, tanto é que estas condenações se tornaram as melhores fontes para o conhecimento da actividade jogralesca.

Na medida em que são infinitas vezes repetidas, as condenações eclesiásticas provam, por um lado, a sua ineficácia, mas, por outro, a amplitude do fenómeno. Diz-se que nas grandes festas senhoriais se chegavam a juntar às centenas de jograis para exibirem o seu talento peculiar. Assim os descreve um romance do século XIII: «E eis que avançam os jograis. Todos se querem fazer ouvir. Poderiam ouvir-se cordas de instrumentos modeladas em todos os tons. Quem conhece uma nova sonata para viola, uma canção, um discurso ou um *lai* exibe-se o mais possível. [...] Um recita versos, outro acompanha-o com a música; um põe as marionetas a dançar, outro exibe-se com as facas; um caminha de gatas, outro faz cambalhotas; um dança com uma taça na mão; outro dá saltos. São todos muito habilidosos. [...] Um narra a história de Príamo, outro a de Píramo.»

Que os jograis eram um elemento constante da vida quotidiana, e quase parte da paisagem, está provado também pela frequência com que aparecem nas artes figurativas: nos códices com iluminuras, bem como, e talvez com maior frequência, nos capitéis esculpidos das igrejas, em que assumem obviamente formas animalescas e demoníacas, e em muitas outras esculturas decorativas. Deviam ser particularmente numerosos em Espanha: as caleiras dos palácios e dos conventos são feitas em forma de jogral, e na Universidade de Salamanca há uma escada em cuja decoração os jograis estão retratados em diversas poses.

As condenações baseavam-se essencialmente em três constatações: o jogral é «*gyrovagus*», «*turpis*» e «*vanus*». Ao primeiro termo já fizemos uma breve referência: ser *gyrovagus* não significa apenas ser vagabundo, mas também estar à margem e inclusive fora da organização social. Os jograis não têm um *status*, tal como não têm uma casa, o seu posicionamento é caracterizado pela ambiguidade: «atravessam todas as classes sociais, mas não pertencem a nenhuma delas. São próximos dos poderosos na corte, mas não são homens dos poderosos. Acompanhantes dos mercadores nas feiras, não estão, no entanto, como os mercadores ou artesãos, inseridos em alguma estrutura social, organizada e reconhecida» (Casagrande-Vecchio). Talvez também para fugir a esta condenação, a partir do século XII, procuraram uma defesa pelo menos profissional, unindo-se em corporações e confrarias, como a famosa Puy d'Arras.

Mas, por outro lado, é justamente esta condenação que esclarece aquele conceito de teatralidade difusa a que se recorreu no início: o jogral não encena o espectáculo num lugar determinado, oferece-o. Tal como o vendedor ambulante, apresenta-se nas feiras, bem como onde se reúne um pouco de gente, nas tavernas, por exemplo, ou simplesmente nos trívios. Mais, ele entra nas casas, predominantemente nas dos ricos, onde alegra os banquetes e muitas vezes simplesmente a vida quotidiana, tornando-se *scurra*, o bobo; e, ainda, na casa dos burgueses e até mesmo dos camponeses, por ocasião de celebrações caseiras, como os casamentos, os baptismos, ou todos os acontecimentos de algum modo faustosos.

O jogral é igualmente «vão», pois a sua suposta arte é vazia de conteúdo técnico: é o cultor do uso, do empirismo, relativamente à aprendizagem determinada por normas e regras fixadas pelas autoridades; e, além disso, a sua actividade nada produz de útil. Na verdade, como vimos, Hugo de São Vítor reconhecia que os jograis iam ao encontro de uma exigência real do

MIMOS E JOGRAIS DA IDADE MÉDIA

homem, a de estar alegre, mas a maioria contrapõe a inutilidade do divertimento à seriedade da catequese e do ensino. E o que é vão é mundano, e o que é mundano é diabólico. A mundanidade jogralesca também é efectivamente testemunhada do ponto de vista literário, porque se é verdade que os jograis e os goliardos constituíam uma categoria em cujo interior é difícil traçar fronteiras, os seus textos apresentam-se muitas vezes como a inversão, numa perspectiva paródica, dos valores autênticos e espirituais que a Igreja procurava impor. Jograis e goliardos nunca faltavam naquelas festas profanas e profanadoras que em Dezembro invadiam as igrejas e que, segundo Inocêncio III, as transformavam indignamente em teatros e em lugares de orgia e pecado.

O jogral é também, e essencialmente, *turpis*. Este termo não é genericamente depreciativo, mas significa justamente que o jogral, o mimo, é aquele que desvirtua (*torpet*) a imagem natural. E esta é a condenação ideologicamente mais grave. O cristianismo admite, e aliás sugere, reprimir a natureza, limitando a satisfação dos desejos e das necessidades para humilhar a carne, mas não admite que se possa alterá-la, na medida em que, enquanto obra de Deus, é sublime e perfeita. Os pecados contranatura não têm perdão, nem compreensão e uma mesma condenação abrange o actor que transfigura o seu corpo, o luxo e maquilhagem das mulheres, as práticas anticoncepcionais, a sodomia e, em última instância, a investigação científica. Esta condenação diz ainda respeito a outros tipos de disfarces, de uma outra forma e num contexto diferente, que podemos, no entanto, definir, em sentido lato, teatrais: a festa popular e, principalmente, a grande festa carnavalesca. Difundida em toda a Europa em esquemas frequentemente muito semelhantes, a festa do Carnaval tem entre os seus elementos constitutivos precisamente o disfarce e a máscara. E a Igreja não condena tanto o ritual que, no fundo, é o processo sacrificial da antiga divindade terrestre, quanto o próprio disfarce que, contra a natureza, transforma o homem em mulher e a mulher em homem, e ambos em animais.

E o actor, o jogral, é precisamente aquele cuja actividade profissional consiste no revolvimento da forma humana, e não só porque esse se disfarça de animal ou mulher, o que por si envolve corrupção moral, ou seja, hipocrisia e adulação, mas também porque usa o seu corpo, exibindo-o contra a norma natural e social. E, com isso, entramos na questão do *estilo* jogralesco, tal como aparecia aos moralistas da época: o gesto prevalece sobre a palavra, aliás, substitui-a, arrogando-se uma função que não era sua. Além disso, o gesto perde a sua funcionalidade prática directa e transforma-se em gesticulação absurda e desalinhada. O homem perde a sua dignidade, que consiste exactamente no controlo e na pacatez (a própria pressa, segundo Dante, «tolhe a nobreza a todos os actos»), para se tornar epiléptico, percorrido pelo estremecimento da loucura, endemoninhado e como que possesso – pelo diabo, obviamente. E, por seu turno, a palavra, na lengalenga insensata, torna-se puro jogo de sons, e perde, portanto, também ela a sua função significante: as palavras sobrepõem-se num jogo de pura habilidade sonora, segundo um ritmo que não é o do discurso lógico, mas, pelo contrário, o da fabulação absurda.

O excesso de gesticulação e de vocalidade parece, por conseguinte, ter sido a marca estilística dos jograis, contorcionistas, cantores, acrobatas, ilusionistas, exibicionistas de animais amestrados ou mimos que fossem. Contudo, ainda assim, esta série de habilidades tão numerosa e diversificada é redutora. Os jograis são mais do que isso.

Ao contrário do que pensavam os moralistas, os jograis também são profissionais da palavra significante, nas suas várias acepções, e principalmente da palavra crítica e da palavra narrativa. Pagos muitas vezes para difamar, os jograis são, no entanto, quase necessariamente, o espírito crítico do corpo social; os camponeses são o alvo preferencial da sua fácil e, muitas vezes, violenta ironia; a sátira contra o vilão surge depois do ano 1000 nas camadas aristocráticas e burguesas. A famosa obra *Ditados* de Matazzone da Caligano, jogral lombardo que, provavelmente, viveu por volta de meados do século XIII, é talvez o seu mais ilustre testemunho. Este comportamento valeu aos jograis a fama de servos do poder, mas usaram muitas vezes a liberdade da palavra que a eles, tal como aos loucos (com os quais são praticamente identificados, o jogral enverga muitas vezes as vestes do *fool*), lhes era concedida para variar o objectivo e também discorrer, em termos satíricos, sobre as classes mais altas e os indivíduos poderosos. Além disso, a sátira tinha uma função informativa e o jogral, que, mais do que os outros, sabia o que sucedia no mundo precisamente em virtude da sua errância, desempenhava um pouco a função de jornalista.

Mas é na pele de narrador que o jogral encontra um pouco de crédito também junto dos eruditos e moralistas menos rígidos. Thomas de Cabham, bispo de Salisbúria, por volta de 1300, ou seja, num período já muito tardio, distingue três tipos de jograis: os que transformam e transfiguram os seus corpos com gestos e saltos abjectos, tirando ou pondo máscaras horríveis; os que seguem as cortes dos grandes dizendo opróbrios dos ausentes; e os que cantam para celebrar as gestas dos príncipes e dos santos. Estes são verdadeiros cantores populares de cantigas, utilizados de quando em quando para levantar o moral dos soldados em campanha, ou, nas igrejas para contar os milagres e o martírio dos santos – e sobre eles o bispo inglês fazia um juízo benévolo.

Cantores populares de cantigas. E é fácil imaginar que dos seus repertórios fizessem parte as *Chansons de gestes*, com os ciclos de Carlos Magno e do rei Artur, bem como aquelas curtas histórias, muitas vezes ridículas ou irónicas, fábulas ou *fabliaux*, cujas personagens se ambientam geralmente no domínio da vida quotidiana, burguesa ou popular que, mais tarde, será do âmbito da farsa. Contos, portanto, de acções, em que o diálogo entre as personagens intervenientes tem uma parte relevante: a narração jogralesca é uma narração com fortes realces mímicos e, aliás, é muito provável que o narrador se transformasse em verdadeiro actor sempre que o texto o sugeria. Como se dizia, ao início, os mesmos eruditos consideravam o teatro uma alternância entre a acção e a narração, certamente por influência do que podiam ver quotidianamente na obra dos jograis, considerados uma versão simplificada do teatro «verdadeiro» e antigo. A atestá-lo, de resto, o epitáfio latino do mimo Vitalião: «Eu imitava o rosto, o gesticular e o falar dos interlocutores, e ter-se-á acreditado que muitos se exprimiam através de uma única boca [...]. Assim, o dia funesto raptou comigo todas as personagens que viviam no meu corpo.» O transformismo do actor faz com que a narração resvale em drama, um drama narrado e interpretado por um único actor mas em diferentes personagens.

De um modo geral, os jograis actuavam isoladamente, no entanto, não eram raros os casos de minúsculas companhias de carácter predominantemente familiar, em que colaboravam vários especialistas: «qual jogral pelas ruas andava/os filhos dançavam e ela a harpa tocava» diz o canto do Buovo de Antona. Naturalmente, nestes casos, podia ocorrer uma acção cénica mais complexa. E é aqui que se deve procurar a origem dos *Jeux* do século XIII, como o *Jeu de la Feuillé* e o mais famoso *Jeu de Robin et de Marion*, autêntico melodrama em miniatura de Adam de la Halle (n. 1288). Todavia, estamos agora no limiar de uma nova era: o teatro volta a ter o seu papel institucional e, a par das representações sacras, encontramos outras formas de espectáculo nas quais os jograis provavelmente participavam, mas que eram organizadas por outros, pela sociedade de foliões que representavam farsas e *sotties*, ou por confrarias religiosas, cuja expressão dramática se concentra nos milagres (*miracle plays*, *miracles de Notre Dame*), em que a parte reservada à temática religiosa é parcial, reduzindo-se muitas vezes à intervenção de um santo ou da Virgem que, quase *deus ex machina*, resolvem a situação da melhor maneira; e, nas moralidades (*moralités*, *morality plays*) cujas personagens eram personificações de entes abstractos (a Vida, a Morte, a Virtude, etc.).

Mas os jograis não desapareceram, permaneceram activos ainda por vários séculos em vários contextos e em novas situações económicas: condimento alegre das feiras e dos banquetes continuou a representar de várias formas aquela teatralidade difusa e anti-institucional que se insere no quotidiano e que, há alguns anos, voltou a aparecer nas praças das cidades e nas estações ferroviárias das áreas metropolitanas.

8

O drama litúrgico

A luta da Igreja contra o teatro pagão, e contra o teatro em geral, não se desenvolvia somente no plano da negação: ainda que de forma implícita, a Igreja contrapunha o espectáculo mundano ao espectáculo espiritual e purificador do rito. O rito católico, tal como os ritos de quase todas as religiões, é rico em elementos espectaculares e no seu expoente máximo, a missa, assume mesmo um significado dramático, não só pela forma dialogada do «texto», mas sobretudo porque a missa é a representação, embora simbólica, de um acontecimento: «fazei isto em memória de mim.»

Aliás, enquanto se pode falar de drama em sentido próprio, a palavra «espectáculo» é usada aqui de forma latitudinária, ao passo que a situação do fiel-espectador é fortemente ambígua. Com efeito, por um lado, ao assistir ao rito, o fiel contempla um mistério que o transcende, mas por outro, dada a própria essência da *ecclesia* que institui a comunidade dos fiéis, o povo de Deus não assiste simplesmente, participa também no rito que o envolve. Além do mais, em alguns casos, justamente aqueles em que a dimensão dramático-representativa é mais forte, o profano permanece excluído; o povo identifica--se com a comunidade monástica que participa activamente no desenrolar da acção dramático-ritual, a qual não prevê nenhum espectador. Esta ambiguidade verifica-se ainda num outro plano: as extensões dramáticas do rito, concentrando-se no mistério fundamental da religião cristã, a encarnação e o sacrifício de Cristo, constituíam uma espécie de visualização e de explicação, no entanto não é tomado nenhum cuidado para favorecer a contemplação. Só numa época muito tardia, no século XV, quando as extensões dramáticas haviam perdido a sua conexão orgânica com o rito, é que a dimensão espectacular é francamente evidenciada, como, por exemplo, na representação da Anunciação nas igrejas florentinas.

Nas origens de tais extensões, ou, pelo menos, nas de carácter mais explicitamente dramático (e não, insisto, espectacular), há duas teses fundamentais. A primeira, e ainda mais comummente aceite, refere-se aos *tropi*, que os liturgistas medievais definiam «*versiculi ante inter vel post alios ecclesiasticos cantus appositi*»: a música do ofício romano, em especial nas antífonas, tinha particulares dificuldades em certos pontos dos vocalizos, pelo que, para facilitar a sua memorização, ter-se-ão introduzido versículos, ou justamente *tropi*, que, em qualquer caso, terão assumido uma forma dialógica, como, por exemplo, no Mosteiro de São Galo, na Suíça, por mão do monge Tutilão. Todavia, no parecer de estudiosos mais recentes, tais extensões não nasceram de motivos mais ou menos explicitamente técnicos, mas como autênticas cerimónias litúrgicas autónomas, introduzidas para estender ou completar a liturgia das horas e dias mais relevantes. Tais cerimónias terão sido introduzidas, no âmbito da revisão das práticas litúrgicas do mosteiro cluniacense de Fleury, pelo bispo Odão cerca de 930 e posteriormente aceites por outras sedes monásticas com variantes que visavam adaptá-las aos costumes locais.

Em todo o caso, há que admitir que o *tropo*, se de *tropo* se trata, se transforma em cerimónia, como demonstra a sua colocação precisa na jornada litúrgica e as minuciosas indicações que um olho teatral é tentado a ler como autênticas didascálias de um texto dramático.

A mais antiga e difundida cerimónia dramática é o famoso *Quem quaeritis?*, cujas falas são extraídas directamente dos textos evangélicos que descrevem a visita das pias mulheres ao sepulcro de Cristo, encontrado vazio, e às quais um anjo anuncia a sucedida ressurreição. O texto do ofício – «Angelus Domini locutus est mulieribus dicens: quem quaeritis? Jam

HISTÓRIA DO TEATRO

surrexit. Venite et videte quia ressurrexit» – é elaborado de forma dialógica directa:

Interrogatio: *Quem quaeritis in Sepulchro, Christocolae?*
Responsio: *Jesum Nazarenum crucifixum, o Caelicolae.*
Interrogatio: *Non est hic. Surrexit sicut praedixerat. Ite et nuntiale quia surrexit* (*).

Não se trata só de um canto alternativo, mas também de um canto que presume uma personificação e uma acção. Que não tardaram. Os dois coros que cantavam a *interrogatio* e a *responsio* foram substituídos por três clérigos «*in persona mulierum*» (na parte das mulheres) e um sacerdote que representava o anjo. O desenvolvimento destes motivos gerou verdadeiras representações dramáticas, definidas como «dramas litúrgicos» na medida em que estavam estreitamente conexos com o rito do qual eram uma extensão e um momento. Com efeito, muitas vezes eram os mesmos padres que representavam o drama que tinham um papel no desenrolar do ofício; o coro a que as personagens se dirigiam, e que comentava a acção ou participava nela com o seu canto, permanecia no lugar que tinha durante o ofício; às vezes, a acção dramática iniciava e terminava com uma procissão ritual.

É, portanto, lógico que o drama litúrgico se tenha desenvolvido nos mesmos termos espaciais onde tinha lugar o rito, não só pelo facto de utilizar um idêntico ambiente arquitectónico e os mesmos significados simbólicos de que se revestem os elementos individuais da arquitectura eclesiástica, mas também porque estes valores simbólicos (da porta de entrada ocidental, do coro, da cripta, do altar) eram considerados mais importan-

---

(*) *Pergunta:* Quem procurais no sepulcro, cristãs?
Resposta: Jesus Nazareno crucificado, oh celestes.
Pergunta: Não está aqui. Ressuscitou como havia profetizado. Ide e anunciai que ressuscitou. (*N. T.*)

O DRAMA LITÚRGICO

tes do que os físicos e espaciais, tratados de forma flexível e, por assim dizer, abstracta.

À semelhança do rito, o drama litúrgico também podia concentrar-se numa pequena parte da igreja ou apoderar-se dela no seu conjunto e percorrê-la de uma ponta à outra, segundo percursos também eles determinados por valores simbólicos precisos.

Nas suas formas mais simples, o drama litúrgico desenrolava--se num único centro gerador e de referência, habitualmente o altar, que assumia um significado particular representando o sepulcro de Cristo ou o presépio. As distâncias que as personagens deviam percorrer tinham uma importância relativa, assim como o ponto de onde se deslocavam – habitualmente o coro dos clérigos ou a sacristia.

O gesticular teve, de um modo geral, uma qualificação puramente litúrgica, porém, não faltaram casos em que o gesto assumiu o valor não só simbólico mas inclusive representativo, de tal modo que se pode falar de uma acção mímica em si significante.

Importa salientar que o drama litúrgico foi na realidade um melodrama, pelo menos até às manifestações mais recentes. Portanto, também os movimentos e as acções terão sofrido o abrandamento que o canto impõe, assim como o gesticular, igualmente condicionado pela qualificação litúrgica, terá sido ampliado e interrompido.

Contudo, se estas são considerações gerais, é possível dar alguns exemplos concretos que se referem a «representações» individuais. As didascálias dos textos são sempre bastante amplas, na maior parte das vezes mais vastas do que os próprios textos: no rito, o gesto e acção têm a mesma importância da palavra.

Um dos textos mais antigos, datáveis do século XI, revela uma ainda total coerência entre rito e representação, tanto que dificilmente se poderia determinar onde prevaleceria um e onde prevaleceria outro. Trata-se do *Ofício da Ressurreição* segundo o procedimento do Mosteiro de Neuburgo, em que o drama tem uma espécie de premissa numa acção ritual por ele cronologicamente separada. Com efeito, na noite de Páscoa, antes que

que modificaram profundamente as formas de representação do grecismo, porém, serve para definir o diferente significado e função que o teatro teve em Roma.

O público ateniense, ao assistir às representações trágicas, presenciava a reelaboração e a reinterpretação de mitos e de histórias que constituíam o núcleo central da sua cultura: nesta cultura autóctone e plenamente partilhada pelo povo, o teatro foi um instrumento importantíssimo no século v a. C., provavelmente o principal instrumento de desenvolvimento e de continuidade, bem como de conservação.

Em Roma, a situação é, de certo modo, oposta. O teatro torna-se um instrumento para analisar e assimilar uma cultura substancialmente estranha à tradição indígena de forma a adequá-la às novas exigências sociais e políticas. É claro que só um público restrito podia viver a génese deste trabalho de assimilação: à maior parte da população eram-lhe dados resultados que essa só podia aceitar ou rejeitar. É em Roma que nasce o classicismo, entendido como referência constante de um património de formas, de imagens e de conteúdos antigos e estrangeiros, considerado ideal e possuído por uma categoria restrita de pessoas. A consequência que daí advém é uma nítida divisão entre uma cultura de classes privilegiadas, que pode até ser oferecida ao vasto público que não participa na sua elaboração, e uma cultura popular, às vezes um subproduto da primeira (e, neste caso, é mais oportuno defini-la como popular), que apesar de desenvolver uma temática própria é sempre considerada vulgar e inferior. Só a intervalos, nos momentos de maior cansaço da produção oficial, esta segunda cultura vem imponentemente à ribalta e se coloca como alternativa: não se baseando numa efectiva mudança da estrutura social, permanece um facto episódico e sem continuidade.

O teatro romano é, talvez, o primeiro, mas certamente o mais claro exemplo desta situação que se perpetua até aos nossos dias, constituindo a tara profunda da cultura ocidental.

A produção literária aristocrática podia dirigir-se unicamente ao seu público, ao invés, a produção teatral devia de algum soem as matinas, um prelado vai com uma pequena procissão tirar do sepulcro o corpo do Senhor e o Crucifixo, cumprindo a adoração nas formas prescritas: puro rito, como se vê, cujo gesto simbólico está associado à oração e ao canto. Num outro momento (e a didascália especifica: «quando deve visitar pela segunda vez o sepulcro») tem início o drama, ou, mais precisamente, o rito assume formas dramáticas: o coro divide-se em duas ordens, seguindo-se uma espécie de prólogo narrativo. «Passado o sábado, as Marias compraram os aromas [...].» Depois, de um dos dois semicoros destacam-se dois padres *«in persona mulierum»*; encontramo-nos assim perante uma personificação de carácter dramático e representativo, todavia, sem nenhuma indicação quanto ao traje, os padres vestem paramentos litúrgicos. Entram no sepulcro que, neste caso, não é representado pelo altar mas sim por aquela particular estrutura arquitectónica em forma de edícula, que se conserva ainda em algumas igrejas, ou pela cripta, caso em que o drama continuaria fora do alcance da vista do povo e do próprio clero. Seja como for, é no sepulcro onde se desenrola a parte central do drama, o *«Quem quaeritis»*. Terminado o breve diálogo, os padres que encarnam as pias mulheres, «dirigindo-se ao clero», narram o que aconteceu. Isso significa que o espaço que antes efectivamente percorreram deixou de existir e as Marias estão em contacto directo com o coro. Este, de súbito, começa um outro canto, prólogo à segunda parte do drama: Pedro e João, isto é, dois outros padres, repetem a acção das Marias, com a variação que regressam em direcção ao coro, a quem se dirigem como se de outros apóstolos se tratasse, e mostram-lhes o sudário.

Mais ou menos contemporâneo do anterior, o *Ofício do Sepulcro*, segundo o uso de Narbona, apresenta uma estrutura muito diferente: a acção permanece relativamente simples, mas parece que o espaço utilizado era mais amplo, ocupando todo o presbitério, do altar ao púlpito, onde dois cónegos *«tanquam apostoli»* interpelam as Marias. No entanto, os movimentos são limitados ao máximo: só as Marias «se aproximam», pelo que não chegam ao altar. Portanto, a acção do anjo que descobre o

O DRAMA LITÚRGICO

altar «*in figura sepulchri*» (representando o sepulcro) é dirigida a eles, bem como ao clero e ao povo. Além disso, as Marias não se encontram com os apóstolos, representados por dois cónegos atrás do púlpito, mas dialogam entre si e com o coro, enquanto ambos os grupos permanecem no seu lugar. Nesta quase total imobilidade da acção torna-se muito mais relevante o cuidado, se não realista, de certeza fortemente simbólico e indicativo das vestes, em particular a dos anjos, vestidos com a alva e o amicto, com um sudário vermelho sobre a cara e as asas sobre as costas.

Uma acção mais ampla e complexa, que abrange também o «*noli me tangere*», está no *Ofício do Sepulcro* segundo o procedimento do Monte Saint-Michel. A passagem do canto litúrgico à acção dramática, porquanto suceda sem solução de continuidade, é clara e inequívoca. Quando os frades acabam o canto das «matutinas», um frade, «que será Deus», envergando uma «alva cor de sangue, com diadema e barba, os pés nus e com a cruz», isto é, com indumentária litúrgica adaptada de modo a tornar inequivocamente reconhecível a personagem, atravessa o coro para regressar à sacristia. No silêncio que segue o canto, na semiobscuridade da manhã, uma figura vermelha atravessa de forma solene, mas simples, um amplo espaço vazio, sem qualquer indicação ou determinação. E este simples movimento simboliza a ressurreição de Cristo, a sua ascensão ao céu: nada é menos milagroso e mais credível. Segue depois ao longo do coro, do altar ao sepulcro, a acção das Marias, que choram seguramente de modo puramente indicativo, talvez inclinando a cabeça. Diante do altar, Cristo reaparece a Madalena, numa acção da mais intensa mímica, sobressaindo ainda em outros exemplos onde se desenrola este episódio e o da corrida de Pedro e João.

A estrutura do *Officium Sepulchri* é reproduzida nos ofícios dramáticos relacionados com a festa da Natividade, obviamente posteriores, na medida em que o centro dramático e litúrgico da religião cristã não é constituído pelo nascimento, mas sim pela morte e ressurreição de Cristo. Todavia, como as festas de Natal começaram bem cedo a ser mais vividas e fruídas pelos fiéis, também as extensões dramáticas dos ritos a elas associadas foram enriquecidas com motivos de maior intensidade espectacular. Nestes casos, não é correcto falar de «dramas litúrgicos», uma vez que já não se trata de extensões da liturgia, mas antes de cerimónias catequéticas e, por conseguinte, explicitamente dedicadas ao «público» dos fiéis.

No *Ofício dos Pastores*, segundo a prática de Ruão, um jovem, diante do coro, profere a anunciação do anjo a quinze monges e cónegos que entram, atravessando o próprio coro numa procissão que se desenrola ao longo do eixo longitudinal da igreja, ao passo que outros jovens *«in voltis ecclesiae»* cantam a Glória. Em frente do altar, a acção desenrola-se de forma breve com uma adaptação do *«Quem quaeritis»*, terminado o qual, os pastores, como as Marias, dirigem-se ao coro.

Esta ampliação do espaço envolvido na acção dramática repete-se, em Ruão, noutros dois casos muito significativos. O primeiro é um *Ofício da Estrela*, celebrado para a festa da Epifania: embora do ponto de vista dramático se inclua no esquema do *«Quem quaeritis»*, desenvolve-se de forma surpreendentemente complexa do ponto de vista da representação. Com efeito, três clérigos, «vestidos com o traje dos reis», convergem no altar-mor provenientes de três pontos diferentes: este percurso mudo, que recorda o da *Ressurreição* do Monte Saint-Michel, abrange provavelmente toda a zona do transepto. Diante do altar, os Magos trocam o beijo da paz e formam uma procissão que atravessa novamente o transepto (segundo o lado maior) para parar à entrada da nave. Nesta altura é acesa uma coroa que pende «qual estrela diante da cruz». Os Magos indicam uns aos outros a estrela com os cajados e a procissão prossegue até ao altar de Nossa Senhora, situado talvez na nave. Deste modo, o drama litúrgico não só terá alargado as fronteiras espaciais da sua acção, antes confinada ao presbitério, como também envolvido os fiéis. Além disso, o movimento de translação dos que agora podemos chamar, sem dúvida, personagens adquire um significado preciso, ao passo que a distância do ponto de encontro dos Magos vai até à gruta de Belém. Valor simbólico análogo assume o tempo, dado que o tempo que a procissão leva para ir do altar-mor ao da Nossa Senhora representa o tempo necessário para percorrer o trajecto do ponto de encontro a Belém.

Este simbolismo, em que se encerra o sentido do que será definido como cenário «simultâneo», pode parecer abstracto e convencional, mas, ao invés, é determinado e concreto em comparação com a total ausência de explicações e a completa disponibilidade espaciotemporal das representações anteriormente examinadas.

O mesmo significado simbólico, ou antes indicativo, dos vários lugares da acção e das distâncias que os separam já se encontra canonizado num drama que tem ainda toda a igreja como cenário, mas com o nome de *Mystère*. No tema deste drama, a conversão de São Paulo, a relação directa com os dois mistérios fundamentais também se atenuou. As didascálias são bastante claras: «Prepare-se num lugar conveniente, *quasi Jerusalem*, uma cadeira [...]. A uma certa distância preparem-se mais duas cadeiras, *quasi Damascum*»; à decoração orgânica da igreja (altares, sepulcro, púlpito) acrescentam-se aqui apetrechos cenográficos básicos, e a curta distância que os separa representa a longa viagem de Paulo, de Jerusalém a Damasco, durante a qual ocorre o extraordinário episódio da conversão.

Esta explicação indicativa das relações espaciais era inexistente nos dramas litúrgicos propriamente ditos, embora fossem relativamente complexos no seu desenvolvimento. No *Mystère de la resurrection* de Orleães, datável do século XIII e, portanto, bastante tardio, estamos ainda no clima linguístico do drama litúrgico: a narração tem maior continuidade e o desenvolvimento dramático evita retornos e repetições, mas o «espaço cénico» permanece unitário e genérico, sem sentido da distância e da sucessão dos momentos em «lugares» de significado preciso, sendo o sepulcro o único pólo. Todavia, por outro lado, este texto aproxima-se de formas de espectáculo mais profanas, nomeadamente naquela indicação mímica tão peremptória e firme referente às Marias, que devem aproximar-se lentamente do sepulcro «*quasi tristes*», como se estivessem tristes.

9

Mistérios e representações sagradas

Num parágrafo anterior, fizemos referência a algumas formas de espectáculo organizadas por confrarias laicas ou por associações de foliões. Trata-se de espectáculos muito diversos, alguns com fundo religioso e moral, como as moralidades e os milagres, outras de carácter puramente profano, como as farsas. No entanto, têm em comum dois elementos importantes. Em geral, com excepção de certas moralidades, sobretudo das inglesas, estes espectáculos têm lugar num espaço cénico bem delimitado, enfim, num palco autêntico, embora na maioria das vezes faltassem referências a uma coreografia positiva, sendo o palco fechado posteriormente por um simples cortinado, ou aberto nos quatro lados. Os jograis, ao invés, actuam habitualmente no mesmo perímetro espacial dos espectadores, usando o mais possível as mesas das tavernas ou os poços das praças para melhor se fazerem ver. Além disso, no caso, quer das moralidades, quer das farsas, trata-se de espectáculos em certa medida organizados por uma confluência de vontades e de uma estrutura social que estabelecia este objectivo em épocas e lugares próprios. A instituição teatral, que na Alta Idade Média se dissolvera, volta a ganhar forma em função destes tipos de espectáculos em meados do século XIII, mas, paradoxalmente, não por mão dos profissionais do espectáculo, os jograis, antes por mão de grupos amadores ou de associações para as quais o teatro não é sequer a principal razão da sua existência.

Porém, este processo de institucionalização do teatro teve, a partir do século XIV, um impulso decisivo por parte de instâncias oficiais ou oficializadas pelas cidades comunais. Trata-se de um teatro que se poderia definir de carácter celebrativo, sendo na maioria das vezes organizado em ocasiões excepcionais

MISTÉRIOS E REPRESENTAÇÕES SAGRADAS

e de cunho festivo, e algumas vezes como acto de agradecimento pela graça recebida. Os actores são, também neste caso, diletantes, mas os custos de encenação são de tal modo avultados que, para lhes fazer face, há que envolver o município, os cidadãos mais ricos e, por vezes, a própria Igreja, directamente interessada na medida em que se trata de teatro de carácter religioso.

Estes espectáculos são geralmente designados pelo termo «mistérios». A sua difusão foi muito ampla, embora tenham tido um maior desenvolvimento nos territórios de língua francesa, ou, pelo menos, os mistérios franceses são de longe os mais conhecidos e estudados.

As primeiras «representações sagradas», encenadas fora das igrejas e sem nenhum vínculo ao cerimonial litúrgico, foram, no entanto, dirigidas por clérigos ou padres, como prova o latim das didascálias, e mantinham uma certa ligação com o recinto sagrado.

Um exemplo típico desta forma de espectáculo – considerada durante muito tempo, por um certo esquematismo histórico, uma forma de transição entre o drama litúrgico e os mistérios – é-nos dado pelo famoso *Jeu d'Adam*, de um autor anónimo normando do fim do século XII. Nele encontramos uma clara determinação das relações espaciais entre os vários «lugares», bem como um novo elemento que será fundamental na estrutura dos grandes mistérios franceses dos séculos XIV, XV e XVI: a representação global do universo, da Terra, isto é, do paraíso e do inferno que a contêm, e, num certo sentido, lhe dão continuação.

Como do ponto de vista literário este texto foi citado enquanto exemplo do realismo cristão, implícito já nos textos evangélicos, canónicos ou apócrifos, e do realismo burguês, oposto à literatura cavaleiresca e cortês de um ponto de vista cénico, exemplifica muito bem o gosto pela expressão intensa e tocante através da manifestação vital dos afectos. A expressão é confiada não à palavra, mas à mímica e ao gesto, descritos com extremo cuidado nas didascálias, onde estão igual e minu-

HISTÓRIA DO TEATRO

ciosamente descritos os elementos cenográficos. De entre estes, é particularmente interessante o do paraíso sensível, lugar de delícias de leite e mel, mas cuja transcendência e espiritualidade é, no entanto, sempre indicada pelo facto de só deixar ver as personagens dos ombros para cima.

Por muito que seja predominantemente organizado por laicos, o mistério é antes de mais uma forma de teatro cristão: pode, de facto, definir a visualização e a dramatização das Sagradas Escrituras e da vida dos santos, isto é, pelo menos como tendência, da história universal, por via daquela íntima ligação em que, para a cultura medieval cristã, se unem entre si todos os acontecimentos, como elos de uma única cadeia que conduz a estirpe humana da sua origem à solução celeste do seu destino.

Dado que a história universal é apenas a eterna dialéctica, o eterno dissídio entre o bem e o mal, a acção dos mistérios desenrola-se entre estes dois pólos, representados pelo paraíso e pelo inferno que, mesmo fisicamente, contêm o mundo terreno, em cuja vida intervêm contínua e directamente com as suas personificações e as suas forças: as virtudes, os vícios, os anjos, os demónios. O que explica, por um lado, o carácter cíclico de muitos textos e, consequentemente, de muitas representações, e, por outro, a possibilidade de isolar este ou aquele episódio, enquadrando-o entre os mesmos motivos metafísicos e, portanto, entre os mesmos elementos cenográficos. Nos grandes mistérios divididos em dias, os vários «lugares designados» podiam mudar de significado, disposição ou mesmo de estrutura, mas o inferno e o paraíso permaneciam fixos e inalterados, única realidade imutável que confere significado ao eterno devir das coisas humanas.

O elemento mais macroscópico que caracteriza as representações dos mistérios é a estrutura simultânea do cenário. Esta consiste na justaposição de vários e pequenos elementos cenográficos, que representam os lugares em que se deve desenrolar a acção, os chamados justamente «lugares designados», ou, na terminologia coeva, *mansiones*, casas. Esses lugares podem ser indiferentemente bastante próximos ou longínquos entre si, sem que tal incida na distância efectiva em que estão situados. Pois o espaço cénico não representa, como se disse, o espaço em que estão circunscritos os vários lugares considerados, mas o mundo no seu todo. Todavia, os intervalos entre um lugar e outro, por muito iguais que sejam entre si, ou que não sejam sensivelmente diferentes, representam as distâncias efectivas que uma geografia grosseira imaginava que separassem os lugares. Por seu turno, o tempo de translação indicava o tempo necessário a uma viagem mais ou menos longa. Portanto, assistimos a uma contínua mudança entre o tempo real e o tempo cénico. O tempo e o espaço têm uma realidade apenas empírica, não absoluta e, portanto, não têm necessidade de um modelo de representação constante, no entanto, têm de ser representados na medida em que a necessidade de concreção da arte gótica não admitia apresentar acções sem uma dimensão espaciotemporal.

Por outro lado, o espaço de representação também é bastante elástico, quer pela diferente «escala» em que são concebidas as distâncias, quer porque o palco completamente livre, que se estende diante da série de lugares designados, pode ganhar, à medida que se vai avançando, diferentes significados e valores. Por conseguinte, não é só a área em frente de cada lugar que pode significar o que realmente é e a extensão do espaço interno que aquele determinado lugar contém, o palco também pode assumir estes dois significados, basta que de cada lugar parta a primeira referência.

O palco dos mistérios devia parecer um fervilhar contínuo e confuso de protagonistas e de figurantes, em constante movimento e deslocação. Todos os actores permaneciam em palco enquanto a sua parte não estivesse totalmente concluída e, embora ficassem parados e sentados nos seus lugares quando não participavam na acção, enriqueciam-na, pelo menos, com a cor da sua presença. Além do mais, a possibilidade de contracenas ou de acções simultâneas em diferentes partes do palco enriquecia posteriormente as possibilidades de variação do movimento e contribuía para tornar a cena dos mistérios uma verdadeira e microscópica imagem da irrequieta agitação dos homens na Terra.

Mas, o significado mais importante destas representações está na sua visualização da história sagrada que, para o católico da Idade Média, contém tudo o que é preciso saber: a sua função cultural não é diferente da da *Biblia pauperum*, aliás, tem uma infinitamente maior popularidade e eficácia. É claro que falta aqui aquela estrutura de correspondência entre factos do Antigo e do Novo Testamento, segundo a qual aqueles eram imagens destes: substitui-a uma estrutura narrativa contínua, que torna explícita a coerência de cada momento particular do drama, e que nasce e se legitima na própria concepção da simultaneidade do cenário.

No que respeita à figuração dos mistérios, esta apresenta também uma outra particularidade importante em relação à da *Biblia pauperum* que consiste numa íntima conexão entre o facto histórico-divino e o meramente humano, implícita, de resto, na narração bíblica e, ainda mais, na evangélica. Contudo, não se trata só de um desenvolvimento literário, em que as cenas do realismo quotidiano da narração sagrada e hagiográfica ganhavam uma extensão e um imenso desenvolvimento em relação às alusões que se encontravam nos textos, aliás, eram introduzidas outras cenas completamente novas, mas estamos perante uma concepção teatral em que as gestas sublimes de Cristo eram representadas com a mesma flexão realista com que, embora com maior intensidade, se representavam as cenas da taverna.

Com efeito, a representação dos mistérios devia manter-se quase sempre num tom humilde, embora forçado na expressão dos sentimentos, onde certamente prevalecia uma mímica intensa e sem complexos, gesticulação não só com braços e rosto, mas com todo o corpo, numa série de atitudes muito variada: basta recordar no citado *Jeu d'Adam* as violentas expressões de dor de Adão e Eva que se atiram ao chão batendo com o peito e as coxas. Naturalmente não terão faltado momen-

MISTÉRIOS E REPRESENTAÇÕES SAGRADAS

tos de rebuscada expressão retórica, forçadamente sublime, nas personagens que representavam os grandes desta Terra.

A correspondência com os trajes devia ser integral. O traje era naturalmente confiado ao gosto e às possibilidades de cada actor, o que garantia uma certa gradação, na medida em que os papéis de reis e de príncipes eram atribuídos aos cidadãos mais abastados.

Que a visualização da narração sagrada teve uma importância pelo menos igual à da dramatização é demonstrado pelo facto de, nos primeiros anos do século xv, as formas representativas designadas por mistérios poderem ser representações mudas: *sans parler* ou *par signes*. A compreensão do significado narrativo era às vezes auxiliada por cartazes (*tituli*) que tanto podiam descrever a situação como conter as palavras de uma personagem: autênticas didascálias do filme mudo. Às vezes tratava-se de simples *tableaux vivants*, isto é, de mistérios *sans parler ni signer* como se diz a propósito de uma representação realizada em Paris, em 1424, acerca da qual se especifica que as personagens pareciam imagens aumentadas numa parede.

Os autores maiores de mistérios foram Arnoul Gréban, Eustache Marcadé e Jean Michel, que viveram nos últimos anos do século xv e nos primeiros do século xvi. Tão hábeis quanto prolixos versejadores da história sagrada, as suas obras são de grande dimensão, superando os quarenta mil versos (repare-se que uma tragédia clássica não atinge habitualmente os mil e quinhentos versos): os três encenaram a Paixão, mas na verdade incluíram nela toda a vida de Jesus. Uma reelaboração das suas *Paixões* foi representada em Valenciennes, em 1547, num palco de dimensões relativamente pequenas, em vinte e cinco dias (mas tratava-se de dias de poucas horas, habitualmente a representação de um mistério ocupava o período de luz) com o título de *Mistério do Nascimento, Paixão e Ressurreição de Jesus*. É o espectáculo sobre o qual temos mais informações graças às iluminuras de Hubert Cailleau que «*a paint les histoires sur chacune journée de ce livre, comme aussi il fut joueur audict mistère de plusieurs perchons, entre lesquelles il veult*

HISTÓRIA DO TEATRO

representer l'ung des trois Roix, assavoir le nègre [...]. Il donna aussi le portrait du hourdement du théatre avec Jacques de Moelles comme il se veidt en ce present livre» (*).

Coreógrafo e autor, portanto, Cailleau ilustrou-nos várias cenas do mistério e a estrutura geral do palco. Entre uma e outra das inúmeras e breves sessões, cada lugar designado, cujos aspectos arquitectónicos são já definitivamente renascentistas, terão mudado de significado e, por vezes, também de aspecto: por exemplo, na visão de conjunto falta o monte, e assim, de um modo geral, se explicam as diferenças entre a visão de conjunto e as iluminuras relativas a cada dia em particular, que, além disso, não podem considerar-se um documento directo, antes um meio-termo entre o testemunho do espectáculo e a ilustração gráfica ficcionada.

A visão de conjunto, ao invés, é uma reprodução da estrutura cenográfica da representação, que não é constituída pela simples justaposição dos lugares designados, que, ao contrário, estão dispostos em dois planos, o primeiro, o mais adiantado, é constituído pelos lugares particulares, como o templo e o palácio, ao passo que o segundo consiste numa alameda contínua de paredes com torres e portas. Estas paredes servem de pano de fundo aos lugares do primeiro plano, mas podem também ter um significado próprio, representando as cidades vistas do exterior.

Não é claro que esse elemento fosse constante em todas as representações dos mistérios. Todavia, ele também se encontra nas representações sagradas italianas, sendo indispensável quando era necessário representar os cercos, como por exemplo, sucedia no mistério da «Vingança» de Nosso Senhor, em que se representava a destruição de Jerusalém.

(*) «pintou as histórias de cada dia deste livro, bem como o modo como se deve representar o dito mistério de vários *perchons*, entre os quais ele quis representar um dos três reis, a saber o negro [...]. Ele fez ainda o retrato da construção do teatro com Jacques de Moelles como se vê no presente livro». (*N. T.*)

MISTÉRIOS E REPRESENTAÇÕES SAGRADAS

Além destes episódios de cercos e de batalhas, nos mistérios podiam ser introduzidos outros momentos particularmente intensos do ponto de vista espectacular, em que, juntamente com um grande número de figurantes, também eram usados truques e engenhos mecânicos.

Este devia ser o caso, por exemplo, do *Mistério do Apocalipse* de L. Choquet, representado poucos anos antes da *Paixão* de Valenciennes, no qual catorze visões de São João são acompanhadas por toda a espécie de prodígios naturais e sobrenaturais. Esta representação dava também um interessante exemplo do desenvolvimento paralelo da acção que, durante as visões de João, prossegue em Roma.

E, ainda, no *Mistério dos Actos dos Apóstolos* de Gréban, representado em Bourges em 1536, onde o afastamento dos apóstolos em várias direcções mostra claramente que o palco representava apenas o mundo, via-se Simão Magno a voar pelo ar, para em seguida se precipitar na oração de São Pedro.

Porém, quando a dificuldade do tema superava as possibilidades da técnica de representação, não se hesitava em recorrer às mais pobres convenções teatrais e resumir a criação do mundo no desdobramento de seis grandes telas pintadas.

A explícita e directa documentação fornecida pelas iluminuras de Hubert Cailleau para a *Paixão* de Valenciennes fez crer durante muito tempo que a estrutura cénica espelhava um modelo único, reproduzido com variantes de carácter puramente formal nas várias realizações. Ora, um estudo conduzido por Elie Konigson sobre uma série de documentos anteriormente ignorados ou mal interpretados esclareceu que as coisas não são bem assim.

Entretanto, importa recordar que não só a cena, mas o inteiro complexo teatral, cena e espaço para os espectadores, é construído *ex-nuovo* para cada representação: com efeito, tratava--se de espectáculos completamente excepcionais e numa cidade podiam passar-se muitos anos até que o acontecimento se repetisse. Por isso, a própria relação entre a acção dramática e os espectadores era sempre redefinida. O mistério de Valenciennes é seguramente o que mais se aproxima da nossa ideia de teatro, na medida em que opunha frontalmente o espaço cénico aos espectadores e houve muitos casos em que esse modelo foi repetido. De resto, convém não esquecer que, por muito que recupere estruturas de carácter medieval, foi representado em pleno Renascimento, isto é, num momento em que uma nova ideia de teatro já se realizara plenamente (em Itália), ou se vinha afirmando (em França). No entanto, em outros casos, tratava-se de estruturas radicalmente diferentes.

Os mistérios mais antigos eram provavelmente realizados na praça do mercado. É este o caso predominante dos mistérios representados em centros de língua alemã, mesmo numa época mais próxima: Frankfurt (1350), Alsfeld (1501), Donaueschingen e Villingen (1485), Lucerna (1583). Nestas realizações, os vários lugares designados eram encenados em diversos pontos da praça, sem que houvesse um elemento unificador do palco: a sua disposição resultava, por isso, vária e complexa, deixando de se tratar de um simples alinhamento. Por outro lado, a área utilizada era muito mais vasta e as deslocações da acção de um ponto para outro tornavam-se menos numerosas e imediatas, assumindo, em certos momentos, um acentuado tom processional.

A imagem da praça é, em certo sentido, retomada e racionalizada num grande espectáculo encenado em Romans-sur--Isère em 1509: o *Mystère des trois Doms*, isto é, o mistério dos três santos protectores da cidade, a quem o espectáculo é dedicado como agradecimento. Aqui havia um verdadeiro palco, mas os espectadores não estavam em frente deste, sentavam-se antes em degraus dispostos paralelamente aos lados longos do palco. O palco era dividido em três zonas: Roma, Viena e uma zona central, neutra, onde os dois mundos, o paganismo romano e a fé cristã, se confrontavam. Os elementos cenográficos que representavam os edifícios das duas cidades dispunham-se em torno do eixo longitudinal, obviamente para não impedir a visibilidade de nenhuma das partes. O paraíso e o inferno encerravam o palco nos lados curtos.

MISTÉRIOS E REPRESENTAÇÕES SAGRADAS

Enfim, podia tratar-se de estruturas circulares, mas em duas versões muito diferentes entre si. Na primeira, os espectadores dispunham-se em bancadas que circundavam o palco, segundo o esquema clássico do anfiteatro, como em Bourges, em 1536. Na segunda, em contrapartida, atinge-se o máximo de integração entre estrutura cenográfica e área destinada aos espectadores. Esta disposição é ilustrada por uma célebre iluminura de Jean Fouquet (1420-1470) de cuja inspiração teatral nunca ninguém duvidou, mas que na verdade não se refere a nenhum espectáculo conhecido. Em todo o caso, tratar-se-ia de uma estrutura de galerias em andaimes de modo a formar um polígono: debaixo destas galerias sentava-se a arraia-miúda, ao passo que no seu interior se acomodavam os espectadores mais nobres ou os actores do mistério. Uma parte das galerias faz de tribuna, ao passo que as outras são lugares designados. Por isso, a acção não pode passar de uma galeria para a outra, ou permanece parada no interior de uma delas, evidentemente quando se trata de uma acção puramente verbal, ou inicia-se na galeria-lugar designado para depois se desenrolar na área central – e este é o caso ilustrado pela iluminura. Mas, seja qual for a estrutura formal empregue, ela adapta-se sempre ao princípio ilustrado: os dois pólos da acção, os elementos que a contêm e a definem são sempre e, em todo o caso, o paraíso e o inferno, os princípios metafísicos a partir dos quais se organiza o mundo dos fenómenos.

Em Itália, a cena dos mistérios é reproduzida em ponto pequeno nas representações sagradas, que não são grandes espectáculos de contributo público, mas, habitualmente, encenações privadas, organizadas por confrarias laicas e representadas por jovens e crianças. Os lugares são os dos mistérios franceses: o templo, o palácio, o monte, mas também Roma e Jerusalém. Muitas vezes têm por pano de fundo uma parede ameada com a função de elemento unificador, que, com o passar do tempo, quando a representação tiver lugar na estrutura mais articulada do palácio, se tornará efectiva. Contudo, é impressionante a frequente ausência de dois lugares designados fundamentais dos

HISTÓRIA DO TEATRO

mistérios: o paraíso e o inferno; isto significa que o palco representa uma parte do mundo, não mais o universo metafísico e moral. A temática preferida é a vida dos santos, mas não enquanto imitação da vida de Cristo: o santo é o protagonista de aventuras românticas, numa viagem ininterrupta, cujas etapas são constituídas pelos lugares designados.

Nas suas pequenas dimensões, as representações sagradas italianas gozavam de uma maior liberdade: à parte o paraíso e o inferno, que podiam existir ou não, encontramos textos cuja realização exige muito poucos lugares designados, ao passo que outros requerem um maior número de lugares, porém, todos incluídos no âmbito de uma única cidade e, nesse caso, também se pode esperar que os elementos individuais reproduzam com um certo realismo lugares identificáveis pelos espectadores. Aliás, nesses casos, as desenfreadas aventuras dos santos protagonistas reduzem-se a uma dimensão burguesa. Não será difícil interpretar os lugares designados como habitações dos protagonistas do drama: uma adaptação inicial da estrutura paratáctica do teatro sagrado às representações de textos clássicos.

Mistérios e representações sagradas florescem, portanto, numa época que só por extensão se pode definir medieval, ou, se se preferir, próspero «Outono da Idade Média». Mas ainda sobreviveram durante muito tempo, nomeadamente onde semelhantes espectáculos deixaram de ser excepcionais e assumiram uma periodicidade anual, fixando-se como festividades tradicionais, basta recordar a *Paixão* de Oberammergau ou o *Mistério* de Elche que se representam ainda actualmente, ou desceram a nível popular, transformando-se em expressões de piedade das plebes. Neste plano, o espectáculo religioso tem uma história longa e rica que transcende a imagem, ainda que diversificada, da representação sagrada tardomedieval.

Episódios individuais dos santos mais venerados nas diferentes localidades (como as Tentações de Santo Antão) foram e são representados em espectáculos de pequenas dimensões, às vezes concebidos não para serem exibidos em público, mas em casas de particulares; ou episódios divinos, retirados muitas

MISTÉRIOS E REPRESENTAÇÕES SAGRADAS

vezes dos apócrifos, realizados, ao invés, de forma imprevista nas praças e nas ruas graças ao contributo dos fiéis e dos párocos. E, entre estes, queria recordar um espectáculo para-ritual muito comum na zona mediterrânica: o encontro entre Jesus ressuscitado e Nossa Senhora. Os protagonistas são duas estátuas, veneradas nas igrejas locais e levadas em procissão na manhã de Páscoa ao longo de dois percursos diferentes. A certa altura, as duas estátuas ficam uma diante da outra: vêem-se uma à outra. E então os que as carregam começam a correr. A estátua de Nossa Senhora é envolvida num grande manto negro. Mas quando a distância não deixa margem para dúvidas que quem está em frente é o seu divino filho, o manto cai, e a Virgem aparece na feliz glória da sua veste azul. E as duas estátuas continuam o percurso até se tocarem num simbólico abraço. Segundo os Evangelhos canónicos, Cristo aparece a Maria Madalena, mas a piedade popular deseja que a primeira a revê-lo seja a sua mãe.

Difundida em toda a Europa, embora de diferentes formas, é a Via-Sacra dramatizada, espectáculo por excelência processional e constituído por quinze estações. A Via Sacra é necessariamente totalizante, no sentido de que aqueles que se limitam a assistir também assumem um papel: o judeu que observa a paixão de Cristo, o homem que lha provocou com os seus pecados.

Estes espectáculos religiosos são, de certo modo, a subversão cristã dos antigos rituais carnavalescos e pagãos da fecundidade. Equilibram-nos e resgatam-nos, mas por vezes fundem-se com esses e abarcam-nos. Respondem a necessidades idênticas. Diversos são os reenvios simbólicos e as formas, cuja variedade e potencialidade que resta não pára de surpreender.

10

O classicismo humanista e a recuperação das antigas formas cénicas

No primeiro período da sua afirmação, o cristianismo assumira uma posição definitiva e violentamente polémica em relação à cultura clássica: a Igreja tentara, embora através da multiplicação e da extensão do rito em formas espectaculares, esgotar em si toda a vida espiritual dos fiéis, incluindo o que presentemente definiríamos a vertente recreativo-cultural. Por isso, durante a Alta Idade Média, em certos dias do calendário litúrgico, acrescentaram-se ou sobrepuseram-se ao rito, no interior das igrejas, manifestações festivas que contemplavam uma aberta expansão do elemento vitalista, compreendendo, por um lado, formas espectaculares em que o rito era contrafeito e parodiado, mas, por outro, danças e jogos que, segundo alguns, degeneravam amiúde em autênticas explosões orgíacas. A Igreja não soube, ou não quis, assimilar e organizar estes diferentes elementos, e preferiu reafirmar (talvez fosse melhor dizer fundar) a exclusiva pureza do rito, pondo fim drasticamente não só a todas as manifestações de entretenimento e de paródia, como também às extensões dramáticas do rito: o drama litúrgico foi abolido e os mistérios afastados do âmbito do recinto sagrado.

Se a isso acrescentarmos a separação das línguas vulgares do latim, e a escolha deste último como língua ritual, será fácil compreender que o próprio rito acabou por encerrar-se em si mesmo, reduzido à competência exclusiva do clero, ao passo que a participação dos fiéis é limitada à mera presença: deste modo, a Igreja renunciava a ser *ecclesia*, pelo menos no sentido cultural do termo.

No campo do teatro, a cultura religiosa sobrevive durante muito tempo a esta decisão. Os mistérios, os milagres, as re-

O CLASSICISMO HUMANISTA E A RECUPERAÇÃO DAS ANTIGAS...

presentações sagradas são justamente formas populares separadas da sua matriz, a Igreja, que renunciava definitivamente à sua polémica contra a cultura clássica.

Em Itália, as representações sagradas não tiveram nem as dimensões, nem o alcance que obtiveram em outros países, tratando-se de manifestações geralmente privadas e circunscritas a limites de progresso que podemos dizer normais. Mas talvez por isso as representações sagradas, além de terem sido a principal forma de teatro, se não a única, durante quase todo o século xv, tenham influenciado o novo teatro que estava a despontar: o teatro erudito, o teatro clássico.

No âmbito do «renascimento do mundo antigo» – processo colossal que durante dois séculos teve o seu centro em Itália e que levará à definitiva afirmação de uma cultura aristocrática e elitista –, o teatro é tomado em consideração no seu conjunto, sob vários pontos de vista: literário, arquitectónico, cenográfico e cénico.

Do ponto de vista literário, o estudo do teatro enquadra-se na imensa obra da filologia humanista pela redescoberta, publicação, comentário e imitação das obras dos escritores antigos: os momentos mais importantes foram os estudos de Lovato Lovati (1241-1309) e de Nicolau de Trevet (1259-1329) sobre Séneca e, principalmente, a descoberta de novas comédias de Plauto por parte de Nicolau de Cusa, em 1425.

De igual modo, a reconstrução do antigo edifício teatral baseia-se essencialmente no exame arqueológico das ruínas monumentais, como testemunham os relatórios das escavações e das investigações. Na *Roma Triumphans* de Flávio Biondo encontramos uma descrição bastante mais exaustiva de Leon Battista Alberti sobre o duplo fundamento da investigação arqueológica e da análise de *De Architectura* de Marco Vitrúvio Pollione, cujo quarto livro é dedicado, em parte, aos edifícios teatrais.

O teatro proposto por Alberti na sua famosa obra sobre arquitectura (*De Re Aedificatoria*) é constituído por uma escadaria (cávea) que termina com uma galeria aberta na parte dianteira e fechada na retaguarda, um palco e uma área mediana (a orquestra), em torno da qual se dispõem os outros elementos. A área mediana é, digamos, o centro gerador de todo o edifício teatral: as suas dimensões fornecem o modelo para as proporções dos outros elementos, determinando através da sua forma a posição recíproca e a estrutura dos mesmos. Tem, à semelhança dos teatros romanos, uma forma semicircular, mas as suas extremidades são prolongadas por duas linhas paralelas, entre as quais se situam o palco e o edifício cénico. No teatro antigo, o edifício cénico completava a arquitectura interior do teatro, do qual era uma espécie de fachada. Inesperadamente, Alberti recusa esta solução em prol de um palco onde duais ou mais colunatas se dispõem umas sobre as outras, mas cuja figura deve ser «semelhante à das casas». Ele cumpre assim uma tentativa de síntese entre a cena arquitectónica clássica, do qual resta a porta real, «ornada como os templos», e a necessidade de dar à representação teatral um quadro mais real, mais concreto e funcional à comédia bem como à tragédia, através de casas que representavam as residências dos protagonistas.

As propostas de Alberti sobre o teatro foram recolhidas e reelaboradas num pequeno tratado, durante muitos anos inédito, por Pellegrino Prisciano, um humanista ao serviço da corte dos Estes, que teve certamente um papel importante na organização das representações de comédias romanas realizadas em Ferrara nos últimos quinze anos do século xv.

Com estes espectáculos – falou-se mesmo de «festivais clássicos» ferrarenses – abordava-se, pela primeira vez, o terceiro e mais importante aspecto do problema, o da realização cénica de um texto antigo. Com efeito, de 1486 a 1493 e, mais tarde, de 1499 até à morte do duque Ercole, que fora seu promotor e animador, sucederam-se ininterruptamente, e às vezes cinco ou seis por estação, as representações dos textos maiores de Plauto e de Terêncio. De 1486, recordamos os *Menaechmi*, de 1487 o *Amphitruo* e, em 1490, ainda os *Manaechmi* e, talvez, o *Curculio*, em 1491, o *Andria e o Amphitruo* e, em 1493, mais uma vez, os *Menaechmi*, um texto que teve um enorme sucesso não só no final do século xv, e depois, em 1499 o *Trinummus*, o *Poenulus*, o *Eunuchus* e vários outros textos. A estrutura cénica permaneceu sempre mais ou menos a mesma: uma série de pequenos edifícios alinhados, pintados de forma a parecerem casas de tijolo, dotados de uma porta praticável e de janelas, encimados por ameias para dar, no seu conjunto, a impressão de um castelo ou de muros. Provavelmente, a frente do palco também estava pintada como se de tijolos se tratasse. A ascendência da interpretação albertiana de Vitrúvio é evidente, bem como a relação com a estrutura paratáctica do palco sacro da época e com os seus «engenhos», como a nave que atravessava o pátio do castelo de Ferrara onde tinha lugar a representação dos *Menaechmi*, ou a descida de Júpiter do céu em *Amphitruo*.

O público sentava-se em grandes degraus decorados com não menor cuidado que o espectáculo e, muitas vezes, cobertos de veludos preciosos. As comédias clássicas – que em Ferrara foram sempre representadas em traduções italianas, muitas vezes com rimas em terceto – constituíram o centro vital das festas de corte: a cultura clássica tornava-se elemento integrante da vida aristocrática.

Com efeito, à sala, ou antes, ao pátio onde era montado o teatro, os inúmeros convidados chegavam só depois de uma longa festa de baile. Por seu turno, a representação dramática não esgotava o espectáculo, frequentemente precedido por um desfile dos trajes que servia para ostentar o fausto da corte, pois nenhum traje era usado duas vezes. Mesmo quem tinha de representar «escravos gregos, servos, patrões, mercadores», isto é, personagens da comédia de Plauto, envergava trajes seguramente de corte moderno e, não obstante o ambiente medíocre e burguês como o da comédia, luxuosos, confeccionados com os tecidos mais preciosos: cetim, cendal, seda, tecidos finíssimos. Além disso, entre os actos e após o fim da comédia eram inseridas outras acções curtas espectaculares, os entreactos, geralmente com mímica e dança, em que se desenvolviam temas ligeiros e bucólicos. As personagens dos entreactos às vezes eram rapazes e raparigas numa festa campestre, ninfas e pastores, camponeses; só raramente entravam em cena as divindades olímpicas ou as figuras alegóricas que predominaram no século seguinte.

É difícil imaginar como se representavam as comédias, cujos intérpretes eram geralmente os letrados das cortes de Ferrara, que desempenhavam também os papéis femininos, mas nos entreactos era de rigor a leveza e o ritmo representarem um mundo aéreo de sonho infantil. Talvez justamente pela sua maior intensidade espectacular, os entreactos começaram bem cedo a ser mais apreciados do que as comédias, que geralmente se tornavam mais pesadas por causa de más traduções.

Foi em Ferrara, portanto, que o teatro clássico se afirmou na vida cultural das classes mais altas, desbravando-se assim o caminho para as representações de comédias italianas de imitação latina. Porém, em Roma, no âmbito da Academia fundada por Pompónio Leto, estava a decorrer nessa altura uma experiência humanista que tinha como objectivo fazer uma rigorosa reconstituição do teatro clássico. Estranha figura humanista e aventureira, Pompónio Leto é actualmente recordado, sobretudo, pela sua actividade teatral e pela sua conspiração contra Paulo II, da qual foi acusado, mas para os seus contemporâneos foi mestre douto e fascinante, conhecido principalmente pelos estudos de epigrafia e de topografia.

Não por acaso, as representações encenadas por Pompónio Leto estão associadas à fortuna de Vitrúvio, aliás, é precisamente na dedicatória da *editio princeps* dos artigos do arquitecto romano que um humanista amigo de Leto, Sulpizio da Veroli, recorda que o cardeal Riário foi o primeiro a «mostrar ao nosso século o aspecto de um cenário pintado, onde os pomponianos representavam a comédia» («*picturatae scenae faciem*» diz o texto latino).

Os espectáculos de Pompónio Leto enquadram-se nas suas actividades escolásticas. Já haviam sido feitas experiências do género, por exemplo, por Tito Lívio Frulovisi, um professor de Veneza que, na primeira metade do século fizera representar os

O CLASSICISMO HUMANISTA E A RECUPERAÇÃO DAS ANTIGAS...

próprios textos latinos aos seus alunos; mas, claro, nenhuma com o rigor e a coerência da de Leto. As obras de Plauto, Terêncio e Séneca eram representadas segundo o texto latino, filologicamente cuidado, e Leto, como bom professor, dedicava--se com desvelo pedante para que a dicção fosse precisa e correcta. No que diz respeito à decoração cénica, a única informação directa é a *«picturatae scenae factum»* de Sulpizio da Veroli, mas o sentido da palavra *«picturatae»* é dúbio, podendo querer aludir a uma cenografia pintada ou a uma cenografia decorada com pintura.

Além disso, muitas considerações levam a crer que as encenações pomponianas tenham um reflexo, talvez indirecto, nas xilografias que ornamentam as edições das comédias de Terêncio publicadas nos últimos anos do século, designadamente a de Lyon de 1493 e a de Veneza de 1497. Ao avaliar esta xilografia há que ter presente a tradição de gravura na qual se inserem. Com efeito, ao longo da Idade Média encontramos diversos códices que contêm as obras de Terêncio e de Séneca, ornados com iluminuras que ilustram o seu conteúdo. Uma série desses códices, datável por volta do século IX, remonta a uma única fonte romana tardia, mais antiga: nela as personagens de Terêncio estão representadas em comportamentos análogos aos que deviam ter os actores romanos nos séculos III e IV d. C., ou seja, uma mímica bastante intensa e viva nos amplos e significativos gestos das mãos. Os actores usam as clássicas máscaras, enquanto a cenografia, extremamente simples, se reduz ao quadro de uma porta.

Por seu turno, o esplêndido códice iluminado, denominado *Terence des Ducs* remonta ao século XIV. Na grande iluminura do frontispício vemos a imagem, não de todo infundada, que se tinha do teatro na Idade Média: os actores são jograis e movem-se a um ritmo paroxístico, quase numa dança frenética, mimando, enquanto um leitor (Calliopius, que fará o prólogo das xilografias quatrocentistas) lê o texto. Nas vinhetas que ilustram as cenas de cada comédia esta imagem desaparece: no seu lugar estão personagens elegantemente vestidas ao modo

HISTÓRIA DO TEATRO

franco-borgonhês do século XIV, cujos gestos, amplos mas compostos, tendem a exprimir a situação do momento com a máxima clareza. O ambiente é constituído, de modo geral, por casinhas abertas na frente, que recordam muito os elementos cenográficos das representações sagradas consideradas individualmente.

Diferentes dessas gravuras medievais são, ao invés, as xilografias que ornamentam as edições lionesa e veneziana das comédias de Terêncio. O autor ou inspirador das xilografias da edição lionesa, Jadoco del Badia, tinha seguramente em mente a imagem de um teatro, real ou imaginado, diferente da ideia que podia fazer das iluminuras medievais. A cenografia é constituída por um pórtico, cujos intercolúnios, fechados com cortinas, são as casas das personagens, das quais se cuida a mímica (muito próxima, embora os gestos não sejam tão amplos, de *Terence des Ducs*), bem como a disposição no palco. Os trajes são modernos, mas menos «na moda».

É bem possível que os pomponianos tenham usado um cenário deste género, uma vez que o pórtico reflecte em miniatura a concepção vitruviana: talvez não se tenha tratado de um pórtico tão elaborado, mas sim de uma série de pequenas colunas em madeira, dispostas numa linha recta, com uma arquitrave por cima.

A concepção cénica que inspirava a Academia de Leto torna-se mais clara se analisarmos a maior realização teatral da escola humanista, a encenação de *Poenulus* de Plauto, num teatro construído propositadamente no Capitólio. Foi por ocasião das festas pela concessão da cidadania romana a Lourenço e Julião de Médicis, em 1513: o teatro clássico insere-se, com todo um ritual de celebração, numa festa de carácter político. O espectáculo foi realizado por um aluno de Pompónio Leto, Pietro Inghirami, mais conhecido como Fedra por ter sido um excelente intérprete dessa personagem senequiana num espectáculo encenado, muitos anos antes, pelo seu professor. É provável que ele também tenha sido o inspirador do grande teatro de madeira, que os seus contemporâneos consideraram a oitava maravilha do mundo. A planta do teatro e as descrições são muito claras: tratava-se de um edifício rectangular com uma área central vazia, rodeada em três lados por amplos degraus das bancadas. O cenário era apenas a parede de fundo do teatro, sem socalcos, mas, tal como as outras, decoradas com uma série de pilares, cujos painéis eram preenchidos, na parte superior, por grandes quadros e, na parte inferior, por seis portas fechadas com cortinas douradas. Não é preciso salientar quão semelhante é esta estrutura à das ilustrações terencianas, e de que ambas derivam do esquema vitruviano de Pompónio Leto parece não haver dúvidas. *Poenulus* foi representado em latim por jovens alunos de Inghirami. Os trajes eram muito opulentos e de corte moderno. Segundo os cronistas, foi delicioso ver «velhotes de um palmo de altura» e pequenos apaixonados representarem com gestos apropriados e com óptima pronúncia.

A representação foi só o momento central dos festejos, que tiveram lugar, em parte, fora e, em parte, dentro do teatro onde se celebrou uma missa no altar disposto no centro do palco (quase um rito cristão celebrado na *thymele* do antigo teatro grego); participou-se num banquete, com as personagens mais conhecidas sentadas no palco; fizeram-se orações.

O público, ao que se sabe, não era seleccionado: como terá reagido a esta grande tentativa filológica e arqueológica de voltar a dar vida aos *ludi scaenici* romanos, mesmo sem ter em consideração a sua incapacidade de entender o latim?

Fez-se uma alusão à importância que o conhecimento dos estudos teóricos do arquitecto romano Marco Vitrúvio Pollione teve na reconstituição do teatro clássico, descrito por Vitrúvio em todos os seus elementos, começando pela planta que se basearia na inscrição de quatro triângulos (teatro romano) ou de três quadrados (teatro grego) no círculo da orquestra, terminando com a cena, onde, na estrutura de colunatas sobrepostas, encontrariam lugar periactos, prismas triangulares giratórios e pintados em cada face com um cenário diferente: o trágico, o cómico ou o pastoril.

HISTÓRIA DO TEATRO

Os livros de Vitrúvio sobre arquitectura desempenharam uma função idêntica, no Renascimento, à dos textos de Horácio e de Aristóteles para a poética: foram a orientação para a produção artística, por um lado, e base da reflexão estética, por outro. Portanto, a recuperação do texto vitruviano – que ocorre duplamente na edição comentada (Cesare Cesariano e Daniele Barbaro) e no tratado autónomo (Leon Battista Alberti e Sebastiano Serlio) – tem sempre o valor de interpretação, entendendo este termo, quer como desenvolvimento das propostas de Vitrúvio, quer como exegese e adaptação à produção da época das indicações arquitectónicas e das «leis» que o arquitecto deve respeitar.

Em todo o caso, ao estudo do texto vitruviano junta-se a recuperação arqueológica em que tais leis devem encontrar confirmação, porém, a recuperação arqueológica implica necessariamente uma interpretação especulativa ou prática. Vitrúvio, por um lado, e os achados arqueológicos, por outro, contribuem para formar a imagem de uma arquitectura ideal, ou seja, uma arquitectura antiga interpretada, que orienta, sem todavia determinar, a produção contemporânea, por sua vez ligada não só a uma nova concepção como também a novas funções e necessidades.

Na recuperação do edifício teatral falta, digamos, esta última fase de actuação, aliás, faltam um contexto e uma tradição em que se possa enquadrar operatoriamente a interpretação da Antiguidade que permanece, em certo sentido, absoluta. Para compreender o sentido e o valor dessa interpretação há que ter presente que não é obra de homens do teatro, mas sim de artistas ou eruditos que inseriam o teatro numa problemática mais vasta. De resto, homens do teatro, em sentido moderno, não houve na alta cultura dos séculos XV e XVI; a única personagem que se dedicou predominantemente, se não exclusivamente, ao teatro foi o judeu de Mântua, Leone de' Sommi.

Portanto, a interpretação do edifício teatral antigo nasce antes da imagem do classicismo romano como produtor de monumentos de grandiosa imponência e da determinação da

O CLASSICISMO HUMANISTA E A RECUPERAÇÃO DAS ANTIGAS...

função que, nesse contexto, tal edifício devia desempenhar: um teatro é, antes de mais, um lugar de reunião para um povo ideal, ordenadamente dividido nas suas hierarquias e que nele celebra os seus acontecimentos memoráveis. Por isso, primeiro que tudo, há que fazer de modo a que as pessoas possam entrar no teatro, sair e dispor-se de forma ordenada sem confusão entre idades, sexos e, principalmente, classes sociais. A ideia de uma representação não é, no fundo, essencial: a celebração é um facto oratório, razão pela qual é indispensável uma difusão perfeita da voz e, de resto, o teatro antigo tinha desenvolvido efectivamente a sua forma e a sua estrutura em função do problema acústico.

Nesta dupla ordem de ideias desenvolvem-se as alusões vitruvianas às escadas que dividem os sectores do teatro, ao pórtico, às precinções, aos vasos de ressonância, e desenvolve--se toda uma nova problemática em torno da forma exterior do teatro, em virtude da qual se tem presente a imagem das ruínas dos teatros romanos, os acessos do exterior, as escadas interiores e assim por diante. Enfim, sobretudo com Cesare Cesariano, organizador da primeira edição de Vitrúvio traduzida e comentada (1521), procuram-se soluções aceitáveis para os problemas propriamente técnicos e construtivos.

Neste tratado, o problema da cena torna-se, no fundo, secundário. Além do mais, ninguém antes de Daniele Barbaro (cardeal, autor de um comentário a Vitrúvio em 1556 e do tratado *A Prática da Perspectiva* de 1568) compreende realmente o significado do cena como elemento arquitectónico integrado no edifício teatral, como se pode deduzir dos textos de Vitrúvio e dos achados arqueológicos.

O melhor exemplo desta integração fracassada é um desenho de Francesco di Giorgio Martini, onde a cena é uma espécie de palco em forma de triângulo, talvez um periacto, colocado lá num ponto qualquer do grande edifício redondo: a relação entre a cena, a cávea e a orquestra é estudada somente em função da planta e da sistematização escolar vitruviana dos triângulos inscritos.

No entanto, é justamente nas breves passagens dedicadas à cena e nos erros interpretativos de que foi objecto que podemos encontrar as razões mais originais deste tratado. Não estando inserida organicamente no edifício teatral, a cena é, portanto, destacável e pode entrar isoladamente na problemática operativa da época, que conhece a cena na sua função particular de ambientação para um evento teatral: com efeito, as únicas excepções são o teatro edificado no Capitólio em 1513 em que, é importante reafirmá-lo, se reflecte a ideia do teatro entendido como lugar de celebração, e o Teatro Olímpico de Vicenza, construído no final de um longo período de reflexão teórica, que se estendeu, estamos em 1582, por quase um século.

Por conseguinte, a cena que nasce da exegese vitruviana está aberta aos influxos do teatro sagrado (recorde-se a solução de Leon Battista Alberti e de Prisciano), de modo que pode tomar a forma de uma série de casas ou de um pórtico contínuo em que a imagem da cena arquitecturada vitruviana se torna concreta por intermédio da decoração de certos sarcófagos romanos; e pode rapidamente evoluir e transformar-se no cenário em perspectiva quinhentista com base numa interpretação forçada de alguns passos de Vitrúvio que se referem à *sciografia* (pintura em sombreado) e de outros passos que se referem aos periactos e aos três tipos de cenário.

A cena dos festivais ferrarenses, a da Academia romana de Pompónio Leto e o cenário em perspectiva teorizado definitivamente por Sebastiano Serlio no seu segundo livro de arquitectura, editado em 1545, nascem da reflexão sobre o texto de Vitrúvio e da sua interpretação. Aliás, são a parte mais moderna e criativa.

Do ponto de vista da colocação dos espectadores, a festa de corte e o espectáculo académico, no fundo, só têm necessidade de estruturas minimalistas. Por isso, o edifício teatral permanece um sonho, e enquanto tal, está mais próximo do ideal da Antiguidade, ao passo que a cena é uma realidade concreta e, por isso, nela se realizam uma nova função e uma nova imagem que, sustentadas pela cultura clássica, só ganham forma e significado graças à experiência contemporânea.

11

O teatro erudito italiano do século XVI

A par do tratado vitruviano no século XVI, prosperaram inúmeros tratados que partiam da análise dos escritos de Aristóteles dedicados à literatura. E, como o mais importante destes escritos, a *Poética*, analisava a estrutura da tragédia, os tratados do século XVI, obra geralmente de poetas e de letrados, acabaram por ter uma ligação directa com o teatro dramático. Foi nestes tratados que se determinaram e se definiram as normas que durante dois séculos presidiram à produção dramatúrgica em Itália e em França. Foi neles, em particular, que se estabeleceram as três famigeradas unidades de tempo, de lugar, de acção, dentro de cujos estreitos limites qualquer texto, cómico ou trágico, devia circunscrever o seu desenvolvimento: as personagens, todas envolvidas num único problema, deviam actuar no interior de um único ambiente por um período de tempo fictício que não ultrapassasse as vinte e quatro horas.

Estas normas, como se disse, eram válidas, quer para a tragédia, quer para a comédia. Mas se é verdade que no decorrer do século se escreveram inúmeras tragédias (como Aristóteles havia dito que a tragédia é o mais elevado dos géneros literários, nenhum letrado digno do nome acreditava poder eximir-se de escrever uma), só as comédias tiveram sucesso no campo da representação. Isso devia-se, provavelmente, a vários motivos. Como as representações dramáticas eram quase sempre encenadas no âmbito de festas mundanas, a tragédia não se enquadrava facilmente na alegre atmosfera celebrativa; a comédia, tratando assuntos comuns e ambientes burgueses, era mais facilmente actualizável; as encenações ferrarenses dos textos de Plauto e de Terêncio, traduzidas para italiano, haviam demonstrado a «agilidade» espectacular da comédia clássica.

Com efeito, as comédias italianas do século XVI partem da estrutura desses dois autores latinos: trata-se em parte de declaradas reconstruções, em parte de reelaborações puramente temáticas, em que os próprios nomes dos protagonistas (Erofilo, Calandro, etc.) demonstram como a intenção é construir um jogo de personagens cujas aventuras, embora infinitamente variáveis, permanecem substancialmente sempre iguais a si próprias. Mas bem cedo, no interior desta estrutura, as personagens começam a mudar os seus sinais exteriores, nomes, papéis e até mesmo a sua classificação pessoal, que se determina em sentido contemporâneo: os velhos tornam-se geralmente mercadores, os jovens são frequentemente estudantes; e com as personagens muda o ambiente, que já não é uma cidade qualquer, antiga ou irreal, mas um lugar preciso – Florença, Veneza, Cremona. A temática sofre também um desvio, embora ligeiro: à típica história do jovem que com a ajuda do servo conquista a sua amada, ultrapassando uma série de obstáculos (o pai, o alcoviteiro, o raptor), junta-se ou toma cada vez mais o seu lugar o escárnio, geralmente em detrimento de alguns maridos ciumentos, que encontra os seus mais ilustres antecessores na novelística toscana de Boccaccio aos próprios autores quinhentistas. É esta a temática de algumas das obras-primas desta produção cómica: *A Mandrágora* de Nicolau Maquiavel, em que o jovem enamorado substitui o velho senhor Nicia no leito marital com o consentimento deste, convencido de que a posição que a mulher tomou para ter filhos é tal ao ponto de matar o primeiro homem que tivesse contacto com ela; e *O Bufo* de Giovan Maria Cecchi, em que um velho marido, ciumento mas libertino, iludido que tinha encontrado uma rapariga, é deixado ao frio fora de casa durante toda a noite, enquanto um jovem se aproveita da sua mulher.

Tal mudança temática envolvia a renúncia a importantes elementos estruturais próprios da comédia latina, sendo o primeiro dos quais o reconhecimento final (agnição, em termos aristotélicos) que muitas vezes permitia identificar o nascimento livre ou nobre de uma rapariga, raptada quando criança, que

O TEATRO ERUDITO ITALIANO DO SÉCULO XVI

podia assim casar com o seu enamorado, *coup de théâtre* tão frequente que um dos mais vivazes autores de comédias e de novelas do século XVI, Anton Francesco Grazzini, sentiu necessidade de polemizar contra isso, lamentando que as comédias «dêem todas um reconhecimento: o que provocou de tal forma aborrecimento e enfado ao público, que, como ouvem dizer no argumento que na tomada de algumas cidades ou no saque de alguns castelos desapareceram ou perderam-se crianças ou jovens, fazem de conta que os ouviram». Todavia, face à novidade destes elementos modernos e realistas, a estrutura antiga permanecia ainda substancialmente inalterada no rigoroso e lógico procedimento de uma acção de tal forma abstracta que não precisava daquelas personagens e daquele ambiente. Necessitava apenas de tipos e de um espaço vazio, tal como no predomínio de relações de factos ocorridos fora do palco na acção cénica propriamente dita e na divisão dos actos, cada um deles tinha uma sua precisa e imutável função. Por isso, e não só para a distinguir da comédia popular, ou *commedia dell'arte*, a comédia italiana, além de «regular» é também chamada «erudita».

Não é por acaso que a primeira comédia regular ou erudita, de que temos conhecimento, foi representada em Ferrara. Foi em 1508 e a comédia era um texto em prosa de Ludovico Ariosto, *La Cassaria*, cuja directa ascendência latina é clara logo pelo título, mas ainda mais pela trama: dois jovens amam duas jovens que são propriedade de um alcoviteiro; introduzem em casa delas uma caixa com um conteúdo precioso, garantia para a entrega de uma das raparigas; pensam mandar os guardas procurar o tesouro em casa do alcoviteiro e prendê-lo. Mas no fim é o pai de um dos jovens quem paga o resgate pelas raparigas.

Por uma singular coincidência é exactamente à representação desta primeira comédia regular que se referem as primeiras notícias sobre a nova forma de encenação: a cenografia perspectivada. Na pintura, a perspectiva em foco central, isto é, um único ponto de fuga para o qual concorrem todas as linhas do quadro, foi a grande conquista formal do século XV, augúrio de

Leon Battista Alberti e de Filippo Brunelleschi, por mão sobretudo de pintores como Paolo Uccello e Piero della Francesca, que a tinham não só realizado na prática, mas também teorizado. A perspectiva pictórica foi vista como uma aplicação à produção figurativa das próprias leis da visão humana. Assim sendo, se usada correctamente, permitia reproduzir com a máxima exactidão essa visão e, consequentemente, criar um espaço ilusório e ilusionista capaz de prolongar o espaço real, ou de nele se inserir sem solução de continuidade (e o virtuosismo da pintura ilusionista, sobretudo na decoração mural, será uma difícil especialização do ofício ao longo de três séculos). Mas, por outro lado, a teoria da perspectiva, partindo da análise da visão monocular, determinou a criação de um espaço matemático e puramente visual que se opõe ao psicofísico, e portanto biocular, da realidade empírica.

É claro que a aplicação ao teatro dos resultados da pintura em perspectiva não podia ocorrer, dada a ambiguidade de fundo da própria estrutura perspectivada, em sentido unívoco. Mas é igualmente claro que essa implicava uma revolução total da própria concepção de encenação.

A cenografia perspectivada encontrou a sua justificação, se não mesmo a sua inspiração, em Vitrúvio, precisamente no passo em que o arquitecto romano analisa os três tipos de pintura cénica (trágico, cómico e satírico), que, aliás, na sua concepção apenas constituíam um modesto elemento indicativo. Os cenógrafos do século XVI, a partir de Pellegrino da Udine, autor do famoso cenário para *La Cassaria* ariostesca, até Vasari, Lanci, Buontalenti, mantiveram este elemento pictórico e eliminaram a estrutura arquitectónica do teatro romano que, em dimensões microscópicas, fora, pelo contrário, acolhida por Pompónio Leto e seus alunos e que encontrará no final do século a sua mágica reconstituição na visão do Teatro Olímpico de Vicenza, realizado por Palladio, mas inspirado nos estudos de Daniele Barbaro.

Além disso, não se pode pensar que a cenografia perspectivada do século XVI era uma simples tela de fundo, pintada em perspectiva, capaz de fornecer o fundo mas não o ambiente de uma acção cénica. Com efeito, o cenário era constituído por uma série de telas (*chassis*) dispostas em ângulo obtuso nos dois lados do palco e pintadas em perspectiva: algumas delas dispunham-se em paralelo à linha do proscénio, enquanto outras se dirigiam, seguindo uma linha oblíqua, em direcção ao fundo do palco. Assim, embora todos os pormenores – portas, janelas, beiradas – fossem pintados, a cenografia estruturava-se nas três dimensões espaciais: só o fundo distante que a completava era constituído por um simples telão pintado. Um ambiente, portanto, e não um fundo, antes um ambiente pictórico, não arquitectónico; ou melhor, pictórico e arquitectónico, ilusório e real. Esta, traduzida em termos cénicos, permanece a contradição da perspectiva. Por outro lado, tal contradição, ou aliás, tal ambiguidade respondia muito bem às exigências da comédia da época: a cenografia perspectivada conferia à acção um ambiente unitário e sintético, concreto e realista. Porém, concreção e realismo eram mais temáticos do que reais, dada a essência abstracta e matemática da perspectiva. Enfim, a cenografia era o reflexo figurativo de uma forma dramática artificial para a estrutura do seu enredo e abstracta pelo facto de tirar o peso à dimensão temporal, assumida como pura sucessão que concentrava uma série de factos numa suposta unidade de tempo; ao passo que do ponto de vista do espaço, as personagens se encontravam no lugar representado pela cenografia. No entanto, a comédia era ao mesmo tempo realista pela relativa verdade psicológica e social das personagens e pelo tom médio da linguagem florentina.

Esta relação abstracção-realidade variava, quer no plano formal, quer no plano temático. No plano formal, a encenação procurava sugerir aos espectadores a ilusão de se encontrarem em frente ao lugar onde se desenrola a acção. Assim, por exemplo, sucedera na representação de uma comédia do cardeal Bibiena, a *Calandria*, que teve lugar em Urbino, em 1514: o cenário representava, como relata Baldassar Castiglione, «um lugar remoto entre o muralha da terra [cidade] e as últimas casas: no palco era naturalmente fictícia a muralha da cidade

HISTÓRIA DO TEATRO

com dois torreões [...] a sala acabava por ser como o fosso da terra, atravessada por duas muralhas, como escoras de água». Tal significa que se a cenografia representava a estrada ou a praça de uma cidade imaginária próxima das suas muralhas, e estas muralhas eram representadas pela dianteira do palco e consideradas interrompidas a uma certa altura (como a quarta parede do teatro naturalista), a própria sala estava disposta de forma a dar aos espectadores a sensação de não se encontrarem numa sala, mas no fosso que circundava aquela cidade. Por outro lado, a introdução de diversos elementos na decoração da sala e na elaboração do cenário, da decoração grotesca da parte dianteira do palco até à introdução do arco cénico que, segundo consta, ocorreu em 1565 pela mão de Vasari, tendia, ao invés, a separar a área dos espectadores do mundo abstracto e fantástico da cena.

Considerações análogas podem fazer-se no plano temático. A cenografia quinhentista representava sempre uma rua ou uma praça da cidade, ponto de encontro obrigatório de todas as personagens que convergem na trama: esta rua ou praça podia ser absolutamente genérica ou, pelo contrário, perfeitamente identificável para os espectadores. Entre os poucos esboços cénicos do século XVI que foram conservados, encontramos, de facto, alguns que reproduzem com a maior fidelidade possível um lugar conhecido e determinado: Baldassare Lanci, por exemplo, elaborou para uma comédia de G. B. Cini representada em Florença, em 1569, um cenário que figurava um lugar conhecido de todos daquela cidade, a Praça da Senhoria; e vinte anos antes Sebastiano Serlio, o arquitecto bolonhês, autor do primeiro e mais exaustivo tratado sobre cenografia perspectivada, desenhara um esboço cénico em que estava representada a Praça de São Marcos em Veneza. Outros esboços, ao invés, mostram um lugar não identificável de uma cidade, uma espécie de representação sintética da própria cidade; outros ainda, em maior número, não representam nenhum lugar em particular, mas uma rua de uma cidade qualquer, um ambiente genérico e típico – uma rua que pode hoje indicar

Ferrara e amanhã Cremona, como diz Ariosto num seu prólogo. É claro que o nível de adesão e de ilusão do espectador era sempre diferente.

Neste contexto cenográfico como se inseriam e se classificavam o gesticular, a mímica e a representação dos actores? Na verdade, sabemos muito pouco sobre isso, na medida em que as crónicas descrevem muito mais as encenações e os entreactos, enquanto os tratados fazem uma abordagem, por um lado, literária e, por outro, cenográfica. Só em 1556, o mantuano Leone de' Sommi escreve o que podemos considerar o primeiro tratado da história do teatro sobre encenação no terceiro dos seus *Quatro Diálogos em Matéria de Representações Cénicas*, onde encontramos não só uma descrição do processo através do qual De' Sommi chegava à representação, como também interessantes indicações sobre representação.

As comédias, que eram habitualmente encenadas ou representadas nas cortes e nas academias, continuavam a ser acontecimentos bastante raros. Nas primeiras duas décadas do século, os espectáculos só tinham uma grande difusão em Veneza; nesta cidade apareceram os primeiros actores profissionais, sendo o mais célebre Zuan Polo e Francesco de' Nobili, chamado Cherca devido ao papel terenciano que interpretava muitas vezes. O próprio Ruzante (Angelo Beolco), o grande dramaturgo que escreveu em dialecto de Pádua textos que subvertiam qualquer norma clássica, ainda que estivesse ao serviço de uma família nobre, podia em certa medida considerar-se um profissional do espectáculo. Mas, em outros lugares, na quase totalidade dos casos, os actores que interpretavam as comédias eruditas nos espectáculos encenados pelas cortes ou pelas academias eram diletantes: a classe dominante, no século XVI, tendia a esgotar em si a função de produzir cultura e a figura do intelectual identifica-se muitas vezes com a do «cortesão»: a arte figurativa era, ao invés, confiada aos profissionais, embora não fosse considerada liberal, e o profissionalismo teatral irá surgir no âmbito da produção popular – inferior e, portanto, não cultural, mas puramente recreativa.

HISTÓRIA DO TEATRO

Os papéis femininos eram desempenhados por homens, e De' Sommi adverte que é necessário que cada actor tenha características físicas adaptadas à personagem, sendo que um apaixonado deve ser belo, um soldado membrudo, um parasita gordo e um servo desembaraçado – quem faz o papel de mulher não pode obviamente ter a voz grossa. De'Sommi parece procurar na representação um maior equilíbrio entre a tipificação das personagens das comédias antigas e contemporâneas e um princípio de identificação mais pessoal. O actor não deverá apenas assumir os comportamentos típicos da personagem representada (e cita o avarento que tem sempre a mão na algibeira), deve ter igualmente o cuidado de salientar com gestos apropriados as circunstâncias do momento: assim, um servo deverá «por ocasião de uma súbita alegria saber arrancar a tempo um gracioso salto, por ocasião de sofrimento rasgar um lenço com os dentes e, em caso de desespero, arrancar o cabelo». Não se trata de uma exigência realista, mas sim da necessidade de evitar todo o tipo de imobilismo e de variar o mais possível a acção cénica. Analogamente, De' Sommi está disposto a sacrificar o realismo da dicção à sua clareza, e o realismo dos trajes ao seu esplendor, pelo que, por um lado, os actores deverão sempre representar lentamente e, por outro, nenhuma personagem pode ser autorizada a envergar «uma saiazita descosida», um servo pode permitir-se vestir veludo, na condição de que o seu patrão envergue um traje brocado e assim se mantenham as distâncias. No mesmo registo, para um espectáculo rico e variado, sugere-se dar a cada personagem um traje completamente diferente do dos outros, contribuindo, pois, para dar maior clareza ao desenrolar da acção.

Se a perspectiva cénica da comédia podia representar uma esquina da cidade mais ou menos verdadeira, na tragédia, a rua representada era sempre imaginária, mas as casas que a delimitavam deviam ser sempre habitações sumptuosas das grandes personagens que são, por eleição, os protagonistas da tragédia. As representações trágicas no século XVI foram poucas e de entre essas a mais famosa não teve uma cenografia perspectivada. Tratava-se da encenação da mais clássica das tragédias, *Édipo Rei* de Sófocles, obra com que foi inaugurado o Teatro Olímpico de Vicenza, em 1585, sob a direcção de Angelo Ingegneri, autor, além de comédias e de fábulas pastorais, de um tratado não menos importante, embora bastante mais tardio, do que o De'Sommi. Ao invés, o espectáculo encenado em 1568, em Reggio Emilia, onde foi representada uma tragédia intitulada *Alidoro*, pôde contar com um cenário em perspectiva. Outras representações deste tipo surgirão com uma certa frequência no decorrer do século seguinte, embora com formas substancialmente quinhentistas: recorde-se a famosa encenação da tragédia *Solimano* de Prospero Bonarelli, de 1618.

Tenham tido lugar no século XVI ou no século XVII, num quadro cenográfico em perspectiva ou diante da cena arquitecturada do Olímpico, estes espectáculos trágicos tiveram alguns elementos em comum; trata-se daqueles requisitos fundamentais recordados por De' Sommi e por Ingegneri nos seus tratados. A representação trágica deve, primeiro que tudo, ter o esplendor e a dignidade que competem às grandes personagens que nele actuam, e aos que com a sua liberalidade os tornam possíveis e que dos primeiros são os dignos sucessores, isto é, os príncipes e senhores modernos. Todos os trajes devem ser esplêndidos para que haja, assim como na comédia, uma clara hierarquia. Marcada pela máxima dignidade e solenidade deve ser a mímica: as personagens, sobretudo as maiores, manterão o seu decoro e a sua grandeza também no irromper dos seus sentimentos violentos. Na tragédia, assim como na comédia, a variedade dos trajes e dos comportamentos é importantíssima para que o espectáculo se possa desenvolver de forma clara e interessante; todavia, os trajes exóticos ou bárbaros, pela sua novidade, são capazes de cativar mais o interesse dos espectadores (o *Solimano* de Bonarelli é disso um exemplo clássico).

Estas exigências de solenidade e de grandiosidade não podiam ser satisfeitas pelas poucas personagens que o rigoroso desenvolvimento da tragédia de cunho aristotélico permitia. Desenvolve-se, então, o jogo dos figurantes, quase inexistente na comédia. Mas os figurantes da tragédia quinhentista não são massas confusas e desqualificadas, turba ou povo, pelo contrário, são quase sempre filas ordenadas de pessoas em uniforme, muitas vezes soldados, cujo papel é acompanhar e escoltar as personagens principais, reflectindo a sua grandiosidade, na medida em que cada personagem é adequada ao seu grau. Assim, se no palco estão três personagens, haverá três filas de figurantes, três grupos coloridos que ordenadamente se desdobram, se combinam e se contrapõem, formando quase uma segunda e grandiosa cenografia. Ingegneri narra que, na sua citada representação vicentina de *Édipo*, em 1585, às nove personagens indicadas por Sófocles corresponderam cento e oito figurantes, vinte e oito dos quais formavam a comitiva do protagonista.

Além do cenário cómico e trágico, Vitrúvio enumera um terceiro tipo de cenário, o satírico, referindo-se talvez àqueles dramas satíricos que formavam o quarto elemento da tetralogia grega. Este cenário representava um ambiente silvestre; com efeito, Vitrúvio fala de árvores, casebres, colinas e de outros elementos campestres. Não foi difícil para os teóricos do século XVI adequar este tipo de cenário a um novo género dramático, a fábula pastoral, que, reportando-se ao *Orfeu* de Poliziano, terá a sua obra-prima exemplar na *Aminta* de Torquato Tasso. As pastorais narram, com desconcertante monotonia, os amores contrariados e enredados das ninfas e dos pastores da Arcádia. A sorte da pastoral nos ambientes aristocráticos deveu-se, em parte, à absoluta liberdade que essa propunha em nome de um mundo onírico e fora do tempo, o seu tom de jogo sentimental e de disfarce mundano, mas também de elementos puramente cénicos, dos quais se destaca principalmente a representação de um ambiente natural em termos artificiais e sumptuosos. Com efeito, na coreografia pastoral, à parte pintada devia acrescentar-se, talvez mesmo dominando-a, um elemento definitivamente tridimensional e podiam dispor-se no centro do palco árvores com folhagem de seda. Ou podiam eliminar-se todas as divisões entre espectáculo e espectadores,

O TEATRO ERUDITO ITALIANO DO SÉCULO XVI

como quando *Aminta* foi representada *in rerum natura* no parque de Cornelio Bentivoglio, nas imediações de Ferrara, dando a todos os espectadores a sensação de terem entrado no mundo mágico da Arcádia. Os trajes dos pastores nobres (entre os pastores também vigora o privilégio do sangue, caso contrário os espectadores nobres não poderiam ser o seu ideal) e das ninfas errantes eram ricamente exóticos, mas sem qualquer determinação cronológica ou local: «à ninfal», como lhes chama Ingegneri. É possível que a mímica se adequasse igualmente ao tom lírico, na maioria das vezes falso, dos textos em versos, resultando no seu conjunto num movimento programaticamente ligeiro e quase dançado.

Os espectáculos dramáticos do século XVI eram encenados predominantemente pelas academias e pelas cortes. Neste caso, não se tratava habitualmente de um facto isolado, na medida em que a representação de uma comédia ou de uma pastoral se inseria no contexto de um programa organizado, bem mais complexo, com certas finalidades celebrativas: chegada de um hóspede ilustre, nascimentos, baptismos, matrimónios. O teatro recuperava assim, em sentido aristocrático, aquela dimensão festiva, que já havia tido em outros moldes na Idade Média bem como na Atenas de Péricles. Era, portanto, um período de uma série de actividades festivas que incluíam banquetes e bailes, bem como outras manifestações de carácter espectacular como procissões e desfiles de carros alegóricos, que podiam abranger a cidade inteira, decorada para a ocasião com verdadeiros elementos cenográficos. De todas essas manifestações, a representação dramática era frequentemente o momento culminante: mas é claro que uma simples comédia, por muito que fosse luxuosamente encenada, não podia desempenhar esse papel. Com efeito, esse foi um dos motivos pelos quais no decorrer do século XVI se assistiu a um cada vez maior desenvolvimento dos entreactos, ou seja, acções breves de género predominantemente mímico ou de bailado, mas que podiam ter igualmente canções a solo ou em coro, já presentes nas representações de Plauto da corte dos Estes.

Todavia, enquanto nos espectáculos de Ferrara do fim do século XV, os entreactos permaneceram nos limites que descrevemos de ligeiro e requintado entretenimento durante os intervalos entre os actos, no século XVI, e sobretudo em Florença, tornaram-se cada vez mais complexos, quer pela temática alegórica ou mitológica (os camponeses transformados em rãs por terem ofendido Latona, a alegoria da Calúnia segundo a descrição de Apuleio, ou inclusive a quarta écloga de Virgílio), quer pela intensa e macroscópica espectacularidade com que eram realizados. Nem sempre, naturalmente, uma vez que em muitos casos a acção do espectáculo podia esgotar-se na entrada e na disposição das personagens em cena, como sucedia no entreacto da *Calunnia*, encenado em Florença, em 1567, onde as personagens se dispunham em meia-lua em torno do rei Midas (o mesmo tema é tratado no célebre quadro de Botticelli); ou limitava-se a uma breve acção mímico-representativa, como no regresso da caça de oito ninfas vestidas com passamanes de prata (Florença, 1539); ou consistia ainda em danças e cantos. Mas, em outros casos, apareciam em palco adereços imponentes, como os carros que se usavam nos desfiles alegóricos – o carro da Fama seguido dos homens famosos da Antiguidade, onde se encontravam moços e moças (Florença, 1569); ou os carros dos elementos Fogo, Ar, Terra, Água (Parma, 1569 e Reggio Emilia, 1568); ou outros que, aparecendo por magia mecânica, cobriam e escondiam, em parte, o cenário da comédia, como a grande boca de dragão que representava a porta do inferno de onde saíam homens famosos pelos seus vícios (Florença, 1567), ou o monte Hélicon que Vasari fez emergir do palco no último de uma série de entreactos em que se representava a fábula de Eros e Psique. No primeiro destes entreactos via-se Vénus rodeada das Graças e Horas descer do céu numa nuvem. A forma clássica com que as divindades fazem a sua aparição em cena é, naturalmente, a mais espectacular, não só por usarem as três dimensões do palco como também pela maravilha que o complicado «engenho» devia suscitar. Antes dos grandiosos entreactos encenados em 1585 e em 1589 por Bernardo Buontalenti, este mecanismo foi relativamente raro, mas, pelo menos numa ocasião, as nuvens coloridas de papelão, móveis e mutáveis, abrangeram o palco inteiro e fizeram o espectáculo por si sós. Tal aconteceu em Florença, no entreacto entre o segundo e o terceiro acto da representação de *A Viúva* de Giambattista Cini, que tinha lugar numa cenografia, criada por Baldassarre Lanci, que reproduzia a Praça da Senhoria. De súbito, saíram debaixo do palco dezasseis rapazes que personificavam os ventos: soprando, encheram o céu do cenário de nuvens multicoloridas, e sobre cada uma delas estava sentada uma jovem. É óbvio que grandes acessórios deste tipo alteravam ou cobriam o aspecto do cenário cómico: mas, precisamente neste espectáculo de 1569, no entreacto dos camponeses e de Latona, o próprio cenário mudou o seu quadro (as telas brancas talvez fossem montadas sobre prismas triangulares a que Vitrúvio chamava periactos, capazes de girar em torno de um eixo, mostrando ora uma, ora outra face) e a Praça da Senhoria foi transformada no campo ameno dos arredores de Florença.

12

O melodrama – forma electiva do Barroco

De elemento complementar e secundário, os entreactos passaram a momento culminante e central do espectáculo dramático: neles se concentrava o gosto cada vez mais intenso pelo espectáculo puro em que a acção cénica não estava subordinada à palavra, antes se esgotava na visão de um movimento cada vez mais grandioso e complexo. Os entreactos eram certamente capazes, se não de narrar uma história (embora também fosse possível: recorde-se o exemplo dos entreactos de 1565 em que se narrava a fábula de Eros e Psique), de desenvolver um tema unitário no seu conjunto. E, assim, foram os actos da comédia que acabaram por se tornar os entreactos do espectáculo de entreactos.

Em 1585 e em 1589 organizaram-se, em Florença, dois espectáculos em que se pôde medir as verdadeiras possibilidades desta forma representativa e em que se fixaram os principais elementos temáticos e linguísticos do posterior desenvolvimento do teatro melodramático. Em ambos os casos «o inventor» dos entreactos foi Giovanni de' Bardi, um douto cavalheiro da corte dos Médicis, ao passo que a realização cénica foi confiada ao arquitecto da corte, Bernardo Buontalenti, conhecido por ter construído alguns dos mais belos palácios da escola maneirista em Florença.

Em todos estes espectáculos, o cenário mudava completamente em cada entreacto para regressar ao cenário inicial quando começava o novo acto da comédia; muito intensa e contínua foi a utilização de mecanismos que permitiam às personagens voar pelo espaço cénico ao longo de uma série de nuvens, ou subir, sem se mexerem, do fundo do palco aos planaltos de uma colina; enfim, uma nova e importante temática pelas suas

O MELODRAMA — FORMA ELECTIVA DO BARROCO

implicações. Com efeito, no espectáculo de 1585, os quatro entreactos centrais (os entreactos eram habitualmente seis, o primeiro e último funcionavam como prólogo e epílogo) representavam os quatro elementos que, segundo a física aristotélica, constituem o universo: Água, Ar, Terra e Fogo. Mas como não se tratava de uma representação alegórica, surgiram sucessivamente em cena os quatro reinos – o Mar, o Céu, a Terra e os Infernos –, ou seja, o universo inteiro, como que a afirmar as infinitas possibilidades da representação teatral.

O tema do espectáculo de 1589 (isto é, dos entreactos que acompanhavam a representação de uma comédia de Girolamo Bargagli, *A Peregrina*) foi o dos efeitos da música e do ritmo no mundo. Os quatro entreactos centrais – mais uma vez percorrendo os quatro reinos – ilustravam este tema com fábulas extraídas da mitologia antiga, enquanto o primeiro, numa imensa visão do céu, constituída por quatro níveis de nuvens sobre as quais estavam as Sereias celestes e os planetas, e que convergiam em direcção do trono da Necessidade, conduzia o espectador ao próprio centro do universo, onde se origina o girar das esferas e, portanto, segundo o mito platónico-pitagórico, a harmonia universal.

As três formas clássicas de representação dramática sobreviveram no século XVII, mas tiveram uma vida penosa e limitada pela perpetuação ou pelo prudente desenvolvimento dos temas do século passado. A eliminação progressiva das três unidades, com a consequente possibilidade de mutações cenográficas que fez com que cada acto da comédia e da tragédia tivesse a sua própria ambientação, e o acentuar do elemento exótico não foram suficientes para salvar as representações em prosa de dramas «eruditos» do desinteresse geral. A produção literária continuou a ser abundante, mas as informações de espectáculos concretos são praticamente inexistentes.

O século XVII é, sobretudo, o século do melodrama que a partir de Itália se difunde em toda a Europa: cenógrafos, autores, músicos e cantores italianos passam a ser o elemento fundamental das festas das cortes estrangeiras, em particular das austríacas e alemãs. Mas enquanto nesse século o teatro dramático teve – como veremos – importantes desenvolvimentos pela Europa fora, em Itália o teatro «douto» acabou por extinguir-se completamente.

O melodrama moderno tem uma data e um lugar precisos de nascimento e características originárias que bem cedo se perderam. O melodrama, desejo extremo da mais pura cultura humanista, nasce da tentativa de um grupo de doutos florentinos, reunidos na Camerata de Bardi, ressuscitar integralmente as formas da tragédia grega, cujo texto se pensava que fosse cantado na Antiguidade.

Nas representações da Camerata de Bardi, o melodrama assumiu formas cénicas próximas das da fábula pastoral, na medida em que a exemplificação foi feita com temas trágicos de ambiente bucólico: Apolo e Dafne, Orfeu e Eurídice. Porém, as exigências do espectáculo, que já se haviam prepotentemente afirmado nos entreactos, bem cedo se infiltraram na forma lírico-dramática baseada no canto monódico.

Esta fusão ocorre quase imediatamente: já em 1600 um melodrama musicado por um dos maiores representantes da música monódica, Giulio Caccini, é representado por Buontalenti em termos intensamente espectaculares. O sonho de uma pureza grega é devastado pela irrupção de uma fantasia fervorosa mas necessitada de dilatar quantitativamente os termos da sua criação. O lugar onde o sacrifício se cumpre são as cortes: o luxo, a grandiosidade e a grandiloquência são exigências primárias do espectáculo cortesão, transformando-se o melodrama no lugar electivo onde estas exigências podem ser satisfeitas. Nele se contempla e diviniza a sociedade aristocrática. Os deuses do Olimpo são chamados a reunir-se para venerar e aclamar os protagonistas e as aventuras dos heróis desenrolam--se para resolver alguns casos de amor complicados – este apaixonante jogo da sociedade tão presente na vida aristocrática do século XVII –, através dos quatro reinos do universo aristotélico, que as investigações de Buontalenti haviam permitido apresentar em termos teatrais.

O MELODRAMA – FORMA ELECTIVA DO BARROCO

Os elementos exteriores mais aparatosos do melodrama cortesão são a frequente mudança de cenário, que se torna mesmo frenética nos últimos anos do século, e a utilização de mecanismos ou engenhos com a finalidade de variar e tornar grandioso o movimento interno e suscitar arrebatada admiração pela habilidade com que os truques eram executados. A estrutura cenográfica havia sido alvo de uma certa simplificação em relação ao século anterior: em vez das telas dispostas de esquina e, em parte, trabalhadas em relevo, adoptavam-se simples cortinas pintadas, coordenadas entre si para suscitar uma sensação unitária e sobretudo manuseável. Com efeito, as mudanças de cenário ocorriam à vista do público com uma série de novas cortinas que se sobrepunham às do quadro anterior. As máquinas serviam não só para pôr as personagens a voar por entre as nuvens ou em outros acessórios (carros, cavalos alados como o hipogrifo), mas também para outros efeitos fantásticos: a aparição ou desaparecimento súbito de personagens ou de palácios, o aparecimento de montanhas, o desencadear-se de tempestades, o movimento do mar. Com efeito, além das maravilhas mitológicas, toda a série de fenómenos naturais, do nascer do Sol ao florescer da Primavera, é património do teatro setecentista. Em alguns espectáculos, a descrição do fenómeno natural torna-se quase o principal motivo temático: um exemplo típico é *A Flora*, de Andrea Salvadori, encenada por Alfonso Parigi que, juntamente com o irmão Giulio, sucedera a Buontalenti como cenógrafo da corte dos Médicis. O momento culminante deste espectáculo era constituído precisamente pelo reflorescer primaveril da Natureza que se devia, segundo a fábula, às lágrimas de alegria de Zéfiro, feliz pelo amor de Clóris.

Outros espectáculos, nomeadamente em Florença na primeira metade do século, retomaram a temática cosmológica dos entreactos de Buontalenti de forma a desenvolvê-la no quadro unitário de uma fábula. Tal é o caso de *As Núpcias dos Deuses*, encenado pelo próprio Alfonso Parigi em 1637, em que os amores das divindades olímpicas serviam para guiar o espectador através dos reinos do universo.

HISTÓRIA DO TEATRO

Na segunda metade do século, esta temática passa a ser episódica e é integrada nos espectáculos melodramáticos mais pelo gosto da variedade e para obedecer a uma tradição do que pela intrínseca coerência e necessidade: o jogo – terá dito Marivaux – do acaso e do amor, e com isso o gosto pela expressão sentimental das personagens, torna-se definitivamente o elemento central. Implícita nesta nova temática está a representação da sociedade aristocrática e dos seus costumes. Num espectáculo organizado, no seu teatro de Piazzola, por um cavalheiro veneziano, Marco Contarini, a vida mundana da aristocracia é apreendida e integrada precisamente pelos próprios elementos teatrais que a constituem: a caça, a corrida das carruagens, o próprio teatro. A distância entre o teatro e a vida da sociedade é, em certa medida, abolida. O mesmo fez Gian Lorenzo Bernini num espectáculo do qual restou apenas uma memória, reproduzindo no palco o público que assistia à representação. Contudo, esta anulação da fronteira entre a vida e o teatro não tinha, para Bernini, um significado celebrativo mas sim trágico, não longe da concepção do grande dramaturgo espanhol e contemporâneo, Calderón: a vida é vaidade; como o teatro, é sonho.

A cenografia, grande protagonista do teatro setecentista, foi naturalmente abrangida por esta mudança de interesse. Os cenários com paisagens tornaram-se cada vez mais raros ao ponto de serem praticamente eliminados, sendo substituídos por salas de palácios fabulosos, cortes régias ou jardins «deliciosos», ambientes mais próprios para acolher os protagonistas aristocráticos que tinham frequentemente o nome de heróis antigos. As constantes mudanças cenográficas deixaram de dar a impressão de uma tão desconcertante quanto coerente variedade, passando a ideia de uma nervosa e incessante variação sobre o tema. Os espectáculos da corte vienense, encenados por Ludovico Burnacini, são o mais ilustre exemplo desta nova corrente.

Todavia, é no século seguinte que a cenografia do tema arquitectónico celebra os seus maiores faustos, principalmente graças à obra da família Galli Bibiena, cujo genearca, Ferdinando, ganhou fama europeia por aplicar à cenografia a pers-

O MELODRAMA – FORMA ELECTIVA DO BARROCO

pectiva angulada, ou seja, uma perspectiva dotada de pontos de fuga que permitia romper definitivamente com a monótona simetria central que dominara durante quase todo o século XVII.

No decorrer do século XVII, a acção teatral, na maior parte dos casos, é delimitada e enquadrada na moldura do arco cénico, que assinalava de modo inequívoco a fronteira entre o mundo dos espectadores e o mundo fantástico do espectáculo, no qual, aliás, o público se reflectia. Mas há casos em que este limite é violado e o espectáculo desliza para o espaço reservado ao público. Tal acontece habitualmente para permitir a realização de um *ballet*, ou de um torneio, de um torneio de armas, que o melodrama proporcionou. Os bailarinos ou os campeões descem do palco para a plateia através de praticáveis e aí desempenham o papel que lhes cabe. Este tipo particular de melodrama, sobretudo aquele que ligava um torneio à acção cantada, teve um grande sucesso nos teatros da corte no segundo vinténio do século. Um exemplo foi o espectáculo que inaugurou o Teatro Farnese de Parma, em 1628, *Mercúrio e Marte*, texto de Claudio Achillini e encenação de Francesco Guitti: no fim de cada cena, uma patrulha de guerreiros, que se imaginava que tivessem sido aprisionados por Mercúrio, por receio que o fascínio pelas armas arrancasse o duque Farnese do exercício das letras, era libertada por um deus evocado por Marte e entrava na plateia para combater no torneio. O espectáculo terminava com o mais formidável *coup de théâtre* que a fantasia barroca alguma vez conseguiu imaginar: a plateia foi completamente alagada e os últimos combates tiveram lugar numa ilha.

Espectáculos deste género consagraram a estrutura do edifício teatral, realizada já por Buontalenti no Teatro degli Uffizi, onde tiveram lugar as representações da corte dos Médicis. Mas o único e extraordinário exemplo desta arquitectura teatral que restou é o grande teatro farnesino de Giovan Battista Aleotti, cujas altíssimas e íngremes bancadas permitiam acolher um grande número de espectadores, deixando livre o enorme espaço da plateia que, vista de cima, parece realmente uma ampla praça, ao passo que sobre o fundo, aberto no centro de uma decadente estrutura arquitectónica, o arco cénico parece a imensa porta de um mundo longínquo.

Nos exemplos posteriores de edifícios teatrais dos quais nos chegaram um testemunho gráfico, como de Ferrara, Pádua e Bolonha, as bancadas – última evocação do edifício clássico – são substituídas por uma série de varandas sobrepostas: os camarotes. Assim o edifício teatral à italiana estava acabado: embora no século XVIII os teatros com camarotes fossem em grande número, o mais antigo exemplo ainda em pé é setecentista, o Teatro Municipal de Bolonha, erguido segundo o projecto de Antonio Bibiena.

A estrutura com camarotes tornara-se indispensável desde que o teatro melodramático saíra das cortes para se estender ao público pagador. Tal acontecera em Veneza, em 1637. Como consequência desta nova situação, os espectáculos venezianos, transformados em empresas comerciais, simplificaram a sua estrutura, confiando mais nas frequentes mudanças cénicas (sob os auspícios de um dos maiores cenógrafos do século, Giacomo Torelli) e na habilidade canora dos indivíduos «virtuosos». Mas, regressando ao edifício, sendo agora o teatro aberto a todos os que podiam pagar bilhete, havia que evitar a promiscuidade das diferentes classes sociais, pelo que a plateia destinava-se à arraia-miúda e a separação dos camarotes impedia o contacto directo entre o nobre e o comerciante rico. O camarote, sobretudo no século XVIII, torna-se uma espécie de segunda sala de estar: recebia-se, oferecia-se refrescos, conversava-se, prestando atenção ao espectáculo apenas quando chegava o momento da ária. Tudo isso escandalizava muito os viajantes estrangeiros, mas não é um caso único na história do teatro.

A difusão do melodrama à italiana e das suas formas cénicas foi enorme, principalmente nos ambientes aristocráticos e das cortes. Além das encenações de Ludovico Burnacini em Viena, há que mencionar as de Giacomo Torelli em Paris e de Francesco Santurini em Munique. Cenógrafos alemães, franceses e ingleses também assimilaram rapidamente a técnica italiana.

O MELODRAMA – FORMA ELECTIVA DO BARROCO

O caso mais clamoroso de espectáculos à italiana encenados no âmbito de uma tradição local é, talvez, o das *masques* encenado por Inigo Jones, arquitecto e pintor na corte dos Stuarts e apaixonado cultor da arte italiana, que fizera uma viagem de instrução a Itália em 1613. A *masque* inglesa era um espectáculo centrado na pessoa do monarca que triunfa sobre os seus inimigos, ou seja, sobre o Mal, nas alegorias do Bem, do Belo e do Bom. O final contemplava com frequência a transformação mágica de uma boca de inferno em palácio da Fama e a descida dos protagonistas alegóricos ou mitológicos (a Beleza, Oberon, o rei das Fadas, os heróis britânicos) do palco para a sala, onde o *ballet* se tornava uma festa geral.

Nos espectáculos da corte do século XVI inglês os cenários não se *sucediam* uns a seguir aos outros no único espaço centralizado do palco, eram antes dispostos à volta da sala das festas, segundo a lógica ainda medieval da simultaneidade: aqui uma gruta, ali uma cabana, mais à frente um templo ou um bosque. De resto, o mesmo se verificava em França no *ballet* da corte: recorde-se o famoso *Ballet comique de la Royne*, dançado em 1581 e encenado justamente com esta técnica.

Foi precisamente Inigo Jones que unificou no palco, numa sucessão de cenários, o que antes era espacialmente disperso e cronologicamente co-presente, introduzindo a técnica italiana das mudanças de cenário. Contudo, a princípio, os motivos formais e temáticos dos seus cenários provinham quase exclusivamente da tradição inglesa: cenários tapados por rochas, que, ao abrirem-se, deixavam ver palácios encantados sem nenhuma intenção de dar relevo à profundidade da perspectiva. Trata-se das realizações anteriores à viagem a Itália, quase todas relativas a *masques* escritas por Ben Jonson: *The Masque of Blackness, The Masque of Queens, Oberon the Fairy Prince* e outros. Mas depois a situação inverteu-se, a influência de Giulio Parigi tornou-se tão visível que, em certos casos, os esboços de Jones pareciam cópias dos do cenógrafo florentino: as rochas dão lugar a uma natureza bem ordenada, enquadrada na simetria férrea da perspectiva central e encerrada na moldura do arco

HISTÓRIA DO TEATRO

cénico; exemplares os cenários para *Florimene* (1635), *Britannia Triumphans* (1638) e outros. Assim, em Inglaterra, através do teatro da corte, a estrutura cénica à italiana ameaçava suplantar as formas originais do teatro indígena, que haviam triunfado nos teatros públicos do período isabelino.

13

Commedia dell'arte

A tradição historiográfica pretende que em todas as boas histórias do teatro haja um capítulo, ou, pelo menos, um parágrafo, dedicado à *commedia dell'arte*, mas não precisa onde se deve pô-lo: alguns, como Doglio e Pandolfi, colocam-no na conclusão da parte dedicada ao teatro do Renascimento, outros, como Kindermann e Brockett, na conclusão da parte dedicada ao teatro barroco. Esta hesitação tem um fundamento objectivo. O conjunto de fenómenos que costumamos agrupar sob a designação *commedia dell'arte* torna-se identificável na segunda metade do século XVI e, portanto, em pleno Renascimento, de tal modo que surgiu quase como o seu fruto mais amadurecido: foi – como se disse – «um teatro clássico e, precisamente, por isso, parece logo tão diferente do teatro da imitação clássica, isto é, do teatro classicista», porém desenvolve-se e transforma-se num fenómeno europeu no decorrer do século XVII, quando os comediantes *dell'arte* conseguem gerir um dos três «teatros de estado» franceses, entrando em decadência e acabando por desaparecer completamente só no fim do século XVIII. Se também eu a coloco a seguir ao capítulo dedicado ao teatro barroco, não é só porque no decorrer do século XVII a *commedia dell'arte* atinge o máximo da sua difusão, mas também para sublinhar que neste, que foi definido «o século do teatro», estão co-presentes duas formas qualitativa e quantitativamente antagónicas: o melodrama de grande espectáculo e, justamente, a *commedia dell'arte*, que se resume ao puro jogo do actor.

Sendo a *commedia dell'arte* um «género» de teatro, embora não tão forte como o melodrama ou o *nō* japonês, é impossível prescindir-se de uma definição de ordem geral, por muito discutível e provisória que seja. Segundo a mais commumente aceite, a *commedia dell'arte* seria o tipo de comédia em que intervêm personagens mascaradas, chamadas «máscaras» *tout-court*, representada por actores profissionais que improvisam em vez de decorarem os seus papéis. Esta definição encontrou uma certa corroboração nas mais antigas denominações com que os contemporâneos identificaram o fenómeno: «comédia de improvisação, comédia dos *Zanni*, comédia à italiana», mas também «histriões mercenários, ou seja, gazeta (bilhete de entrada)».

A expressão «*commedia dell'arte*» aparece apenas em 1750 na comédia metateatral de Goldoni, *O Teatro Cómico*, mas não é certo que se trate de um neologismo, quanto mais não seja pela indiferença com que a expressão é utilizada no texto goldoniano pela personagem da actriz principal: «se fizermos as *commedias dell'arte* temos de estar frescos». O termo «arte» foi diversamente interpretado, mas é quase certo que, na sua origem, significava simplesmente «profissão» (na Idade Média e no Renascimento, «Artes» são as corporações e as associações profissionais). Todavia, Goldoni usa-o no plural para indicar um género particular de comédias (as de máscaras) opostas a um outro género (as de caracteres) que a sua «reforma» defendia. Portanto, o que caracterizava a *commedia dell'arte* do ponto de vista do espectador é o uso das máscaras e, por conseguinte, destas partiremos.

O termo «máscaras» foi usado para identificar as personagens características da *commedia dell'arte* já tardiamente, mais ou menos no mesmo período em que se afirma o termo «arte». Antes dizia-se, como vimos, «*comédia de Zanni* ou dos *Graziani*». Mas dizer *Zanni* ou *Graziani* não é a mesma coisa que dizer «máscara». É algo de mais preciso e, ao mesmo tempo, mais genérico, enquanto, por um lado, se identificam personagens específicas, por outro, omite-se a classificação técnica e estilística, na medida em que se despreza, em particular, o facto aparentemente decisivo de que se trata de personagens mascaradas. Portanto, a máscara não era assim tão importante para caracterizar *as* máscaras e, com efeito, há máscaras que não usam máscara. Por seu turno, os actores falavam simplesmente de *papéis*.

No século XVIII, as máscaras reduzem-se a quatro: as dos dois velhos, Pantaleão, o mercador veneziano e o Doutor bolonhês (Graziano ou Balanzone), e as dos dois Zanni, ou servidores, Arlequim e Briguela. Esta imagem tardia, que remonta ao período em que a *commedia dell'arte* já estava esclerosada, é muito útil para uma definição genérica e abstracta: a *commedia dell'arte* é aquela que tem essas quatro máscaras entre as suas personagens mais importantes. Mas a história é evidentemente muito mais complexa.

Todos parecem concordar com o facto de as máscaras preexistirem à *commedia dell'arte*. Os actores tê-las-ão transferido para a sua cena, tirando-as do mundo sarapintado e multiforme do Carnaval em que, segundo alguns, sintetizavam em símbolos, já pouco legíveis no Renascimento, as forças das religiões ctónicas do mundo camponês: Zanni, com a sua larga veste branca, evocaria as almas dos mortos que regressariam benignas, Pantaleão, embainhado no aderente fato vermelho, seria um demónio infernal, ao passo que o fato multicolor de Arlequim simbolizaria a «grande variação dos ramos florescentes», isto é, o eterno reflorescer da Primavera.

Assim, como as máscaras da comédia se apresentam belas e prontas, esta fascinante hipótese da sua «origem» parece, no mínimo, tão credível quanto a outra que persegue os traços de uma contínua tradição teatral, remontando mesmo às atelanas e aos mimos romanos. Mas, de facto, antes da afirmação da *commedia dell'arte* não há o mínimo sinal da existência de um Pantaleão, de um Doutor Graziano, de um Briguela, de um Polichinelo entre as máscaras carnavalescas. No entanto, o contrário é verdade: imediatamente *depois* às primeiras notícias credíveis sobre a *commedia dell'arte* as suas máscaras espalham-se pelo Carnaval e por toda a parte. Nos primeiros anos, fervorosamente criativos, a criação de máscaras foi o exercício predilecto dos actores. Certamente os mais ricos em invenção e fantasia criaram verdadeiras personagens, originais, quer pelo seu aspecto, roupa, estilo gestual e vocal, quer pelas características de tipo sociológico e psicológico; enquanto outros menos

HISTÓRIA DO TEATRO

dotados se limitaram a algumas pequenas variações ou mesmo apenas a atribuir um novo nome, o mais divertido possível, a uma personagem já existente.

As máscaras são, portanto, muito numerosas, mas, na medida em que se inserem no corpo de uma comédia rigidamente estruturada como a renascentista, podem ser agrupadas em poucas categorias funcionais: principalmente os dois velhos e os dois servos, que depois permaneceram, quase em estado de achados, até aos últimos desenvolvimentos setecentistas nas figuras de Pantaleão, mercador veneziano, do doutor bolonhês, de Arlequim, servo tolo e de Briguela, servo esperto. Os dois últimos derivam de uma única personagem, Zanni, bagageiro de Bérgamo, que servia para definir as primeiras comédias.

Sendo criada ou recriada pelo actor que assumia o seu papel, cada máscara tinha características próprias. Todavia, enquanto Zanni dá origem à descendência de um número impressionante de personagens, que inicialmente se classificam com o prefixo *Zan* (Zan Ganassa, Zan Panza de pegora [barriga de ovelha], Zan Arlequim), desaparecendo ele próprio como personagem, Pantaleão nasce com uma imagem já forte e definida – o fato (*collants* vermelhos, manto negro, chinelas), os atributos físicos (máscara, corcunda, barba afiada, às vezes o falo) – da qual haverá apenas variantes.

Diferente ainda é o caso do Doutor (Graziano ou, mais tarde, Balanzone), que tem contornos bastante incertos e apagados e se reduz ao traje académico que evoca de forma mais ou menos caricatural. O Doutor é, antes de mais, uma máscara verbal, na medida em que é predominantemente caracterizada pelo modo de falar – não só pelo dialecto bolonhês, mas também pelo tecido do discurso, pelo uso específico da linguagem. Há duas variantes fundamentais: o discurso errado e o discurso exagerado. O primeiro assenta na paronímia, ou seja, na subversão da palavra que pode resultar no simples estropiamento, ou na transformação de uma palavra numa outra com som semelhante: «matrimónio» torna-se «património», «medicina» torna-se «merdecina». Com os evidentes efeitos cómicos em voga na altura, logra ainda tornar o discurso absurdo ou mesmo

COMMEDIA DELL'ARTE

indecifrável. Resultado não muito diferente do alcançado noutra direcção, a do discurso exagerado. O fundamento é a obviedade que pode ter uma expressão apesar de extremamente sintética: «quem está errado, nunca tem razão», formulação breve, mas exagerada porquanto é absolutamente tautológica. Todavia, o Doutor, sobre um conceito do género, pode conseguir acumular centenas de provas, de argumentos de autoridade, de tal forma densos e extremamente conexos que o seu discurso tende a resumir-se a pura redundância, isto é, a nada.

Se a imagem figurativa do Doutor é bastante incerta, a do Capitão (personagem destinada a desaparecer no fim do século XVII) pode dizer-se que não existe de todo. O Capitão não é uma máscara, antes uma classe de máscaras. Sob este ponto de vista é, em certa medida, comparável a Zanni. Os Capitães não têm sequer o dialecto em comum: podem falar italiano, espanhol e napolitano. O traço que certamente as agrupa é de carácter temático que, no entanto, implica uma reviravolta psicológica: a vanglória. A vanglória realiza-se em linguagens e estilos literários muito diversos, mas também ela sempre redundante: assim como o Doutor, o Capitão é uma personagem verbosa.

As personagens foram frequentemente definidas «tipos fixos». Ora, à parte o facto de o conceito «tipo» se enquadrar perfeitamente na poética dramatúrgica renascentista, em que sentido se pode falar de «fixidez» na presença de tantas e diferentes fenomenologias e de tantas variantes? Cada actor assumia, pelo menos durante um período da sua vida, o papel da máscara particular que havia criado e depois, cada vez mais amiúde, herdado e repropunha-a com funções dramáticas constantes em todas as comédias representadas pela sua companhia. Contudo, a máscara não se identifica exactamente com a personagem, que se realiza sempre (de cada vez) em cada representação.

Chegou o momento de abordar o segundo elemento que, segundo a definição tradicionalmente aceite, caracteriza a *commedia dell'arte*: a improvisação sobre a qual muito se discutiu. Aliás, muito estudiosos sustentaram que essa deve, sem dúvida, ser «relegada para as lendas», ao passo que outros limitaram drasticamente o seu alcance. Resta o facto de na consciência dos contemporâneos, dos finais do século XVI aos finais do século XVIII, existir uma comédia improvisada que se opunha à comédia premeditada produzida como espectáculo a partir de um texto dramático decorado. Os actores da *commedia dell'arte* improvisariam, portanto, os seus papéis com base num simples traço narrativo (o cenário), adequando as suas falas às dos colegas. Todavia, sendo a comédia rica em partes tópicas e ornamentais, isto é, em momentos e em cenas em que a acção não prossegue, como os duetos de amor, as piadas dos Zannis, os discursos vazios do Doutor e as vanglórias do Capitão, os actores, nesses momentos, representavam seleccionando excertos que haviam decorado, extraindo-os de leituras específicas e, mais tarde, de *Zibaldoni* ou *Generici*, que eram antologias de excertos, de falas e de *sketches* relativos ao seu papel que haviam herdado dos antecessores, ou que tinham mandado compilar a letrados e intrujões.

Com efeito, a improvisação é uma técnica e, como tal, está à disposição de quem queira aprendê-la e seja dotado de um talento particular. A improvisação, isto é, não se improvisa: esta consiste não em preparar o papel, mas em preparar-se para o papel. Provavelmente uma companhia de *commedia dell'arte* ao encenar um espectáculo comportava-se como uma banda de *jazz*: na base de uma dada estrutura rítmica cada instrumento intervém em apoio ou em função solista, ocupando os espaços e as pausas que se abrem no tecido orquestral, ou respondendo a sugestões temáticas por parte de um outro. O alternar-se dos momentos a solo com os orquestrais tende, com a harmonia da banda, a tornar-se automático sem, no entanto, ser predeterminado: executar em improvisação significa executar não sem ensaios, mas sem partitura.

De forma idêntica, os comediantes *dell'arte* actuavam sem um texto dramático e tal foi visto, pelos antigos e por muitos modernos, como uma conquista de autonomia do teatro relativamente à sua sujeição à literatura.

Mas por que razão só os actores italianos fizeram esta escolha? Por um lado, esta foi talvez favorecida pelo próprio uso das máscaras que permitia restringir o campo da improvisação ao particular talento de cada um, mas, por outro, foi certamente determinada pelas particulares condições de mercado em que os novos profissionais se encontravm a actuar: no teatro de corte, os diletantes empregavam meios para encenar um espectáculo, no entanto, para os actores, isto faria sentido se depois o vendessem a preços muito elevados, eliminando assim a possibilidade de captar o público popular ao qual, em primeira instância, pretendiam dirigir-se. Improvisando, ao invés, eram capazes de produzir um grande número de espectáculos sempre diferentes ainda que estruturalmente semelhantes, com a consequência de que o público do dia anterior era levado a voltar no dia seguinte, quer pela variedade das comédias representadas, quer pela permanência das máscaras. Acontecia um pouco como nas bandas desenhadas modernas: espera-se ansiosamente pelas novas aventuras do rato *Mickey* ou do *Batman*.

Tudo isso constituía, em certa medida, a particularidade do profissionalismo italiano relativamente ao que, mais ou menos nos mesmos anos, se desenvolveu em outros países europeus como a França, Inglaterra ou Espanha.

Considerada nas suas linhas gerais, a profissão do espectáculo não é decerto uma novidade: os jograis eram profissionais e, em Veneza, nos primeiros anos do século XVI havia vários actores, profissionais ou semiprofissionais, que se exibiam em curtas acções cómicas, mas também em verdadeiras comédias em salas adaptadas para o efeito e às quais se acedia mediante pagamento. A novidade não deve ser procurada, portanto, no profissionalismo dos actores, mas sim na constituição de companhias profissionais e permanentes. Neste sentido, há uma data mítica à qual está associado o início do profissionalismo teatral italiano: em 1545, em Pádua, um grupo de sete homens estipula um contrato para a constituição de uma «associação fraternal». A finalidade, a razão social da associação é «representar as suas

HISTÓRIA DO TEATRO

comédias de lugar em lugar». Há algo de verdadeiramente inédito neste contrato: estes sete homens, talvez pais de família que, bem ou mal, tinham do que viver com o seu trabalho honesto, concordam em deixar tudo e exercer uma profissão que até àquela altura profissão não era, provavelmente desenvolvendo, tornando oficial e permanente, o que em Veneza sucedia de forma ocasional e informal.

Nada nos diz que a companhia fundada por Mafio Zanini tivesse máscaras e representasse de forma improvisada. Mas é certo que naqueles anos já existiam microcompanhias, de duas ou três pessoas, que representavam *sketches* e pequenas cenas cujos protagonistas são as mais antigas e principais máscaras da *commedia dell'arte*: Pantaleão e Zanni. Conservaram-se testemunhos literários de algumas destas pequenas cenas. Este facto, entre outros, confirma a tese de que o «núcleo originário» da *commedia dell'arte*, enquanto comédia das máscaras, tem de ser identificado no dueto cómico entre o servo de Bérgamo e o patrão veneziano, ou seja, entre Zanni e Pantaleão. Três famosos versos de Lasca, que remontam a 1559, associam precisamente esse núcleo originário à arte, ou seja, à profissão do teatro:

Fazendo de bergamasco e de veneziano
Vamos a toda a parte
E representar comédias é a nossa arte.

«Representar comédias»: as pequenas cenas cómicas das microcompanhias não podem seguramente ser definidas comédias, não pelo menos no sentido forte que o Renascimento atribuía a este género dramático. Nem se podem fazer comédias unicamente com máscaras. Para representar comédias, não importa se premeditadas ou improvisadas, é necessário uma companhia de pelo menos seis ou sete elementos, como era justamente a de Mafio Zanini, uma vez que a estrutura de base da comédia renascentista compreende dois velhos, dois servos e dois jovens apaixonados. E a companhia da *comme-*

dia dell'arte define-se segundo a fórmula da comédia neoclássica: os dois velhos passam a ser Pantaleão e o Doutor, ou outras máscaras semelhantes; o papel de servo é assumido pelos Zannis na sua infinita variedade, ao passo que os Apaixonados permanecem «papéis sérios», opostos àqueles «ridículos» das máscaras. E são eles o motor, muitas vezes imóvel, da acção dramática, ao passo que os velhos funcionam como obstáculos e os Zannis como aliados eficientes (o servo esperto, que é o verdadeiro *meneur du jeu*), ou catastróficos (o servo tolo tem uma função predominantemente ornamental, quer dizer pura comicidade).

A comédia que os actores da *commedia dell'arte* improvisavam era, todavia, uma verdadeira comédia: realizava-se com base num cenário ou esboço. Os cenários são um traço narrativo para uma comédia a fazer, um traço, no entanto, já desenvolvido e organizado para as cenas: uma comédia alongada é feita de falas e didascálias, em contrapartida, o cenário é composto unicamente por didascálias, sendo as falas, com raras excepções, resumidas e apresentadas em forma de discurso indirecto. A leitura de um cenário surge como um pormenorizado e exaustivo resumo de uma comédia alongada. Chegaram-nos pelo menos sete antologias de um conjunto de cerca de setecentos cenários, que constituem o acervo do reportório dos comediantes *dell'arte*.

E é partindo dessa antologia que podemos começar a traçar um breve percurso histórico. Os cenários mais antigos não se deviam afastar estruturalmente em nada da comédia renascentista clássica. Exemplos desta fórmula, que se reportam a comédias como *A Calandria*, *A Mandrágora*, *O Assiuolo*, regressam, no entanto, todos os duzentos e cinquenta anos durante os quais se pode falar de *commedia dell'arte* enquanto fenómeno historicamente determinado – *et pour cause*, visto que a própria companhia *commedia dell'arte* se estrutura com base na fórmula da comédia. Mas já na primeira antologia (estamos em 1610) que chegou até nós, a de Flaminio Scala, encontram-se, por um lado, cenários de comédias mais complexas, reportáveis sobretudo à dramaturgia maneirista de Sforza Oddi e de Piccolomini; e, por outro, *opere regie*, espécie de melodramas com um fundo trágico e aventureiro. Por volta de 1650, é constituída uma antologia de cenários inteira por este tipo de dramaturgia, que ficou na moda sobretudo pela influência do teatro espanhol: em muitos casos trata-se de autênticos resumos de dramas espanhóis – de óperas de consumo, mas também de obras-primas de Tirso, de Calderón e de Lope de Vega.

É claro que este novo repertório trazia consigo novos equilíbrios. As máscaras são confinadas a papéis puramente ornamentais: os velhos tornam-se conselheiros dos reis, ao passo que os Zannis mantêm o seu papel de servos, mas perdem completamente a função de tecer enredos. Além do mais, há que não esquecer que os actores da *commedia dell'arte* também representavam em muitas ocasiões textos longos – não só comédias, como também tragédias e pastorais. Em alguns casos empenharam-se ao ponto de cantar melodramas.

Igualmente significativa é a evolução da gestão da companhia. As primeiras companhias são, de certo modo, comparáveis a cooperativas autónomas de artesãos que vão vendendo o seu produto, o espectáculo, ou exibindo-se em palcos erguidos nas praças, onde aguardavam as ofertas livres dos espectadores, ou em grandes salas alugadas, onde o público entrava mediante o pagamento do bilhete. No período heróico, entre 1570 e 1610, as companhias decoravam-se com títulos que evocavam os das Academias: assim foram os *Gelosi* de Francesco e Isabella Andreini, os *Accesi* de Pier Maria Cecchini, os *Confidenti* de Flaminio Scala. Mas o sucesso da nova fórmula de teatro levou bem cedo os actores a representar também nas cortes – e foi um encontro fatal. Quer porque os actores procuraram a protecção dos príncipes, quer porque estes lha tenham imposto, alguns poderosos acharam vantajoso gerir as companhias em primeira pessoa. Foram sobretudo os duques do triângulo de Pádua, os Gonzagas de Mântua, os Farneses de Parma e os Estes de Módena que se transformaram em empresários. Assim, Accesi, Gelosi e Confidenti transformaram-se em companhias ducais: os duques dispunham delas a seu bel-prazer, formando-as, dissolvendo-as, fundindo-as, decidindo os percursos e as *tournées* e estabelecendo uma relação pessoal com cada um dos membros da companhia. Naturalmente as companhias menores e minúsculas sobreviviam autónomas e miseráveis.

Só no fim do século XVII os duques renunciaram a esta actividade, aparentemente tão pouco principesca, mas que, na realidade, tinha ainda implicações diplomáticas, na medida em que os duques enviavam os seus actores quase como oferta às maiores cortes europeias. Surgiram então os proprietários dos teatros públicos, presentes em quase todas as principais cidades italianas. Estes, assumindo por seu turno o papel de empresários, constituíam a companhia do seu teatro, ou apossavam-se de uma companhia já formada por uma ou mais estações.

É evidente que seria do máximo interesse poder seguir a evolução do estilo de representação da *commedia dell'arte*. Mas é igualmente evidente que, talvez, nem um vasto estudo específico o poderia fazer. Limitar-me-ei, portanto, a assinalar dois ou três elementos significativos. O primeiro pode ser identificado no lançamento de novas personagens que, apesar de se enquadrarem mais ou menos numa das categorias dos «ridículos», apresentam características individuais não reportáveis às dos seus antecessores. É o caso de Mezzettino, personagem dificilmente qualificável como herdeira do antigo Zanni, porquanto não usa máscara e elimina do seu repertório todos os sinais de comicidade violenta e grotesca. Introduzida nos primeiros anos do século XVII, esta máscara era então vista como «um papel moderno». O segundo há que procurá-lo na evolução de cada personagem através da série dos seus intérpretes. O caso mais típico e imediato é o do Arlequim, de cuja transformação se lamenta Pier Maria Cecchini (em arte Frittellino) por volta de 1620: Arlequim nasce como típico Zanni e, aliás, a sua indumentária é mais realisticamente marcada por remendos do «pobre homem» do que as outras.

Mas agora, lamenta Cecchini, ele endossa um fato de «pedacinhos remendados», pretendendo uma elegância que não é própria do seu estatuto social. Esta parece ser justamente a linha evolutiva da máscara que encontra a sua mais acabada definição na interpretação extremamente estilizada de Evaristo Gherardi, um actor em actividade em França nos últimos anos do século XVII.

As *tournées* dos comediantes deveriam ocupar um capítulo. Os actores italianos não são, naturalmente, os únicos a deslocar-se pela Europa, mas enquanto os *Englische Komödianten* atravessaram a Alemanha forçados pela perseguição política e os actores espanhóis chegam a Itália como se de uma colónia do reino se tratasse, os italianos partem para nordeste e noroeste sem outros motivos que não a procura de novos mercados. As *tournées* em França começam em 1571, isto é, no dealbar da comédia, e continuam até cerca de meados do século seguinte, favorecidas também pelas intenções diplomáticas dos duques empresários. A *commedia dell'arte*, ou, pelo menos, as suas máscaras exercerão uma profunda influência no teatro alemão do século XVIII: a personagem de Arlequim é quase obrigatória nas *Wandertruppen* alemãs. Mas é seguramente em Paris que os italianos encontrarão uma segunda, e também mais grata, pátria. Não só porque em Paris eles se tornam *Comédiens ordinaires du roi*, mas também porque é aí que a comédia encontra o seu último momento criativo, fecundada pelo génio de Marivaux.

E tudo isto mais ou menos nos anos em que, em Itália, Goldoni identifica nas máscaras da *commedia dell'arte* o objecto polémico em que irá basear a sua «reforma», que não se reduz a uma reforma de carácter dramatúrgico, com o intuito de substituir a comédia das máscaras pela comédia de caracteres. (Com efeito, diga-se entre parêntesis, as comédias de Goldoni nunca são passíveis de ser absolutamente qualificadas como comédias de caracteres, aliás, nada é mais distante do realismo goldoniano do que os extremos e unívocos caracteres de Molière: *Il campiello* e *Le baruffe chiozzotte* são sobretudo comé-

COMMEDIA DELL'ARTE

dias de ambiente, tal como nas *Rusteghi* as mesmas variações sobre um mesmo tema excluem a monomaníaca grandiosidade das personagens molierescas.) É uma reforma que incide profundamente, e de forma definitiva, na estrutura da companhia cómica, nos estilemas de representação e na técnica de encenação do espectáculo. Depois de Goldoni, e não obstante os esforços de Carlo Gozzi, a *commedia dell'arte* permanece um achado esclerótico.

14

O teatro pré-clássico francês

Em França, mais ou menos nos mesmos anos que em Itália, formam-se as principais companhias de actores profissionais. As notícias relativas à actividade de Jehan de l'Espine, que vagueava pela França representando aqui e ali juntamente com membros da sua família, remontam mesmo a 1512. À semelhança de Itália, os testemunhos começam a tornar--se frequentes na segunda metade do século, mas as companhias profissionais itinerantes francesas constituíram-se segundo bases e linhas muito diferentes das italianas. Com efeito, não se desenvolviam de forma quase espontânea a partir das curtas acções dos saltimbancos e dos charlatães, nem os seus membros se definiram como personagens-máscaras, sendo a sua matriz as associações. Entre as actividades recreativas destas associações, o teatro encontrava, de diferentes modos, um espaço mais ou menos relevante. A escolha do profissionalismo teatral era livre e implicava o abandono da antiga profissão.

As associações das quais saíram os primeiros actores de profissão da França tinham diferentes configurações. Podia tratar-se das confrarias laicas que costumavam organizar as representações sacras: mistérios, milagres, moralidades; a mais conhecida delas foi a parisiense Confrérie de la Passion, que se dedicava justamente, no século XVI, a representar o Mistério da Paixão e que se tornou, no século seguinte, a organizadora, ou, melhor, a exploradora dos espectáculos da capital. Mas, na maioria das vezes, eram associações de carácter puramente recreativo e cultural: *sociétés joyeuses, sociétés des sots* (cuja origem está, por vezes, ligada à licença medieval com que os diáconos celebravam nas igrejas algumas festas religiosas ou pagãs), companhias de estudantes ou corporações de empregados (os *Enfants sans souci*, os *Cleres de la basoche*, etc.). É bem possível que estas sociedades tenham recrutado pontualmente alguns jograis e que estes, na altura de se irem embora, tenham arrastado consigo os mais apaixonados pelo teatro, cuja escolha, claro, não devia ser alheia ao gosto pela aventura e pela *bohème*.

Em França, o teatro profissional nasce em ambientes burgueses e, como tal, o seu repertório, porquanto inicialmente determinado por tradições culturais precisas, poderá bem cedo alargar-se aceitando as propostas dos círculos humanistas e aristocráticos ao ponto de a dramaturgia clássica francesa, de Alexandre Hardy a Racine, se vir a desenvolver e a afirmar principalmente graças às encenações das companhias de profissionais.

É o que virá a acontecer no século XVII, embora já nos últimos cinquenta anos se tivesse constituído um repertório em que *farces*, *sotties* e *moralités* eram acompanhadas pelas comédias e pelas tragédias da «nova escola», isto é, pelas obras de humanistas como Jodelle, Joachim du Belay, Jean de la Taille, Robert Garnier. Comédias e tragédias essas «à italiana», cujas primeiras representações foram encenadas na corte ou nos colégios universitários, com estruturas cenográficas também elas derivadas de exemplos italianos chegados a França indirectamente, através da leitura do tratado de Sebastiano Serlio sobre a perspectiva (1545), ou directamente, através de uma famosa representação da *Calandria* encenada por italianos para a corte francesa, em Lyon, em 1548. Só quatro anos depois Jodelle fez representar em Reims, com um magnífico aparato «à antiga», a sua *Cléopatre captive* e, em 1558, no colégio de Boncourt, a comédia *Eugène*: representações que foram seguidas de muitas outras, sempre com um aparato cenográfico à italiana quando se tratava de espectáculos da corte, mas com uma mais simples moldura de tapeçarias dispostas nos três lados do palco quando eram encenações universitárias.

A esses, certamente mais que aos da corte, se assemelhavam os dispositivos cenográficos das companhias itinerantes, resumindo-se, na comédia assim como na tragédia e na farsa, a um simples pano de fundo, enquanto os trajes se diferenciavam dos do quotidiano por serem mais miseráveis do que esses (a miséria torna-se bem cedo a mais fiel companheira dos actores: os mais famosos só melhoraram a sua condição económica na segunda metade do século XVII) e por alguns acessórios que indicavam a classe social da personagem. Talvez as representações trágicas dos profissionais quinhentistas não fossem muito diferentes daquela descrita por Scarron no seu *Ramon comique*, que, no entanto, se refere à situação por volta de 1650: no pátio de uma taverna «*l'assemblée qui s'était grossie, ayant pris place en une chambre haute, on vit derrière un drap sale que l'on leva, le comédien Destin chouché sur un matelas, un corbillon sur la tête qui lui servoit de couronne se frottant un peu les yeux comme un homme qui s'eveille, et récitant du ton de Mondori le role d'Hérode. [...] L'empâtre qui lui couvrait la moitié du visage ne l'empecha pas de faire voir qu'il était excellent comédien. Mademoiselle La Caverme fit des merveilles dans les roles de Mariane et de Salomé; la Racune satisfit tout le monde dans les autres roles de la pièce [...]*» (tendo o público, que se tornara numeroso, tomado lugar numa sala alta, vê-se, atrás de um pano sujo que fora erguido, o comediante Destin, deitado num colchão com um cesto na cabeça a fazer de coroa, a esfregar um pouco os olhos como alguém que está a acordar, representando ao modo de Mondori o papel de Herodes. [...] O emplastro que lhe cobria metade do rosto não o impedia de mostrar que era um excelente actor. Mademoiselle La Caverne fez maravilhas nos papéis de Mariane e de Salomé; Racune satisfez todos nos outros papéis do drama [...]). Talvez, no período ao qual nos referimos, as tragédias não fossem representadas para o público turbulento das tavernas, mas os elementos da representação – a máscara, os acessórios, a ausência de cenografia positiva, o número limitado de actores, insuficientes para desempenhar todos os papéis – permaneceram seguramente os mesmos nas companhias itinerantes por mais de um século.

O TEATRO PRÉ-CLÁSSICO FRANCÊS

Contudo, a parte mais substancial do repertório das companhias de actores cómicos era constituída por moralidades, *sotties*
e, sobretudo, por farsas, isto é, pelos textos que deram origem
às companhias capazes de os representar, textos que continuavam
a ser representados pelas associações recreativas burguesas: o
último *prince des sots* foi eleito em Paris, em 1608, mas na
província fala-se dele ainda por vários anos até cerca de 1660.

As moralidades eram representadas pelas confrarias e foram
desaparecendo ao longo do século XVI. Nelas as personagens
são personificações de princípios abstractos: a acção cénica é
reduzida ao mínimo e usa-se largamente emblemas e símbolos.
As *sotties* não são, pois, muito diferentes, na medida em que a
alegoria e o conteúdo moral desempenham aqui um papel importante, mas caracterizam-se pela presença do *sot*, o louco,
vestido com um fato que recorda o dos jograis, completado com
o chapéu, familiar a todos nós, do *Joker* das cartas francesas.
Com a sua linguagem aparentemente estouvada, esta personagem
atingia violentamente os vícios da sociedade e dos indivíduos:
os loucos podem dizer tudo. Ele podia encher o palco sozinho
– com efeito, as *sotties* muitas vezes redundam em monólogos – e podemos imaginar que saltava e ria com uma mímica
e um gesticular extremamente variados e sem limites, passando
da imobilidade ao frenesi, do sussurro ao grito, sendo a ausência de normas justamente o seu estilo.

A farsa é a forma dramática e cénica que caracteriza o teatro francês dos últimos anos do século XV até aos primeiros do
século XVII. Nela actuam muito poucas personagens, de modo
geral não mais de quatro (*Maître Pathelin* contempla cinco):
obviamente, foram-se formando à sua medida as primeiras
companhias itinerantes, cujos elementos têm de desempenhar
dois ou mais papéis na representação de tragédias ou comédias.
Além disso, à parte alguns elementos formais e exteriores, como
o metro, o número das personagens, a extensão do texto (habitualmente as farsas não ultrapassam os quinhentos versos), a
farsa não é facilmente definível do ponto de vista dramatúrgico:
pode aproximar-se da abstracção alegórica da moralidade, mas

também aderir ao realismo da comédia burguesa, como acontece no famoso exemplo de *Maître Pathelin*, em que a dupla partida feita pelo advogado ao mercador e pelo camponês ao advogado caiu na densa realidade da vida quotidiana (comerciar nas lojas, a lamentação da mulher pela falsa doença do marido que não quer pagar). Às vezes pode atingir os tons mais violentos do grotesco (o sapateiro e a leiteira que assassinam alegremente o sargento fechado no saco), mas pode também redundar na arguta quanto improvável partida da mãe que, através da interpretação dos sonhos, faz crer ao filho que está destinado ao papado, para, em seguida, fazê-lo regressar às suas dimensões de miserável padre ignorante.

Para a farsa não existe uma «fórmula», como existe, ao invés, para a comédia clássica e para a *commedia dell'arte*; a farsa caracteriza-se não tanto pela rapidez do desenvolvimento da acção (quando há acção) quanto pela total ausência de elementos moralmente positivos e pela constante presença da actualidade política e social através das características polémicas contra o clero, contra a administração da justiça, contra a corrupção e, de forma mais mediata, pela contradição burguesa entre moralismo e sublimação da astúcia e do prazer. Parece evidente que este actualismo, habitualmente implícito, estava presente nas farsas na medida em que eram definidas como farsas as cenas «a solo» em que, na conclusão dos seus espectáculos, Valleran Le Conte – o primeiro dos grandes actores trágicos franceses – narrava os factos e os mexericos de Paris.

Este gosto pela realidade actual encontrou provavelmente a sua forma mais acabada na realização cénica. Uma coisa é, naturalmente, polemizar contra a Igreja através de alegorias, outra é polemizar contra um padre real e presente, ainda que em termos gerais; uma coisa é mandar apontar os vícios das mulheres a um louco, outra é revelá-los num comportamento actual. E nisso Molière foi um verdadeiro herdeiro da antiga farsa.

Nós só podemos fazer uma ideia dos valores cénicos da farsa quinhentista em relação a um período tardio, mesmo a tempo de darmo-nos conta da rápida evolução que essa sofreu nos primeiros anos do século XVII: em 1578 actua em Paris a companhia de Agnan Sarat, que organizou alguns espectáculos juntamente com actores cómicos italianos, provavelmente os *Gelosi*. As gravuras que documentaram este espectáculo mostram a extrema autenticidade do guarda-roupa e do gesticular, sem estilização. Para nos apercebermos disso basta comparar os gestos estudados, as disposições construídas, a marca mímica que se encontram na comédia italiana contemporânea. Na trupe de Agnan, a realidade apenas se transcende por excesso, sem que nunca o gesto vulgar se transforme em estilo. Compare-se o movimento com que Agnan se lança, detido pela mãe Guillemette, em direcção de Peronne, com os movimentos análogos dos Pantaleões italianos: Pantaleão, mesmo na sua figura desengonçada, parece um ginasta empenhado num elegante exercício, Agnan é descoordenado e parece cair para diante enquanto morde de desejo os dedos de uma mão e com a outra afasta Guillemette, sendo a violência vulgar da sua paixão apresentada sem véus. E o mesmo discurso é válido para outra cena (iluminuras da Antologia Fossard, conservadas em Estocolmo, Drottningholms Teatermuseum), na qual as personagens surgem com comportamentos estilizados, quando, na verdade, se trata de uma tentativa grotesca de serem graciosos. A estilização está no sujeito, não na sua representação: se pensarmos que o gesto impudico da personagem que levanta a saia para mostrar as coxas não é feito por uma mulher mas por um homem travestido, teremos uma ideia do nível de virulência realística que devia atingir estes grandes actores, representantes de um teatro cujo ideal, em menos de cem anos, se tornará a *bienséance*, a eliminação de qualquer referência, não às ditas coisas vulgares, mas simplesmente às menos nobres (o lenço de Desdémona!).

As escassas informações que estão em nossa posse não nos permitem determinar se Agnan representava sempre com o mesmo traje e com o mesmo nome. Em todo o caso, nunca criou uma verdadeira máscara, na medida em que a personagem nunca se separou do actor. O mesmo se pode dizer dos três grandes actores que deram continuação à tradição da farsa em Paris, embora nas suas personagens a tipificação se torne, talvez por influência da comédia italiana, mais vincada.

Robert Guerin representava no Hôtel de Bourgogne – a cuja história regressaremos – desde os últimos anos do século XVI e ao qual permanecerá fiel até à morte, em 1632. Ivi assumiu o nome artístico de Gros Guillaume e criou a sua personagem. Do seu carácter, se é que tinha um, pouco sabemos, mas o aspecto do gordo, enorme, de rosto enfarinhado e triste, não nos faz pensar numa caricatura violentamente grotesca de uma realidade. Este papel coube principalmente a Hugues Guéru, que representava a farsa com o nome artístico Gaultier Gargouille, encarnando frequentemente a figura do velho burguês, avarento e azedo moralista, bilioso e destinado ao escárnio cruel. Guéru teve um estilo de representação absolutamente pessoal, sugerido pela sua figura magra e esgalgada, mas perseguido por uma demanda obstinada, que não descurava nenhum pormenor do guarda-roupa (máscara, barba pontiaguda, a coroa da cabeça negra e plana, sapatos pretos e mangas vermelhas), nem do gesticular, que era capaz de controlar na perfeição: «todas as partes do corpo lhe obedeciam de modo que era uma verdadeira marioneta», a supermarioneta com que Gordon Craig sonhou três anos depois! E, não obstante tudo isso, a sua personagem parece ter o carácter concreto do particular e a violência da vida, muito mais do que o significado exemplarmente abstracto da máscara. Uma autêntica máscara foi, ao invés, a personagem criada por Henri Legrand: Turlupin. Muito próximo do italiano Briguela, Turlupin é o ágil inventor de mil armadilhas, aquele que astuciosamente tece as intrigas em que caem Gros Guillaume e Gaultier Gargouille.

Ao longo de dez anos, de 1615 a 1625, estes três actores cómicos representaram juntos na *troupe du Roy* do Hôtel de Bourgogne, renovando e enriquecendo a tradição da farsa burguesa, destinada então a um público na sua maioria plebeu, que se reconhecia na violenta crueldade da sátira, mas que se esquecia na abstracta construção das *turlupinades*.

Que Gros Guillaume, Gaultier Gargouille e Turlupin eram os nomes artísticos dos actores e não os das personagens-máscaras é demonstrado pelo facto de Robert Guerin, Hugues Guéru e Henri Legrand serem conhecidos do público sob outros pseudónimos quando se apresentavam como actores trágicos: La Fleur, Fléchelles e Belleville, respectivamente.

Os actores franceses haviam começado muito cedo a representar as tragédias «regulares» da nova escola humanista, acrescentando-as ao seu repertório original de farsas. É difícil indicar as razões: talvez a classe pequeno-burguesa de uma parte deles, talvez as propostas dos autores, que os punham em contacto com um público mais «seleccionado». O facto tem uma importância relativa. O surpreendente é que a tragédia foi literalmente imposta pelas companhias de actores cómicos ao público heterogéneo, embora predominantemente popular, dos *jeux de paume* da capital e da província, acabando, aliás, por catalisar um novo público aristocrático-burguês, por tradição distante dos espectáculos públicos. A operação revelou-se, estranhamente, mais difícil em Paris do que na província e está ligada, não só ao nome dos actores e das companhias que a realizaram, como também ao nome do lugar em que essa se desenrolou: o Hôtel de Bourgogne era propriedade da Confraria da Paixão, que costumava representar moralidades, farsas e, sobretudo, mistérios, no século XVI com declarados fins lucrativos. Em 1548, o rei proibira a representação dos mistérios religiosos, concedendo, no entanto, o privilégio à Confraria da Paixão de ser a única a poder encenar peças dramáticas em Paris. Cerca do final do século, quando deixou de encenar directamente os espectáculos, a Confraria tornou-se, em termos puramente económicos, a gestora da vida teatral da capital: quem queria representar tinha de alugar o Bourgogne, ou pagar uma taxa à Confraria.

O que causou infinitas disputas e uma longa série de processos. Em todo o caso, no final do século XVI e nos primeiros anos do século XVII, o Bourgogne acolheu inúmeras *troupes* não só francesas, como também italianas, espanholas e inglesas. Mas a primeira companhia que tentou instalar-se estavelmente foi a

HISTÓRIA DO TEATRO

de Valleran Le Conte, que diversas vezes – em 1598, em 1606 e em 1612 – tentou a sorte em Paris sem nunca ter muito sucesso. Desta fazia parte, com o epíteto *poète aux gages*, Alexandre Hardy (1570-1632), autor de comédias, de fábulas pastorais e, principalmente, de tragédias. As tragédias de Hardy não tinham a estrutura rigidamente ancorada às regras pseudo-aristotélicas das unidades de tempo, de lugar e de acção da produção quinhentista italiana e das suas imitações francesas – condescendo antes com o gosto da aventura romanesca dilatada no tempo e no espaço. Todavia, a constante «nobreza» do tom, a purificação da linguagem e a tentativa de dar profundidade às particularidades psicológicas das personagens enquadravam-se numa dimensão cultural certamente distante daquela a que estava habituado o público do Hôtel de Bourgogne. Este teatro era tradicionalmente frequentado pela pequena burguesia, com quem muitas vezes se misturavam servos, carregadores, vadios e mulheres da má vida, que haviam encontrado na farsa, se não a sua expressão, pelo menos a satisfação das suas exigências culturais. Ora, este público não estava disposto a aceitar os espectáculos muito menos intensos e mais rarefeitos das tragédias de Hardy; além disso, sabia que indicava a conservação do repertório de farsas, impedindo que pessoas de extractos sociais mais elevados, que teriam apreciado um tipo de teatro mais requintado, frequentassem o Bourgogne. Valleran seguramente não queria eliminar a farsa de um golpe só, aliás ele próprio a representava e foi com ele que se constituiu a célebre tríade cómica, no entanto, procurava relegá-la para segundo plano, dedicando à tragédia a parte central do espectáculo. Ele seguiu esta linha com uma coerência comovedora, sem nunca a conseguir impor, pelo menos em Paris: a «nova escola» só virá a afirmar-se com a abertura de um outro teatro, o Marais.

Mas como eram representadas as tragédias de Hardy? Do ponto de vista cenográfico estamos muito bem documentados, embora num período posterior à morte de Valleran, quando a direcção da sua companhia, transformada em *troupe royale*, foi assumida pelo seu aluno predilecto, Pierre Le Messier, chamado Bellerose. É muito provável que a mesma estrutura tenha sido usada igualmente por Valleran, talvez até inventada por ele e Hardy, como testemunha um manuscrito intitulado *Le Mémoire de Mahelot, Laurent et d'autres Décorateurs de l'Hôtel de Bourgogne* – com esboços cenográficos e indicações relativas à cenografia, acessórios e guarda-roupa dos textos representados no Hôtel de Bourgogne de 1622 a 1635. Trata-se de uma estranha combinação, de justaposição de elementos cénicos, de «lugares», característica do cenário simultâneo com a disposição em perspectiva do teatro serliano: os vários lugares, provavelmente pintados sobre telas e só parcialmente praticáveis, dispunham-se nos dois lados do palco e no fundo, deixando ao centro um espaço livre para a acção. Tal como no teatro medieval, o lugar em que se desenrolava a acção num certo momento era determinado pelo ponto de onde saíam os actores, mas, à semelhança do teatro à italiana, os actores retiravam-se assim que terminavam o seu papel. Estranha combinação, dissemos, que cria uma impressão visivelmente bastante penosa – tanto mais que os esboços também são graficamente pobres – mas muito coerente com os dramas de Hardy, romanescos, apesar de tenderem para a «regularidade» da dramaturgia clássica. Por outro lado, o que tornou este tipo de compromisso possível é historicamente compreensível, na medida em que o Hôtel de Bourgogne havia sido até há pouco tempo o lugar, por excelência, das representações sacras encenadas pela Confraria da Paixão e o público era capaz de ler com maior imediatez um cenário simultâneo do que um sucessivo. E, enfim, já nas peças da Confraria, dificilmente os lugares designados poderiam ter sido dispostos numa única linha horizontal paralela à dianteira do palco, na medida em que este, elevado à extremidade de um eixo relativamente estreito (14 metros por 33), não era capaz de acolhê-los em número muito elevado. Os lugares mais recorrentes são a caverna, o tálamo e o palácio, mas não faltam o mar, a loja, o bosque. Todavia, há um elemento dominante – o palácio – que contribui para disfarçar a atabalhoada junção.

HISTÓRIA DO TEATRO

Valleran foi um dos primeiros mestres da arte teatral que se preocupou em ensinar as técnicas de representação aos jovens. Com efeito, surgiram verdadeiros contratos de aprendizagem: os pais confiavam a Valleran os seus filhos (rapazes e raparigas) para que ele lhes ensinasse *«le metier de comédien»*. Valleran encetou a pesquisa do estilo trágico da representação: podia contar com uma voz forte e uma bela figura, embora a expressão do seu rosto não fosse, segundo o seu contemporâneo Tristan L'Hermite, suficientemente nobre. Forçou os tons do *pathos* trágico, atingindo muitas vezes a pomposidade, mas parece que tentou dosear a intensidade, escapando à monotonia do «sempre grandioso». Mais do que no seu tom de voz, deve ter-se apoiado muito no gesto e no comportamento, tanto mais que a tragédia era muitas vezes representada com o rosto coberto pela máscara (pelo menos assim costumava fazer Hughes Guéru).

15

Autores e actores do *Grand Siècle*

Em 1629, num *jeu de paume* (uma espécie de campo de ténis coberto) não precisamente identificado, talvez o mesmo onde cinco anos mais tarde foi instalado o teatro do Marais, a companhia do príncipe de Orange, dirigida por Charles Le Noir e Guillaume de Gilbert, chamado Montdory, representou com grande sucesso *Mélite*, uma trágicomédia de Pierre Corneille (1606-1686).

Corneille é o primeiro da grande tríade de dramaturgos franceses do século XVII. A sua imagem de tragédia funda-se na oposição interiorizada de sentimentos e ideais contraditórios entre si. Clássico e exemplar é o caso de *Cid*, cujos protagonistas se confrontam com a escolha entre as exigências da honra e as do amor («*contre mon propre honneur mon amour s'interesse* (*)»); daí o dilema de uma escolha, em todo o caso, fatal para Rodrigo, que se vê obrigado a vingar uma afronta em que «*mon père est l'offensé et l'offenseur le père de Chimène* (**)».

O «milagre de Cid», como lhe chamaram os contemporâneos – trata-se seguramente da mais viva das tragédias de Corneille –, teve lugar em 1637. *Mélite* tinha ainda a mais livre estrutura das estratégias de Hardy, o próprio tema era romanesco; já *Cid*, embora ainda não de forma rigorosa, assenta nas regras de Aristóteles, enquanto as tragédias sucessivas, sobretudo as de argumento romano (*Cinna*, *Horace*), se enquadrarão nas unidades.

(*) «contra a minha própria honra o meu amor atenta». (*N. T.*)
(**) «meu pai é o ofendido e o ofensor é o pai de Chimène». (*N. T.*)

HISTÓRIA DO TEATRO

Também é provável que, enquanto os primeiros textos foram representados com cenografias idênticas às usadas no Bourgogne, os posteriores tenham tido dispositivos cénicos diferentes: talvez cenografias à italiana, talvez em alguns casos (e *Cid* poderia ter sido um desses) o genérico eixo do palácio que, mais tarde, se torna a norma. Esta solução parece ser confirmada pelos desenhos de Bosse, mas, como o teatro era mais estreito que o Bourgogne – 11 metros por 34) – e como o palco estava dotado de um segundo andar que assentava nas colunas, é igualmente possível que não tenha sido usada nenhuma cenografia positiva.

Seja como for, a sorte de Corneille esteve durante muito tempo ligada à sorte deste teatro e à da companhia do príncipe de Orange, que, a partir de 1634, nele se estabeleceu. O actor de maior relevo era Guillaume de Gilbertis, conhecido como Montdory; as suas interpretações mais aplaudidas foram justamente a de Dom Rodrigo no *Cid* e a de Herodes na *Marianne* de Tristan L'Hermite, que se tornou um exemplo muito imitado (recorde-se o citado conto de Scarron). O modo de representar de Montdory era violento e enfático, mas não devia ser nem gratuito nem exterior, a julgar pelas declarações de Tallement de Réaux, o conhecido e arguto cronista da corte de Luís XIII, que o considerou dotado de uma imaginação tão forte que «*il croyoit quasy estre ce qu'il representoit* (*)» e pela suposta veracidade da anedota que esta energia apaixonada que ele punha na representação lhe provocou uma paralisia – que o acometeu precisamente enquanto representava o papel de Herodes –, na sequência da qual teve de retirar-se do teatro em 1637.

Segundo o mais velho dos membros da companhia itinerante descrita por Scarron – um pobre envelhecido no mester sem fazer fortuna e que fora forçado a fazer coisas tão diversas, desde caixeiro a cantor, bem como a representar a farsa com o

---

(*) ‹‹que quase acreditava ser quem ele representava››. (*N. T.*)

rosto enfarinhado e as tragédias de Hardy nas quais «*il jouoit en fausset, et sous les masques, les rôles de nourrice* (*)», e que, por isso, procurava desabafar falando mal dos actores afirmados – Montdory era rude, Bellerose demasiado afectado e Floridor muito frio. É provável que, pela boca do velho actor malicioso, Scarron tenha tentado definir as características dos três principais actores da época.

Floridor, ou seja, Josias de Soulas, assumiu a direcção da *troupe* do Marais após Montdory se retirar, tornando-se o actor predilecto de Corneille. A amizade entre o autor e o seu actor foi de tal modo forte que Corneille só aceitou que representassem as suas tragédias no Hôtel Bourgogne após a transferência de Floridor para aquela companhia, tendo este pretendido e conseguido a sua direcção. Nessa posição, Floridor sucedia a Pierre Le Messier, chamado Bellerose, que fora aprendiz e actor na companhia de Valleran Le Conte e que soubera fundir a sua companhia com a dos grandes *farceurs*, renovando-lhe o repertório com textos de Rotrou, de Tristan L'Hermite e de Scudery.

Com estes actores nasciam ou consolidavam-se diversas escolas de representação, ou seja, diversas interpretações do conceito-chave de nobreza trágica: para Montdory essa realizava-se na intensa passionalidade da expressão, enquanto para Bellerose e Floridor consistia, sobretudo, na moderada elegância do gesto e da palavra. Além disso, tal elegância, em Bellerose, transformava-se em amaneirada imitação de gestos da alta-roda de que ambicionava fazer parte e que não conseguira conquistar, ao passo que na declamação ele dava mais atenção ao ritmo do verso que ao significado da frase; esta não é uma crítica, se é verdade que a escansão pode alterar o sentido literal e propor um significado poético mais profundo. Por outro lado, a artificialidade de Bellerose devia ser real-

---

(*) «ele representava, em falsete e sob as máscaras, os papéis de ama» (*N. T.*)

mente excessiva e parecer mais uma imitação grotesca do comportamento das pessoas elegantes do que a moderada expressão de sentimentos elevados. Tallemant de Réaux, com efeito, considera Bellerose um actor embelezado que olhava para onde atirava o chapéu com medo de estragar as penas e que não compreendia absolutamente nada do que dizia. Pelo contrário, a elegância de Floridor tinha algo de distante e, ao mesmo tempo, natural: o seu modo de estar era verdadeiramente o de um grande senhor.

Unia elegância com naturalidade: Donneau de Visé diz que ele «parecia realmente o que representava[...] o seu modo de andar, a sua entoação e a sua acção tinham algo de profundamente natural».

O teatro começava a espelhar o seu novo público: a aristocracia da corte, que mascarava o gosto vulgar pela intriga amorosa por trás do polido e apaixonado cortejamento das damas a que fingia renunciar com o coração dilacerado, em nome de um ideal mais nobre, e um amor já obsoleto (na corte de Luís XIV, o Rei-Sol, os problemas do Estado, da hierarquia e os do coração estavam profundamente interligados).

A sublimação poética desta sociedade foi obra de Jean Racine (1639-1699): o dilema das suas personagens, obrigadas a escolher entre as razões do amor e do dever, da honra, do Estado, torna-se uma intensa consumição interior e a tomada de consciência desta não se esgota na mera enunciação, implica o desesperado remexer nos recessos da alma, que desemboca na morte (Fedra) ou no ainda mais doloroso sacrifício da partida, como na exemplar *Berenice*, onde, sem que praticamente nada aconteça, é narrada a separação da rainha oriental do imperador Tito. Naturalmente é a expressão directa dos sentimentos que prevalece, donde o constante lirismo do tom destas tragédias.

No Hôtel de Bourgogne – que, graças a uma série de ordenanças reais, conseguira vencer a concorrência do Marais, tirando-lhe os seus melhores elementos (recorde-se que a companhia do Bourgogne se ornava com o título de «*troupe royale*») – o advento de Racine dominava ainda a escola de Montfleury. Sucedendo ao elegante Bellerose, Montfleury retomara sobretudo os modos intensamente passionais de Montdory, arrastando-os aliás para um diapasão de constante exagero, contra o qual Molière teve oportunidade de polemizar, salientando que um rei, entretendo-se sozinho com o capitão dos guardas, deve comportar-se de forma normalmente humana e «*ne prend guère de ce ton démoniaque* (*)».

Todavia, com a morte de Montfleury em 1667, os intérpretes de Racine e principalmente as mulheres – Du Parc e depois Champmeslé – (pois Racine, à semelhança do seu predilecto Eurípides, gostava das personagens femininas) fixaram o tom da declamação trágica numa espécie de melopeia ligeiramente cantada e, portanto, particularmente atenta ao ritmo do verso.

Sabe-se que Racine tinha um especial cuidado com a dicção das suas actrizes, que muitas vezes eram suas amantes: quando se tratou de levar à cena *Andromaque*, uma tragédia escrita de propósito para Mademoiselle Du Parc, que veio para o Bourgogne pela mão de Racine, ensinou à actriz o seu papel verso a verso, indicando-lhe não só o significado como também o ritmo e a melodia; obrigava-a a ensaiar repetindo as suas entoações «como uma aluna». O gesticular visava deixar transparecer cada vez mais claramente a expressão passional através dos esquemas da etiqueta mundana e a naturalidade da representação coincidia com a facilidade com que o complexo cerimonial da vida social era cumprido. Assim, o traje tinha agora como objectivo reproduzir com a máxima elegância o modelo cortesão: as míseras roupas dos velhos actores cómicos, enobrecidas apenas por alguns acessórios que simbolizavam o papel da personagem, só serão permitidas nas companhias itinerantes. Um dia serão os próprios actores a ditar as leis da moda mesmo na alta sociedade, mas, por agora, limitam-se a procurar ser

---

(*) «evitar esse tom demoníaco». (*N. T.*)

dignos daquele microcosmo aristocrático que quer ver-se reflectido nas personagens heróicas da Antiguidade. Um «reflectir-se» muito próximo da verdade: com efeito, prevalecia o hábito de dispor em palco os lugares reservados aos espectadores mais ilustres, que se tornavam assim o modelo e, ao mesmo tempo, a moldura do espectáculo. O que condicionava, naturalmente, o jogo e a disposição cénica, forçando a realizar os movimentos de translação num espaço diminuto e reduzindo a cenografia a um telão de fundo, no qual estava representada a colunata de uma sala sumptuosa.

Além da do Bourgogne e da do Marais, abrira em Paris uma outra sala de teatro, chamada Petit Bourbon, situada no próprio espaço da residência real do Louvre. Nela representavam habitualmente os comediantes *dell'arte* italiana, mas, a partir de 1658, acolheu uma outra companhia, regressada a Paris depois de mais de quinze anos de peregrinação na província: era a companhia Illustre Théâtre, a quem agora o duque de Orleães permitia que se ornasse com o título *Troupe de Monsieur*, dirigida por Jean-Baptiste Poquelin, de seu nome artístico Molière (1620-1673).

À imagem dos seus concorrentes, Molière representava tragédias. No fundo, também considerava que o grande teatro se identificava com a nobreza do espectáculo trágico, recusando-se, todavia, a acreditar que essa consistisse na excessiva afectação de Bellerose ou, pior, na empolada ampliação do tom de um Montfleury. Propunha, por isso, a adopção de um tom médio que, sem violar as regras do bom comportamento, reportasse as personagens trágicas às dimensões humanas da vida quotidiana: não se apercebia de que ao fazer isso tirava à tragédia francesa o seu precípuo significado de sublimação ideológica da sociedade aristocrática. Foi um absoluto fracasso; as suas interpretações trágicas foram vaiadas sem piedade. De resto, parece que Molière era um péssimo actor trágico. A sua interpretação do papel de César na *Mort de Pompée* foi objecto desta caricatura feroz: «*Il vient le nez au vent/les pieds en parenthèse et l'épaule en avant/[...] Les mains sur les côtés, d'un air un peu negligé/la tête sur le dos comme un mulet chargé/les yeux fort égarés, puis débitant son rôle/d'un hoquet éternel il separe les paroles* (*).»

Mas ao fracasso na tragédia corresponde um sucesso enorme na comédia, quer para o autor, quer para o actor: aqui a moderação do tom, não sem uma variação contínua da intensidade dramática e de uma vivacidade de expressão e de movimento que aprendeu, diz-se, com Tiberio Fiorill, o autor italiano que criara a máscara de Scaramouche, é saudada como a conquista de uma nova dignidade para a comédia. Contudo, a «verdade» de Molière consistia também na representação já não ideológica, mas objectiva do peculiar ambiente da burguesia parisiense, na qual, em suma, se fundava a prosperidade do reino e a força do rei. Neste ambiente realista, neste tom moderado, Molière introduz os seus formidáveis protagonistas – o avarento, o doente imaginário, o hipócrita –, caracteres no verdadeiro sentido da palavra, ou seja, encarnações unívocas de uma qualidade psicológica abstracta e, portanto, absoluta. Mas, próximo das outras personagens em que os ingredientes das «qualidades» psicológicas são misturados em quantidades humanamente normais, isto é, pequenas, os grandes caracteres não são qualificados do ponto de vista cénico de forma emergente: o Tartufo da cena molieresca não era o imundo e untuoso velho a que nos habituou a leitura expressionista de Emil Jannings, antes um agradável jovem interpretado por um actor que habitualmente fazia o papel de apaixonado, com modos corteses e galantes. É justamente nisso – dir-se-á – que consiste a hipocrisia. Contudo, não nos esqueçamos de que Elmire desconfia, desde o princípio, do falso devoto e que só a cegueira de Orgon nos remete para o seu desmascaramento. A representação man-

---

(*) «Ele entra distraído/com os pés para dentro e os ombros curvados/ [...] as mãos sobre os flancos, com um ar um pouco desleixado/a cabeça sobre o pescoço qual mula carregada/os olhos fortemente esgazeados debitando o seu papel/com um soluço eterno as palavras separa.» (*N. T.*)

tém a moderação do tom mesmo quando a personagem poderia ser classificada em termos grotescos ou abstractos: a plenitude do carácter deve ser uma conquista intelectual para o espectador. Isto, naturalmente, vale para as grandes comédias: nas *Précieuses ridicules* e no *Bourgeois gentilhomme*, a caricatura também tinha de ter uma dimensão cénica.

Em 1660, o Teatro Petit Bourbon foi destruído por um incêndio e o rei concedeu a Molière a belíssima sala do palácio de Richelieu, o Palais Royal, onde o grande cardeal havia feito representar uma tragédia, provavelmente escrita por ele próprio, *Mirame*. Em 1673, a companhia de Molière absorvia os restos da de Marais e, em 1680 – Molière falecera há já sete anos – fundia-se, por ordem do rei, com a de Bourgogne. Nascia, assim, a Comédie-Française, com sede no Hôtel Génégaud.

16

A Comédie-Française no século XVIII

A Comédie-Française é o primeiro e mais ilustre exemplo de teatro público estável. Com ela, o teatro volta a ser, como nos tempos de Péricles, um assunto de Estado. Mas com a diferença fundamental que já não se trata de encenar espectáculos duas ou três vezes por ano, em ocasiões festivas especiais, mas de produzir quotidiana e permanentemente. A Comédie pode contar com um grande subsídio estatal e a sua organização interna, bem como a sua própria actividade produtiva, é definida por minuciosos regulamentos diversas vezes alterados de forma radical ao longo dos três séculos da sua existência. O Estado, naturalmente, controla de perto a actividade do seu teatro, supervisionada pelos assessores de sua majestade, que ousam intervir não só em questões de carácter puramente administrativo, mas também nas que dizem respeito à escolha do repertório e dos próprios actores. Todavia, na sua estrutura interna, a Comédie-Française mantém a mesma organização cooperativa própria de todas as companhias profissionais europeias: os actores são sócios, cada um deles possui uma quota accionária da empresa, cujo valor se baseia, quer na antiguidade e no prestígio, quer no capital investido na altura da entrada na sociedade, capital que será restituído sob a forma de pensão quando o actor se demitir. Todos têm o direito de participar nas assembleias e nas decisões. No decorrer do século XVIII, aos *sociétaires* juntaram-se os actores assalariados, os *pensionnaires*, que servem para completar a estrutura. Trata-se, habitualmente, de jovens contratados à experiência, mas o núcleo central dos *sociétaires* será cada vez mais exclusivo e os *pensionnaires* serão cada vez mais numerosos: a sua antecâmara poderá durar décadas. Tendo nascido da fusão de duas companhias, a Comédie dispõe, desde o início, de uma estrutura mais substancial, necessária para fazer face aos múltiplos compromissos: continuando a tratar-se de actores do rei, a *troupe* tinha de representar na corte durante meses inteiros. Assim, metade da companhia permanecia em Paris e a outra metade, com os melhores actores, transferia-se para Versalhes ou para Fontainebleau. O que determinava também o ritmo e o valor das estações parisienses, as mais importantes eram, obviamente, aquelas em que a companhia inteira se encontrava na cidade.

A Comédie foi obrigada a mudar diversas vezes de lugar: quando, em 1680, se dá a fusão entre a *troupe* de Molière e a do Hôtel de Bourgogne, a sede da nova companhia real foi o Hôtel Génégaud, na rua homónima, onde Molière se estabelecera desde 1673 e onde a Comédie actuou até 1689, quando foi obrigada a mudar para a actual rue de l'Ancienne Comédie. Em 1770 esta sala estava já muito envelhecida e os actores abandonaram-na para se mudarem de novo para a margem direita do Sena, na sede provisória da Sala das Máquinas das Tulherias e, por fim, em 1790, para o belíssimo teatro da rue Richelieu, onde a gloriosa instituição se mantém até agora. Mas, seja como for, a sala onde se desenvolveu a maior parte da actividade da Comédie no século XVIII foi na da rue Neuve de la Fossée, em St.-Germain: quando os *comédiens* remodelaram essa sala para a adaptarem ao teatro, em 1688, desconheciam a estrutura em ferradura do teatro à italiana, pelo que apenas tinham os modelos das antigas salas da rue Mauconseil e da rue Génégaud.

O edifício teatral francês continuou, portanto, a ter naquele século uma planta rectangular: em frente do palco, a plateia e a orquestra; mais atrás uma escadaria. Duas ordens de camarotes, às quais mais tarde se juntou a galeria (*paradis*), apoiavam-se geralmente nas paredes compridas, permitindo uma péssima visibilidade. Na plateia ficava-se em pé, o que aumentava o sentido de proximidade com o palco: o diálogo entre o público e os actores permanecia denso, apesar da média dos espectadores ser agora de condição social mais elevada, mas nem por isso menos conflituosos e barulhentos. Estas são as grandes características partilhadas com grande parte dos teatros públicos europeus.

Desde a sua fundação que a Comédie foi forçada a empenhar-se numa luta feroz em defesa do seu privilégio, ameaçado particularmente pelos pequenos teatros que se vinham instalando nos bairros onde tinham lugar as feiras de Saint-Germain e Saint-Laurent. Aí actuavam algumas companhias constituídas por verdadeiros actores contratados na província ou provenientes da desmembrada companhia do Ancien Théâtre Italien; e por populares que se tornaram actores improvisados: lojistas, pintores, lavadeiras, que no teatro encontraram, talvez sem o saber, o prazer da criação e um modo para aumentar, ainda que pouco, os seus magros rendimentos. Entre estas companhias tiveram particular sucesso a dos irmãos Alard e a de Bertrand, Dolet e Delaplace, que representavam pequenas cenas violentamente cómicas sobre os factos do quotidiano, mas também autênticas comédias, muitas vezes no lugar de máscaras italianas depois destas terem sido expulsas por Madame de Maintenon.

Em certos casos, a Comédie chegou mesmo a mandar destruir teatros que os *forains* reconstruíam imediatamente; em geral conseguia apenas limitar a área de acção dos concorrentes, impedindo que estes representassem as comédias, e, mais tarde, até os diálogos e os monólogos. Porém, os teatros da feira responderam à letra, não no plano da violência legal, mas no da invenção teatral, solicitada justamente pelas restrições impostas. Assim, enquanto os actores mimavam a acção, as falas apareciam escritas em grandes cartazes, e o próprio público cantava-as, feliz por participar activamente naquela batalha. Ou, então, as palavras eram substituídas por sons sem sentido, mas ditos com o ritmo dos alexandrinos e imitando o tom dos grandes actores da Comédie-Française – os *Romains*, como escarninhamente eram chamados – numa arrebatadora paródia da tragédia.

De qualquer das formas, após 1720, o mapa dos teatros parisienses foi ganhando contornos precisos: em 1716, o Reggente chamara uma *troupe* italiana, dirigida, desta feita, por Luigi

Riccoboni, que se estabeleceu no Hôtel de Bourgogne; Lulli havia fundado a Académie Royale de Musique (a futura ópera), conseguindo como sede a sala do Palais Royal onde representara Molière; na feira de St.-Laurent fora dado o reconhecimento oficial à Ópera Comique, com um repertório baseado em comédias ligeiras intervaladas por música e dança. Os italianos, a princípio, voltaram a propor o antigo repertório, que fora fixado na antologia de Evaristo Gherardi, um actor da companhia setecentista, mas cedo começaram a representar em francês textos de autores franceses, embora mantendo a verve mímica e coreográfica com que o público aprendera a apreciá--los. O autor principal de comédias do século XVIII, Marivaux (1688-1763), depois de algumas experiências infelizes no teatro francês, trabalhou permanentemente para a Comédie--Italienne. É difícil dizer o que significou para os actores italianos representar as comédias de Marivaux, sendo que os protagonistas muitas vezes eram as máscaras da *commedia dell'arte*, no entanto, o enredo cómico era velado pelo jogo requintado e frequentemente perturbante das tensões sentimentais, dos desejos e da melancolia, e onde se insinuava, subtil mas evidente, o demónio do pensamento. É claro que o magistério estilístico dos italianos foi muito vantajoso. Porém, tratava--se de transformar a estilização violenta e consistente da tradição numa dimensão mais subtil e quintessencial de forma a acrescentar à vivacidade da mímica um tom de requintada introversão. Não sabemos se o conseguiram, ou se os próprios modos da antiga comédia se combinaram com os abstractos requintes maurivaudianos numa síntese imprevisível.

A Comédie-Française tinha o privilégio do grande repertório: só ela podia representar tragédias e comédias em cinco actos. O repertório era constituído por um equilibrado cruzamento de comédias e de tragédias, de novidades e de reposições. Havia mais representações cómicas do que trágicas, apesar de o público assistir de mais bom grado à tragédia; as novidades, ao invés, não eram tantas quanto as reposições, quer por motivos económicos, quer porque a Comédie tinha como propósito conservar

A COMÉDIE-FRANÇAISE NO SÉCULO XVIII

o grande património clássico do século XVII, pese embora o público demonstrasse gostar muito mais das novidades.

Olhando para as coisas com os olhos de hoje, há que dizer que a comédia francesa do século XVIII, mesmo excluindo Marivaux, foi muito rica em expressões válidas e interessantes: o jogo cómico do enredo, a crítica social e a pintura dos caracteres fundiam-se em conjuntos arquitectónicos, que apesar de respeitarem formalmente a rigidez das regras, transcendiam-nas, como é o caso de algumas comédias de Piron. Mas não faltaram absolutas obras-primas, basta recordar, no início do século, o *Turcaret* de Lesage (1668-1747) e, no fim, o *Barbeiro de Sevilha* e, sobretudo, *As Bodas de Fígaro* de Beaumarchais (1732--1799). A personagem de Fígaro, herdeira em tempos do servo plautino e da ideologia revolucionária dos iluministas, teve intérpretes extraordinários como Préville no *Barbeiro de Sevilha* (1754) e Danzicourt nas *Bodas de Fígaro* (1784).

Mas, como dizia, as preferências do público recaíam predominantemente na tragédia, género em que, pelo contrário, não se produziu nada que possa interessar aos leitores de hoje. Todavia, houve sucessos enormes: *Inês de Castro* de Houdar de la Motte (1672-1731) foi representada cento e seis vezes ao longo do século, quarenta e duas vezes das quais na altura da sua criação; com apenas menos uma representação que a anterior, o *Édipo* de Voltaire, cuja peça mais «filosófica», a tragédia *Mahomet* (1741), foi, ao invés, rejeitada, tendo-se a sua sorte esgotado em apenas três representações no decorrer do século.

Como se vê, o público privilegiava as tragédias que mais se distanciavam da tradição clássica e tinha pouca consideração pelos conteúdos do pensamento: a tragédia tendia para o melodrama de violentos e simples sentimentos de ambientação exótica. A continuidade da tradição era garantida precisamente pelas reposições de Racine e de Corneille, cujos textos continuaram a ser objecto do exercício da virtude interpretativa dos actores.

A gama mímica vinha-se definindo. Agora já não ondeava entre a expressividade empolada e violenta e a pura etiqueta, centrava-se antes na bela gestualidade, na qual a excelência do sentimento devia encontrar definição numa expressão alargada e lenta, mas sempre contida: um gesticular circular e amplo, em que quase fosse possível seguir o seu percurso, sem que o comportamento da personagem perdesse, nem por um instante, a sua compostura. E o número destes gestos era muito limitado: estender, mas não muito, a mão aberta, girando a cabeça em direcção ao ombro para indicar a rejeição; apoiar as costas da mão na testa com um girar amplo do braço para indicar desespero e por aí adiante.

Entre os vários actores havia, naturalmente, diferenças consideráveis nas formas de representar: a Duclos, quase imóvel em palco, para aproveitar ao máximo a incomparável doçura da sua voz, procurava dar relevo a todos os elementos musicais dos versos, enquanto Adriana Lecouvreur, mais espontaneamente elegante nos movimentos, não cuidava tanto das pausas quanto dos significados sentimentais; Quinault-Dufrêne, admirado pelas mulheres como o mais belo dos homens, interpretava sempre o amante francês e o perfeito cavalheiro; Lekain, o grande intérprete de Voltaire, fazia-se admirar por ter ousado quebrar a reserva das convenções e ter conseguido representar com imediatez as paixões das personagens (embora, no entender de Madame de Staël, parecesse faltar veracidade aos seus gestos).

Henri-Louis Lekain (1729-1778) e Hyppolite Clairon (1723--1803) foram, conjuntamente com Adriana Lecouvreur, os maiores expoentes da Comédie-Française no século XVIII. A eles se devem as inovações com o intuito de fundir, no traje trágico, a *toilette* de corte com os elementos considerados mais característicos do traje antigo e oriental. Resultando dessa fusão uma síntese aparentemente absurda mas, na realidade, perfeitamente adequada ao significado daquele teatro.

Clairon era famosa junto dos seus contemporâneos pela sua capacidade de variar os tons e as expressões dos sentimentos, quase fazendo pressentir ao espectador os momentos culminantes da sua representação, suspendendo, digamos assim, as conclusões. Ela foi o modelo em que se apoiou Diderot para definir a imagem ideal do actor trágico.

Dennis Diderot, o criador da grande *Enciclopédia*, escreveu, provavelmente cerca de 1773, um ensaio em forma de diálogo que intitulou *Le Paradoxe du Comédien* (*O Paradoxo do Actor*). Esta obra-prima da especulação estética iluminista e neoclássica só será publicada em 1830, por curiosa coincidência, no mesmo ano da batalha romântica de *Hernâni*. *O Paradoxo do Actor* constitui um documento extremamente significativo para completar e enriquecer a reconstrução das formas de representação da tragédia no século XVIII, no entanto, a sua maior relevância reside no facto de ter introduzido os termos da dialéctica actor-personagem. Os teóricos que, no nosso século, abordaram este problema, quer do ponto de vista metodológico, quer do ponto de vista meramente especulativo, tiveram de se confrontar com Diderot e não me refiro apenas à reflexão sobre o teatro de Brecht ou de Stanislavski, mas também à de Pudovkin sobre o actor cinematográfico.

Tomando o teatro neoclássico francês como modelo absoluto do teatro em geral, Diderot sustenta que as imagens das paixões, tal como são representadas em palco, são grandes retratos executados com base em normas convencionalmente aceites e elevadas a uma escala que aumenta as dimensões da realidade: no teatro tudo deve ser purificado das escórias da vulgaridade natural. O actor que representa a morte de uma personagem deve tomar como modelo «o antigo gladiador» que morria «com graça, com nobreza, num procedimento elegante e pitoresco», dilatando e diminuindo o seu gesticular de forma a dar a ilusão de uma maior grandiosidade, inclusive física, da própria personagem. E até aqui, Diderot apenas faz definir com aguda precisão as formas setecentistas da representação trágica, contribuindo para precisar os termos da estética do «belo ideal» que encontrará a sua formulação definitiva nos escritos do arqueólogo alemão, Johann Winckelmann, sobre a arte clássica. Com efeito, o actor deve construir uma imagem ideal da sua própria personagem, imagem nobre e grandiosa que é um modelo absoluto de beleza, e adequar a ela o seu gesticular e declamação, aliás, deve procurar copiá-la «genialmente» com a máxima precisão. Para a construção deste modelo ideal, o grande actor, à semelhança do grande poeta, baseia-se na reflexão, no estudo da natureza humana. A sua qualidade dominante não é a sensibilidade, mas a inteligência e o gosto: o homem sensível, este mito que o Século das Luzes criou como que para fixar a antítese dialéctica da sua imagem, não se identifica com o actor, mas é o seu modelo. O actor não sente os sentimentos da personagem que tem de representar, não os revive (para usar a terminologia que será usada por Stanislavski), porém, ao copiar fielmente a imagem interior que é construída, reproduz aqueles sentimentos, os sinais exteriores – que não serão, pois, os verdadeiros sinais do sentimento real, na medida em que a verdadeira emoção é muda e estática, mas sim os sinais convenientemente engrandecidos e nobilitados que a convenção teatral atribui às diversas paixões. Justamente por não sentir nenhum sentimento, o actor é capaz de representá-los a todos, como que tocando no teclado do seu corpo uma «escala» com passagens difíceis: a sua maior qualidade é a versatilidade que se identifica com a fria capacidade de controlar os seus membros e a sua voz; o seu maior dote é a capacidade de observação que lhe permitirá atingir um património de recordações tal capaz de cobrir a inteira variedade dos sentimentos humanos.

A imagem proposta por Diderot é uma síntese da realidade e do ideal. Para defini-la convém recordar que o palco dos teatros da rue Génégaud e de St.-Germain era bastante estreito e pouco profundo. A boca de cena do de St.-Germain não ultrapassava os nove metros, que se reduziam a cinco por causa da presença dos bancos para os espectadores. Por isso, os actores representavam quase imóveis e a «distância» de que fala Diderot valia só para uma parte do público. Não era por acaso que o que se apreciava mais no actor francês era a vocalidade. A voz era definida como o *organe*, o órgão por excelência, o único instrumento verdadeiramente necessário ao actor trágico.

As coisas começaram a mudar em 1759, quando foram eliminados os lugares no palco e, mais ainda, com a transferência para a grande sala das Tulherias em 1770.

Os espectáculos começaram a ser encenados com uma sumptuosidade cenográfica semelhante àquela até então reservada ao melodrama ou às representações da corte em Versalhes, e o actor, já não em tão estreito contacto com o público, era naturalmente levado a procurar manter a atenção deste com movimentos mais amplos e dilatados, que mantivessem o seu carácter aristocrático sem, todavia, se reduzir às dimensões do salão. Os figurantes e o jogo cénico de conjunto também tiveram um maior espaço, colocando-se assim o problema de uma autêntica realização do conjunto de movimentos cénicos, em que se integrava igualmente a acção dos intérpretes principais. Neste sentido, o primeiro encenador da Comédie foi justamente Lekain, que preparou, com particular atenção, a encenação das tragédias de Voltaire, particularmente adequadas a ampliações em termos espectaculares.

17

A Espanha do século de ouro.
Espectáculos religiosos

Nos tempos em que «*el ingenioso Hidalgo*» Dom Quixote andava pelo mundo defendendo os fracos e inocentes, acontecia por vezes encontrar uma carroça «[...] *cargada de los más diversos y extraños personages y figuras que pudieron imaginarse. El que guiaba las mulas y servia de carretero era un feo demonio. Venía la carreta descubierta al cielo abierto, sin toldo ni zarzo, la primera figura que se ofreció a los ojos de don Quijote fué la de la misma Muerte, con rostro humano; junto a ella venía un ángel com unas grandes y pintadas alas; a un lado estaba un emperador con una corona, al parecer de oro, en la cabeza; a los pies de la Muerte estaba el dios que llaman Cupido, sin venda en los ojos, pero con su arco, carcax y saetas; venía también un caballero armado de punta en blanco [...]*» ([...] carregada com as mais diversas e estranhas personagens e figuras que se possam imaginar. Aquele que guiava as mulas e servia de carregador era um feio demónio. A primeira figura que se ofereceu aos olhos de Dom Quixote foi a da própria morte, com rosto humano; perto dela estava um anjo com duas grandes asas pintadas; de um lado estava um imperador com uma coroa na cabeça que parecia de ouro; aos pés da morte estava sentado o deus chamado Cupido, sem vendas nos olhos, mas com o seu arco, a aljava e as flechas; vinha ainda um cavaleiro armado dos pés à cabeça [...]).

Portanto, no século XVII, existiam também em Espanha companhias de actores itinerantes que, viajando de uma ponta à outra da Península e atravessando com sucesso as fronteiras, representavam os textos da grande época dramática espanhola.

Porém, as primeiras e significativas memórias da actividade de actores profissionais podem encontrar-se tanto em Espanha,

A ESPANHA DO SÉCULO DE OURO. ESPECTÁCULOS RELIGIOSOS

como Itália e Inglaterra, pelo menos, um século antes. Na primeira metade do século XVI, a actividade teatral era, de resto, muito intensa, quer pela influência italiana, mediada principalmente por Bartolomé Torres Naharro, que, por outro lado, contribuiu também para a presença recíproca do teatro espanhol em Itália, quer pelo desenvolvimento de formas dramáticas e espectaculares autóctones. Em 1548, singular coincidência com a encenação da *Calandria* em Lyon, é representada em Valladolid, talvez por um grupo de académicos ou de semiprofissionais italianos, uma comédia de Ariosto, *I suppositi,* por ocasião das bodas da infanta Maria com o arquiduque Maximiliano: a comédia constituía, portanto, o momento alto das manifestações celebrativas na mais perfeita tradição renascentista. Mas, ao que parece, representava-se um pouco por toda a parte: tanto na corte como nos palácios nobres tinha prevalecido o hábito de dar espectáculos teatrais a um público que não abrangia unicamente personagens de alto nível social. E, se for verdade que o duque de Ossassuna, em 1543, pagou oito ducados pelo tal Hernando de Córdoba e seus companheiros, que representaram uma farsa no seu palácio, os actores eram geralmente profissionais.

A primeira companhia de que temos notícias bastante continuadas foi a dirigida por Lope de Rueda, autor de comédias, de farsas, *pasos* e *autos sacramentales*: dele sabemos que representou com a sua companhia nas festas oferecidas pelo conde de Benavente ao rei Filipe II, seguiu-se Segóvia, Sevilha, Toledo e Madrid – tratava-se, portanto, de uma clássica «companhia itinerante». A história de Lope de Rueda parece quase paralela à de Mafio Zanini, aliás, na verdade Lope de Rueda deixou a sua profissão de ourives para se dedicar ao teatro, como autor e director.

Mas o aspecto mais original no desenvolvimento do teatro espanhol reside no facto de encontrarmos entre os principais comitentes a Igreja, que não promove apenas espectáculos religiosos, como seria natural, mas também representações profanas, organizadas aliás no interior das próprias igrejas: a notícia relativa a uma farsa representada «*en la iglesia la ressurección pasada*» remonta a 1536. É verdade que isso suscitou o protesto de alguns padres, no entanto, não impediu que três anos mais tarde houvesse «seis homens ao serviço da igreja de Toledo, orientados por outros dois chamados os Correas, que quando representam imitam todos os tiques e as características das pessoas, como se a natureza, mãe de todos nós, os estivesse a representar». Tudo isso terá consequências. Com efeito, no *siglo d'oro* os mesmos actores interpretarão, quer os textos religiosos, quer os profanos que, de resto, são obra dos mesmos dramaturgos que no século XVII se virão a afirmar como os três grandes autores que permitem comparar este período do teatro espanhol com o teatro isabelino, seu contemporâneo: Lope de Vega (1562--1635), Tirso de Molina (1548-1648) e Pedro Calderón de la Barca (1600-1681). E mesmo a pequena companhia, descrita por Cervantes (ele próprio autor de comédias e de entreactos), parece como que um símbolo desta confusão, uma vez que dela faz parte um anjo e um imperador, a Morte e Cupido.

Todavia, as formas de representação do teatro de inspiração religiosa e do teatro profano são muito diferentes, razão pela qual convém manter a distinção entre os dois «géneros».

Há dois tipos fundamentais de teatro religioso: as comédias de santos e os autos sacramentais. As comédias de santos eram representadas nas recorrências dos dias dedicados aos santos mais venerados ou no decorrer dos processos de beatificação. Os autos sacramentais, ao invés, representavam-se, principalmente, no fim da procissão da festa do Corpo de Deus, bem como da festa da Assunção e da Virgem de Setembro. O arranjo dos carros da procissão era tradicionalmente entregue às Corporações, mas a partir de 1638, as próprias Câmaras, ou pelo menos a de Madrid, assumiram a responsabilidade e os custos. E a partir de então as companhias requisitadas para representarem estes dramas encontraram neles uma interessante fonte de rendimento.

A comédia de santos é uma hagiografia dramatizada em que, porém, a vida do santo se transforma num verdadeiro

A ESPANHA DO SÉCULO DE OURO. ESPECTÁCULOS RELIGIOSOS

modelo místico: destinada a exprimir o inefável em termos tangíveis, a revelar visivelmente aos comuns mortais a mensagem divina que não é compreensível pela simples leitura, pressupõe, dada a sua incisão, a consistência da representação cénica, na qual tudo se traduz em símbolos, da cenografia aos acessórios, da mudança do guarda-roupa à iluminação. Trata-se de uma encenação ao mesmo tempo realista – na medida em que utiliza os objectos mais humildes – e simbólica, pois os mesmos objectos convertem-se em outros tantos sinais do outro mundo.

Para as representações das comédias de santos, as companhias usavam a mesma indumentária que utilizavam nos espectáculos profanos: as roupas sumptuosas da *dama* e do *galã* – os protagonistas da comédia de capa e espada – são envergadas pelos santos que passaram a juventude no mundo, como São Francisco e Santa Clara. Porém, no momento em que o herói, tocado pela graça, renuncia ao mundo, o seu traje muda juntamente com o seu modo de viver. A sua metamorfose ocorre diante dos olhos do público, testemunha da sua conversão.

Este simbólico e frequente mudar de roupa, que, por exemplo, no *Serafim humano* de Lope de Vega representa em simbólica progressão o empobrecimento exterior de São Francisco e o respectivo enriquecimento interior, é um elemento quase constante da comédia de santos: encontramo-lo em *La Santa Juana* de Tirso de Molina, em *Los locos por el cielo* de Lope e em muitas outras.

A escolha de elementos cenográficos está igualmente relacionada com a dupla ideia de ascese e de revelação que domina a experiência mística. O santo, desprezando a aparência enganosa da realidade, descobre por detrás dela a verdade autêntica: adivinha a miséria moral que se esconde sob o luxo, o esfacelamento que impende sobre a beleza, mas encontra também no pobre a criatura amada por Deus e nos animais, assim como na vida vegetal e mineral, um reflexo da grandiosidade divina. Deste reconhecimento da verdadeira realidade ele ascende ao culminar da condição humana e eleva-se irresistivelmente até à divindade. Assim, os elementos cénicos, longe de serem simples acessórios, não só se tornam testemunhas do drama como participam directamente no seu desenvolvimento, formando parte integrante da representação ao mesmo nível do homem. A sua importância é determinada pelo acolhimento da visão franciscana do universo como unidade harmoniosa em que o homem encontra nos elementos e nas coisas uma cúmplice fraternidade: a montanha abre-se para revelar a verdade ao santo, para proteger a vida da santa perseguida, o mar devolve os corpos dos mártires para que lhes seja dada uma sepultura cristã. A cenografia, como o guarda-roupa, é significante e móvel, e o palco é utilizado em todas as suas dimensões.

Em termos de profundidade, o palco está dividido em duas partes por uma tapeçaria que esconde um cenário que se descobre em momento oportuno. Além disso, há uma galeria ou uma varanda praticável que divide o palco, quer em termos de altura, quer de profundidade, com uma cortina que pode abrir-se para deixar ver um cenário interior. E neste duplo abrir-se de cortinas se concretiza simbolicamente o conceito de revelação, expresso ainda por meio de máquinas que fazem descer do alto as visões celestes ou do alçapão aberto ao nível do palco, por cima do reino do demónio; a utilização do palco segundo a dimensão vertical concretiza o conceito de ascese através da disposição de andares: Inferno, Terra e Céu. Debaixo do palco sobem as personagens demoníacas e misturam-se com os homens, tomando o aspecto destes. As personagens divinas, ao invés, surgem em cima, sobre o praticável, significando a contemplação mística.

Estas aparições constituem autênticas cenas representadas por personagens vivas: Cristo, a Virgem, as alegorias divinas, etc. Diferentemente dos autos, a comédia de santos prefere o cenário real às telas pintadas ou às estátuas. Porém, esta aparição de personagens não é necessariamente sucessiva: pode acontecer que o autor queira representar contemporaneamente o Céu, a Terra e o Inferno. Por outro lado, na altura em que o santo começa a elevar-se acima do nível humano, é necessário dar-lhe um lugar que não seja nem o do seu séquito, nem o da divindade. Há, por conseguinte, variações na utilização da arquitectura cénica. O lugar principal destas comédias não é a aldeia ou a casa onde se desenrola a vida terrestre do santo; trata-se sobretudo de um lugar fora do espaço, o ponto onde se encontra a divindade e a humanidade que a ela se procura elevar.

A máquina é o actor indispensável e segredo de todos estes dramas, por intermédio dela pode aparecer uma personagem que desce do alto e permanece suspensa no ar: o anjo que socorre o santo em perigo chega desta forma. Mas, com a máquina, os actores podem ainda elevar-se acima do palco, realizando assim o milagre, e do mesmo modo se conclui o espectáculo com a ascensão do santo ao paraíso.

A tapeçaria que divide o palco em duas partes em termos de profundidade pode ser aberta, quer para deixar ver uma aparição (e, neste caso, o palco está situado fora do espaço), quer para alargar o espaço cénico mostrando um lugar concebido como real, mas que pode ser atinente ou distante em relação ao representado pela parte traseira do palco. De forma análoga com a cortina pode representar-se uma deslocação no tempo: por exemplo, quando o céu revela a São Vicente (numa comédia de Riccardo de Turia) as virtudes de São Vicente Ferrer «abre-se uma grande cortina e descobre-se um cenário em que São Vicente prega a muitos ouvintes, homens e mulheres».

Portanto, nessas representações, à consistência física do símbolo corresponde uma enorme ductilidade cénica, que permite uma deslocação contínua no tempo e no espaço (e mesmo fora do tempo e do espaço), bastante maior do que a que se realizava no cenário múltiplo dos mistérios; nem se saberia dizer se aqui a concepção cénica é simultânea ou sucessiva, quando muito uma síntese executada com a máxima liberdade formal. Cada meio está ao serviço da simbologia mística, da tentativa de dar um carácter concreto e absoluto ao êxtase místico da imitação de Cristo.

HISTÓRIA DO TEATRO

A comédia de santos é um drama de personagens reais; no auto sacramental personagens alegóricas e personagens reais encontram-se no âmbito de um espaço metafísico e moral, onde se reproduz, nos seus vários significados, o mistério da eucaristia.

Durante o século XVII, o auto sacramental era representado todos os anos em Madrid por ocasião da festa do Corpo de Deus. O mesmo acontecia em todas as cidades espanholas, mas as representações mais interessantes tiveram lugar na capital, sendo que na província se tratava de representações realizadas pelas mesmas companhias, mas com menor aparato espectacular. Neste período ocorreram duas importantes inovações na disposição e no número dos carros em que as representações dos autos eram encenadas. No século XVI, juntamente com os autos, representavam-se danças e entreactos, executados às vezes por mouros ou judeus; mas estes espectáculos foram eliminados em 1592, ano em que parece ter-se fixado em quatro o número dos autos a representar.

Embora na maioria das vezes se recorresse a palcos fixos, a comédia de santos podia ser representada sobre carros e, de facto, no século XVII, os autos eram sempre representados sobre carros semelhantes aos carros triunfais das festas profanas do Renascimento: sobre esses o espectáculo é deslocado e repetido em diferentes pontos da cidade. Na capital, a primeira representação tinha lugar diante do rei, a segunda era para o Conselho, que assistia das janelas do município, as últimas duas para o povo, uma na Plaza Mayor e a outra na Puerta de Guadalajara.

A princípio utilizavam-se dois carros, chamados *medios carros*, ligados por um estrado a um terceiro, chamado *carrillo*, onde se desenrolava a maior parte da acção. Por trás dos *medios carros*, consoante as exigências dos textos – cuja estrutura bíblico-alegórica era, aliás, muito semelhante – montava-se uma estrutura de madeira ou de tela pintada, chamada *caja* ou *casa,* dentro da qual se dispunham as máquinas e se recolhiam os actores. Os carros eram de dois andares, frequentemente comu-

A ESPANHA DO SÉCULO DE OURO. ESPECTÁCULOS RELIGIOSOS

nicantes entre eles através de uma escada e distinguiam-se como *carro malo* e *carro bueno*, visto que os cenários contrastantes eram típicos destes espectáculos. O público circundava os carros e, portanto, cada espectador tinha um ponto de vista particular consoante o lugar que ocupasse. Mais tarde, construíram-se, em três lados, bancadas para os convidados e colocaram-se os dois *medios carros* por trás do *carrillo* de modo que o público passou a seguir as representações apenas a partir de três lados. Todavia, não é muito clara qual fosse a disposição dos carros em relação ao aparato cenográfico e cenotécnico.

A partir de 1648, os carros em que se representavam os autos passaram a ser quatro. Mais ou menos por esses anos, começa o absoluto predomínio de Calderón neste género peculiar, e talvez tenha sido o próprio autor a solicitar a inovação técnica que tornava possível efeitos cénicos mais intensos e uma mais complexa alegoria, o que proporcionava oito centros de acção ao dramaturgo.

Para percebermos o que era, na sua realidade dramático-cénica, um espectáculo deste género, podemos analisar um texto de Calderón, *Sueños hay que verdad son*, cuja realização foi descrita pelo próprio autor na sua *Memoria de apariencias*. Trata-se de uma alegoria da estada de José no Egipto e dos seus sonhos proféticos. Os sonhos que José interpreta são representados simetricamente em dois carros opostos, dotados de um mecanismo que, no momento oportuno, faz aparecer e desaparecer, diante dos olhos dos espectadores, personagens e coisas. No terceiro carro, em sequência sucessiva, José fica só, perguntando-se o que terá acontecido ao pai Jacob, até que este lhe aparece precedido da Castidade e das outras personagens alegóricas. No último carro, após José se ter feito reconhecer pelos seus irmãos, é representado o sonho final de José, em que «três pessoas se elevam e onde se dividem permanecendo imóvel a do centro, enquanto as outras duas se afastam cada uma para seu lado, de forma que, desdobrando-se a tela à laia de um leque se forma uma espécie de íris e girando-se desaparece tudo» (donde parece poder-se concluir que não se tratava de actores, mas de imagens pintadas). Aparecem depois as personificações das espécies eucarísticas do pão e vinho, entre as quais, no final, se introduz a Fé. Cada carro é, portanto, o campo de um evento cénico particular, determinado mais pelo seu significado alegórico que pelo espacial e não parece que existam acções de tal forma complexas ao ponto de ocupar a inteira superfície dos quatro carros.

A partir de 1682, os carros passaram a ser oito e o elemento espectacular assumiu definitivamente proporções macroscópicas. A personagem mais importante deste momento conclusivo do desenvolvimento do auto foi um arquitecto-cenógrafo, José Caudi, que propôs tornar os carros mais sólidos e ricos, ornando-os com decorações fixas – estátuas em particular –, e guardá-los de modo a poderem ser utilizados nas representações dos anos seguintes. A inovação foi aceite, mas não por muito tempo dada as escassas possibilidades de manobrar os carros. Entre 1693 e 1699, os arquitectos dos carros madrilenos foram Isidoro Gonzales de Arévalo e Roque Francisco de Tapia, que foram encarregados de «pintar a fachada do dito teatro». Palavras essas que fazem pensar num arco cénico construído sobre os carros, pelo que o palco que dele resultava devia ser parecido com o de um verdadeiro teatro, isto é, o teatro de corte.

Assim, o auto sacramental, fruto de uma vontade de reforma interna do catolicismo e destinado a reavivar a fé do povo com a sublimação do mistério da eucaristia, desenvolveu-se de acordo com formas semelhantes às do teatro aristocrático profano. As unidades móveis, concebidas para as necessidades do teatro itinerante, acabam por ser elementos complementares de um teatro fixo.

As representações dos autos sacramentais foram proibidas em 1765.

18

O teatro dos *corrales*

Justamente num auto sacramental, o maior dramaturgo espanhol, Pedro Calderón de la Barca, definiu, com a clareza própria da alegoria, o tema da sua obra: a vida é semelhante ao teatro, sem substância real; cada um desempenha um papel – como já havia dito Shakespeare – triste ou alegre que seja. Mas se no *El gran teatro del mundo* as personagens (o Rico, o Rei, o Camponês, o Mendigo, a Beleza, a Discrição e a Criança) só podem representar segundo as características que lhes foram atribuídas pelo autor e receber, por consequência, a recompensa ou o castigo finais, nos dramas profanos que desenvolvem o mesmo tema, esta predestinação é anulada pela livre escolha do homem moral que, embora certo de viver uma ilusão, crê ter de a viver segundo as normas absolutas do bem e do mal. É este o tema do terceiro acto de *La vida es sueño*. Nesta sua obra-prima profana, Calderón imagina que o rei Basílio da Polónia, tendo lido nos astros o destino malvado do seu filho Segismundo, o mandou encarcerar numa prisão solitária. De imediato, o príncipe dá mostras da sua natureza violenta e então o rei manda-lhe administrar um sonífero: ao despertar, Segismundo encontra-se de novo no seu cárcere e acredita que o episódio anterior não passou de um sonho. Mas se os sonhos são tão reais que não é possível distingui-los da vida, então a própria vida é sonho «y los sueños sueños son», e os sonhos são também eles sonhos. No terceiro acto uma revolta restitui liberdade e poder ao príncipe, mas agora ele evita praticar más acções porque «realidade ou sonho, o que importa é agir bem; se é realidade porque é realidade, mais que não seja para conquistar amigos quando acordarmos».

Esta dupla temática encontra-se em muitas das obras maiores de Calderón. O motivo do empenho moral domina, por exemplo, *El príncipe constante*, onde Dom Fernando, feito prisioneiro dos Mouros, enfrenta a morte para não aceitar o compromisso da permuta ou da fuga, ou *El mágico prodigioso* que narra como Cipriano, irmão espiritual de Fausto, pode com a força da fé resgatar no martírio a própria alma vendida ao demónio; enquanto a concepção do mundo como sonho e ilusão está na base de textos até mais ligeiros como, por exemplo, *Gusto e disgusto non son más que imaginación*.

Se estes são os temas profundos da dramaturgia calderoniana, os centros motores da sua mecânica são os motivos do amor e da «honra», cujo código, para nós hoje mesquinho, ganha em certos casos o sabor da trágica lei do destino, da lealdade para com o rei e para com a dama: os motivos tradicionais do teatro espanhol entre os séculos XVI e XVII, de Lope de Rueda e Juan de la Cueva a Lope de Vega e Tirso de Molina (criador da figura de Don Giovanni). Nos antecessores de Calderón era o movimento e a aventura que predominavam e determinavam os caracteres do drama e da representação: o herói era levado a dar a volta ao mundo pelo seu gosto pela aventura ou para dignificar a sua honra, ou para conquistar o amor. O protagonista destes dramas pode ser identificado com o *galán*, na medida em que está quase sempre apaixonado (embora o apaixonado possa ser uma personagem por si só). Característica do teatro espanhol é a oposição do *galán* e do *gracioso*, o servo cómico do primeiro, cujas cenas bufas frequentemente se alternam com as sérias ou trágicas, num contraponto tanto mais violento quanto mais constante. Contraposição que tem como função demonstrar que o amor e a honra são prerrogativas dos espíritos eleitos pela nobreza espanhola, mas que, em algumas passagens, parece antes significar que com os mesmos riscos e as mesmas dificuldades o nobre consegue glória e amor, enquanto o servo não pode esperar mais do que pauladas. Concessões à ideologia popular do público dos *corrales* ou sentimento profundo de que os valores morais da classe dominante se baseiam na opressão ou anulação desses mesmos valores nas classes populares? O facto é que, pelo menos num caso, a ideo-

O TEATRO DOS *CORRALES*

logia popular emerge em primeiro plano, e os valores da honra e da lealdade são substituídos pelos da revolta e da solidariedade: em *Fuente Ovejuna*, a obra-prima de Lope de Vega, a aldeia inteira assume a responsabilidade do assassínio do feroz Comendador que a oprimia lesando os seus direitos mesmo no plano da respeitabilidade. Mas deve ficar claro que a dramaturgia espanhola (em que à volta dos três maiores gravita uma multidão de autores menores mas não desprezáveis) não pode ser encerrada numa fórmula, quer do ponto de vista temático, quer do ponto de vista estrutural.

Lope de Vega foi o benjamim do público popular, enquanto Calderón era o autor da corte. Todavia, as obras maiores de Calderón também foram representadas nos teatros públicos, ao passo que os textos alegórico-mitológicos e as pastorais eram, com as cenografias italianas de Cosimo Lotti, de Baccio del Bianco e de Francesco Ricci, os espectáculos predilectos do teatro de corte do Buen Retiro.

Os teatros públicos floresceram em Espanha – e não só em Madrid – por volta de 1570: no final do século XVI estão já em actividade em Madrid o Corral del Príncipe e o da Cruz; em Sevilha o de Doña Elvira e outros em diversos centros. Durante o século XVII nas maiores cidades espanholas os velhos *corrales* são ampliados e renovados e outros construídos de novo. Os *corrales*, termo que no século XVII tende a identificar-se com o de teatro, são, na verdade, pátios, rodeados pelas paredes de casas particulares, onde num dos lados era construído o palco. Em frente encontrava-se a zona reservada às mulheres, chamada *cazuela*; em cima, a tribuna para o Conselho e, no alto, uma espécie de sobrado reservado ao clero, que assistia em grande número também aos espectáculos profanos. Nos dois lados do pátio estavam as bancadas reservadas ao público. Estas bancadas parece que estavam dispostas em dois planos sobrepostos, ou *corridores*, que continuavam por trás do palco e eram utilizados para o espectáculo. Em pé, no pátio (*patio*), estavam os *mosqueteros,* soldados da infantaria espanhola que formavam a parte talvez mais espontaneamente crítica e competente do público. O *patio* estava ligado ao palco através de dois transitáveis (*palengues*) e, às vezes, era usado como extensão da área cénica. Por cima do pátio podia ser puxado um toldo para proteger os espectadores do sol.

As janelas das casas que formavam o pátio eram utilizadas pelos seus proprietários, que assistiam aos espectáculos com familiares e amigos ou alugavam-nas a espectadores importantes; só aqui homens e mulheres podiam assistir juntos às representações. As janelas eram muitas vezes alargadas de forma a permitir uma melhor visibilidade a um maior número de pessoas, pelo que as divisões de onde se abriam se transformavam em verdadeiros camarotes, semelhantes aos dos teatros à italiana. E, com efeito, os teatros construídos *ex-novo* no século XVII, quer em pátios, quer em outras zonas, foram dotados de camarotes (*aposentos*). É o caso do teatro construído no Palácio do Buen Retiro, teatro de corte aberto ao público pagador; e é o caso, sobretudo, da Montaría de Sevilha, teatro inteiramente coberto que, ao que parece, tinha inclusive uma planta oval.

Inicialmente, a estrutura cénica era extremamente simples. Consistia apenas em cortinas que podiam abrir-se e fechar-se, deixando ver as aparições, frequentes sobretudo no teatro religioso; cenários de «interior» ou também, em casos mais raros, cenários distantes do principal, na medida em que continuava a haver, também no teatro profano, uma disponibilidade, ainda que muito limitada, para representações em simultâneo. A partir da segunda metade do século XVII não falta o recurso à pintura cenográfica, não sabemos se encenada nas cortinas, ou reduzida à tela de fundo, pelo que o decorrer da acção de lugar em lugar ganhou contornos mais concretos.

As cortinas do fundo eram, além disso, divididas em três sectores, assinalados talvez por três pilares que sustentavam as galerias. Os dois laterais serviam principalmente para a entrada das personagens; estas, em muitos casos, entravam em cena ao mesmo tempo de ambos os lados, ao passo que se uma personagem saía, por exemplo à direita, para entrar logo de seguida à esquerda significava que o lugar da acção havia mudado. Um elemento fixo, ao invés, era constituído por dois camarotes sobrepostos, que davam seguimento às galerias ou aos camarotes dos outros três lados do *corral*. Estas galerias do palco constituíam «o cimo do teatro», muitas vezes recordado pelas anotações cénicas contemporâneas, e que servia para as cenas que se desenrolavam, precisamente, em lugares elevados, varandas, muralhas da cidade, alturas naturais, etc., ou, no segundo andar, para as aparições divinas. Aqui eram igualmente colocados os mecanismos que tornavam possível a representação de eventos milagrosos, particularmente frequentes, como se viu, nas comédias de santos, mas igualmente presentes nos espectáculos profanos dos *corrales*. «O cimo do teatro» e o palco podiam estar ligados por uma escada ou por um transitável, que assumiam diversos significados consoante as situações e que permitiam que a acção se deslocasse de uma área para outra. Nesta estrutura cénica relativamente nua, mas extremamente dúctil, podiam introduzir-se acessórios cenográficos importantes como árvores, colinas e muralhas da cidade, além daqueles mais óbvios como tronos, mesas, tálamos. Mas a riqueza espectacular das representações dos *corrales* consistia sobretudo nos trajes, pelos quais o director e os próprios actores das companhias mais importantes podiam pagar valores muito elevados. E é significativo que estes trajes extraordinariamente luxuosos fossem explicitamente excluídos das proibições das leis sumptuárias, com a reserva de que as actrizes não podiam em circunstância alguma usá-los fora do teatro – quase uma explícita declaração de poética adoptada pelas autoridades do Estado: o mundo do teatro é o reino da fantasia e do esplendor, onde tudo é sublimado e onde não podem valer as mesmas leis que regulam a sociedade civil, embora os valores desta sejam muitas vezes o fundamento da ideologia e da visão do mundo que se exprimem em palco. Por outro lado, é igualmente significativo que um escritor como Cervantes, que era também dramaturgo, e um verdadeiro profissional como Lope de Vega lamentem os bons tempos idos de Lope de Rueda, quando todo o património de guarda-roupa e de acessórios de uma companhia podia caber numa única caixa: como dirá Copeau, três séculos mais tarde, dois actores e um *treteau nu* devem ser suficientes para fazer bom teatro.

Ao contrário do que se poderia esperar, a polémica contra os actores em Espanha não foi tão intensa como em outros países, por diversos motivos: em primeiro lugar, os *corrales* eram geralmente propriedade de instituições religiosas de beneficência que com eles tinham bons lucros; em segundo lugar, as companhias que representavam nos teatros públicos eram chamadas a representar igualmente na corte; em terceiro lugar, estas companhias eram constantemente utilizadas nos espectáculos religiosos, por sua vez integrados no contexto da celebração religiosa. Deste modo, o teatro profissional torna-se um instrumento e uma expressão daquela força primária da civilização espanhola que foi o catolicismo. Por isso, permitiu-se aos actores que formassem uma *Confradìa*, uma confraria, que, no entanto, era uma verdadeira corporação profissional, oficialmente reconhecida como parte, ainda que baixa e desprezada, do corpo social. Chamados a representarem em contextos tão diferentes, quer do ponto de vista social, quer do ponto de vista estritamente teatral (o palco à italiana do teatro de corte, o palco elástico e neutro dos *corrales*, o palco complexo dos carros), as companhias espanholas deviam ser particularmente dúcteis e versáteis. Foram provavelmente muitas, mas só oito, e mais tarde doze, gozavam de uma autorização explícita: as outras eram toleradas e, de todo o modo, não deviam poder representar nas grandes cidades.

Num romance picaresco de Augustin de Rojas, *El viaje entretenido*, há uma espécie de burlesca catalogação das companhias teatrais. Estas dividiam-se em *bululú, ñaque, gangarilla, cambaleo, garnacha, boxiganga, farándula*, e, justamente, *compañia*: o *bululú* seria um velho jogral, capaz de representar sozinho uma comédia inteira, ao passo que o *ñaque* seria uma microcompanhia de dois homens, cujo património cénico consiste num par de barbas falsas feitas com pêlos de ovelha e cujo repertório se limita a alguns *entremés* e a algumas passagens de autos. A lista descreve os grupos de actores em função das dimensões da sua orgânica, do seu património de guarda-roupa, de acessórios e da consequente capacidade de representar o repertório integral, sagrado e profano, para os teatros públicos e para a corte.

Na verdade, a única definição importante é a que distingue as companhias autorizadas (*compañías de titulo*) das não autorizadas (*compañías de legua*), que poderiam ser mais bem designadas por «companhias estáveis e companhias itinerantes» (sendo a estabilidade um conceito sempre relativo). As primeiras representavam nos *corrales* das grandes cidades, enquanto as segundas erguiam os seus palcos nas tavernas e nas praças públicas dos centros mais pequenos. Contudo, a diferença entre os dois tipos de companhias é mais profunda porque não diz respeito apenas ao número e à fama dos actores, à disponibilidade financeira e ao lugar onde actuavam, mas à própria organização interna.

As *compañías de legua* assentavam num sistema cooperativo das «partes», ao passo que as *compañías de titulo* eram verdadeiras companhias com director. O director era chamado *autor*, talvez em memória de os primeiros directores serem autores, como Lope de Rueda. E, com efeito, as suas funções transcendiam em muito as funções meramente directivas ou empresariais: não só contratava os actores e estipulava os contratos com os teatros, como também se encarregava de comissionar e adquirir os dramas que constituiriam o repertório da companhia, dramas que depois revia e adaptava ao teatro, desempenhando, enfim, as funções que no teatro alemão serão próprias do *Dramaturg*. Era ainda encenador, aliás, os actores eram obrigados a ensaiar na própria casa do autor.

As *compañías de titulo* tinham uma organização hierárquica rígida: aos primeiros actores estava-lhes reservada a escolha dos papéis e os salários decresciam consoante o nível do actor. Não havia uma verdadeira estruturação por papéis, semelhante à que encontraremos no século XIX em Itália e em França, mas só algumas especializações, normalmente limitadas aos papéis cómicos do *gracioso* e do *barbas* (o velho). Para os outros fala-se apenas de *primera* ou *segunda Dama*, às quais correspondem o *primer* ou *segundo galán*.

Uma boa companhia devia ser formada por não menos de dezasseis actores, cujo mínimo de mulheres devia ser seis. A preparação técnica de um actor compreendia, para além da representação, o canto e a dança, de que se fazia largo uso, sobretudo nas peças menores, muitas vezes de carácter cómico (*entremeses, jácaras, mojigangas*), que acompanhavam a comédia.

Não faltam notícias sobre a vida e sobre as obras de muitos actores espanhóis: Alonso Olmedo, que foi sobretudo um famoso autor; Juan de Morales Medrano e Roque de Figeroa, entre os mais conhecidos intérpretes de obras-primas de Lope de Vega, que apreciava principalmente as Árias de Peñafiel porque «possui uma voz clara e pura, uma excelente memória e modos perfeitos: em cada movimento seu se revela a graça e a rectidão. Os melhores falantes correm a ouvi-lo de forma a adquirirem a perfeição da sua linguagem e do seu gesticular». Nos papéis femininos destacava-se Franzisca Balthasara, principalmente quando o papel exigia travestimento, ao passo que Cosme Pérez foi um óptimo *gracioso*. Naturalmente é difícil imaginar a forma de representar dos autores espanhóis do século XVII. O herói dos dramas espanhóis não é o cavalheiro da corte, mas, quando muito, a encarnação ideal dos valores aristocráticos entendidos como valores nacionais: os seus traços característicos não são a etiqueta, mas a coragem e o ciúme. Por conseguinte, o típico formalismo espanhol que, em certo sentido, teatralizava a vida quotidiana das classes elevadas, não encontrou um reflexo especular na acção cénica, que devia antes distinguir-se pela insólita vivacidade dos movimentos e pelo brusco e não mediato passar de uma expressão sentimental a uma oposta.

Particularmente interessante seria, para nós, determinar como era interpretado o papel do *gracioso*, que podia influenciar o ânimo dos espectadores, quer como simples elemento de contraste, quer como reflexo caricatural de uma realidade apenas aparentemente positiva. Assim, em *El mágico prodigioso*, Calderón parece contrapor o nobre ciúme do amor exclusivo de Cipriano ao vulgar compromisso dos servos que aceitam uma mulher em co-propriedade. Porém, o espectador, sabendo que aquele amor é obra do demónio, será levado, se o actor oferecer uma interpretação caricatural dos motivos seriamente expressos pelo galã, a identificar as duas situações com a comum negatividade humana do pecado.

Este é um exemplo limite demasiado explícito, contudo, a ambiguidade e complexidade dos textos calderonianos podiam encontrar nas formas de interpretação cénica uma perspectiva de leitura, não certamente a nível racional, mas de permanência da imagem, capaz de tornar definitivos e absolutos, ou de arrancar, os valores que parecem estar na base da ideologia espanhola da época. Se esta perspectiva, em termos históricos, está perdida para nós, a própria possibilidade destas diferentes interpretações é o testemunho da vitalidade ainda presente neste teatro.

19

Teatros e companhias da Inglaterra isabelina

O mesmo tipo de ambiente arquitectónico usado para as representações profanas em Espanha é escolhido para as encenações dramáticas em Inglaterra: as mais de cem companhias que aí estavam em actividade por volta de 1550, quando não estavam ocupadas nos castelos dos seus protectores nobres exibiam-se diante de um público pagador nos pátios das estalagens, quer em Londres, quer em outros centros pequenos e grandes. Por outro lado, tratava-se de uma escolha quase espontânea: o teatro sacro dos mistérios – cujos monumentos dramáticos eram os *cicli* de York, de Chester, de Coventry – tinha uma dimensão oficial, festiva e religiosa, e que, portanto, tinha lugar nas praças; mas o teatro profano não podia ter uma dimensão igualmente oficial. Começando pelas mais tardias moralidades com argumento político e social – como *Magnificence* de Skelton ou *Satire of the Three Estates* (*A Sátira dos Três Estados*) de Lindsay – ou todas as que foram escritas por actores profissionais ou adaptadas às suas exigências, e acabando com os mais vastos dramas que inscreviam no ramo das moralidade a temática histórico-nacional ou a romanesca e novelística (frequentemente extraída de exemplos italianos), o teatro profano necessitava de um lugar que, embora estando aberto ao público, não fosse da comunidade. Os actores ingleses fizeram-se, portanto, hospedar nos pátios das estalagens e das tavernas ou, em alguns casos, encenaram os seus espectáculos em áreas destinadas às lutas de touros ou de outros animais, que são, em certa medida, os primeiros exemplos de complexos desportivos, ou melhor, de arquitectura destinada ao espectáculo desportivo. (Os actores itinerantes franceses haviam igualmente utilizado, no período heróico, os pátios das estalagens, preferindo depois alugar salas fechadas; por sua vez, os actores italianos também fizeram o mesmo, embora continuassem frequentemente a apresentar os seus espectáculos nas praças e nos mercados, atribuindo-se aquela aprovação oficial que o teatro sagrado em Itália nunca havia tido.)

Enquanto os *corrales* espanhóis, depois de terem sido alvo de algumas adaptações funcionais, permaneceram os únicos locais de espectáculo público, os *Inn's Courts* e as arenas inglesas, em virtude de posteriores proibições, foram progressivamente abandonados pelas companhias dramáticas, tendo, no entanto, servido de modelo ao edifício teatral isabelino que foi concebido e mandado construir por um actor.

Este actor chamava-se James Burbage e fazia parte, há pelo menos três anos, da companhia protegida pelo conde de Leicester. Ele reproduz no seu teatro as condições ambientais em que até então os actores tinham trabalhado, misturando a estrutura das arenas com as dos pátios das tavernas. Burbage começou a construir o seu teatro em 1576 e inaugurou-o em 1577, chamando-lhe simplesmente The Theatre.

Este acontecimento tem de ser considerado e avaliado em toda a sua importância histórica e simbólica. Os humanistas e os arquitectos italianos projectaram edifícios teatrais desde os últimos anos do século xv e conceberam-nos como monumentos essenciais de decoração urbana de uma cidade ideal. Aliás, construiu-se um verdadeiro teatro, como vimos, em Roma, em 1513, mas destinava-se mais às celebrações de carácter político que aos espectáculos teatrais, tendo sido rapidamente destruído. Porém, o Theatre de Burbage foi o primeiro edifício autónomo construído na Europa moderna, por actores, destinado a ter como função prioritária e exclusiva acolher os espectáculos teatrais. Recordamos que o *Corral do Príncipe* havia sido inaugurado em Madrid três anos antes: também neste caso se tratava de um lugar para espectáculos, mas não era um edifício autónomo, sendo uma adaptação de um espaço preexistente. O Teatro Olímpico dos Académicos Vicentinos foi inaugurado oito anos mais tarde, tendo sido igualmente integrado numa construção preexistente.

Para fugir às proibições e aos entraves que os *City Fathers*, ou seja, a Câmara de Londres, colocava à actividade teatral, Burbage, que nesta altura assume também o papel de primeiro empresário teatral, mandou construir o seu teatro no norte da cidade, num terreno que dependia directamente da coroa, o *Liberty* de Halliwell. Os negócios correram evidentemente bem, porque logo no ano seguinte foi construído um segundo teatro, um pouco mais a sul do Theatre, do qual constitui durante alguns anos uma espécie de *dependence* (filial). Esse também tinha um nome significativo: chamava-se The Courtain, que não quer dizer «a cortina», mas «a pequena corte», clara evocação dos *Inn's Courts* em que os actores tinham desenvolvido a sua actividade até há bem poucos anos.

A história dos edifícios teatrais londrinos é extraordinária e paradoxal. Entre 1585 e 1592 foram construídos mais dois teatros, precisamente na outra ponta da cidade, no extremo sul, mais uma vez numa *Liberty*, mas não distante do Tamisa, na zona geralmente conhecida por Southbank. Esses teatros, ou pelo menos um deles, o Rose, foram mandados construir por um empresário «puro», Philip Henslowe, cujas cartas constituem uma das fontes mais importantes para o conhecimento do teatro inglês.

Constituiu-se assim uma espécie de duopólio: Burbage operava a norte e Henslowe a sul. A situação parecia ideal, na medida em que os dois concorrentes não se incomodavam um ao outro. Mas não por muito tempo: devido a motivos ligados ao aluguer do terreno, com uma extraordinária operação que recorda um *blitz* militar, em 1599, Burbage mandou desmontar o Theatre para depois mandá-lo reconstruir com o nome de Globe na zona meridional, onde estava a funcionar o Rose de Henslowe e um quarto teatro, o Swan, mandado construir por um ourives, um certo Francis Langley, que, no entanto, cedo abandonará a empresa teatral. Paradoxalmente, Swan é o único teatro do qual nos restou um desenho do seu interior. À invasão de Burbage, Henslowe responde mandando edificar o Fortune, que o empresário quis construir à imagem do Globe, mas com planta quadrada em vez da poligonal. Mais tarde, em 1613, foi construído o último teatro, The Hope, que foi dotado com um palco móvel de forma a adaptá-lo, quer aos espectáculos teatrais, quer às corridas. O Southbank, que poderemos definir como a *Rive gauche* de Londres, ganhou assim o aspecto de um verdadeiro bairro de teatros, que se tornaram verdadeiros *points de répere* urbanísticos, como se pode claramente reparar nas vistas panorâmicas e nos mapas de Londres que remontam ao período entre 1600 e 1642: o sonho dos humanistas realizava-se não numa cidade ideal, mas no concreto e casual tecido de uma cidade mercantil em vertiginoso crescimento, onde a peste era um mal endémico. Todos os teatros nomeados reproduziam essencialmente o modelo de Burbage. Além destes, havia algumas salas cuja estrutura não era muito diferente das dos teatros públicos, mas imitava igualmente a estrutura dos salões de corte onde eram representados os *interludes*: estas salas chamavam-se teatros «privados» e eram o St. Paul's, o Blackfriars e o Whitefriars. Nelas actuavam predominantemente companhias de jovens cuja sorte é testada no *Hamlet*. Estas salas «privadas» (mas não há necessidade de acrescentar ao termo um significado mais distintivo) eram obviamente cobertas e, por isso, representava-se com luz artificial. Ao invés, nos teatros «públicos», edifícios originários dos pátios e das arenas, a área central não era protegida por um tecto, pelo que o espectáculo era iluminado pela luz do dia.

Infelizmente nenhum exemplo de edifício teatral isabelino chegou até nós: ataque puritano que levou ao encerramento dos teatros em 1642 e, mais tarde, o hábito de imitar as salas italianas e francesas estiveram na origem da demolição dos edifícios existentes. Só alguns desenhos e documentos indirectos permitem tentar uma reconstituição.

Naturalmente cada teatro tinha características próprias, quer na planta, quer nas dimensões e na estrutura do edifício cénico, mas, isolando os seus elementos comuns, é possível construir uma imagem bastante clara de um típico teatro isabelino. Tratava-se, em todo o caso, de um edifício com planta central, cujo diâmetro (o lado, no caso de uma planta quadrangular como a do Fortune) podia variar entre os 25 e os 30 metros. O edifício propriamente dito era constituído por três galerias sobrepostas, abertas para o interior à laia de camarote e delimitando uma área vazia, que poderemos chamar pátio em homenagem à sua origem, mas que corresponde à nossa plateia e cujo diâmetro está compreendido entre 16 e 21 metros. De um modo geral, o teatro isabelino podia acolher entre 1600 e 2300 espectadores, com lugares tanto nas três galerias, sendo a segunda a mais cara, como no pátio ou plateia, onde, no entanto, o público tinha de ficar em pé.

Na estrutura das galerias, que terminava com um tecto de dupla vertente – mas a área do pátio era, como se viu, descoberta –, apoiava-se, ou melhor integrava-se nela destacando-se, o edifício cénico, chamado *tiring-house*. Esse apoiava-se, na sua parte traseira, num amplo palco de forma rectangular ou trapezoidal, mas, seja como for, profundamente saliente na plateia e, portanto, circundado em três lados por espectadores; as suas dimensões médias estavam compreendidas entre os 11 metros de largura por sete de profundidade e 14 metros por dez, sem que houvesse uma relação necessária com o tamanho do teatro, na medida em que este podia ter um palco pequeno e vice-versa.

Obviamente, o palco pequeno permitia acolher um maior número de espectadores na plateia, enquanto o grande conferia uma maior liberdade de movimento aos actores. A área do palco era dominada na sua parte interior e posterior por uma espécie de baldaquino (chamado *cover, shadow* ou, também, *the heaven*), sustentado no palco por meio de duas colunas com cerca de sete metros e posteriormente ligado ao *tiring-house*, que, no entanto, podia ser construído em forma de pagode (e, neste caso, pode dar-se o caso de ter havido colunas posteriores). O *tiring-house* (ou *stage-house*) sobressaía ligeiramente do palco em relação à linha do perímetro interior das galerias, e era constituído por três elementos ou andares: em baixo, ao nível do palco, uma parede na qual se abriam uma ou duas

TEATROS E COMPANHIAS DA INGLATERRA ISABELINA

portas para a entrada dos actores, mas muitas vezes substituídas por uma única e ampla abertura coberta por uma cortina que, entreaberta, permitia ver uma área interna, uma espécie de salão, ou palco interior, o *rear-stage*; sobre este primeiro andar havia um camarote, que nos pátios das estalagens não era mais do que a continuação da segunda galeria e que nos primeiros espectáculos dos teatros públicos conservou ainda esse valor, acolhendo os espectadores mais ilustres. O edifício concluía-se com uma espécie de águas-furtadas, chamado *hut* (cabana), que podia elevar-se acima do nível do tecto do edifício teatral principal, podendo ali hastear-se o estandarte com o símbolo do teatro: o cisne, o globo, a sorte, o próprio teatro. Nestas águas-furtadas colocavam-se as máquinas para as descidas do céu – não muito frequentes no teatro isabelino – ou os instrumentos para os ruídos atmosféricos. O palco era igualmente dotado de alçapões para as aparições vindas de baixo, os desaparecimentos súbitos, bem como para a rápida disposição de acessórios cénicos.

Relativamente aos teatros «privados» temos informações muito menos precisas: provavelmente tratava-se de amplas salas também elas dotadas com duas galerias ou camarotes que percorriam todo o perímetro. O palco devia estar frente aos espectadores e não ser rodeado por estes, por isso a galeria utilizada para efeitos cénicos era muito mais extensa, enquanto, ao nível do palco, o fundo devia ser constituído por duas portas laterais, entre as quais corria uma cortina. Obviamente que neste caso faltavam, quer o baldaquino, quer o *hut*.

A partir de 1609, um destes teatros, o que se situava no antigo Convento de Blackfriars (*), após uma profunda reestruturação, torna-se o segundo teatro da companhia de Shake-

---

(*) Era um convento de monges dominicanos que tinham como particularidade vestir-se com hábitos escuros, o que deu origem ao nome do convento *Blackfriars* (*Black:* preto; *Friars*: monges). Estes desenvolveram esforços no sentido de conseguir a permissão das Autoridades de Londres para disporem livremente de todo o edifício e, permanecendo fora do alcance dos puritanos, poderem promover o desenvolvimento teatral. (*N. T.*)

speare. Este facto é muito importante não só porque mostra como as companhias de rapazes vinham perdendo a sua popularidade, mas também porque implicava profundas mudanças no comportamento da mais famosa companhia inglesa. Mudanças no plano da representação em virtude das dimensões do teatro, no entanto, não eram um facto excepcional na medida em que, ao representarem na corte, os actores também tinham de se adaptar a um ambiente diferente. Alterações igualmente no âmbito das relações com o público, mais seleccionado, uma vez que o preço mínimo de entrada passava de um *penny* para cinco.

Vimos que, para escapar à hostilidade da Administração da Cidade, os teatros públicos londrinos foram construídos nos subúrbios a norte ou a sul da cidade que dependiam directamente da coroa. Com efeito, o teatro esteve no centro de um duro conflito entre os dois poderes, como de resto sucedia em França, em que o rei interveio muitas vezes para defender os actores, inclusive os actores italianos, contra a hostilidade do Parlamento de Paris. Em França, o conflito será resolvido com a instituição de verdadeiros teatros de Estado, ao passo que em Inglaterra, pátria do liberalismo económico, a protecção real levou apenas a reconhecer o *status* de empresa artesanal ou comercial à actividade teatral.

Mas até essa altura, a evolução das condições de trabalho dos actores e do seu *status* social constituiu um dos capítulos mais fascinantes da história do teatro inglês. Em 1531, havia sido emanado um *Vagabond Act* em que os actores de interlúdios eram vistos como mendigos e, justamente, vagabundos, quer dizer, pessoas não enquadradas nas estruturas sociais e por isso mesmo potencialmente perigosas: um comportamento que já vimos ser comum em relação aos jograis. Para contornar esta definição, que os impedia de exercer a sua actividade, as companhias de actores itinerantes punham-se ao serviço de um grande senhor, ao qual não pediam um salário, mas apenas que pudessem usar a libré e ser reconhecidos como seus «homens e servidores»: assim, as companhias foram identificadas com o nome do seu protector – Earl of Leicester´s Men, Lord Strange's Men. A *escamotage* deu bons frutos e, em 1581, um novo *Vagabond Act* precisa que só devem ser classificados como «vagabundos» os actores «que não pertencem a nenhum barão». E, nesses anos, as licenças que autorizam ou pedem para autorizar as representações definem o representar como «*art and facultye*», ou seja, «*trade*», um comércio.

Com estas licenças, os actores solicitavam e, frequentemente, obtinham autorização para representar nos Municípios de todos os centros onde pretendiam fazer paragem. Mas a meta de todos, mesmo antes da construção dos teatros, continuava a ser Londres, pois só uma cidade daquelas dimensões garantia uma certa estabilidade e boas receitas. Todavia, sobretudo nos períodos de recrudescência da peste, a maior parte das companhias teve sempre de continuar a cumprir longas, extenuantes e pouco remunerativas *tournées*. Todavia, os actores mais importantes, como Richard Burbage, filho de James e grande intérprete de Shakespeare, e em particular Edward Alleyn, actor principal na companhia de Henslowe, alcançaram situações económicas muito boas: Alleyn pôde mesmo comprar um castelo. Em Inglaterra, como sucedia por toda a parte, e aliás como ainda sucede, a protecção dos poderosos não era gratuita: os actores deviam servir o seu senhor, que, por sua vez, oferecia um espectáculo à corte ou aos seus próprios hóspedes. Podia tratar-se de um espectáculo organizado segundo esquemas puramente teatrais ou de um espectáculo que tinha lugar durante um banquete, segundo a antiga tradição inglesa dos *interludes*, acções de temas vários, de pequena envergadura e de não grande aparato espectacular. Contudo, houve, provavelmente, espectáculos de banquetes de diferentes dimensões: parece que precisamente durante um banquete de casamento foi representado, pela primeira vez, *A Midsummer Night's Dream* (*Sonho de Uma Noite de Verão*), que se tornava assim um autêntico epitalâmio teatral, com um envolvimento espacial e simbólico dos espectadores fácil de imaginar. (Por outro lado, esta tradição também é europeia:

uma iluminura francesa, que remonta a 1380, mostra o cerco de uma cidade representado perante comensais da realeza. Mas, neste caso, quem eram os actores?)

O interesse da corte, de resto, não era ocasional: a rainha Isabel e, mais tarde, Jaime I pretendiam, principalmente durante as festas natalícias e carnavalescas, ter os seus entretenimentos dramáticos. Exactamente por isso, durante um período de grandes dificuldades financeiras, quando as companhias, mercê das frequentes epidemias e da hostilidade das autoridades civis, se mantinham afastadas de Londres, Sir Francis Walshingham, seguramente por ordem da rainha, contratou os melhores actores em circulação para formar uma *troupe*, que terá envergado inclusive a libré da soberana. Estamos em 1583 e os Queen's Men tornam-se a primeira de três grandes companhias que marcaram a história do teatro inglês durante os reinados de Isabel e Jaime I, companhias que usaram o nome das autoridades máximas do Estado: Admiral's Men (que se tornaram depois nos Prince of Wales' Men) e Chamberlain's Men (mais tarde, King's Men*)*. Mas tal não significa, de todo, uma ingerência do Estado em questões de carácter puramente privado e comercial.

O repertório dos Queen's Men incluía comédias e dramas históricos de Robert Greene (1558-1592) e de George Peele (c. 1558-1597), textos que, de certo modo, deixavam um largo espaço para a personagem do *fool* e do *clown*. O ponto forte da companhia era, com efeito, constituído por um actor cómico, talvez o maior e, portanto, o mais famoso da época isabelina, Robert Tarlton. Tarlton era um verdadeiro palhaço, tanto é que quis deixar rapidamente a sua, ainda que célebre, companhia para actuar a solo, conforme a tradição dos jograis. Àquele papel, de resto, destinava-o o seu físico: era pequeno e gordo, com os olhos estrábicos e o nariz achatado. Foi um mestre na acção mímica: eram célebres as suas representações da ebriedade e da luta cómica contra um cão imaginário, mas era também um bom músico e não lhe faltava habilidade e funambulismo na invenção verbal. As suas piadas mímicas e verbais

TEATROS E COMPANHIAS DA INGLATERRA ISABELINA

foram reunidas, após a sua morte, num volume intitulado *Tarlton's Jests* (*As Piadas de Tarlton*), que compreende ainda episódios cómicos da sua vida: identificação do actor com a pessoa empírica típica do palhaço. A deserção de Tarlton levou à rápida decadência dos Queen's Men, dos quais não houve mais notícias após 1593, e que foram substituídos com a simpatia do público londrino pela companhia de Lord Admiral dirigida por Edward Alleyn, um actor que privilegiava, ao invés, os papéis de herói, sem, no entanto, desprezar os grotescos. O seu repertório centrava-se nas obras mais duvidosas do próprio Greene, nas de Thomas Kyd (1558-1594), do qual representaram a *Spanish Tragedy*, mas sobretudo nas de Christopher Marlowe (1564--1597): Barrabás em *The Jew of Malta* e Fausto foram das grandes interpretações de Alleyn.

A terceira grande companhia foi a protegida pelo Lord Chamberlain e, mais tarde, pelo próprio rei Jaime: a companhia de Shakespeare e de Richard Burbage. Os contemporâneos recordam Burbage como actor excelente e versátil («*a delightfull Proteus*»), e elogiavam a representação ao mesmo tempo realista e apaixonada: importa não esquecer que Hamlet convida, sim, os actores a não «dissipar» a paixão, mas inveja-os porque sabem comover-se e chorar «por Hécuba», que não é ninguém para eles. Burbage era gordo: o que se pode igualmente deduzir do *Hamlet* («*he is fat and scant of breath*»), e, todavia, encarnava as personagens mais diversas, de Hamlet, Otelo a Lear, de modo que pareceu novo e «verdadeiro». No entanto, a sua companhia podia contar ainda com outros actores de grande prestígio, como John Hemminges, Henry Cundall e William Kemp, que se apresentava como rival de Tarlton, e ainda Robert Armin, cuja chegada «levou à companhia um mais delicado, introvertido e sofisticado estilo na personagem do *fool*» (Amstrong).

As companhias inglesas eram geralmente constituídas segundo o sistema das «partes» (*shares*, que hoje poderemos traduzir por *acções*): como nas companhias italianas da *commedia dell'arte*, os actores eram sócios da empresa da qual possuíam uma quota. Para os papéis menores muitas vezes eram utilizados actores assalariados ou pagos a prestações. De uma passagem de *Hamlet* parece poder deduzir-se uma estrutura embrionária organizada por «papéis». Durante todo o período isabelino e jacobino não houve mulheres no teatro inglês: as primeiras actrizes aparecem apenas com o Renascimento. No teatro isabelino e jacobino, os papéis femininos eram interpretados por jovens de onze ou doze anos, com a idade em que a voz é ainda branca, embora para nós seja difícil imaginar uma criança daquela idade a interpretar personagens como Lady Macbeth. Por outro lado, sabe-se da existência de companhias constituídas unicamente por rapazes, que durante um certo período tiveram grande sucesso: naturalmente, neste caso, não se tratava de companhias cooperativas e, aliás, é provável que os rapazes fossem objecto de uma autêntica exploração. Nas companhias de adultos, ao invés, os jovens intérpretes femininos tinham o *status* jurídico de aprendizes, como nas oficinas artesanais: cada um deles dependia de um Mestre, que era um dos actores-membros de pleno direito da companhia.

Os teatros londrinos tinham diferentes tipos de gestão: o Theatre e, mais tarde, o Globe, sendo cada actor seu co-proprietário, faziam parte do património da companhia. Os teatros de Henslowe (Rose e Fortune) eram, ao invés, propriedade exclusiva do empresário, que era também o dono da companhia que aí actuava predominantemente (os Admiral's Men). Num segundo momento, Henslowe cedeu uma quota de participação ao seu actor principal, Edward Alleyn, que passara a ser seu genro. Tal como os actores espanhóis, também os ingleses se adaptavam a representar em lugares e ambientes muito diferentes: além dos teatros públicos e privados, representavam nas estalagens e na corte. Todavia, a forma típica do teatro isabelino foi o palco dos teatros públicos do qual descrevemos a estrutura. Procuremos agora imaginar como era utilizada.

20

O espectáculo isabelino

Os actores que chegam ao castelo de Elsinore para alegrar os tristes dias de Hamlet eram, segundo Polónio, «os melhores actores do mundo, seja na tragédia, comédia, história, pastoril, cómico-pastoril, histórico-pastoril, trágico-histórico, tragicómico-histórico-pastoril, cena indivisível ou poema ilimitado». Esta irónica enumeração de todos os possíveis géneros dramáticos é certamente, antes de mais, uma polémica contra a minuciosidade académica que pretende identificar categorias precisas onde integrar a obra dos escritores, mas indicia ainda a existência de uma produção tão variada e multiforme que supera todas as tentativas de categorização. A produção isabelina, que vai das intangíveis comédias alegóricas de Lily, representadas apenas na corte como as *Masques* de Ben Jonson, que recorreram aos palcos à italiana de Inigo Jones, às tragédias negras de Beaumont e Fletcher, àquelas não menos negras, embora de âmbito burguês, de Heywood, às *féeries*, até aos vastos frescos das *histories*, que são talvez o produto mais original da dramaturgia inglesa. Com efeito, esta enumeração poderia ir bem mais longe do que a de Polónio.

Por outro lado, a escola romântica, que elegeu Shakespeare como modelo absoluto, glorificava-o precisamente por misturar nos seus dramas o trágico e o cómico, o sério e o ridículo «como sucede na vida». Racine e Shakespeare foram considerados por Stendhal, com vantagem para o inglês, os dois pólos opostos da dramaturgia: a regra contra a liberdade, a racionalidade contra a imaginação, a moderação contra o excesso – Racine, como se sabe, não usa mais de cinquenta palavras comparando com os milhares de palavras de Shakespeare. Se quisermos reduzir isto a fórmulas, poder-se-ia dizer que o estilo de Racine se caracteriza pela metonímia, que permite evitar palavras demasiado comuns ou vulgares, enquanto o de Shakespeare se baseia na metáfora e na contínua sucessão de imagens que, no entanto, nunca são puro jogo ornamental, como os outros demasiado retóricos, antes a própria substância do pensamento.

Do ponto de vista da estrutura dramática poder-se-á dizer que os dramas de Shakespeare, em particular as *histories*, são construídos por rasgos de iluminação que surgem ora neste, ora naquele momento da acção, que assim se desenrola através de paralelismos e contrastes para lá de toda a sequencialidade cronológica. As unidades de tempo e de lugar são negadas mesmo quando a acção se desenrola substancialmente no mesmo âmbito local e temporal: os diferentes pontos do castelo de Elsinore são tão distantes entre si quanto as diversas cidades da França onde se arrasta o fatigado e vitorioso exército de Henrique IV. Tal não significa que na cultura isabelina não houvesse tentações classicistas, como demonstra o excerto de Philip Sidney citado mais abaixo e as comédias de Ben Jonson, mas o cenário dos teatros públicos, completamente despojado de indicações positivas, parece pensado para esta dramaturgia que transcorre livremente através do palco do mundo.

Os rasgos de iluminação não se podem representar em termos de materialidade cenográfica. Por isso, o cenário do teatro isabelino não tinha carácter representativo, na medida em que não representava nem directamente, nem através de cenografias pintadas um ambiente particular. O lugar em que a acção se desenrolava podia ser indicado por intermédio de alguns acessórios (do género dos indicados pelo empresário Philip Henslowe, o proprietário do Rose e do Fortune, nas suas notas de «guarda-roupa»), ou talvez por elementos pintados na cortina que cobria a entrada do *rear-stage* (palco interior), mas nunca efectivamente reconstituído, nem tão-pouco em termos recapitulativos ou sintéticos. À parte algumas indicações sumárias, era o espectador que tinha de imaginar ou deduzir, a partir da acção e das palavras do texto, o ambiente em que a cena se desenrolava. Esta, aliás, devia ser a situação mais frequente,

O ESPECTÁCULO ISABELINO

porque é provável que os próprios acessórios só fossem utilizados quando contribuíam para o desenvolvimento da acção e não directamente com finalidade indicativa. Ora, se recordarmos a estrutura dos dramas isabelinos, com a frequente mudança de acção de um lugar para outro, temos de perguntar-nos como foi possível ao espectador seguir, sem ajudas concretas, este percurso no espaço e no tempo. Philip Sidney, o douto poeta, autor de um importante romance intitulado *Arcadia*, escreve na sua *Defence of Poetry*, obra de carácter definitivamente aristocrático e classicista:

«Agora vêem-se três mulheres que vão colher flores e, por isso, devemos crer que o cenário é um jardim. Depois percebemos que, no mesmo lugar, ocorreu um naufrágio e, então, censuramo-nos senão acharmos que o cenário é um rochedo, mas do fundo deste surge um mostro horrível com fogo e fumo e, então, os pobres espectadores são levados a tomá-lo por uma caverna. Entretanto aparecem dois exércitos, representados por quatro espadas e escudos, e quem terá o coração de pedra capaz de não permitir ver o cenário como um campo de batalha?»

A crítica de Sidney, conduzida em termos de realismo da representação é-nos muito útil para determinar a peculiaridade do teatro isabelino, onde o tempo e o lugar fictícios eram determinados unicamente em função da acção cénica, quando esta assim o exigia, e através da própria acção. Era o actor, com o seu gesto e a sua palavra, que dava realidade à colocação da cena, à qual o espectador nem sempre devia estar atento, só, justamente, quando era útil ao desenvolvimento do drama. Por isso, mesmo os acessórios eram utilizados quase como extensão ou suporte da actuação dos actores. Por conseguinte, a mímica dos actores tinha uma particular densidade, não por ser dilatada ou violenta, mas na medida em que era chamada também a representar, juntamente com as reacções psicológicas da personagem, a situação geral do ambiente. Pense-se na primeira cena de *Hamlet*: o render da guarda nos bastiões do castelo de Elsinore e, depois, a expectativa da milagrosa aparição do espectro do rei há pouco morto, que virá pedir vingança ao próprio filho.

O actor não só devia representar os gestos habituais do render da guarda e da expectativa espasmódica de um acontecimento estranho que deve repetir-se, mas igualmente o frio pungente e a escuridão da noite. E tudo isso sem hesitar nos gestos pleonásticos e pronunciados ou em amplas pausas mímicas: a acção era sempre concisa, até mesmo precipitada, se, como parece, é verdade que o espectáculo nunca durava mais de duas horas: «*the two hour's traffic of our stage*» afirma-se no prólogo de *Romeu e Julieta*.

Mas os exemplos poder-se-iam multiplicar. Mais claro ainda é o do quarto acto de *Arden of Feversham*, a anónima tragédia «burguesa» que narra as tramas de dois amantes diabólicos para matar o marido da mulher. A dada altura, a acção desenrola-se na costa de Kent, imersa numa profunda nuvem através da qual Arden é perseguido pelos seus assassinos: ao aproximarem-se e ao chamarem-se, as personagens não só deverão tornar perceptível a situação atmosférica enunciada pelas suas falas, como também esclarecer o significado moral da nuvem, definida como «simbólica». Intui-se a complexidade da situação cénica: um símbolo é habitualmente a parte tangível de um conjunto significativo, um significante icástico e não arbitrário; aqui, ao invés, o símbolo não tem uma realidade figurativa imediata, sendo antes o significado de forma indirecta pelo gesticular dos actores.

Mas se o tempo e o lugar são representados pelas palavras e pelos gestos dos actores e não pela estrutura cénica, qual é a função desta? Porque não foi reduzida a um simples fundo decorativo e, pelo contrário, se quis manter uma estrutura tão organizada e complexa? Houve quem visse na estrutura cénica isabelina uma complexa simbologia cosmológica e deduzisse o seu carácter ritual do espectáculo, mas trata-se de ilações gratuitas, derivadas da velha concepção da ritualidade geral do evento teatral. O *stage-house* dos teatros públicos parece principalmente uma máquina complexa ao serviço da acção cénica e cada um dos seus elementos está disponível para representar diversas coisas – quase, dir-se-ia, para assumir diferentes papéis – também em sentido simbólico, se quisermos, mas isso demonstraria precisamente a ausência de uma simbologia geral.

Os elementos que compõem o conjunto da estrutura cénica isabelina são, como vimos, o palco, o baldaquino, o primeiro piso do fundo com duas portas ou uma cortina, o salão escondido por essa cortina, a varanda no segundo andar. Qual é a função de cada elemento? O baldaquino, sobressaindo da parte posterior do palco, indica uma possível distinção em duas zonas, sem, no entanto, assinalar os seus limites exactos. O que permite não só considerar as duas áreas como lugares contíguos mas diferentes, como também aumentar a suposta distância física entre duas personagens, tornando assim lógicos os «apartes» e mediando a entrada em cena, de forma que quem entra não vislumbra quem está presente e vice-versa, e, sobretudo, criar uma distância moral: Hamlet está espiritualmente distante da corte, mesmo enquanto conversa com o rei, e a rainha que se voltou a casar apenas um mês depois da morte do primeiro marido, o pai de Hamlet; por isso, ele sentar-se-á talvez em primeiro plano, ao passo que o trono dos soberanos estará mais atrás, debaixo do baldaquino. Além disso, esta zona será predominantemente usada para as cenas de carácter mais delicadamente privado: assim foi com a discussão em que Hamlet acusa a rainha de adultério e lhe revela o assassínio cometido pelo seu novo marido, enquanto Polónio, para espiar as movimentações do príncipe, se terá escondido por trás das cortinas que cobrem a divisão interior. Esta será igualmente utilizada – ainda que bastante mais raramente por razões óbvias de visibilidade – para representar recessos e esconderijos ou as partes mais íntimas de uma casa. Ali talvez fosse colocada a cama em que Otelo, convencido por Iago da infidelidade da mulher, mata Desdémona; mas podia ainda ser um bom lugar para a cena final de Romeu e Julieta, imaginada numa cripta. Também é possível que as frequentes aparições de fantasmas (o espírito de Júlio César, que aparece a Bruto durante o sono, o de Banquo que aparece a Macbeth durante o banquete, o próprio espectro do pai de Hamlet) acontecessem graças ao abrir-se dessa cortina; as bruxas que, no início da tragédia, predizem a Macbeth o seu destino real (destino que ele, impelido pela feroz ambição da mulher, realizará matando o velho rei Duncan) eram com bastante probabilidade colocadas naquele recesso. Com efeito, todas estas aparições dificilmente teriam tido o mínimo de credibilidade se fossem expostas no palco à plena luz do dia. (Mas também é verdade que a força do teatro shakespeariano podia não se preocupar com a credibilidade física.)

Na varanda, enfim, desenrolar-se-ão todas as cenas imaginadas num lugar alto: nos bastiões de uma cidade, numa elevação natural, nos andares altos de uma casa. Na maior parte dos casos, as cenas que contemplam a utilização de um lugar mais alto são organizadas em contraste com as personagens que estão em baixo, no palco, e outras que estão em cima, na varanda. O caso mais «realista» é a famosa cena em que Romeu declara o seu amor a Julieta, debruçada, justamente, numa varanda. O mesmo sucedia com as cenas de cerco, tão frequentes nos dramas históricos shakespearianos (recorde-se em nome de todas as outras aquela do rei João, em que os cidadãos de Angers, do cimo das muralhas da cidade recusam reconhecer o rei).

Todavia, a varanda, tendo, por assim dizer, uma história arquitectónica própria, podia ainda acolher outras personagens. Com efeito, essa era vista como uma continuação da galeria central do teatro e, por isso, num primeiro momento, recebeu alguns espectadores privilegiados, sem que, no entanto, impedisse a sua utilização cénica. Estes espectadores são substituídos por espectadores ideais que, em certas tragédias, têm a função de comentar os acontecimentos, isto é, de fazer de coro (e, neste caso, a definição shlegeliana de coro parece correcta). O caso mais célebre é o da *Spanish Tragedy* (*Tragédia Espanhola*) de Kyd, em cujo prólogo a Vingança convida a sombra de Andrea a sentar-se e a fazer de coro à vingança que o velho Jerónimo fará aos assassinos dos seus filhos. Nos anos seguintes (a *Tragédia Espanhola* é de 1592), a varanda será frequentemente utilizada como lugar para os músicos.

O cenário isabelino era, portanto, um instrumento extremamente flexível em função de uma acção capaz de esgotar o significado do espectáculo. Muitos estudiosos sustentaram que a ausência de cenografia positiva era superada pela vigorosa imaginação do público isabelino e fundamentavam esta hipótese com um famoso excerto de *Henrique IV* de Shakespeare: «E agora o nosso cenário deve mudar-se rapidamente para o campo de batalha onde, ai de nós, com quatro ou cinco espadas cinzeladas e mal manejadas num duelo, faremos uma afronta ao grande nome de Azincourt. E, no entanto, vejam, imaginando a realidade daquilo que é tão-só uma pálida imitação.»

Porém, o espectáculo shakespeariano não tinha, provavelmente, nenhuma necessidade de ser completado ou enriquecido com a imaginação dos espectadores. Prestava-se, quando muito, não em razão da pobreza mas sim da riqueza e complexidade dos seus conteúdos, a muitas e diferentes leituras e interpretações. Permanece ainda por esclarecer como é que o público popular – para quem geralmente as companhias representavam, pelo menos até 1609, quando os King's Men de Shakespeare e Burbage começaram a representar para o público mais seleccionado de Blackfriars –, que lotava os teatros públicos, pudesse aderir a representações tão requintadas e complexas. As razões podem ter sido várias: primeiro que tudo, as que se prendem com a estrutura do espectáculo, certamente pobre, se considerado do ponto de vista do desdobramento de meios e truques (e era exactamente esta pobreza exterior que perturbava o aristocrata Sidney), mas extremamente rico na mímica e na gestualidade intensas e no movimento; a acção, entendida como sucessão de factos concretamente representados, só tinha intervalos nas escaramuças verbais ou nos solilóquios, em que a personagem, dobrando-se sobre si mesma, induzia o actor a confrontar-se, quase a reflectir-se no público que o rodeava. Esta riqueza do espectáculo pobre permitia ao espectador seguir sem se aborrecer, e talvez com rigorosa adesão, os funambulismos das imagens e dos jogos de palavras. De gosto popular, o espectáculo isabelino aceitava os temas cruéis e violentos (recorde-se o exemplo limite das mãos mordidas no *Titus Andronicus*), que, aliás, terão encontrado na realização cénica uma espécie de catarse por serem representados em termos puramente mímicos, isto é, puramente humanos.

Mas a temática dramatúrgica também se inseria perfeitamente na tradição cultural do povo inglês, que com as *morality plays* tinha aprendido a confrontar-se com os grandes temas morais e políticos. Os dramaturgos isabelinos souberam despojar estes temas da sua abstracção medieval e neles fecundar as histórias romanescas, de atmosfera antiga e da época, caras à imaginação popular, ousando extrair os argumentos de todas as fontes, renovando assim permanentemente o repertório e com ele a curiosidade do público. Nasceu então a próspera corrente das tragédias de vingança: a *Tragédia Espanhola* de Kyd, a *Revenger's tragedy* (*Tragédia do Vingador*) de Tourneur, *Hamlet* de Shakespeare; e nasceram também os sanguinários dramas de amor e de morte ambientados geralmente em Itália, mítico lugar do mal e da corrupção, *The Duchess of Malfi* (*A Duquesa de Amalfi*) de Webster, *Romeu e Julieta* de Shakespeare. Porém, não faltaram os dramas em que a gente comum se tornava protagonista de atrozes histórias românticas e nas quais o público reconhecia a sua dolorosa crueldade: recordem-se *Arden of Feversham*, a já citada obra-prima de um dramaturgo anónimo, e *A Woman Killed with Kindness* (*Uma Mulher Morta com Brandura*) de Heywood.

A Inglaterra é, de resto, muito frequentemente a real protagonista das tragédias isabelinas: é claro que a fala de Hamlet «Há algo podre na Dinamarca», refere-se a uma situação política e moral bem mais próxima do poeta. Mas a nação, a sua problemática político-dinástica, torna-se explicitamente protagonista numa longa série de dramas históricos, as *histories* de Shakespeare, de Marlowe e de outros autores. A história de Inglaterra é vista como história dos seus reis, é verdade, mas não é certamente uma exaltação, quer porque os triunfos militares e políticos do país não precisavam de retórica patriótica, quer porque a história da dinastia inglesa era uma história de

O ESPECTÁCULO ISABELINO

lutas intestinas e de guerras civis superadas, mas nem por isso menos atrozes e cruéis. E quem havia pagado o preço deste sanguinário «jogo de poderosos» procurava agora compreender a sua lógica e os seus mecanismos.

As companhias (ou os empresários) adquiriam os textos para representar junto dos autores, que geralmente eram profissionais, mas raramente poetas de companhia como Shakespeare. Uma vez comprado o drama este passava a ser propriedade da companhia, aliás parte do seu património, tanto que, quando a situação financeira era difícil, a companhia podia decidir vender o seu repertório. Em geral, nem os autores, nem os actores tinham interesse em publicar os dramas que, uma vez impressos, se tornavam do domínio público. Explica-se assim a existência de muitas edições piratas, que são, provavelmente, os chamados *bad quartos*, as más impressões in-quarto de alguns dramas shakespearianos.

Estas edições não levantam só uma questão de ordem filológica, mas também a de saber qual era o texto efectivamente representado, no fundo, a mais importante na perspectiva da história do teatro. As más edições in-quarto podem ser, de facto, impressas com base num guião de certo modo roubado ou num manuscrito estenografado por emissários do editor ou de companhias rivais. Em ambos os casos, tratar-se-ia de textos directamente ligados à representação. Charles Dullin, por exemplo, considerava que o texto de *Hamlet*, tal como se encontra nas boas edições in-quarto, ou na edição in-fólio definitiva de 1623, não se adequava às exigências do teatro isabelino, quanto mais não fosse pelas suas dimensões e, portanto, via na má edição in-quarto o texto que foi efectivamente levado à cena pelos Chamberlain's Men. Assim, a filologia teatral diverge da literária: algo de semelhante acontecerá com as edições das obras de Goldoni. Aliás, sempre aconteceu algo de semelhante: actores e realizadores adequaram sempre os textos às suas exigências específicas, os actores muitas vezes improvisavam. Mas é simbólico o facto de o problema se colocar de forma tão explícita a propósito do teatro de Shakespeare, o autor mais representado de todos os tempos.

21

A Restauração e a fortuna de Shakespeare

No período da Restauração, compreendido entre o regresso de Carlos II Stuart ao trono e o fim do século XVII, as tragédias que tinham como protagonista uma personagem feminina constituíram uma espécie de género particular e foram definidas como *she-tragedies*: tragédias femininas. O exemplo literariamente mais bem conseguido é, talvez, *The Orfan, or the Unhappy Marriage* (*A Órfã*, ou o *Matrimónio Infeliz*) de Thomas Otway (1652-1685), que narra a dolorosa história de uma jovem, Monimia, disputada por dois irmãos: ela casa secretamente com o irmão por quem está apaixonada, porém, no seu leito insinua-se o segundo e este facto causará a morte a todos os protagonistas. Mas, na verdade, o atributo «feminina» poderia adaptar-se a muitas outras tragédias deste período da dramaturgia britânica, nomeadamente àquelas ainda actualmente mais válidas. Ainda de Otway – não, por acaso, autor de uma versão do mais pungente drama de amor raciniano, *Bérénice* – é a personagem de Jaffeir, o protagonista de *Venice Preserved* (*Veneza Salva*), que, depois de concordar com uma conjura para derrubar o Senado da Seteníssima, deixa-se induzir pela mulher a trair os seus amigos, para em seguida se arrepender amargamente e pedir-lhes perdão, consumindo-se como uma mulher infiel mas apaixonada. Jaffeir é gémeo do António de John Dryden (1631--1700): em *All for Love* (*Tudo por Amor*) Dryden fez uma versão exemplar de uma tragédia de Shakespeare, *António e Cleópatra*, mas o seu António é profundamente diferente do shakespeariano. Em Shakespeare, o político romano tomava corajosa e resolutamente as suas decisões: deixa Cleópatra quando os assuntos de Estado o chamam a outra parte e enfrenta, sem medo, os triúnviros, cruéis e infiéis como os reis das Duas

Rosas e, depois, com igual coragem, abandona a batalha para seguir Cleópatra, sem nenhum outro motivo que a sua paixão sanguínea. Na sua boca, as famosas palavras «*Give me a kiss; even this repays me*» (Dá-me um beijo; é o suficiente para me consolar) (III.11) não soam a lamentação, mas sim à viril definição da sua escolha: o beijo de Cleópatra vale o império do mundo. O António de Dryden, ao contrário, tem a alma atormentada por paixões que não sabe controlar, que nem sequer percebe; não é capaz de avaliar para poder decidir. Ventídio e Cleópatra são muito hábeis a convencê-lo em direcções opostas com as palavras persuasivas da honra ou do amor. O carácter do protagonista tem, portanto, traços tipicamente femininos.

Em contrapartida, as personagens «masculinas» da tragédia da Restauração são exemplos absolutos de um heroísmo incrível e unívoco ao ponto de fazer pensar que a sua dimensão é ironicamente multiplicada e que nelas foram pintadas as vazias e exageradas sombras de valores falsos, inexistentes ou desumanos. As *heroic plays* de Dryden ou de Elkanah Settle – grandiosas, às vezes, também nas dimensões exteriores, *The Conquest of Granada* tem dez actos – seriam assim a exacta correspondente, na perspectiva grotesca, da contemporânea *comedy of manners* que, numa perspectiva, ao invés, caricatural, constata a ausência de qualquer valor moral na sociedade da época. Neste caso, toda a dramaturgia da Restauração, tão pouco conhecida fora de Inglaterra, mereceria uma atenção renovada que permitiria, talvez, compreender que o verdadeiro profeta deste teatro não é Shakespeare, mas o douto Ben Jonson (autor de uma das mais extraordinárias comédias do período isabelino-jacobino, *Volpone*, em que todas as personagens, corvos desenfreados em volta da suposta herança de um falso morto, poderiam classificar-se de «maus», *villains*) e que, portanto, a fortuna de Shakespeare está associada a uma leitura que nos parece infinitamente distante do espírito do original, ou seja, a que vê em António um espírito feminino, que introduz, em *King Lear*, referências às intrigas da corte, que reduz *Sonho de Uma Noite de Verão* a puro pretexto coreográfico.

HISTÓRIA DO TEATRO

Porém, a validade da hipótese que se referia à dimensão irónica das *heroic-plays*, o nível da tensão caricatural e do cinismo das comédias de William Congreve (1670-1729), de William Wycherley (1640-1716), de George Farquhar (1677--1707), assim como o significado das recuperações de Shakespeare, só poderiam ser verificados na forma em que apareciam aos contemporâneos na condição de se poder reconstituir as suas realizações cénicas, sendo a empresa, neste caso, mais difícil que o habitual.

Antes de mais, há que ter em consideração que o teatro da Restauração é ele próprio um teatro restaurado: não se trata de um teatro cujas formas e valores são o resultado da evolução de uma tradição, mas, porventura, da recuperação dos elementos de uma tradição esquecida, com função de suporte ou de justificação de uma problemática de facto nova. Não por acaso, William Davenant (1606-1668) deixava de bom grado que corresse o boato de uma aventura galante entre a sua mãe e Shakespeare: ele seria assim o elo de ligação suficiente para colmatar os vinte anos de vazio entre o teatro do período isabelino-jacobino e o do reinado de Carlos II e, em nome desta sua natural ascendência, Davenant permitia-se ensinar aos seus actores «*the true Shakesperian tradition*». Na verdade, William Davenant não tinha obviamente envergadura para preencher esses vinte anos (1642-1661) em que os teatros permaneceram encerrados por ordem do Lord Protector, Oliver Cromwell, que havia mandado decapitar o rei Carlos I e instaurado a ditadura burguesa e puritana. À semelhança de toda a Europa, em Inglaterra imensos moralistas haviam bradado contra o teatro: no século XVI podem recordar-se os nomes de John Northbrooke, que escreveu um libelo contra as *plays* e os *interludes*, referindo-se evidentemente aos espectáculos da corte; de John Stockwood, célebre pregador que atacava o teatro durante os seus sermões; de Stephen Gosson e de outros, enquanto apenas dez anos antes da revolução um libelo contra o teatro e os actores, intitulado *Histrio-Mastix*, custava a cabeça no pelourinho ao seu autor, William Prynne. Mas só em Inglaterra os acontecimentos polí-

A RESTAURAÇÃO E A FORTUNA DE SHAKESPEARE

ticos conduziram à medida radical do encerramento dos teatros e à destruição de edifícios gloriosos como o Globe, o Fortune, o Swan.

Com eles, em vinte anos, desaparece a recordação do que fora um espectáculo isabelino, ou, pelo menos, empalideceu-a muito. Por outro lado, por muito que William Davenant se proclamasse filho de Shakespeare, era sobretudo um bom legitimista, disposto a interpretar os gostos e os desejos do seu rei e da corte, e, fosse qual fosse o seu papel na obra da restauração da vida teatral londrina, não levou certamente à recuperação da tradição isabelina. De todo o modo, Davenant foi titular de uma das primeiras licenças para o exercício da profissão teatral; a outra foi atribuída a Thomas Killingrew. A companhia de Davenant tomou o nome do duque de York (Duke's Men) e a de Killingrew do próprio rei (King's Men).

Estas companhias começaram a representar em salas adequadas ao teatro: tratava-se de salas rectangulares que, de certo modo, recordavam os antigos teatros «privados», mas com um arco de proscénio e um palco que podia acolher palcos móveis. Mas, em 1682, as companhias reuniram-se numa única empresa que teve como sede principal o novo teatro construído em 1674, em Drury Lane, pelo arquitecto neoclássico Christopher Wren. O mesmo arquitecto havia também adaptado a sala de Whitehall a teatro de corte, segundo um modelo tipicamente italiano: palco de parede a parede, com 11 metros de profundidade e emoldurado por um arco cénico; e mesmo os arranjos cenográficos eram certamente evocações daqueles italianizados de Inigo Jones. O repertório era composto, em parte, de *masques* e de *ballets* (tendo sido excluída a ópera lírica por falta de equipamentos mecânicos) e, em parte, de espectáculos de prosa. Entre estes, a princípio, prevaleceram, por motivos óbvios, as representações de textos isabelinos, além disso adaptados e intervalados por elementos espectaculares, mas já cerca de 1677 prevaleciam definitivamente as novidades. Todavia, o resultado da arquitectura teatral que Wren alcançou em Drury Lane é, seguramente, mais interessante e original e manifesta-se numa fusão de reminiscências italianas e francesas com tradições isabelinas.

A sala do Drury Lane tinha uma forma arredondada: três ordens de camarotes que se sobrepunham nos lados, ao passo que no fundo se abriam três galerias. O proscénio também era rematado com um arco redondo e saía fora da linha da plateia ao longo de 17 pés (cerca de seis metros), determinando a disposição dos bancos. Por trás desta grande plataforma externa, emoldurada por um arco cénico mais semelhante ao dos teatros actuais que ao usado nos teatros italianos da primeira metade do século XVII, ou seja, um elemento estrutural de passagem entre o palco e a plateia e não uma autêntica moldura arquitectónica, abria-se o palco propriamente dito, onde se dispunham os elementos cenográficos do teatro à italiana, isto é, cortinas e telas de fundo pintadas. No arco cénico abriam-se duas portas de cada lado pelas quais entravam e saíam os actores. Sobre elas havia duas varandas, utilizadas para as cenas «no alto», da mesma forma da galeria do palco isabelino. Embora as suas relações se tenham alterado profundamente, todos os elementos isabelinos, à excepção do baldaquino, são reconhecíveis nesta estrutura cénica.

O *apron* (avental), como era chamado o proscénio saliente, é uma espécie de atrofiamento do palco isabelino, inteiramente absorvido pela plateia e circundado pelos espectadores em três lados, enquanto a parte posterior corresponde ao *inner-stage*, mas enormemente dilatado. Este último deixou de servir como recesso ou gabinete, consoante as circunstâncias, e quase nunca era utilizado para a acção cénica, que se desenrolava em grande parte no *apron*, partindo justamente da linha ideal que o delimitava, ou seja, a linha que unia as duas portas laterais (*stage doors*). Assim, o *inner-stage* adquiria a função de uma câmara óptica, cujo espaço era suficientemente amplo e organizado para que as cortinas e as telas de fundo pudessem ser dispostas de forma a ganhar profundidade e credibilidade, mas suficientemente distante para que a cenografia, embora contribuindo para a compreensão e para o desenvolvimento do drama,

A RESTAURAÇÃO E A FORTUNA DE SHAKESPEARE

não pudesse influenciar a acção, que permanecia concentrada nos actores. Por seu turno, os actores deixaram de ser obrigados, como eram os seus colegas isabelinos, a exprimir através da mímica a situação «local» do momento, permanecendo, no entanto, sempre envolvidos em estreito contacto com o público numa área no interior da ocupada pelos espectadores, apesar de a relação público-actor ser agora frontal e já não multidireccional como no teatro isabelino (aqui, tal como em França, havia muitos espectadores a ocupar o palco, mas tratou-se sempre de um abuso mais ou menos tolerado). Talvez no interior do palco pudessem ter lugar acções de figurantes e parte dos frequentes *ballets*, bem como os *tableaux* em que as personagens das tragédias se compunham para morrer no final (típica a Cleópatra de Dryden rodeada pelas suas criadas); ao passo que as canções, que certamente estabeleciam com o público uma relação ainda mais directa, eram cantadas no limite extremo do *apron*.

Permanecendo fixas estas condições cénicas, o que seria mais importante saber, neste caso específico, é o tom da representação, a perspectiva interpretativa com que os actores abordavam o texto, no entanto a resposta não pode ser senão genérica.

Para tal precisamos de algumas premissas. Como foi dito anteriormente, em 1682, a companhia do duque de York e a do rei fundiram-se numa só para se separarem doze anos depois, em 1695, quando os dissidentes da companhia fundida, Thomas Betterton, Anne Bricegirdle e Elisabeth Barry (os actores mais cotados da época) mandaram construir um novo teatro em Lincoln's Inn Fields. O que indica (ainda que tenha havido uma ordem superior) que, entre 1682 e 1695, dois teatros eram demasiados para uma cidade como Londres, que tinha acolhido cinco ou seis apenas cinquenta anos atrás. O público era insuficiente para equilibrar as contas, não obstante os subsídios da corte e as frequentes visitas do próprio rei aos teatros públicos: o facto de Samuel Pepys ter encontrado, como narra no seu diário, «esgotado» por toda a parte não basta para infirmar essa hipótese. O público popular devia ter abandonado o teatro, quer pela longa desabituação, quer pela escassa adesão à nova temática ou às novas formas: o novo teatro foi, se não um teatro de corte, um teatro de classe.

Todavia, há que admitir que a aristocracia e a alta burguesia inglesas eram capazes de olhar para si próprias através do teatro com olhos cinicamente desencantados. Os princípios morais não estão ausentes apenas para permitir o livre e alegre jogo da vitalidade e da inteligência, como sucedia na novelística italiana do século XIV e na comédia do século XV. Na comédia inglesa esta ausência é relevada, constatada como um dado de facto, com sereno cinismo por Congreve (*The Way of the World*), com subtil amargura por Wycherley, com objectividade distanciada nas comédias sem desenvolvimento de George Etherege (*The Man of Mode*). Mas qual terá sido a importância desta constatação no palco?

No teatro isabelino, a acção dava ou tirava significações particulares e determinadas ao espaço organizativo e disponível no qual se desenrolava, embora este permanecesse sempre uma realidade material e concreta, um mundo à medida do homem, absolutamente contemporâneo. No teatro da Restauração, ao invés, a acção desenrola-se sem dúvida *em frente* de um cenário representativamente determinado, um lugar representado em termos de maior ou menor realidade convencional, mas fora dele. A acção não tem elementos concretos nos quais se apoiar, apenas uma representação a que se reportar. Por isso as intrigas dos janotas (*beaux*) por um dote, ou de uma velhota por um amante não poderiam parecer, se interpretadas no tom da sociedade da época, mais do que elegantes jogos abstractos. Para lhes conferir a consistência violenta da realidade, o actor só podia forçar o tom da sua representação no sentido caricatural. Não que uma representação elegante ou espirituosa tirasse o significado, mas alterava-o: «este é o jogo universal da vida, para o qual inutilmente se procuram justificações morais» no lugar de «esta é a nossa vulgaridade, ingleses da Restauração, esta é a bestialidade decorrente do nosso vazio moral».

A RESTAURAÇÃO E A FORTUNA DE SHAKESPEARE

As personagens que se prestam a uma caricatura violenta são frequentes na comédia inglesa da Restauração, designadamente as mulheres velhas voluntariosas como Lady Wishfort de *The Way of the World*; mas a distinção entre personagens caricaturais, que definitivamente seriam os *gulls*, e personagens normais, os *wits*, reduziria estas comédias a puro jogo de engenho e dar-lhes-ia uma dimensão menos original, seguramente a mais intrinsecamente amoral. E em que termos se poderia, então, representar o furioso ódio entre marido e mulher, os Fainall da citada comédia de William Congreve por exemplo, ambos adúlteros e esperançados com uma rápida morte do cônjuge? Todavia, todas estas soluções são possíveis e ler uma comédia de acordo com uma destas várias perspectivas cénicas levaria certamente a resultados alternativos muito diferentes, demonstrando a grande riqueza de significados destes textos.

Infelizmente, não temos indicações explícitas dos contemporâneos. Os actores, em particular os que marcaram este período, Thomas Betterton, são, como é habitual, elogiados pelo seu realismo; o que nada significa. O realismo é um louvor que acompanhou sempre os actores até ao século XX, mas haveria que saber qual o significado que foi ganhando ao longo dos anos. No entanto, dizia-se que Betterton, «não obstante» o seu aspecto digno, era igualmente bom nas comédias, e que Nell Gwynn, que de vendedora de laranjas da plateia do Drury Lane se transformara em actriz principal, tendo depois «ascendido» ao leito do rei, preferia os papéis de rapariga descarada e atrevida, interpretando-os com indizível vivacidade.

A interpretação da comédia poder-nos-ia dar uma chave para a possível leitura cénica, se não da lânguida *she-tragedy,* pelo menos das *heroic plays* que nos permitiria resolver, embora de forma condicionada, o problema enunciado no início do capítulo. Pois uma sociedade que aceitava ver-se representada como não tendo os valores morais até então mais aceites – afecto conjugal, sinceridade, amizade – era certamente suficiente lúcida para ridicularizar, ironizando-os, os pseudovalores do amor heróico e da honra intransigente que Carlos II trouxera

HISTÓRIA DO TEATRO

de França com a moda raciniana. Além do mais, após a revolução burguesa, a Inglaterra estava bem consciente da sua força e não precisava de encarnar figuras heróicas. Portanto, se a subtil veia irónica que os críticos modernos identificaram nas *heroic plays* fora apreendida ainda por Betterton e pelos seus colegas, os heróis de Dryden – dos quais Almansor de *The Conquest of Granada* é o representante quase emblemático – poderiam ter sido representados, arredondando-lhes e aumentando-lhes os gestos ao ponto de o grandioso desembocar no ridículo, e calcando o ritmo do verso ao ponto de o reduzir a puro som sem sentido: as dimensões heróicas são puramente espectaculares e a mensagem esvanece-se ou torna-se divertida pela sua absurdidade.

Pode ser que tal sucedesse contra as intenções de Dryden, mas a sua afirmação que numa *heroic play* não se devem «pesar o amor e a honra em onças e gramas» («*by drams and scruples*») é já em si bastante ambígua. Claro, a ironia não devia ser óbvia para todos, uma vez que as representações de Dryden foram parodiadas, justamente pelas suas dimensões excessivas, numa divertida comédia do duque de Buckingham, *The Rehearsal* (*A Prova*), em que o próprio Dryden é representado no papel de encenador dos seus dramas, empenhado em revestir as várias personagens com as maiores dimensões possíveis. Mas passava despercebido o facto de que precisamente nesta dimensão excessiva se podia encerrar, já no original, a ironia implícita.

No decorrer do século XVIII, o repertório do teatro inglês foi-se alargando e modificando substancialmente: a comédia perdeu as suas características mais asperamente cínicas para se ir cada vez mais em direcção a uma imagem equilibrada da conduta moral. Oliver Golsdmith e Richard Brinsley Sheridan preocuparam-se em pintar os caracteres e costumes nos quais a oposição já não é entre *wits* e *gulls*, mas sim entre bons e maus, em que a conduta humana é julgada com base em precisos critérios morais e a virtude acaba, seja como for, por

A RESTAURAÇÃO E A FORTUNA DE SHAKESPEARE

triunfar. A par da comédia de costumes presta-se cada vez mais atenção a géneros «secundários»: o puro jogo cénico da farsa, que tem os seus maiores representantes em G. Colman e R. Foote, e a sátira pessoal, o *burlesque*. As obras de Shakespeare são escolhidas com cada vez mais frequência, apesar de a escolha se circunscrever sempre aos mesmos textos: *Macbeth, Hamlet, King Lear, Julius Caesar, Henry IV, Richard III*. As tragédias «sentimentais» de Rowe continuaram, de certo modo, a tradição de Otway, ao passo que as *heroic plays* de género drydeniano eram substituídas por tragédias de inspiração clássica como *Catão* de Addison, *Merope* de Whitehead, *The Distressed Mother* (*A Mãe Infeliz*) de Ambrose Philips, versões geralmente de textos franceses ou, em todo o caso, modeladas segundo a produção pós-raciniana.

O modo de representar sofreu provavelmente uma adequação análoga. A comédia assumiu um tom cada vez mais realista, estabilizando – talvez por influência do maior actor inglês do século, David Garrick – a partir de cerca de 1750; ao passo que a sátira pessoal terá naturalmente forçado os tons caricaturais que talvez não faltassem na interpretação das *comedies of manners* da Restauração. O exemplo mais violento deste tom fortemente caricatural, quer do ponto de vista literário, quer do ponto de vista da realização cénica, foi, sem dúvida, *The Beggar's Opera* (*A Ópera do Mendigo*) de John Gray (1685-1732), encenada por John Rich em Lincoln Inn's Fields, em 1728, com um sucesso histórico. A obra oferecia a possibilidade de representar no palco, em papéis de ladrões, açambarcadores, prostitutas – personagens, portanto, sem princípios morais, como os heróis de Congreve e Etherege –, homens de Estado e personalidades da alta-roda, reconhecíveis pelas feições e características salientadas de forma caricatural; no entanto, mantinham intacta a irrepreensível mundanidade da apresentação com a qual podiam fazer um violento contraste (distanciamento, como diria Brecht) as roupas grosseiramente vistosas ou esfarrapadas da má vida. Tons mais subtis, embora não menos violentos teve a sátira literária, que vai da *Tragedy of Tragedies, or Life and Death of*

Thom Thumb (*A Tragédia das Tragédias*, ou a *Vida e Morte de Thom Thumb*) de Henry Fielding (1707-1754) a *The Critic*, de Richard Brinsley Sheridan (1751-1816).

A representação trágica parece basear-se nos esquemas da tragédia clássica francesa, filtrada através da tradição das *heroic plays* drydenianas. Tal como em França, os heróis trágicos envergam as roupas da aristocracia cortesã, mas há neles algo de forçado, de magníloquo: alguns elementos do guarda-roupa shakespeariano, como a floresta de plumas que os heróis maiores usavam na cabeça, contribuem para manter, precisamente como nas representações de Dryden, algo de grotesco nas personagens que se queriam classicamente condignas. O conceito de dignidade, de decoro, de grandiosidade leva, ao invés, a anular o que fora um dos traços característicos do espectáculo isabelino: o movimento contínuo e a intensidade da acção mímica. As personagens, entrando pelas portas laterais, andam solene e majestosamente no cimo do *apron* e aí permanecem durante todo o espectáculo. Aqui a sua acção desenrola-se numa série de poses, que elas mantêm enquanto dizem as suas falas e abandonam para se descontraírem em curtos passeios durante as réplicas do *partner*. E as falas, mesmo as mais intensas, são ditas com lenta solenidade e intercaladas por longas pausas suspensivas (em que James Quin era perito).

Estes resultados são muito naturalmente fruto da estrutura dos teatros que permaneceu substancialmente semelhante à do período anterior, embora as dimensões do proscénio (*apron*) tivessem sido reduzidas de forma considerável; tal aconteceu mais por motivos de caixa – de modo a aumentar o espaço disponível para os espectadores na plateia – do que por uma opção de cariz estético (e o mesmo se pode dizer em relação à eliminação da varanda sobre as *stage doors*, substituída por camarotes no proscénio).

Os teatros londrinos de prosa continuavam a ser dois: o velho Drury Lane e o Covent Garden, inaugurado, em 1732, para substituir a velha sala do Lincoln's Inn Fields; além destes, havia um teatro clandestino, digamos, onde as representações de

A RESTAURAÇÃO E A FORTUNA DE SHAKESPEARE

prosa eram grátis nos intervalos de um curto concerto que, ao invés, era pago. Esta situação, aliás, tornou-se definitiva por um decreto de 1737, conhecido como *Stage Licensing Act*, que traindo o liberalismo do período isabelino, tendia a reproduzir o esquema da organização teatral de Paris. O *Stage Licensing Act* estabelecia que só as companhias oficiais podiam representar comédias e tragédias, ao passo que ao King's Theatre (o velho teatro de Haymarket) estava reservado o direito de representar a ópera lírica. Mas o exemplo do Goodman's Fields foi contagiante e no fim do século já havia muitos pequenos teatros destinados a uma gloriosa carreira (o Lyceum, o Sadler's Wells, etc.).

Não se pode dizer que houvesse uma diferença de estilo ou de escola entre o Drury Lane e o Covent Garden: os actores passavam com frequência de um teatro para o outro. Quando muito o Covent Garden teve uma direcção mais estável, pois John Rich, filho do ex-director do Drury Lane, Christopher, dirigiu esse teatro até à morte (aos setenta anos de idade em 1761) e tornou-o atractivo não só com o sucesso da *Beggar's Opera*, mas também com as pantomimas nas quais ele vestia a máscara de Arlequim.

Todavia, com o aparecimento de David Garrick (1717-1779), que, após ter debutado oficialmente, em 1741, precisamente no Goodman's Fields, assumiu, em 1746, a direcção do Drury Lane, o velho teatro transformou-se no templo de uma nova escola. Como era hábito, Garrick foi elogiado pela naturalidade e pelo realismo da sua representação, mas outros testemunhos sobre ele permitem-nos dar um significado mais preciso a este elogio omnivalente. No entanto, dizia-se que enquanto os actores seus contemporâneos eram admirados pela sua capacidade de adaptar as diversas personagens a si, Garrick tentava, pelo contrário, tornar-se irreconhecível como actor, transformando-se consoante as diferentes interpretações. Com efeito, era um mimo e um imitador muito hábil: o seu realismo consistia, em primeiro lugar, na sua versátil capacidade de construir personagens diferentes entre si e todas caracterizadas individualmente; e, em segundo, na coerente aderência à realidade que o rodeava.

HISTÓRIA DO TEATRO

Neste sentido, a anedota sobre as visitas de Garrick, enquanto se preparava para representar o rei Lear, a um pobre homem, que enlouqueceu por ter matado involuntariamente a sua filha predilecta, é ainda mais significativa que o relato de Fielding, no qual o servo, Patridge, afirma que Garrick não é um bom actor quando representa o terror de Hamlet ao ver o fantasma: «Estou certo», disse Patridge, «de que se eu tivesse visto um fantasma teria ficado com o mesmo aspecto e teria feito o mesmo que ele» («*I am sure if I had seen a ghost, I should have looked in the very same manner and done just as he did*»). O sentido de «verdade» que Garrick suscitava nos seus contemporâneos devia ser, em grande parte, determinado pela sua oposição à representação grandiosa e imóvel de actores como James Quin e Theophilus Cibber (filho do mais famoso Colley, autor da célebre *Apology* em defesa do teatro). Um espectador que os viu representar juntos, em 1746, compara Quin a um grande galeão com três mastros, pesado e lento na manobra, e Garrick a uma pequena fragata; o que significa que, feitas naturalmente as devidas ressalvas da diferença de idade e do... peso real entre os dois actores, Garrick abandonara as poses, inclusive nas tragédias, para recuperar, ainda que de modo muito diverso, a mobilidade do actor isabelino, assim como recuperou a sua contemporaneidade adoptando, pelo menos em certas personagens, a moda da sociedade contemporânea, elegante mas burguesa. A sua sugestão de alargar posteriormente a plateia a expensas do *apron* deve ter contribuído para levar a acção para o interior do palco, dando-lhe mais apoios nos acessórios e pontos de referência na cenografia.

Em que termos este novo modo de organizar a representação influenciou a renovação da tradição shakesperiana? Na história do teatro encontram-se alguns períodos em que a produção dramática diminui ou desaparece e essa carência é colmatada com as representações de textos mais ou menos antigos: o mesmo sucedera na Grécia, no período helenístico, bem como em Itália no período humanista. Mas a partir do século XVIII, principalmente em França e Inglaterra, começa-se a alternar a

A RESTAURAÇÃO E A FORTUNA DE SHAKESPEARE

encenação das novidades com a dos «clássicos», como Racine, Corneille e Molière para a França e Shakespeare para a Inglaterra. Esta composição do repertório perdurará até quase aos dias de hoje, uma vez que o conceito de clássico se alargou e internacionalizou. Contudo, enquanto em França os três clássicos haviam sido um modelo para a produção dramatúrgica do século XVIII, em Inglaterra Shakespeare havia exercido uma influência sobre os escritores sem, no entanto, deixar imitadores ou seguidores. Neste sentido, o autor mais representado da época moderna nunca foi um «clássico». Por conseguinte, também por causa dos vinte anos de interrupção da actividade teatral, a recuperação de Shakespeare só podia dar-se como adequação das suas obras ao gosto e aos interesses dos contemporâneos. As fortes intervenções de Davenant e de Dryden e, mais tarde, do próprio Garrick não podem, portanto, ser avaliadas como deturpações perpetradas em prejuízo dos textos sagrados, mas sim em função de uma leitura actual, que torna possível apreender os seus temas e conteúdos mais válidos para a sensibilidade moderna. É graças precisamente a esta ausência de preconceitos que o culto setecentista de Shakespeare nunca foi um narcisismo cultural.

As personagens mais populares mantiveram, na sua maioria, a sua figura tradicional mesmo a nível cénico: Sir John Falstaff (o velho companheiro de borga do libertino príncipe Henrique), que encontrou um excelente intérprete precisamente em James Quin, um dos maiores representantes da escola «clássica», manteve sempre as botas de cano alto maleável, a sua cabeleira recamada, o seu chapéu redondo e emplumado, as grandes luvas de cavaleiro; e mesmo Ricardo III e Henrique VIII não se adaptaram à moda corrente, apesar de vestirem roupas mais ou menos originais do período isabelino. Mas de modo geral, se entre o fim do período da Restauração e 1740, Shakespeare fora interpretado segundo a maneira usada pela tragédia de inspiração francesa, Garrick, revestindo as suas obras de uma vivaz e variada dimensão interpretativa real, começou, por um lado – quando não havia motivos tradicionais para conservar um determinado traje –, a envergar, em palco, peças de vestuário da moda actual e, por outro, procurou caracterizar individualmente as personagens destruindo o monocórdico integralismo do herói. Ele pôs em causa a interpretação comum de cada personagem, como fizera, ainda que nos limites da tipificação de papéis, Charles Macklin, interpretando a personagem de Shylock (o judeu de *O Mercador de Veneza*) não já como carácter cómico, mas como «mau» (*villain*). De igual modo, desde a sua primeira interpretação de Ricardo III no Goodman's Fields Theatre, Garrick procurou na personagem já não o político e o hipócrita mas sim o guerreiro e o herói, embora aceitando a figura tradicional; tal significava fazer uma personagem complexa, um guerreiro vilão, um herói traidor. Este sentido da individualidade da personagem, da sua definição particular e determinada, parece transparecer em alguns versos que cotejavam as interpretações de *Rei Lear* de Spranger Barry no Covent Garden com as de Garrick no Drury Lane: «*A King, nay, every inch a King:/Such Barry doth appear./But Garrick's a quite different thing:/Every inch King Lear.*» (Um rei, aliás um rei em cada polegar seu: assim aparece Barry. Mas Garrick é outra coisa: em cada polegar seu é o rei Lear.)

O público da época de Garrick era certamente muito mais vasto e heterogéneo do que o público da Restauração e muitas adaptações shakespearianas do próprio Garrick visaram também satisfazer as exigências mais exteriores: houve inclusive um cantor italiano em *O Sonho de Uma Noite de Verão* (pelo que se disse que Shakespeare se tornara o «senhor Shakespearelli»); e frequentes desfiles e procissões tornavam espectaculares as edições de muitos dramas históricos. Mas característica foi também a exigência de Garrick em projectar para primeiro plano os protagonistas, eliminando as cenas onde estes não apareciam: nem em Inglaterra a lição neoclássica fora em vão e tendia a dar-se o máximo de univocidade e concisão à acção teatral. Se as *comedies of manners* podiam fornecer o quadro esquemático da sociedade da época, era no velho Shakespeare que se procurava a verdade do espírito individual, muitas vezes revivido nos moldes da sensibilidade moderna: assim, assistia Julieta à morte de Romeu para em seguida o poder seguir no sono eterno, após um longo pranto de despedida no qual se manifestava toda a sensibilidade e doçura de uma alma bela.

22

Alemanha, berço do repertório europeu

O teatro alemão, no período entre meados do século XVI e meados do século XVIII, apresenta características definitivamente anómalas, quer do ponto de vista dramatúrgico, quer do ponto de vista espectacular e organizativo: uma situação complexa e, em certa medida, caótica que corresponde à pesquisa levada a cabo pela Alemanha da sua individualidade cultural e ao difícil e complicado sistema político e religioso de um país efectivamente dividido, embora nominalmente unido na grande e antiga estrutura imperial, permanentemente atravessado por guerras recorrentes, entre as quais a interminável Guerra dos Trinta Anos, que o deixará arrasado e empobrecido.

Todavia, precisamente em virtude dessa sua situação cultural e politicamente incerta e indefinida, a Alemanha foi o cerne onde se encontraram e fundiram as mais diversas tendências do teatro europeu, foi, digamos, o lugar europeu do teatro.

Realmente, desde o fim da segunda metade do século XVI, não faltaram importantes tentativas no sentido de edificar um teatro nacional alemão, a par das experiências de cariz humanista. O melodrama de Richard Wagner, *Die Meistersinger von Nürnberg*, tornou famosos em todo o mundo os Mestres Cantores de Nuremberga (mas houve experiências do género em outros centros como Mogúncia ou Frankfurt). O teatro dos *Meistersinger* foi, de todo o modo, um teatro amador, de diletantes, organizado e sustentado por grupos de artesãos, aliás, de mestres artesãos, que, no entanto, se inspiravam nas antigas tradições do teatro popular, sobretudo na farsa carnavalesca, e representavam, pelo menos em Nuremberga, num palco já bastante complexo, situado, ao que parece, no coro da Igreja de Santa Maria. Quem se celebrizou, graças precisamente à obra-prima

ALEMANHA, BERÇO DO REPERTÓRIO EUROPEU

wagneriana, foi o mítico animador e maior dramaturgo do grupo, Hans Sach (1494-1576), autor de pelo menos oitenta e cinco *Fastnachtspiele* (farsas de Terça-Feira Gorda), bem como de algumas tragédias e de comédias.

O teatro de Hans Sachs era uma mescla original de puro realismo burguês e de formas francamente convencionais e simbólicas, salientadas na realização cénica, em que o gesto tinha uma função predominante de redundância uma vez que se procurava um paralelismo constante entre a linha verbal e a mímica, baseando-se esta num património de gestos estereotipados tão limitado quanto evidente e, por conseguinte, facilmente decifrável. Os elementos coreográficos, por seu turno, reduziam-se a puras indicações: uma batalha era representada através da luta esquemática de três ou quatro pares.

Uma alternativa, em certa medida global, ao teatro popular dos *Meistersinger* era a dramaturgia produzida em ambientes de cultura aristocrática e, em particular, nos ambientes escolares. A *ratio studiorum* dos jesuítas inclui o teatro entre os instrumentos didácticos: foi amplamente usado em todos os colégios que os padres geriram desde os primeiros anos após a aprovação papal da sua ordem (1540), colégios que estavam espalhados pela Europa, da França a Espanha e Itália, mas que na Alemanha eram particularmente numerosos (onze) e activos, dada a posição charneira que o país havia assumido nas lutas religiosas. A dramaturgia jesuíta é latina: «*tragoedias [...] non nisi latinas esse oportet*». Tinha a tripla finalidade de propor exemplos de piedade, de ensinar a língua da Igreja e de educar os descendentes das classes aristocráticas a terem um bom comportamento pessoal. É evidente que estas duas últimas finalidades, sobretudo a última, se cumpriam essencialmente na altura da encenação: o actor-estudante aprendia, representando, a pose oratória e o controlo decoroso do gesto, que devia manter mesmo nas situações social e psicologicamente mais difíceis. Esses princípios ficaram sempre na base da acção mímico-coreográfica no teatro dos jesuítas que, ao invés, sofreu uma rápida evolução no plano do guarda-roupa e da

HISTÓRIA DO TEATRO

cenografia, adequando-se às modas que vinham de Itália: no século XVII, o teatro dos padres terá pouco que invejar, no que respeita o aparato cenográfico e os instrumentos técnicos, os teatros melodramáticos de corte, que podiam contar com o contributo dos melhores cenógrafos italianos. (No século XVI, a cenografia era, pelo contrário, de cariz simultâneo, embora os elementos fossem integrados numa estrutura que evocava uma fachada articulada de um palácio.)

O género dramático cultivado pelos jesuítas só podia ser a tragédia, naturalmente tragédia religiosa, em que os padres letrados e poetas como Jakob Bidermann (1578-1639) deram provas de algum valor.

Mas em outras escolas, autores laicos aventuraram-se na tragédia por outros motivos, dando vida a uma forma à primeira vista tipicamente alemã, apesar de na realidade ser influenciada por fortes presenças estrangeiras: o *Trauerspiel*. Há neste termo um jogo paradoxal de palavras, talvez na época ainda perceptível mesmo numa língua tão rica em palavras compostas como o alemão: significa à letra «jogo lúgubre», embora depois seja oportunamente traduzido como «drama triste». E este jogo lúgubre é o jogo da política, do governo, do poder, em que os reis são mártires e tiranos e os cortesãos traidores e devotos; em que o amor é um elemento absurdo incoerente e iniludível; em que nenhuma decisão pode ser tomada porque todas são erradas, o que justifica a incoerência e a eterna incerteza de tantas personagens. E a política é a história, qualquer que seja a sua fenomenologia ocasional, alemã, romana, ou, como sucede na maiorias das vezes, oriental: «*sunt lacrimae rerum et mentem mortalia tangunt*» (Virgílio). Segundo Walter Benjamin é aqui que se deve procurar a raiz do interesse dos dramaturgos românticos pela história, na medida em que é a primeira demonstração da predisposição do objecto histórico do drama.

Embora representados frequentemente nas escolas do Norte, os maiores dramaturgos silesianos, Andreas Gryphius (1616--1664) e D. Caspar Lohenstein (1635-1683), forneciam igualmente os seus *Trauerspiele* às companhias profissionais que, aliás, preferiam versões menos absorventes do ponto de vista intelectual e mais ricas em motivos espectaculares.

Boa parte do repertório alemão dos últimos anos do século XVII é composta por dramas definidos *Haupt-und-Staatsaktionen*, «acções principais e de Estado»: «principais» na medida em que constituíam o núcleo central de um espectáculo articulado que compreendia interlúdios e farsas; «de Estado» porque a temática era, à semelhança dos *Trauerspiele*, de carácter político.

As *Haupt-und-Staatsaktionen* podem ser definidas como adaptações populares e predominantemente meridionais dos *Trauerspiele*. Nelas o elemento cómico tinha um importante papel, misturando-se com a acção séria, e era geralmente entregue à personagem de Hanswurst, protagonista incontestável das farsas. Não foi por acaso que, na Áustria, dramas deste género entraram no repertório de Joseph Stranizky (1676-1726), considerado se não o criador, pelo menos o que determinou a personagem de Hanswurst, e que, além disso, era justamente o autor das *Haupt-und-Staatsaktionen*.

Todavia, um discurso sobre estes géneros – as farsas de Hans Sachs, as tragédias jesuítas de Bidermann ou de Nikolaus Avancinus, os *Trauerspiele* de Gryphius e de Lohenstein, as *Haupt-und-Staatsaktionen* – não pode esgotar o quadro do teatro alemão entre os séculos XVI e XVIII.

A importância fulcral da Alemanha deste período para a história do teatro europeu, que permitirá a grande prosperidade da época romântica, e a sua originalidade consistem paradoxalmente no facto de a Alemanha ser, do ponto de vista teatral, terra de conquista. O próprio teatro jesuíta é importado, aliás, é a primeira forma de teatro internacional. Mas há outros elementos. Antes de mais, as cortes: sobretudo na Áustria e na Baviera, mas também muito mais a norte, em Brunswick, em Dresden e em Hanôver, foram construídos ao longo do século XVII teatros de corte destinados às representações de óperas italianas e dirigidas completamente por italianos (músicos, libretistas, cenógrafos). Parece um dado adquirido, um banal fenómeno de importação, embora talvez excessivo nas suas dimensões: os melhores espectáculos de ópera italiana foram realizados na Alemanha, e mais de um príncipe se arruinou para puxar o lustro ao seu teatro, tal como duzentos anos mais tarde Luís II da Baviera se arruinará por causa de Wagner. Mas o facto relevante é que as formas cénicas e dramatúrgicas da ópera italiana exerceram uma influência decisiva no *Trauerspiel* e nas *Haupt-und-Staatsaktionen*: se não a cenografia, pelo menos o guarda-roupa dos dramas alemães inspirava-se na ópera italiana e os libretos de ópera eram usados para deles extrair temas dramáticos. Por seu turno, os libretos italianos da segunda metade do século XVII são fortemente influenciados pela dramaturgia espanhola, que consegue, através desta via complicada e indirecta, informar grande parte do teatro alemão.

Em segundo lugar, a Alemanha é, sobretudo, terra de conquista para actores profissionais. Como repetimos várias vezes, o profissionalismo teatral explode contemporaneamente quase por toda a parte na Europa, no século XVI. A Alemanha é, talvez, um exemplo de profissionalismo induzido: para continuar a metáfora bélica, a Alemanha foi ocupada por formações de actores ingleses a norte e por companhias italianas da *commedia dell'arte* a sul. No século XVIII houve incursões esporádicas por parte dos *comédiens* franceses.

Os comediantes *dell'arte* foram importantes principalmente, como é óbvio, na formação das personagens cómicas – o próprio Hanswurst, que embora represente o camponês sábio e bonacheirão, do ponto de vista da imagem evoca o Zanni da comedia italiana – e também pelo contributo que deram para o impudico se misturar com a comicidade grosseira na acção sublime dos heróis «políticos». Não nos podemos esquecer de que muitos enredos italianos desta época não provêm da comédia erudita italiana, mas sim da comédia espanhola de capa e espada.

No entanto, foi certamente mais significativa a presença de companhias de actores ingleses que começaram a chegar à Alemanha em plena época isabelina, antes ainda da afirmação de Shakespeare, isto é, pelo menos desde 1586, mas com maior continuidade a partir de 1592, ano em que a companhia de um tal Robert Brown entra em actividade em Frankfurt no Meno. Depois da companhia de Brown, chegaram as companhias de John Green (1607), de Joris Jolliphus (1648), de Robert Renolds, que é o último actor a chegar à Alemanha, em 1654. Os actores ingleses não se contentavam em realizar curtas *tournées* em terras alemãs, aliás, elegeram a Alemanha como segunda pátria, acolhendo bem cedo aprendizes alemães (muitas vezes estudantes fugitivos ou padres despadrados) nas suas companhias, tanto é que quando, em 1660, Johannes Velten herdou os *Englische Komödianten* eram-no só de nome.

Nestas condições não havia evidentemente espaço para preclusões chauvinistas, uma vez que o primeiro repertório do teatro anglo-germânico foi obviamente inglês: Marlowe e Shakespeare encontraram lugar juntamente com a ópera italiana e as tentativas dos diletantes indígenas. Desde cedo se terá de falar mais em readaptações e reelaborações (*Bearbeitungen*) do que propriamente de textos ingleses. E é importante relembrar que o próprio Andreas Gryphius extraiu do *Sonho de Uma Noite de Verão* uma farsa intitulada *Absurda Comica, oder Herr Peter Squenz*, onde era isolado o episódio dos actores-artesãos da complexa história shakespeariana, em que o público podia facilmente encontrar a evocação dos antigos Mestres Cantores de Nuremberga.

Os actores alemães, educados na escola dos ingleses e conhecedores do melodrama italiano e da *commedia dell'arte* estavam, portanto, preparados para aceitar tudo o que de interessante podia vir do estrangeiro: por exemplo da Holanda, as comédias de Van den Vondel (1587-1679) e, mais tarde, de Holberg (1684-1754), e de França, sobretudo as obras de Racine e de Corneille. Com efeito, não foi o professor Gottsched, mas Velten, setenta anos antes dele, que introduziu as obras dos clássicos franceses na Alemanha.

Assim pode dizer-se que no final do século XVII todo o repertório europeu competia nos palcos alemães.

E as companhias alemãs, que se organizavam, como as espanholas, com base no director, multiplicaram-se. A par de Velten, há que recordar Paul Andreas Paulsen, em actividade entre 1650 e 1687, e, sobretudo, Joseph Anton Stranizky. No século XVIII, o repertório destas companhias devia ser muito variado e diferenciado, compreendendo se não ainda as *Haupt-und-Staatsaktionen* pelo menos as suas mais tardias adaptações de tom melodramático, bem como as traduções dos clássicos franceses, farsas de vários tipos e, *last but not least*, comédias *dell'arte* à italiana. Aliás, muitos directores da primeira metade do século eram Arlequins ou Pantaleões. Em 1728, por exemplo, a companhia dirigida pelo Arlequim Josef Ferdinand Müller tinha no repertório, além dos melodramas políticos e das comédias à italiana, o *Cid* de Corneille, que, aliás, fora já traduzido em 1650, apenas quinze anos depois da *première* parisiense. Em muitos casos, as companhias alternavam espectáculos de actores e de marionetas: Johann Friederich Beck, em actividade por volta de 1743, era titereiro e director, enquanto como actor representava de bom grado a personagem de Hanswurst, criado por Stranizky.

O nomadismo das companhias alemãs era quase tão institucional quanto o dos italianos, porque na Alemanha, assim como em Itália, faltava uma metrópole como Londres, Paris ou Madrid que constituísse um forte centro de atracção – Viena, a capital do império, era demasiado descentrada. Os resultados serão, aliás, diversos e as capitais dos vários reinos e ducados constituirão, a partir do fim do século XVIII, outros tantos lugares de radicação.

Para desenvolver a sua actividade, as companhias necessitavam da autorização do príncipe e, muitas vezes, eram aceites como companhias de corte, como demonstra um decreto de Frederico Augusto I de Saxónia: «a chamada companhia Haack dos nossos antigos actores de corte dissolveu-se. Aceitamos e adoptamos Johann Neuber e sua mulher como nossos actores de corte [...] estão autorizados a representar nos períodos concedidos em todas os nossos estados e nas feiras de Leipzig.» Na Alemanha não faltavam, de facto, teatros, mas tratava-se de

ALEMANHA, BERÇO DO REPERTÓRIO EUROPEU

teatros de corte, onde o espectáculo predilecto continuava a ser o melodrama italiano. Frederico, *o Grande*, da Prússia, francófilo e amigo de Voltaire, hospedava, às vezes por longos períodos, companhias francesas de prosa e de dança. Assim, os actores alemães eram muitas vezes forçados a representar justamente nas feiras, nas praças, em salas casuais ou em estruturas provisórias construídas por eles próprios. Nestas condições dificilmente podiam escapar a uma situação económica muito instável, quando não miserável: ainda em 1796, um relatório da polícia fala com desprezo, mas com um ligciro tom de comiseração, de uma pobre companhia de 10-12 actores que não conseguia encaixar mais de 10-12 florins por sessão e eram, por isso, obrigados a «importunar os espectadores com pedidos descarados», uma verdadeira mendicidade.

No entanto, foram justamente esses actores, embora não sendo os mais miseráveis, que mandaram edificar os primeiros teatros públicos alemães: Schönemann faz uma primeira tentativa séria em Berlim, em 1742, e fracassa por causa da oposição do Pantaleão Johann Peter Hilverding! Será bem-sucedido ao invés de Konrad Ackermann, que, em 1765, mandou construir em Hamburgo o Theater am Gansemarkt, destinado a tornar-se o Nationaltheather de Hamburgo.

As companhias alemãs estruturavam-se segundo o sistema dos papéis, mas, claro, dada a variedade do repertório, Arlequim e Pantaleão, como de resto sucedia também em Itália, tinham, muitas vezes, de «tirar a máscara». Dentre todos os papéis, os mais nitidamente definidos do ponto de vista do traje e dos modelos de representação eram os do *villain* e do judeu: o «mau», relata uma crónica tardia, «antes era assinalado por um molhe de plumas vermelhas e negras, gritava mais alto do que o protagonista e punha sabão na boca para a fazer espumar. Agora – acrescenta – é mais calmo, calculista e reflexivo»: um bom exemplo disso será o grande Iffland. Deste relato não se pode deduzir que os actores alemães estivessem à procura do equilíbrio clássico, no entanto, esta obscenidade expressiva será um terreno favorável ao desenvolvimento do teatro romântico.

23

Em direcção ao teatro burguês

Em 1731, foi representado, em Londres, um texto destinado a ter um imenso sucesso em toda a Europa: *O Mercador de Londres* de George Lillo, autor hoje quase totalmente esquecido.

O sucesso desta ópera e a sua importância na história da dramaturgia residiu no facto de ter sido, após *Arden of Feversham*, o primeiro exemplo de tragédia burguesa. A junção dos dois termos devia parecer-lhe paradoxal e o autor tinha consciência disso na medida em que escreveu na dedicatória: «A tragédia, longe de perder a dignidade com a adequação às condições da comum humanidade, é grande proporcionalmente à extensão da sua influência»; e, no prólogo, acrescenta que já não precisa «mostrar príncipes desventurados e cenas de infelicidade da realeza», antes «cenas de infelicidade privada».

A história é simples: Barnwell, empregado de um rico e generoso mercador, apaixona-se por uma mulher sem escrúpulos, Millwood, e para satisfazer a ambição dela afasta-se do bom caminho e acaba por matar o seu tio rico; morrerá na forca, mas após se ter arrependido e ter sido perdoado. Nada, portanto, na trama, que recorde as grandiosas personagens do mito, o enredo de problemas políticos e de acontecimentos «históricos», como sucede nas tragédias mais «singulares» de Shakespeare: *Otelo, Romeu e Julieta, Hamlet*; apesar de se tratar de uma verdadeira tragédia no sentido que a tradição literária deu a este termo. À parte as óbvias reminiscências shakespearianas e o tom geralmente elevado e sentencioso da linguagem, as personagens são «heróicas»: quer os bons pela sua absoluta generosidade, quer sobretudo pelos *villains* e, em particular, a prostituta Milwood – semelhante a Medusa com a sua devastante fúria aniquiladora – pela consciência feroz da sua predestinada danação (talvez a heroína trágica cristã não pudesse nascer do catolicismo esperançoso, mas apenas da aceitação luterana dos decretos *ab aeterno* assinados pela providência/destino). Mas há mais: a história de pelo menos uma personagem, Thorowgood, inscreve-se na arenga internacional; é ele, com os outros mercadores de Londres (e a ele certamente se refere o título, apesar de o protagonista ser o jovem corrompido), que descobre as manobras financeiras de Espanha, permitindo a sua derrota militar; Isabel (a história é ambientada em 1587) vence graças a ele, tal como Veneza graças a Otelo! Não é a tragédia a descer à burguesia, mas são os burgueses por excelência, os mercadores, a elevarem-se heroicamente à tragédia, para o bem e para o mal, uma vez que Milwood também é burguesa por ter compreendido que a lei do mundo é o dinheiro. Garrick foi, provavelmente, um óptimo Barnwell, mas James Quin, o campeão da velha escola trágica, terá sido um Thorowgood ideal.

A soberba inteligência da burguesia britânica não podia encontrar grande eco nos outros países da Europa, embora não falte em França, nem em Itália (e – *pour cause!* – na Veneza mercantil com Goldoni), uma moderada e tranquilamente segura exaltação das virtudes mercantis da honestidade, da prudência e da parcimónia. Mas, de um ponto de vista mais puramente teatral, a situação é bastante paradoxal. A obra de Goldoni inclui-se directa e integralmente no filão da *commedia dell'arte*, do ponto de vista da representação o problema terá sido o de esbater o tom cómico, não certamente o trágico.

Em França, ao invés, desenvolve-se um novo «género» baseado inicialmente numa espécie de meio-termo – a *comédie larmoyante* de Nivelle de la Chaussée, cuja actividade se inicia por volta de 1732 –, que ganhará, mais tarde, contornos definidos, começando pelo nome: o «drama». No entanto, este termo também é ambíguo, porque, devido à falta de correspondente para os termos *play*, *pièce*, *Spiel*, é usado para indicar, quer o texto representado em geral, quer o tipo particular de obra teatral em que têm lugar factos dolorosos e ricos em *suspense*, vividos pelas personagens medíocres no âmbito da sua vida privada.

Diderot foi o maior representante, se não mesmo aquele que estabeleceu os fundamentos teóricos deste género, que ele definia – em evidente polémica com a *comédie larmoyante* – como *tragédie domestique* ou *genre serieux*. Nele buscava «o quadro das desgraças que nos rodeiam», representadas num «palco real» com «roupas verdadeiras» e «diálogos proporcionais às acções». Aquele que no *Paradoxe sur le comédien* vira no teatro o lugar onde ganham corpo, em gestos convencionalmente excessivos, sentimentos de personagens grandiosas, pede no *Entretien sur le fils naturel* e em *De la poésie dramatique* a abolição das «*bienséances cruelles*» que, no momento de maior tumulto emotivo, quando as paixões são levadas ao extremo e a acção é mais agitada, exige que os actores se mantenham *en ronde*. A contradição é apenas parcial, na medida em que Diderot prefere a «grandiosidade» às convenções e recusa-se a aceitar obras «decentes e pequenas». Todavia, não exigindo a prosa quotidiana e a representação caracteres, mas sim condições sociais, Diderot cortava definitivamente os laços com a tragédia de tipo raciniano.

Os actores franceses aceitaram tardiamente as sugestões de Diderot e desenvolveram os seus elementos mais consonantes com a dupla tradição proveniente do estilo trágico e da *comédie larmoyante*; como de resto fizeram os epígonos de Diderot, sendo o primeiro Louis-Sébastien Mercier (1740-1814) chamado o «*drammaturge*» por antonomásia. Os heróis de Mercier – autor, aliás, de uma versão do *Mercador de Londres* – são heróis da sensibilidade e, como tal, tendem, até com graça, a «quebrar a paixão» (terá dito Hamlet), e nisso os actores reencontravam a sua perdida dimensão trágica. As cenas já não se dispunham *en ronde*, a grande comoção dos finais era constituída por quadros imóveis (*tableaux*), que não queriam ser um estatuário enregelar-se de poses, mas o apagar-se do movimento das personagens esmagadas pela emoção.

EM DIRECÇÃO AO TEATRO BURGUÊS

Com as obras mais importantes de Mercier, *L'indigent*, *L'habitant de la Guadaloupe*, estamos perto de 1780; mas os mais equilibrados exemplos de Diderot e de Beaumarchais (*Eugénie*, 1767) também foram interpretados nestes moldes.

O «drama» encontrou a sua definição mais acabada no plano teórico e a sua mais válida realização no plano prático na Alemanha, graças à obra de Gotthold Ephraim Lessing (1728--1781), o grande crítico e estudioso de problemas estéticos, autor de trabalhos teatrais de indiscutível valor – *Miss Sara Sampson* (1756), *Minna von Barnhelm* (1767), *Nathan der Weise* (*Natan, o Sábio*, 1783) *Emília Galotti* (1772) – e ao trabalho de um grande actor, Konrad Ekhof (1720-1778).

Já em 1737, uma das companhias nómadas que percorriam a Alemanha havia pedido, ao Município de Hamburgo, subsídios e autorização para se estabelecer definitivamente na cidade, sustentando que tal era necessário para que pudesse realizar a nobre missão de restaurar o teatro alemão, que se encontrava num estado de «desoladora barbárie». Tratava-se da companhia dirigida por Caroline e Johann Neuber, dois actores que haviam deixado uma família burguesa e egoísta para se dedicarem ao teatro e que tinham uma certa cultura. O programa de restauração que defendiam – e que o Município de Hamburgo mostrava não ter em grande conta, negando os apoios pedidos – não tinha sido criação deles, fora elaborado e completado em cada pormenor, por um professor de Leipzig, Johann Christopher Gottsched (1700-1766). Ele pretendia dar dignidade ao teatro alemão impondo-lhe o respeito das normas classicistas que Boileau havia escrito no seu livro *Art poétique*, com base na produção trágica de Racine e Corneille. Gottsched foi um forte defensor das três unidades e da abolição de todo o lenocínio espectacular que não fosse a digna presença das personagens em palco e uma dicção poeticamente correcta do verso da tragédia; mas exigia igualmente uma total verosimilhança tanto no texto como no espectáculo e, se no que respeita ao texto ele identificava o conceito de verosimilhança com o de coerência

HISTÓRIA DO TEATRO

racional, ao transpor esta coerência para o espectáculo queria que este se adequasse à época e à nação que se pretendia representar. Em suma, foi o primeiro apologista da verdade histórica do espectáculo sem, no entanto, se aperceber de que esta verdade estava presente nos textos franceses por ele traduzidos ou imitados. Os Neubers tentaram contentá-lo, mas o público submergiu esta experiência em gargalhadas.

O classicismo alemão não é, portanto, a simples adequação a uma moda ou a evocação de temas e de formas desenvolvidas num país de prestigiada cultura, antes uma operação cultural precisa que, a partir dos resultados obtidos no estrangeiro, se desenvolveu segundo bases rigorosas ainda que infirmadas por uma contradição de fundo que a polémica do guarda-roupa trouxe à luz.

Seja como for, o sucesso substancial dos Neubers e de Gottsched permitiu a Lessing desinteressar-se da tradição popular anterior e de centrar no classicismo um fácil e preciso objectivo polémico. O que não conseguira a companhia Neuber, conseguiu-o muitos anos mais tarde, ainda que fugazmente, a companhia do director (*Prinzipal*) Konrad Ackermann (1712-1771), da qual faziam parte os actores mais reputados de então, de Ekhof a Marie Hensel e Sophie Schröder. O *Dramaturg* desta companhia foi o próprio Lessing. A palavra italiana «*drammaturgo*» (*) não traduz exactamente o alemão *Dramaturg*.

A figura do *Dramaturg* é característica do teatro alemão e sobreviveu até hoje: Brecht desempenhou este cargo nos Kammerspiele de Munique, em 1922. O *Dramaturg* tem como função propor o repertório, adaptar os textos para o teatro, reelaborá-los ou produzi-los ele próprio; uma personalidade forte neste cargo adquire facilmente um grande prestígio. Com efeito, Lessing condicionou muito a gestão do Nationaltheater de Hamburgo, subsidiado por um grupo de cidadãos abastados e dirigido por Ackermann. A empresa durou entre 1767 e 1769.

(*) O mesmo sucede com a palavra «dramaturgo» em português. (*N. T.*)

EM DIRECÇÃO AO TEATRO BURGUÊS

Os membros da companhia aceitaram conscientemente a linha dramatúrgica e teatral proposta por Lessing. Muitos deles, de resto, estavam habituados a uma disciplina artística e mental muito exigente, tendo colaborado com Ekhof na Academia que ele havia fundado quando representava na companhia de um outro director, Johann F. Schönemann, em 1753. Nesta Academia os actores discutiam em conjunto o significado e os valores dos textos que iriam representar, elaboravam o que Ekhof chamava a «gramática do actor» e submetiam o seu trabalho a uma atenta autocrítica – aliás, Gottsched e os Neubers haviam desbravado caminho eliminando a improvisação no palco.

A concepção que Lessing tinha do drama (ou tragédia doméstica, ou comédia séria) está mais próxima da de Diderot do que da de Lillo, mas, seja como for, é profundamente original e pode resumir-se em três pontos: o centro de interesse de uma obra dramática não é constituído por factos, mas por caracteres (recorde-se que em alemão, assim como em inglês, *Charackter* também significa personagem, papel); nos caracteres revela-se o que há de estruturalmente humano no indivíduo, por conseguinte, ao contrário do que sustentava Diderot, a situação social é acessória; o tom do dialogo deve pautar-se pela máxima naturalidade, mas esta naturalidade identifica-se com o tom moderado, afastado tanto da afectação da etiqueta como da imediata e incontrolada explosão das paixões e da maneira de falar vulgar da plebe.

É fácil ver que este tom moderado «não é uma média abstracta, mas a língua da burguesia», razão pela qual os dramas de Lessing merecem, mais que todos os outros, a denominação de «tragédias burguesas», apesar de se encontrarem entre as personagens príncipes italianos, antigos cavaleiros e até um saladino (*Miss Sara Sampson* e *Minna von Barnhelm* são, no entanto, completamente ambientados num *milieu* burguês). Os burgueses de Lessing não são tragicamente heróicos como os de Lillo; são simplesmente «verdadeiros», de uma verdade, aliás, não contingente do ponto de vista histórico mas sim absoluta. Por isso, Emilia Galotti pode confessar ao padre (numa das cenas, sem dúvida, mais belas do teatro europeu) não temer a violência do seu principesco raptor, mas a sedução do prazer. A tragédia, portanto, só aparentemente desce ao nível da burguesia; na realidade, descobre o seu ser real, eterno.

E nesta realidade absoluta – que hoje facilmente reconhecemos como meramente ideológica –, a tragédia consolida o seu classicismo: o tom moderado é o verdadeiro *decorum*, equidistante da vulgaridade e da retórica empolada, assim como o verdadeiro classicismo é a adequação às regras naturais descobertas por Aristóteles e, mais tarde, desvirtuadas pelos Franceses e por Gottsched. E com uma longa análise da *Poética* de Aristóteles se encerra a *Dramaturgia de Hamburgo*, a antologia de *feuilletons* em que Lessing comentava a actividade do seu teatro, definindo, simultaneamente, as suas visões críticas e teóricas.

Por muito que a maior parte da *Dramaturgia de Hamburgo* seja dedicada a questões literárias, Lessing demonstra um forte interesse pelo espectáculo dramático e, sobretudo, pelo actor. Não era o único. Aliás, no decorrer do século XVIII em quase toda a Europa, muitos autores escreveram tratados sobre a representação; além de Diderot, basta recordar Remon Saint-Albine (*Le comédien*, 1747) e Claude-Joseph Dorat (*La déclamation théatrale,* 1766) em França, Aaron Hill (*Essay on Art of Acting*, 1743) em Inglaterra, Luigi Riccoboni (*A Arte de Representar*, 1728) em Itália. Na Alemanha, Johann F. Löwen escrevera uma pequena obra com um título significativo, *Kurzgefasste Grundsätze von der Beredsamkeit des Leibes* (*Síntese dos Fundamentos da Eloquência* do *Corpo*, 1755), à qual se seguiram em 1785-1786 *Ideen zur einer Mimik* (*Ideias para Uma Mímica*) de Johann J. Engel, um vasto ensaio de carácter cientificamente descritivo e não normativo, explicitamente ligado às teses lessinguianas. Lessing, obviamente, aplica também a sua concepção geral do teatro ao particular problema da representação, em que o princípio supremo deve ser igualmente o sentido da moderação: «moderação a que a arte obriga os actores mesmo na expressão das paixões mais violentas», uma

EM DIRECÇÃO AO TEATRO BURGUÊS

vez que nem a pantomima (por este termo Lessing entende as acções sem diálogo que podem ocorrer durante uma representação dramática) «deve atingir contornos de horror e de repugnância», nem o gesticular que acompanha as falas deverá ser falsamente solene ou mecanicamente gracioso. Com efeito, a beleza teorizada por William Hogarth – o grande pintor inglês, paradoxalmente autor de uma série de quadros extremamente significativos do ponto de vista do conteúdo moral e social, *The Harlot's Progress* e *The Rake's Progress* (*A Carreira da Prostituta, A Carreira do Libertino*), e amigo de Garrick, um actor em que Lessing certamente se inspirava –, isto é, a beleza puramente formal não pode exprimir e realizar este ideal de verdade e de moralidade em que consiste a «finalidade» do teatro.

Tal significa que o actor não deve representar friamente, como queria Diderot, pois há uma enorme diferença entre «o actor que compreende o significado de um passo e aquele que ao mesmo tempo o sente». E o «sentir» nos casos mais felizes pode ser a espontânea e total adesão do actor à personagem e à sua vida interior, mas pode igualmente derivar da atenta e consciente imitação daqueles «involuntários movimentos do corpo que são quase os únicos sinais exteriores dos quais nos sentimos autorizados a identificar uma emoção interior». Um actor que tenha observado as mais nítidas expressões, por exemplo da ira, no momento em que as imita na perfeição «será inevitavelmente assaltado por um profundo sentimento de ira, que não poderá deixar de se reflectir também na pessoa, gerando deste modo mudanças que não dependem só da nossa vontade». A técnica da «revivescência», que encontrará a sua mais rigorosa formulação teórica e técnica no «sistema» de Stanislavski, funda-se plenamente nesta passagem de Lessing.

Da capacidade de «sentir» do actor, bem como da sua força de observação, depende a intensidade da sua representação cénica, em nada comprometida, antes exaltada, pelo autocontrolo e pela selecção dos gestos que transpõem para o plano da representação uma realidade estrutural mais verdadeira do que a empírica. O gesticular deve ser constantemente significante, em particular nas passagens que contêm máximas morais e, «como se querem evitar gestos excessivamente caricatos, pode chegar-se ao gesticular pictórico», entendendo-se por pictórico (*malerische*), como explicará Engel, o gesto que representa sensivelmente o objecto do pensamento, ao passo que o gesto «expressivo» representa as inclinações da alma.

O actor ideal de Lessing e de Engel foi Konrad Ekhof, em cuja acção cénica não apareciam «nem solenes passos calculados, nem postura de bailado, nem o levantar e baixar os braços com precisão mecânica» característicos dos actores da escola clássica de Caroline Neuber e de Gottsched. «Nele, antes de mais, vinha a verdade e, subordinada a ela, a beleza: o seu dizer e o seu comportamento eram tal como se fossem numa conversa real», no sentido – prossegue Engel – que ele não procurava dar corpo a «uma ideia geral e preestabelecida do género», o que nós definiríamos um «tipo», mas sim às particularidades de um carácter, depurado, aliás, das contradições que se verificam na realidade empírica que tirariam à representação teatral o seu valor cognitivo e moral.

Ekhof não tinha aqueles dotes físicos e vocais que se consideravam indispensáveis a um actor académico: parecia-se um pouco com Lekain, mas não tinha a agressividade deste, pelo contrário, o seu temperamento era puramente reflexivo. Ao contrário de Garrick, a sua acção cénica era sobretudo estática, mas o seu gesticular «pictórico» «conferia-lhe igualmente corpo e figura a considerações gerais e transformava os seus mais íntimos sentimentos em algo de objectivamente visível». Conseguia assim criar, com meios exteriores relativamente limitados, uma grande tensão emotiva em torno da sua personagem.

A acção desenrolava-se geralmente no proscénio, mas não tanto pela escassa dimensão do palco ou pela inconsciente tendência do actor a aproximar-se do público, quanto pela atenção se dever concentrar no carácter, na sua substância individual mas universal, nas suas reacções e não no ambiente e nos factos. Todavia, por muito que a área interna do palco fosse utilizada sobretudo para as entradas e saídas e para as contracenas, Ekhof dedicou uma certa atenção, pelo menos teórica, à cenografia, que deveria ser estudada por toda a companhia em colaboração com o cenógrafo. Mas, naturalmente, interessava-lhe ainda mais o guarda-roupa, que considerava estreitamente ligado ao carácter das personagens; por este motivo procurou limitar a tradicional liberdade dos actores em termos de vestuário.

Além de actor, Ekhof foi também um encenador, um precursor, no mínimo, do tipo clássico de encenador-intérprete cujo objectivo não é tanto fazer propriamente uma leitura do texto, mas descobrir o único modo em que esse texto pode ser lido: para Ekhof, cada drama possuía o seu próprio estilo interpretativo imanente. Porém, isso era pura teoria: o próprio Engel censurava-lhe a excessiva naturalidade com que interpretava os papéis cornelianos, em nítida contradição com a amplificação retórica desses textos.

A tentativa de criar um teatro estável «nacional» em Hamburgo fracassou pouco depois de um ano. No âmbito do repertório, as ideias de Lessing eram concretizadas apenas em parte: os textos franceses estavam então em maioria, embora se tratasse predominantemente da geração de Nivelle de la Chaussé, Voltaire e Marivaux, ao passo que as obras alemãs originais ou versões de novos trabalhos ingleses não alcançavam um nível qualitativo suficiente para se imporem. Contudo, quer no plano organizativo, quer no plano cultural, Lessing e o seu teatro haviam indicado o rumo que o teatro europeu iria seguir ao longo de quase dois séculos.

24

Os românticos, a história e Shakespeare

No período barroco e ainda durante o século XVIII, as tragédias alemãs, representadas por muitas companhias itinerantes que haviam seguido o exemplo dos actores ingleses refugiados no continente, tinham por protagonistas reis e príncipes. Neste aspecto, não se afastavam das normas pseudo-aristotélicas em que se fundava a tragédia francesa e do uso do melodrama italiano, dos quais frequentemente extraíam os temas. Todavia, entre as obras de Gryphius, de Lohenstein e as de Corneille e de Racine, por um lado, e as popularuchas *Haupt-und--Staatsaktionen* e os textos melodramáticos de Minato, por outro, existia uma grande diferença: o desenrolar-se dos dramas alemães era determinado não pelo amor do rei, mas pela sua própria condição de rei, pela solução que ele dava aos problemas políticos, pela forma como governava. Muitas vezes, como nas *histories* de Shakespeare – embora falhasse completamente o seu objectivo de voltar a percorrer as etapas da formação da nação –, estes reis e príncipes tinham existido verdadeiramente, não eram fruto da imaginação. A história é a melhor fonte para o tragediógrafo, aliás, história e tragédia têm afinidades tão estreitas que se pode dizer que o tragediógrafo não deve fazer outra coisa senão apreender no decorrer dos acontecimentos da história o drama que nela está implícito: esta é a teoria trágica alemã nos séculos XVII e XVIII.

A encenação e, sobretudo, o guarda-roupa reportavam-se nitidamente ao teatro francês e italiano, com adaptações fantasiosas das *toilettes* da corte de Versalhes, estando porém aqui a indicar uma espécie de hipóstase da realeza, contrária, aliás, à piedade da criação e ao sentido de instabilidade do facto histórico e dos protagonistas que invadem esses dramas. Essas

OS ROMÂNTICOS, A HISTÓRIA E SHAKESPEARE

roupas, em virtude de serem usadas nas representações de textos franceses ou clássicos, não eram do agrado de Gottsched, que procurou, sem sucesso, impor aquelas mais historicamente correctas: a pobre Caroline Neubert (que terminou a sua carreira de forma muito triste) foi submersa por assobios quando se apresentou ao público com um traje que reproduzia o peplo (*) romano. Gottsched, no entanto, não se apercebia da contradição em que caía, não se dava conta da substância setecentista das personagens da tragédia francesa, da sua proximidade em termos de gostos e comportamentos com os príncipes e cortesãos de Versalhes. A sua polémica teria sido muito mais coerente se se tivesse dirigido às *Haupt-und-Staatsaktionen*, mas ele desprezava demasiado esta forma de teatro para lhe dar tanta atenção, embora tenha sido ele a forjar-lhe o nome.

Porém, a «reforma» era apenas adiada por alguns anos; seja como for, seguiu os passos dos dramas que se integravam mais apropriadamente na tradição do teatro popularucho barroco do que na tradição clássica defendida por Gottsched.

A paixão, ou a moda, por temas históricos encontrou o seu máximo representante, no campo do romance, no inglês Walter Scott, mas no campo teatral prosperou precocemente na Alemanha, no âmbito do movimento literário, circunscrito ao período entre 1770 e 1790, que tomou o nome precisamente de uma comédia *Sturm und Drang* de Klinger.

Convém precisar que nem o *Sturm und Drang*, nem o movimento romântico sucessivo se esgotam no tratamento de temas históricos, aliás, o drama burguês encontrou nesse movimento algumas das suas realizações mais bem conseguidas, depois de Lessing, em textos como *Der Hofmeister* (*O Preceptor*) de Lenz, *Die Kindermörderin* (*A Infanticida*) de H. L. Wagner, *Kabale und Liebe* (*Cabala e Amor*) de Schiller. A tragédia romântica alemã chegou a escolher as suas personagens inclusive nos

---

(*) Era, na Antiguidade, uma túnica de mulher, sem mangas, alcochetada nos ombros. (*N. T.*)

HISTÓRIA DO TEATRO

extractos mais baixos da sociedade de então: é o caso de *Woyzzek*, a obra inacabada de Georg Büchner, retomada com tanto entusiasmo no século XX quando se fez uma nova versão em melodrama com a áspera música de Alban Berg.

Por outro lado, o lacrimoso drama burguês foi o género que dominou o repertório teatral por mais quarenta anos. Os seus actores de maior êxito foram August Wilhelm Iffland (1759-1814) e August F. Kotzebue (1761-1819), autor também de dramas intensos ambientados em épocas longínquas. As obras de Iffland e de Kotzebue foram representadas durante muito tempo, mesmo após a morte dos seus autores, na Alemanha e não só. Todavia, a novidade mais macroscópica, a que caracteriza a imagem de conjunto do teatro alemão (e europeu) do período entre o fim do século XVIII e o início do século XIX, foi precisamente a representação teatral de obras historicamente ambientadas. Na Alemanha tal foi possível graças também à estabilização do sistema organizativo do teatro.

Após a breve, mas decerto significativa experiência de Hamburgo, os municípios de muitos centros, não só dos maiores, e as cortes das várias capitais começaram a criar condições favoráveis, inclusive subsídios consideráveis, ao estabelecimento de companhias estáveis: grande parte das companhias já em actividade em Hamburgo transferiu-se para o teatro da corte de Gotha; em Weimar, como se sabe, a direcção do teatro foi entregue a Goethe, que dirigiu a companhia como um verdadeiro encenador-intérprete, fazendo preceder os ensaios de um longo período de estudo teórico; em Mannheim, o duque Karl Theodor doou à sua cidade um Nationaltheater na altura de subir ao trono da Baviera: dirigido pelo barão Von Dalberg o teatro de Manheim era dos mais importantes da Alemanha entre 1784 e 1795; outros teatros nacionais foram fundados em cidades como Colónia, Mogúncia, Frankfurt, além de, obviamente, nas duas grandes capitais, Viena e Berlim, cujos teatros deram um contributo decisivo para o desenvolvimento da arte cénica. Regressaremos, mais adiante, a Berlim. No que respeita a Viena, há que recordar que no Burgtheater, sob a direcção de Joseph Schreyvogel (entre 1814 e 1831), tiveram lugar verdadeiras experimentações cenográficas com a introdução do palco com parapeito e tecto forrado para as cenas interiores, e até de um palco com vários andares, por ocasião da representação de duas *pièces* de Nestroy (1801-1862), sendo que numa delas a acção se desenrola simultaneamente em dois aposentos sobrepostos.

Mas já por volta de 1790, das cerca de setenta companhias em actividade na Alemanha, pelo menos trinta tinham uma sede estável, o que permitia um maior aparato cenográfico e técnico necessário à realização da nova imagem fundada na reconstituição do ambiente histórico. A primeira tentativa neste sentido remonta, provavelmente, a uma encenação do actor mais representativo da época, Ludwig Schröder (1744-1816), que, após a morte do padrinho, o director Konrad Ackermann, assumira a direcção do teatro de Hamburgo. Mais tarde, Schröder demonstrou não ter grande interesse pela ambientação histórica a todo o custo, mas quando, em 1774, se tratou de encenar a história do *Götz von Berlichingen* que a futura figura dominante da cultura alemã Wolfgang Goethe dramatizara, achou necessário contextualizar as empresas do justo e leal feudatário do imperador Maximiliano no período da Reforma. Por conseguinte, esforçou-se por reconstituir cenograficamente as salas e a estrutura do castelo medieval de Götz e a esplêndida corte do bispo de Bamberga, aproximando-se, por semelhança, das armaduras cavaleirescas e do tecido grosseiro das roupas dos burgueses medievais. É provável que o espectador contemporâneo tenha ficado com a impressão de se encontrar mais perto de 1100 que de 1500, mas o conceito de Idade Média era ainda entendido de forma global.

As mesmas características teve provavelmente a encenação do drama goethiano, em Berlim, realizada por Heinrich G. Koch (1773-1775) que, chegado ao fim de uma longa e gloriosa carreira, se deparou com a obra do jovem poeta e logo apreendeu o seu significado em termos espectaculares, tendo por isso entregado o estudo e a confecção do guarda-roupa ao gravador

J. W. Meil, a quem recomendou que tivesse especial atenção com o rigor histórico.

Ainda que não se esgote decerto o seu significado, como se disse, a recuperação dos valores históricos é um traço fundamental do romantismo. Aliás, este significa também a referência a uma tradição diferente daquela que até então fora o fio condutor da cultura e da «civilização» e que resultou na bem conhecida predominância de temas medievais. Mas num plano mais estritamente poético, o historicismo romântico traduzia-se num sonho de um mundo perdido, que a imaginação acreditava ter existido num tempo empiricamente não calculável e que agora tentava reconstruir em formas palpáveis e vivas.

Nestes aspectos também o neoclassicismo do arqueólogo Johann J. Winckelmann e de Goethe, hóspede na corte de Weimar e director do teatro homónimo, se caracteriza como puramente «romântico». A encenação da *Ifigénia* de Goethe, realizada pelo próprio autor em Weimar, em 1779, é um típico exemplo disso: os trajes eram as simples túnicas e as roupagens que Winckelmann havia visto nas estátuas alexandrinas, a cenografia era um pequeno templo redondo com um fundo bucólico, e o próprio Goethe, cuja apolínea beleza e prestígio intelectual evocavam nitidamente o ideal grego do *Kaloskagathós*, encarnava com sóbria dignidade o papel de Orestes. Ao crítico actual tudo isso evocaria mais o Poussin de *Et in Arcadia ego* que a imagem do helenismo; mas, não obstante, Goethe, embora subordinando – como dizia – o rigor histórico ao espírito da beleza, procurava devolver o sopro vital àquele mundo de perfeita harmonia em que se sintetizava o seu ideal artístico, isto é, recuperar a imagem de uma realidade histórica que era, ao mesmo tempo, a idade do ouro. Pouca importa que, depois, ditando as suas «regras para os actores», Goethe tenha confundido os conceitos de harmonia e equilíbrio com as normas mais obsoletas da *bienséance* teatral: eliminar da dicção todas as inflexões dialectais, apresentar-se sem ímpetos oradores, não mudar bruscamente de tom, «a postura do corpo deve ser adequada: peito para fora, braços aderentes até aos cotovelos, cabeça ligeiramente inclinada para o interlocutor, mas não mais do que o necessário para estar sempre a três-quartos para o público», enfim, «o actor devia sempre mostrar-se educado». No entanto, a sua encenação de *Ifigénia* responde igualmente à exigência histórica do teatro romântico, aliás, talvez de forma mais perfeita do que acontecerá nas encenações sucessivas em parceria com Schiller.

O teatro pode, portanto, dar novamente vida à imagem do passado, não só nas visões excepcionais de gestas heróicas mas também no desenrolar-se da vida quotidiana. A mesma dramaturgia caracteriza-se pela intervenção de um número cada vez maior de personagens não essenciais ao desenvolvimento gradual do enredo, porém, a imagem só pode ganhar corpo no espectáculo. Por conseguinte, os figurantes e a cenografia deixam de desempenhar uma função meramente decorativa ou indicativa, ou seja, já não têm uma função directa, nem são um simples pano de fundo, mas tornam-se, juntamente com o guarda-roupa, os elementos fundamentais da representação do tempo e do lugar, em suma, do ambiente que tem tanto peso quanto a própria acção dos protagonistas, na medida em que, tal como esta, permite ao espectador reviver o passado. A cenografia continua a ser pintada, mas, para além das cortinas e de um fundo, tem elementos dispostos tridimensionalmente: a referência estrutural e técnica é decerto a perspectiva do Renascimento italiano, embora tenha desaparecido a sua disposição simétrica, ao passo que a tela de fundo, já não necessariamente coordenada com a gradação dos elementos semiconstrutivos, alarga-se em semicírculo – sobretudo nas representações paisagísticas –, transformando-se em «panorama».

A reconstituição do passado é, primeiro que tudo, um sonho confuso de formas exóticas do qual, aos poucos, emerge uma imagem historicamente determinada. Vimos que o conceito de Idade Média abrangia, para os homens dos últimos anos do século XVIII, um período bastante vasto de tempo indeterminado: nas cenografias de espectáculos ambientados no Mille podiam ver-se catedrais góticas, ao passo que os trajes podiam ir da couraça romana aos uniformes da Guerra dos Trinta Anos. Os espectáculos de August W. Iffland (1759-1814), director do teatro de Berlim de 1798 a 1814, são um típico exemplo disso. Um homem de incansável actividade, Iffland foi um grande actor e um cotado dramaturgo, mas não pecou certamente, enquanto encenador, por um excessivo rigor. Nos seus espectáculos, por um lado, estavam frente a frente actores de estilos e personalidades completamente diferentes e, por outro, reencontravam-se os esquemas simétricos que Goethe havia usado em Weimar, embora Iffland utilizasse todas as ocasiões que o texto lhe oferecia para introduzir os movimentos descritivos de um grande número de figurantes. Nestes esquemas racionais, Iffland introduzia sobretudo uma mistura absurdamente romântica de estilos históricos e locais nas cenas e no guarda-roupa. Na encenação de *Zauberschloss* (*O Castelo Encantado*), de Kotzebue, misturavam-se antigos trajes alemães com trajes espanhóis, apareciam cavaleiros de elmo e couraça, e nem sequer faltavam carroças fechadas de feitio moderno. Assim, as vestes femininas usadas para os textos ambientados na época grega ou romana recordavam muito de perto a moda «Império» da época napoleónica.

Iffland cuidou com o máximo zelo da dimensão espectacular na encenação de *Jungfrau von Orléans* (*A Donzela de Orleães*, 1801), em que Friedrich Schiller havia recriado a história e o mito de Joana d'Arc. O momento culminante da representação foi a grande procissão da coroação, na qual participavam cerca de duzentos figurantes, enquanto mais quarenta e três figurantes representavam o povo de Reims que assistia ao desfile. A procissão desenrolava-se ao longo de muito tempo e o cortejo era visível em três pontos: primeiro na ribalta, em seguida no centro do palco, aliás, num plano elevado sobre um estrado, e, por fim, entre a colunata que levava à grande catedral gótica cuja fachada dominava o fundo. Os trajes iam desde as armaduras da Alta Idade Média aos calções curtos tufados que se usavam no século XVI, passando pelas golas plissadas que vemos nos quadros de Rembrandt. Quem poderia duvidar de que aquela era a procissão que havia conduzido Carlos VII a receber a coroa de França a 17 de Julho de 1429? A imagem estava ainda desfocada, mas nem por isso menos fascinante: os trajes das personagens estavam longe da esquálida moda contemporânea, o que era suficiente; a leveza aérea da cenografia colorida e a utilização atmosférica da luz criava como que um véu entre o palco e os espectadores, o véu do tempo.

Dar coerência histórica, além da fantástica credibilidade, foi uma exigência bem cedo sentida não só no plano intelectual, como também no plano propriamente cénico. Não por acaso, e até com tom polémico, o rigor arqueológico foi a «missão teatral» do sucessor de Iffland na direcção do teatro de Berlim. O conde Von Brühl teve ainda à disposição um novo edifício (tendo o velho sido destruído por um incêndio em 1817) construído pelo arquitecto Karl F. Schinkel, que será, mais tarde, o colaborador ideal do conde no âmbito da cenografia. Para Von Brühl, o rigor histórico e folclórico era o primeiro objectivo de quem tentava encenar um espectáculo teatral, pois «o nosso olhar deve ser introduzido através das formas exteriores no lugar e no período para que o poeta nos transporta com o seu produto espiritual» e «o público deve ter a oportunidade de se instruir através desta representação científica». Importa referir que Von Brühl tinha o direito de falar de ciência, na medida em que a sua actividade de director de teatro foi acompanhada por uma pesquisa ininterrupta no campo da arquitectura e da moda; pesquisa conduzida muitas vezes através de longas e cansativas viagens e cujos resultados estão plasmados nas antologias de gravuras que representam as cenografias de Schinkel e os fatos desenhados por J. H. Sturmer, sob orientação directa de Von Brühl. Com ele, a construção do espectáculo, ou seja, a reconstituição da imagem do passado é quase um fim em si mesma. Com efeito, o espectador não podia certamente apreender o valor dos materiais usados – materiais reais, por vezes até ouro e bronze – e dos tecidos com que as roupas eram confeccionadas, tecidos por vezes urdidos de forma a recuperar a consistência que tinham no período em questão. É a sua afectuosa atenção aos pormenores que vale ao conde Von Brühl o título de primeiro arqueólogo da história do teatro – ele antecipou, de facto, quase meio século a companhia do duque de Meiningen e os espectáculos «históricos» de Stanislavki e de Nemirovitch--Dantchenko –, visto que os seus espectáculos, considerados no conjunto, se enquadram na moderação das formas substancialmente neoclássicas e a sua Idade Média surgia, apesar de tudo, mais limpa e polida do que o helenismo de Goethe. Só o imprevisível e violento claro-escuro do seu actor principal, Ludwig Devrient (1784-1832), subvertia a substancial imobilidade dos seus grupos estatuários. Devrient havia trabalhado dois anos com Iffland: com a morte deste, e estando em conflito com a outra estrela da companhia berlinense, Pius A. Wolff, mudou-se para Viena, onde se afirmou nos seus papéis shakespearianos e schillerianos predilectos.

Esta forma de encenar, dando a máxima importância ao ambiente histórico do drama representado, à «cor local», como se dirá em França, não contradizia certamente nem o espírito, nem as características estilísticas de textos como *Kätchen von Heilbronn* de Heinrich von Kleist (1777-1811), como o já referido *Götz von Berlichingen* de Goethe, ou como *Guilherme Tell* de Schiller.

O autor clássico talvez mais representado no período de 1780 a 1850, tanto na Alemanha como na Inglaterra, foi Shakespeare. E aqui o discurso complica-se, não só pela sobreposição de uma estrutura cénica diferente daquela prevista quando o texto foi escrito, mas também porque, de modo geral, a interpretação das obras do passado torna-se cada vez mais importante.

No romance em que Goethe expôs cabalmente as suas convicções estéticas, sobretudo na área do teatro, e, ocultando-se a si próprio na figura de protagonista, esboçou a sua evolução espiritual, *Wilhelm Meisters Lehrjahre* (*Os Anos de Aprendizagem de Wilhelm Meister*), encontramos um projecto de readaptação cénica da tragédia de que ele mais gostara na sua juven-

OS ROMÂNTICOS, A HISTÓRIA E SHAKESPEARE

tude: *Hamlet*. Enquanto director, capaz de satisfazer o desejo de Wilhelm Meister de representar a obra-prima shakespeariana, quis ver o retrato de Ludwig Schröder. Mas se é verdade que na figura de Aurélia são nítidos os traços da meia-irmã de Schröder, Charlotte Ackermann – cuja vida apaixonada e cuja misteriosa morte agitaram a imaginação de mais de um poeta – dificilmente Schröder poderia ter aceitado as consequências lógicas da adaptação proposta por Goethe e teria ficado satisfeito, como o Serlo do romance, com o facto de com aquela adaptação «o espectador não precisar de imaginar nada» porque vê tudo em palco. Aliás, na sua célebre representação de *Hamlet*, realizada em Hamburgo, em 1776 – com o grande actor Johann F. H. Brockmann no papel de protagonista e o próprio Schröder no papel de fantasma – ele usou uma adaptação que eliminava esse efeito e mostrava através de clarões a vida atormentada do príncipe da Dinamarca. Dois anos depois, Brockmann retomou a interpretação que havia feito com Schröder em Berlim, na companhia Doebbelin. Não se pode, claro, falar de rigor na ambientação histórica: muitas personagens envergavam trajes e perucas empoadas segundo os modelos setecentistas, enquanto outros, em particular o rei e a rainha, vestiam sobretudo segundo o modelo alemão do século anterior; Brockmann vestia um facto negro verdadeiramente fantástico. A sua interpretação impressionou profundamente, quer em Hamburgo, quer em Berlim: hoje é difícil apreender a sua substância, mas sem dúvida que investiu a personagem de uma aura sentimental e patética e, figurativamente, construiu-a com uma série de gestos e de comportamentos insólitos e imprevisíveis, que iam desde a posição infantil com que se sentara aos pés de Ofélia durante a cena da representação-armadilha, à posição torta dos braços durante a conversação com o rei. Hamlet tornou-se uma personagem mutável, difícil de definir e até de compreender, e o espectáculo assumiu o tom de uma fábula, daquelas «fábulas teatrais» que serão tão caras a Tieck – cujo tempo é «outrora» e cujo lugar é «alhures, distante». Schröder, depois de Brockmann ter trocado Hamburgo por Berlim, assumiu pessoalmente o lugar de Hamlet e todo o espectáculo adquiriu coerência e determinação; a personagem deixou de ser etérea, tornando-se possessa e demoníaca, Schröder, ao assomar do fantasma, recuava aterrorizado, com as costas da mão na boca, os olhos arregalados, o corpo trémulo, enquanto Brockmann se inclinava apenas agitado.

Brockmann, sobretudo na sua edição berlinense do *Hamlet*, inaugurou essencialmente a tendência para a interpretação poética de um texto, tendência que nele lhe é ditada puramente pela intuição, mas que logo será teorizada, principalmente pelos inúmeros poetas e letrados – alguns deles grandes figuras, como Tieck e Hoffmann, este último era músico além de narrador demoníaco – que foram protagonistas do teatro romântico alemão. Schiller foi o primeiro a tomar conscientemente este caminho, quando quis que as bruxas, que anunciam a Macbeth o seu destino real, aparecessem no palco do teatro de Weimar calçando os coturnos da tragédia grega, vendo neles a reencarnação do destino dos Antigos.

Mas, paradoxalmente, esta tendência não nascia de uma matriz diferente daquela historicizante: o sonho de um mundo perdido. Todavia, esta evitava uma contradição em que se caía tentando dar aos dramas, sobretudo aos shakespearianos, uma precisa ambientação histórica. Com efeito, enquanto os dramaturgos românticos eram, pelo menos em parte, participantes desse sonho, Shakespeare não tinha interesse por esse género, acabando assim por sobrepor trajes e ambientes medievais e romanos a uma linguagem e a características isabelinas. E quanto mais precisa era a reconstituição, mais escandaloso poderia parecer o contraste. Contudo, foi precisamente esta contradição no plano lógico que tornou Shakespeare teatralmente legível para o público romântico: levava a descobrir em Shakespeare, no plano interpretativo, valores inesperados, como a contraposição ambiente-personagem ou a emergência do herói do contexto social. Nem admira que precisamente este período, tão atento aos valores de ambientação cenográfica, se tenha caracterizado também pelo florescimento dos maiores

OS ROMÂNTICOS, A HISTÓRIA E SHAKESPEARE

intérpretes shakespearianos, quer em Inglaterra, quer na Alemanha. De Brockmann já se falou; Schröder foi um extraordinário intérprete de Jago, descobrindo nele, para além da absoluta maldade, o íntimo tormento e a feroz e corrosiva ironia; Fleck, no papel de Shylock, foi demoníaco e terrível, mas também deu àquela personagem uma grande nobreza, salientada justamente pela esplêndida encenação de Iffland, que obrigava a destacar a posição de fragilidade do judeu face ao aparato veneziano.

Naturalmente a presença de Shakespeare no teatro alemão não sobressai apenas pela sua presença no repertório, mas também, e sobretudo, pela influência que a sua obra exerceu na nova dramaturgia alemã, que vive o seu máximo momento de esplendor na época romântica. Já em Abril de 1774, quando a companhia Koch se preparava para levar à cena *Götz von Berlichingen* em Berlim, a obra de Goethe foi apresentada por um jornal como «um novo drama escrito à maneira de Shakespeare».

Todavia, o mais directo e consciente seguidor alemão de Shakespeare foi Friedrich Schiller, amigo e companheiro de Goethe em Weimar. O primeiro ensaio dramático de Schiller, *Die Räuber* (*Os Bandoleiros*), uma tragédia escrita em 1780, quando o poeta tinha apenas 20 anos, é verdadeiramente uma espécie de antologia shakespeariana: a diabólica maldade de Jago, os remorsos de Macbeth, as reflexões de Hamlet sobre a «consciência que nos torna vis» e até a aparição do fantasma do pai (que, na realidade, ainda está vivo) preenchem a moldura temática dos «irmãos rivais», um tema já abordado por Klinger (*Die Zwillinge, Os Gémeos*, 1776). Contudo, as tragédias de Schiller, ao contrário do que acontece nas de Shakespeare, têm um desenvolvimento lento e majestoso: quando, na maturidade, as evocações shakespearianas tiverem sido organicamente assimiladas, este gosto pela escrita extensa tornar-se-á ainda mais evidente – a trilogia de Wallenstein, que pode considerar-se a obra-prima de Schiller, é um imenso fresco histórico com movimentos solenes.

Os Bandoleiros foram representados pela primeira vez, em 1782, no Nationaltheather de Mannheim, dirigido à época pelo barão Von Dalberg que impôs a Schiller ambientar a história no século XVII, enquanto no texto original se desenrolava no presente. Porém, Schiller interveio na realização e Iffland que, como vimos, virá a dirigir a grande edição berlinense da *Donzela de Orleães*, interpretou com grande primor o papel de Franz Moor, o irmão malvado, no qual Schiller procurara fazer reviver o espírito de Jago. O papel de Franz é, portanto, um clássico papel de *villain*, mas estamos já muito longe das plumas vermelhas e negras e da boca a espumar dos «tiranos» de há um século: voltando a desempenhar o papel em Weimar, no teatro de Goethe, catorze anos mais tarde, Iffland fez uma interpretação prodigiosa e aprimorada em tempos. Rezam as crónicas que nas cenas iniciais, Iffland fazia filtrar a raiva e a paixão através de um máscara gélida, enquanto no terrível monólogo do segundo acto, em que auspicia a morte do pai, transmitia todo o horror da situação com o irrefreável tremor das mãos; de novo gélido, contava ao pai a suposta morte do irmão seguindo-o, apoiado nas costas da sua cadeira. Nos dois últimos actos explodia toda a força do actor que passava dos primeiros movimentos equilibrados a golpes mais violentos, até à imobilidade, quase enraizada no chão, quando contempla o retrato de Karl. Claro que, comenta o cronista, Iffland, naquele momento, não pensava na descrição de Engel do homem tomado pelo terror, mas era exactamente aquele passo para trás com os olhos fixos e os braços tensos... Enfim, na cena conclusiva do remorso revirava horrivelmente os olhos cintilantes acabando depois por se tornarem vazios e fixos, petrificando-se numa pose que levantava a mão direita num gesto de desafio ao céu, ao passo que com a esquerda, convulsivamente colocada sobre o peito, parecia proteger-se.

Esta descrição, que procurei resumir, dá uma ideia do que podia ser o actor romântico, sobretudo se tivermos em conta que Tieck considerava Iffland um actor racional de estilo gentil e compreensível.

OS ROMÂNTICOS, A HISTÓRIA E SHAKESPEARE

De resto, a personagem de Franz Moor foi o cavalo de batalha de muitos actores românticos, entre os quais recordamos principalmente Ludwig Devrient que fez uma personagem possessa e violenta, desenfreada na sua necessária maldade, mas que no final, esmagada pelo terror, lhe empalideciam as feições, trémulas de febre. Irmão espiritual de Edmund Kean, o maior actor romântico inglês, Devrient foi, antes de mais, um actor schilleriano e criou um Wallenstein distante do mundo, distraído, imerso em especulações metafísicas. Contudo, na maioria das vezes, conferia às suas personagens uma espécie de alegria demoníaca: adorava as situações-limite, o horrível, o bizarro e o ridículo, situações em que a sua frágil voz se tornava bem sonante, pelo menos, assim o descreve o sobrinho Eduard, o primeiro historiador da *deutsche Schauspielkunst*, ou seja, da arte do teatro alemão.

Ao longo deste capítulo socorri-me várias vezes de um termo estritamente moderno: «encenador». Com efeito, não creio que se possa negar que as origens, não decerto da função que é antiga, mas do papel do encenador devam ser procuradas no teatro alemão romântico e pré-romântico: um verdadeiro encenador já o foi Konrad Ekhof, bem como Goethe com modos, aliás, bruscos e ditatoriais; Schiller dedicou-se muito à correcta encenação dos seus textos, dando até indicações precisas de carácter cenográfico ao próprio Iffland, e assumiu plenamente o papel de encenador quando foi nomeado *Dramaturg* do Teatro Nacional de Mannheim; verdadeiros encenadores, principalmente enquanto criadores de coreografias espectaculares, foram Iffland e o conde Von Brühl – para não falar de Schröder e de Brockmann.

A história do teatro shakespeariano do século XIX em Inglaterra foi muitas vezes relatada enquanto história dos seus grandes actores, mas não nos podemos esquecer de que Charles Kean, filho do grande Edmund, desempenhou no teatro inglês um papel em tudo semelhante ao que Iffland e Von Brühl haviam desempenhado na Alemanha.

Em 1850, isto é, poucos anos depois do fim do regime de privilégio para os teatros licenciados (ocorrida em 1843), Kean Jr. assumira a direcção do Princess's Theatre, onde encenou uma longa série de representações shakespearianas que fizeram época pelo esplendor espectacular e pelo rigor histórico. Não por acaso, Kean foi dos poucos a encenar os textos «impossíveis» de Lorde Byron, seduzido, certamente, não tanto pela seca estrutura das obras, mas pela dificuldade de representar textos históricos como *Sardanapalus* e pelas ideias de Byron, que afirmava preferir os temas históricos pela verdade e pelos exemplos morais que contêm.

De entre as representações shakespearianas de Kean, a mais famosa foi a do *Mercador de Veneza*, na qual contou com a colaboração do arquitecto Edward Godwin, o pai de Gordon Craig, que reproduziu meticulosamente as formas dos palácios venezianos do período gótico tardio. A tendência historicizante do teatro inglês encontrará o seu máximo representante em Max Beerbohm Tree, cerca do final do século, mas foi Charles Kean quem mais contribuiu para a sua definição. Qual terá sido a influência do teatro alemão é difícil dizer, mas o certo é que as condições que tornaram possível esta operação se haviam desenvolvido nas décadas anteriores e no seguimento de indicações extraídas do teatro francês. Em 1809, o velho edifício de Drury Lane fora destruído pelo fogo e reconstruído imitando o teatro de Bordéus: o *apron* foi eliminado, bem como as portas e as varandas laterais, enquanto o espaço cénico foi bastante ampliado, tornando assim possíveis efeitos cenográficos e actuações maciças de figurantes. O representar irónico, subtil e cruel de Edmund Kean perdia-se naquele espaço demasiado vasto, adequado, ao invés, ao gesticular lento e dilatado de John Kemble e da sua irmã Sarah Siddons, que na interpretação de Lady Macbeth havia parecido, a William Hawlitt, a própria personificação da tragédia. Os Kembles passaram depois para o Covent Garden, onde as suas representações se caracterizaram por uma cada vez maior ostentação de elementos espectaculares e por uma pesquisa inicial arqueológica e de ambientação. Esta polí-

OS ROMÂNTICOS, A HISTÓRIA E SHAKESPEARE

tica de espectáculos caros obrigou os Kembles a aumentar o preço dos bilhetes, e a consequência foi um verdadeiro levantamento popular, que ficou na história como «*the old prices riot*» (o motim pelos antigos preços): o teatro era certamente, também nesses tempos, algo de supérfluo, mas uma superfluidade pela qual se vivia!

Contra Charles Kean e as suas encenações arqueológicas e minuciosamente cuidadas nos pormenores e nos acessórios, insurgiram-se os vestais da palavra poética. A riqueza excessiva dos elementos cénicos – argumentavam estes – tende a absorver a atenção do espectador e a sufocar com o acervo de elementos visuais a sagrada palavra do autor, cuja única mediação deve ser a voz do actor. Esta posição, mais característica dos intelectuais e dos críticos do que propriamente dos homens do teatro, condicionam, no entanto, a produção cénica de muitos encenadores, em particular de Samuel Phelps (1804-1878), que, no período em que dirigiu o Sadler's Wells, procurou, por um lado, recuperar os textos menos conhecidos da produção shakespeariana – de *Timão de Atenas* a *Péricles* a *Tudo Está bem quando Acaba bem* – e, por outro, usar uma dicção lenta e moderada, considerando indispensável a clareza se se queria que um público pouco culto pudesse apreender o significado de uma poesia dramática complexa e sofisticada. Não admira que as suas representações fossem elogiadas porque «eram sempre belas, sem, no entanto, desviar a atenção da poesia, com a qual, aliás, o espectáculo se funde em perfeita harmonia». A posição de Phelps era, se assim se pode dizer, moderada. Com efeito, os seus espectáculos, entre os quais a célebre representação de *Tudo Está bem quando Acaba bem* (1852), não deixavam de ter elementos capazes de ambientar a acção na época em que esta supostamente se desenrolava, sobretudo nas roupas, sem, contudo, dar um tratamento prioritário a esse aspecto. Mas a posição mais extrema, que visava a abolição de qualquer sedução de carácter espectacular, encontrou aqui e ali a possibilidade de se realizar concretamente. Aliás, no caso específico do teatro shakespeariano, a ideia de dar à encenação a máxima simplicidade fundava-se numa concepção interpretativa de carácter historicista, que encontrara as suas primeiras formulações e realizações na Alemanha por obra, essencialmente, de Ludwig Tieck e de Karl Immermann.

Tieck foi *Dramaturg* do teatro de Dresden em 1825, e dirigiu o teatro de Berlim em 1842. Escritor famoso, foi autor de versões dramáticas das fábulas de *Barba Azul* e do *Gato das Botas*, dando, nesta última, um dos primeiros exemplos de «envolvimento» do público na acção dramática: actores sentados entre os espectadores comentavam a comédia enquanto esta se desenrolava (um pouco como fará Pirandello em *Esta Noite Improvisa-se*). Tieck considerava inútil e prejudicial o aparato historicizante utilizado pelo conde Von Brühl, não só porque roubava espaço à imaginação do espectador, preso à efectividade da reconstrução cénica, mas também porque, em seu entender, a haver uma reconstrução histórica esta não deveria dizer respeito ao ambiente histórico em que a acção supostamente se desenrolaria, mas sim à cena para a qual esse havia sido concebido e escrito. E a cena de Shakespeare era precisamente uma cena abstracta, um trampolim do qual o espectador podia dar um salto para o infinito. Em Berlim, Tieck deu um exemplo prático de como as condições cénicas isabelinas poderiam ser, se não recriadas, pelo menos interpretadas no contexto do teatro contemporâneo e encenou uma famosa representação de *O Sonho de Uma Noite de Verão*, em 1843, cujo aparato cénico consistia numa estrutura de três andares ligados por uma escada: a cenografia pintada não foi de todo eliminada, estando presente no fundo, e servia para dar uma genérica ambientação paisagística. A dança, com músicas de Mendelssohn, desempenhava um papel considerável neste espectáculo, certamente maior do que uma rigorosa interpretação isabelina poderia suportar, mas, no entender de Tieck, a dança deveria servir para sublinhar o intangível significado fabuloso da comédia.

Mais rigoroso foi Karl Immermann, que havia dirigido ao longo de cinco anos – de 1833 a 1837 – o pequeno teatro de província de Düsseldorf onde actuava uma modesta companhia de actores orientada por um certo De Rossi. Immermann aproveitou a ausência de grandes actores para unificar o estilo de representação, harmonizando-o em todas as suas partes. Amigo e admirador de Tieck, representou em Düsseldorf *O Barba Azul*, mas foi só após abandonar a direcção do teatro e num espectáculo privado que ele retomou as ideias de Tieck sobre o teatro shakespeariano. O espectáculo foi uma encenação de *Como Vos Agradar* para a qual criou uma cena completamente arquitectónica, onde se fundiam, numa diferente estrutura, os elementos da cena isabelina.

Em Inglaterra não faltaram experiências desse género. A que despertou maior curiosidade foi, talvez, a representação *A Fera Amansada* no teatro Haymarket (1844, reposta em 1847) dirigida por Benjamin Webster, mas inspirada em J. R. Planché sob a influência das ideias de Tieck. Aliás, este espectáculo agradava imenso ao público vitoriano. A cena introdutória em que Sly é apanhado embriagado pelos servos do «senhor» – que depois o iludirá fazendo-o crer que é rico e que sonhou com a sua vida miserável – desenrolava-se em frente de uma taverna, reconstruída segundo os esquemas da ambientação histórica oitocentista. A comédia verdadeira, isto é, da história da caprichosa Catarina e do perseverante Petrúquio, que conseguirá transformar a indomável moça na melhor das mulheres, tinha lugar no quarto do senhor, em trajes isabelinos em vez de italianos e sem qualquer cenografia positiva: as mudanças de local eram indicadas com cartazes didácticos, segundo a teoria sobre o teatro isabelino elaborada à época por John Payne Collier e por Edmund Malone.

Esta tradição, no contexto do teatro britânico, será sempre apenas um fio subtil e encontrará no fim do século a sua expressão mais acabada nos espectáculos encenados pela Elisabethan Stage Society de William Poel, nos quais toda a estrutura cénica isabelina será reconstituída com meticuloso rigor arqueológico.

25

O *boulevard* parisiense

Em linhas gerais, o gosto pelo grande espectáculo, ao longo do século XIX, condicionou fortemente a economia interna das representações shakespearianas, dilatando todas as partes que serviam de pretexto a acções de massas, e exprimia-se inclusive nos subtítulos que se acrescentavam às tragédias, como por exemplo *Richard III, or The Batle of Boswort Field*. Porém, não se esgotava no teatro shakespeariano.

O teatro inglês das primeiras décadas do século XIX caracterizou-se por uma pobreza desconcertante dos textos dramáticos que não tinham ambições literárias, nem sequer qualidades literárias: as tentativas dos escritores de um certo nível que se aventuraram no teatro fracassaram todas miseravelmente. As obras dramáticas deste período apresentam-se declaradamente como puras e simples possibilidades de espectáculo e não como trabalhos literários adaptados ao teatro: o espaço ocupado pelas didascálias, verdadeiras prescrições cénicas tecnicamente fundadas, ultrapassa muitas vezes o das falas. As obras são consideradas mais em função do género do espectáculo que propõem do que em função do autor ou do conteúdo. Assim, a par do *gothyc drama*, que encenava histórias de fantasmas e de aventuras medievais, encontramos um *equestrian drama*, um *nautical drama* e inclusive um *dog drama*, em que os protagonistas eram cães domesticados.

Os papéis são, portanto, invertidos: o espectáculo deixou de ser o momento comunicativo do texto e este passou a ser uma mera função do espectáculo. Porém, tratava-se de um espectáculo violento, exterior, plebeu. Tudo isso se tornara possível graças ao restauro dos teatros maiores, anteriormente referido, e, de certa forma, necessário pela perseguição dos teatros excluídos do privilégio de representar *spoken dramas*, espectáculos de pura e simples prosa. O privilégio foi abolido em 1843, quando os teatros «licenciados» se haviam já adequado ao novo gosto do público cada vez mais heterogéneo da metrópole. Com efeito, o restauro dos teatros não abrangeu só o palco, mas também a própria capacidade do edifício. Em 1810, o Covent Garden e o Drury Lane podiam receber mais de três mil pessoas e é claro que, em tais condições, a representação individual e requintada não era, de facto, perceptível; a acção coreográfica, sendo sumária em virtude da escassez de ensaios, era o jogo cenográfico que constituía a maior atracção.

Importa ainda recordar que, no século XIX, uma sessão teatral inglesa durava cerca de cinco horas – das sete à meia-noite – e, depois da primeira parte, o público podia entrar por metade do preço (*half price*). Por conseguinte, muitas vezes nos teatros onde se representavam dramas regulares, a sessão terminava com farsas, pantomimas, *ballets* ou outros entretenimentos.

Neste acervo, o espectáculo mais digno e coerente era a pantomima, que assume privilégios tais ao ponto de se tornar um espectáculo independente e, na maioria das vezes, muito longo. Os teatros populares e os das províncias costumavam há já algum tempo encenar todos os anos uma *Christmas Pantomime*, cujas representações duravam às vezes um ou até vários meses, mas no século XIX tornou-se uma constante inclusive nos maiores teatros londrinos: ficou célebre a pantomima natalícia encenada, em 1812, no Covent Garden, por Kemble, que aí exibiu até um elefante. A personagem principal da pantomima era Arlequim, um Arlequim acrobático e transformista, ainda vestido com o seu fato aos losangos mas capaz de encarnar personagens diferentes, além de, obviamente, passar pelas mais estranhas aventuras. Uma pantomima podia compreender até duas dezenas de quadros, cujos títulos eram mais ou menos os seguintes: «As Cavernas Encantadas e a Beleza do Subterrâneo», «A Ilha de Cristal e as Águas Mágicas de Prata», «A Mina Negra», «A Gruta Dourada da Rainha das Fadas». Mudanças cenográficas, voos, aparições, em suma, todos os ingredientes do espectáculo barroco, constituíam maravilhosas atracções para um público cada vez mais desejoso de entretenimentos visuais.

Dentre os teatros londrinos, o Adelphi era especializado em espectáculos do género que poderíamos também definir como variedades e que versavam sobre temas da actualidade, por vezes quentes, como é o caso de um *pot-pourri* de Pierce Egan, com um título extremamente significativo, *The Life of London*, que alcançou um sucesso estrondoso. Não faltava a componente sensacionalista e negra que, aliás, era o elemento constitutivo de muitos melodramas (entendendo-se o termo no seu significado em francês de género dramático popular e não no da língua italiana que é sinónimo de ópera lírica), cujo herói podia ser um bandido famoso no qual a plebe projectava os seus ideais de revolta, sobretudo em Inglaterra, pátria de Robin dos Bosques.

Como género literário, o melodrama desenvolve-se em França a partir da evolução, em sentido popular, do drama burguês, na forma que lhe havia sido dada por Louis-Sébastien Mercier: uma acção rica em golpes de teatro, premente, conduzida por personagens com uma psicologia elementar, sem *nuances*, investida de uma mensagem moral simples e muitas vezes de uma viva sensibilidade em relação à problemática social. Em Mercier, por seu turno, imitador insuportável, entre outros, de muitos dramas shakespearianos, não faltavam os temas históricos e a previsão de motivos intensamente espectaculares.

Nos primeiros anos do século XIX, tinham vindo a criar-se condições que levariam rapidamente a um enorme desenvolvimento do aparato espectacular dos melodramas, condições que eram de natureza cultural, organizativa, política, mas essencialmente de natureza técnica. Com efeito, no fim dos anos 1790, o regime de privilégio fora abolido e as empresas teatrais, então livres, multiplicaram-se como cogumelos após a chuva. Poucos anos depois podia-se contar em Paris cerca de vinte teatros, muitos dos quais concentrados no boulevard du Temple, ou nas suas imediações, na periferia oriental da cidade, que rapidamente se torna o bairro do divertimento e do teatro. Tanto é que os novos teatros foram definidos como «do *boulevard*», e ainda hoje quando se fala de um tipo de teatro leve e sem compromissos se costuma defini-lo como «*boulevardier*».

Todavia, em 1807, Napoleão procurou «restabelecer a ordem», reduzindo para oito o número de teatros que podiam legitimamente actuar na cidade. Desses oito, quatro eram teatros subsidiados: a Comédie-Française, o Odéon (ou segundo Théâtre Français, ou Théâtre de L'Imperatrice), a Opéra e a Opéra Comique. Os outros quatro (Théâtre des Variétés, Ambigu Comique, Théâtre de la Gaîté e Vaudeville) eram simplesmente autorizados, mas com limitações precisas. Além destes, tolerava-se o Cirque Olympique, que só podia representar *pantomimes à spectacle*. Napoleão pretendia «dar a cada um o seu», criando teatros rigidamente especializados: aos teatros de Estado estavam reservados os géneros «nobres», enquanto os privados tinham de se limitar aos géneros populares. Assim, o Ambigu e o Gaîté eram especializados na representação de *mélo*, ao passo que o Vaudeville se dedicava ao género que lhe dava o nome, farsas ou comediazitas intervaladas por canções com árias conhecidas que o público muitas vezes cantava em coro como na época dos teatros das feiras (dos quais, aliás, todos estes teatros derivam directa ou indirectamente).

Porém, esta regulamentação rígida durou tanto quanto o Império Napoleónico. Apesar de o decreto ter permanecido formalmente em vigor, imediatamente depois da Restauração as empresas teatrais recomeçaram a florescer e, antes de 1830, os teatros parisienses atingiram um número inaudito: trinta. A Comédie-Française limitou-se a defender a sua exclusividade para os géneros nobres, mas, na verdade, a comédia nobre e a tragédia já não interessavam a ninguém. Os teatros do *boulevard* preferiam dedicar-se a géneros mais intensamente espectaculares.

Por outro lado, enquanto muitos técnicos começavam a criticar de forma cada vez mais áspera a estrutura da cenografia à italiana (série dupla de bastidores, pintados e opticamente coordenados, e tela de fundo), preferindo uma estrutura cénica mais complexa, rica em elementos tridimensionais, em praticáveis e em painéis verticais, abriu-se um espaço onde era possível uma intensa experiência cenográfica, cenotécnica e iluminotécnica, que não tardou a dar os seus frutos no âmbito do teatro dramático.

Já em 1787, um pintor inglês, um certo Backer, havia encenado numa sala em Paris um «panorama», seguido, em 1779, pelo americano Robert Fulton e, em 1804, por um francês conhecido como «o cidadão Pierre». Nos primeiros casos tratava-se de uma pintura circular, contínua, sabiamente iluminada, que o espectador contemplava estando no centro de uma sala, na penumbra. Mas o panorama do cidadão Pierre estava disposto em vários níveis e, através de mecanismos bastante complexos, representavam-se fenómenos naturais, como o nascer do Sol, o enevoar-se do céu e assim por diante. No mesmo ano, um panorama semelhante é encenado por Louis-Jacques Daguerre, que havia já encetado uma brilhante carreira de cenógrafo no Ambigu Comique. Alguns anos mais tarde, deslocará os seus espectáculos ópticos (como vinham sendo chamados) para o interior de um verdadeiro palco, cuja parte anterior era bastante escura, enquanto o fundo, fortemente iluminado, mudava continuamente numa série de visões diferentes ou pelo alterar da situação atmosférica. Os cenários paisagísticos, com os seus fenómenos naturais, eram os mais frequentes, no entanto, não faltavam visões de cidades com o fervilhar da vida e o movimento de homens e de carroças. Este tipo de espectáculo foi designado por Daguerre de «diorama» (ver através de) e não há dúvida de que as investigações feitas nessa área lhe foram úteis nos primeiros passos no campo da fotografia.

Aluno de Daguerre, Eugène Ciceri aplicou ao teatro de forma sistemática as investigações do seu mestre, quer no plano técnico, quer no plano puramente cenográfico, e definiu a estrutura da cena oitocentista, que ainda é aquela que se vê nos nossos teatros conservadores: os painéis verticais e os praticáveis substituem os bastidores pintados, o fundo é assim encenado em vários planos defronte a um panorama móvel, sendo erradicadas as «partes aéreas», aquelas espécies de bastidores superiores que serviam para representar o céu; a iluminação deixou de ser limitada pela ribalta, procurando efeitos mais estudados e complexos, cuja realização se torna mais simples com a utilização de candeeiros a gás em vez de candeeiros a óleo.

Pode dizer-se que todos os cenógrafos do século XIX – Chaperon, Rubé, Rousin, Roqueplan, Delaroche e outros ainda que trabalhavam em alternativa para quase todos os teatros da capital – foram alunos de Ciceri e Daguerre. Contudo, foram os teatros do *boulevard* que primeiro aproveitaram as inovações técnicas, ou melhor, que muitas vezes as estimularam, de forma a satisfazer as exigências do teatro melodramático, no qual, além das frequentes mudanças de cena – pode bem dizer-se que os actos foram substituídos por «quadros» – não faltavam as representações de fenómenos naturais em que se esgotavam os espectáculos «ópticos», nem as aparições de sonhos, de fantasmas e de divindades.

É impossível dar uma ideia em poucas linhas, ou em poucas páginas, da enorme variedade de ofertas de espectáculos que os teatros de Paris puseram à disposição do seu público ao longo do século XIX. Limitar-me-ei, portanto, a recordar a fortuna do melodrama (que, repito, não deve ser confundido com a ópera lírica).

O melodrama torna-se, no início do século XIX, o género teatral mais amado e popular, bem como o mais desprezado pelos cultores da tragédia e da comédia erudita, que, na verdade, eram cada vez menos: ao contrário do que sucedeu em Inglaterra com Shakespeare, os três clássicos do *Grand Siècle* não tinham encontrado nos palcos da Comédie uma nova fórmula teatral e espectacular capaz de reinterpretá-los e repropô-los ao público. Assim, não obstante os grandes intérpretes que houve mesmo após Talma se ter retirado, ir ver uma tragédia de Racine ou de Corneille tornou-se mais um dever cultural-mundano do que um prazer do espírito.

A fórmula do melodrama poder-se-ia resumir em duas palavras: a inocência perseguida, sendo os papéis fundamentais o do malvado perseguidor (que podemos considerar indirectamente derivado do Franz Moor schilleriano) e o da jovem honesta e enamorada. Em torno deles gravitam uma série de personagens patéticas (o enamorado honesto e o pai afectuoso), ou definitivamente cómicas. Mas o papel central é justamente o do vilão, ambicionado por todos os actores de estatura alta, esgalgada e espectral. O modelo do papel foi construído por um actor chamado Tautin, que se tornou o intérprete fiel e predilecto de Guilbert de Pixérécourt, o primeiro, mais fecundo e aplaudido actor de *mélo*: Pixérécourt levou consigo Tautin quando assumiu a direcção do Théâtre de la Gaîté, onde (ironia dos nomes) se consumaram as histórias mais tristes e sangrentas do teatro francês (tanto é que o boulevard du Temple é chamado *boulevard du crime*, em virtude dos muitos crimes atrozes que se consumavam nos palcos). O esquema deste papel, como se vê internacionalmente difundido, estava ainda activo em 1845, quando Eugène Sue fez representar no Ambigu um *mélo* da sua autoria: *Le juif errant*. Dizem as crónicas que o actor Chilly traçou uma inesquecível *silhouette* do protagonista, percorrendo toda a série de folias humanas – audácia e cobardia, esperteza e ambição – quase sem gestos, com um olhar às vezes insolente, esperto, prudente, dominador e violento atrás dos óculos azuis. É claro que por «olhar» devemos entender mímica facial. A ambientação é frequentemente medieval: é nos palcos do *boulevard* que ganha forma aquele romantismo maneirista a que muitas vezes nos referimos falando do teatro oitocentista; as paisagens também são representadas em termos «românticos». Desde a primeira representação de *Coeline* de Guilbert de Pixérécourt (1773-1834), que teve lugar no Ambigu Comique em 1779, que estão presentes todos os ingredientes cénicos da paisagem romântica: lugares selvagens de rochas praticáveis, uma ponte do diabo, a tempestade. A iluminação tendia a tornar a atmosfera misteriosa, se não aterradora; estava tudo preparado para que o barão Frankenstein fizesse a sua aparição com o seu monstro em palco, como viria a acontecer, na esteira do recente romance de Mary Shelley, em 1826 no teatro Porte St.-Martin, onde, dois anos depois, foi levada à cena uma adaptação reduzida, a pretexto de espectáculo, do *Fausto* de Goethe. Não faltavam, embora interpretados em termos fantasiosamente românticos, os temas da actualidade; aliás, cerca de meados do século a inspiração social dos melodramas tornou-se mais explícita. Os submundos de Paris, quase presságio das preferências temáticas do movimento naturalista, são muitas vezes representados na sua inquietante realidade. Em 1842, foi levado à cena, no Ambigu, *Paris la nuit* de Dupeuty e Cormon, que não era certamente uma guia dos prazeres nocturnos da Cidade Luz; em 1844, no Porte St.-Martin, uma adaptação dos *Mystères de Paris* de Eugène Sue e, em 1850, um texto de Paul Meurice com o título lapidar *Paris*. Os espectadores viam a sua cidade representada com uma espécie de tenebroso e fantástico realismo, fervilhante de uma humanidade da qual faziam parte, mas imersa numa atmosfera cruel de tensão irreal; sentiam-se assim protagonistas daquelas histórias sanguinárias e, o que é mais importante, vítimas dos abusos dos malvados poderosos, as duas orfãzinhas do clássico *mélo* de Eugène Cormon foram as suas filhas. Os reaccionários escandalizaram--se, consideraram que certos espectáculos eram um convite à revolta, mas a polícia desta vez viu mais longe e pensou que o valor catártico e purificador do espectáculo era mais forte do que a sua carga revolucionária.

Se, como se disse, na maioria das vezes os melodramas ambientados no passado se desenrolavam na Idade Média, a Antiguidade greco-romana ou o Renascimento também serviram às vezes de pano de fundo, e os teatros do *boulevard*, desde os primeiros anos do século, entraram em competição para oferecer espectáculos que fossem não só muito intensos na acção, como também rigorosos, ou pelo menos credíveis do ponto de vista da «cor local». Exemplar deste ponto de vista foi a encenação, no Gaité, em 1827, de *La ruine de Pompei* do já clássico Pixérécourt: todo o drama tendia, é claro, para a representação da erupção do Vesúvio, mas nem por isso os trajes

HISTÓRIA DO TEATRO

antigos e as arquitecturas romanas foram reconstituídas com menor cuidado. Seis anos antes, Ciceri havia reconstituído, para *Le Doge de Venise*, no palco do mesmo teatro, uma esplêndida síntese da Veneza renascentista.

Poder-se-ia continuar a enumerar os espectáculos «históricos» encenados nos teatros populares de Paris, que conseguiam milagrosamente oferecer representações extremamente faustosas sem incorrer nos receosos défices contraídos pela Opéra e pela Comédie quando decidiram, forçadas pelo vazio perene das suas salas, seguir-lhes o exemplo. Basta recordar também o Cirque Olympique, o teatro que alcançou os maiores sucessos neste campo: graças à sua estrutura extraordinária – um circo com um palco – eram possíveis os mais grandiosos movimentos de massas, incluindo exercícios de cavalaria. Após a revolução de 1830, houve um verdadeiro reacender da chama napoleónica por toda a França. No Cirque Olympique a epopeia do imperador é reevocada num grandioso espectáculo baseado no texto de Prosper Saint-Alme, *La République*, *L'Empire et les cent jours*, dirigido por M. F. Laloue, o primeiro encenador de grande renome (do qual se dizia que nem Gérard David o superava na composição dos «quadros»). Quando, mais tarde, Victor Hugo e Alexandre Dumas pai tentaram dar dignidade literária ao *mélodrame*, transformando-o em *drame*, o gosto pelas ambientações históricas tornara-se de tal modo difuso que induziu Dumas a abrir um teatro dedicado exclusivamente a este tipo de espectáculos, tendo sido baptizado como Théâtre Historique. Apesar de Dumas, fanfarrão e pródigo como os seus mosqueteiros, não parecer ter sido um homem capaz de dirigir um teatro, a iniciativa durou ainda quatro anos, de 1846 a 1850, tendo encenado uma adaptação de *Hamlet* que acabava com uma terceira aparição do espectro do pai: Hamlet perguntava-lhe qual devia ser a punição para as suas hesitações e o espectro, lapidar, respondia-lhe: «Tu viverás.»

É claro que estas representações historicamente ambientadas e de grande intensidade espectacular deviam ser orientadas por uma direcção que lhes organizasse, pelo menos, o desenvolvimento coreográfico, como sucedera na Alemanha e em Inglaterra. E embora em francês o termo *régisseur* signifique ainda hoje «director de cena» e não tanto «encenador», a encenação começou a ser uma verdadeira especialização e certos encenadores, como Varez do Ambigu, alcançaram mesmo um certo renome.

A batalha romântica estava, portanto, ganha bem antes da famosa *première* do *Hernâni* de Victor Hugo na Comédie (1829). Se é verdade que a primeira função do teatro romântico era a de *«ressusciter des hommes et de rebâtir un siècle»* (ressuscitar homens e reconstruir um século), como afirmava Alexandre Dumas pai (1803-1870), os teatros secundários haviam desempenhado bem tal função. Além disso, se após as moderadas tentativas de Talma, o actor neoclássico caro a Napoleão, a ambientação histórica começou por ter livre acesso no Théâtre Français, não foi certamente devido ao empenho dos sócios, mas ao do barão Taylor, o novo director que assumiu o cargo em 1825 e que havia colaborado com Daguerre na organização de um dos primeiros «panoramas» cenográficos de Paris.

De igual modo, os grandes dramaturgos românticos – Victor Hugo (1802-1885), autor do manifesto do teatro romântico no prefácio a *Cromwell*, e Alfred de Vigny (1797-1863) que deu corpo, na figura de Chatterton, ao mito do poeta esmagado pela incompreensão e pela brutalidade da sociedade materialista, mito que será caro ao longo de todo o século – nunca encontraram intérpretes do seu agrado entre os actores da Comédie. Na noite do *Hernâni*, quando os defensores da tradição classicista do teatro francês procuraram impedir que um sucesso do drama de Victor Hugo violasse o templo da Comédie, Mademoiselle Mars, a compassada e rigorosa mas muitas vezes espirituosa intérprete de Molière, apenas pôde ser uma fria Doña Sol. A musa dos românticos foi a frágil Marie Dorval, extraordinária, apaixonada e subtil intérprete de Kitty Bell, heroína da submissão e do silêncio no *Chatterton* de De Vigny. A mesma personagem de Doña Sol conquistou o público «verdadeiro» (não, portanto, aquele público num sentido ou noutro preconceituosamente

HISTÓRIA DO TEATRO

predisposto da noite da batalha), só quando foi interpretada, em 1838, pela Durval que não hesitava em chorar, gritar e em deixar-se ir numa mímica aparentemente incontrolada e fortemente expressiva, que um seu clássico detractor descrevia com estas palavras: «dobra-se em duas, sacode os cabelos da testa, entra em palco com a roupa desarranjada, com o véu rasgado, a voz enrouquecida.» Mas, ao invés, comentava a sua amiga Georges Sand, «estes gritos e estas palavras pareceriam selvagens e grotescos na boca de qualquer outra: era preciso uma personalidade como a sua para os tornar sublimes e terríveis».

Excelente intérprete do repertório romântico foi também Frédérick Lemaître (1800-1876), talvez o maior actor francês do século a par de Sarah Bernhardt. Ele contribuiu validamente para o sucesso de dramas muito diferentes, como *Les vêpres siciliennes* de Casimir Delavigne (Ódeon, 1830), *Kean* de A. Dumas (Variété, 1836), *Lucrécia Bórgia* de Victor Hugo (1833); mas a sua mais verdadeira personalidade de actor permanece ligada ao melodrama passional, quer histórico, quer contemporâneo, em suma, ao repertório que foi exclusivo do *boulevard* (de resto foi na escola desses melodramas que Dumas e Hugo, além de Schiller, se formaram como dramaturgos). O nome de Lemaître permanece ligado, em particular, à interpretação de uma personagem (neste caso, seria melhor usar o termo francês *création*) da qual permaneceu prisioneira durante toda a sua carreira. Em 1823 – o actor era muito jovem, nascera em 1800 –, o Ambigu Comique ofereceu-lhe o papel de protagonista num melodrama escrito por uma daquelas sociedades de autores tão frequentes no teatro parisiense: *L'auberge des Adrets* de Saint-Amand, Antier e Polyanthe. Lemaître interpretou a personagem de Robert Macaire invertendo-lhe o sentido, pelo que tudo o que nela era patético e de arrancar lágrimas tornou-se irresistivelmente cómico e divertido; não se tratava de uma simples paródia, na medida em que Lemaître não se limitava a forçar o aspecto patético, tornava-o grotesco, revestindo a personagem e situações de uma ironia tão corrosiva que acabava por fazer entrar em crise a própria estrutura do drama.

O *BOULEVARD* PARISIENSE

O ter sabido apreciar e perceber esta interpretação que, no fim de contas, fazia cair os valores do teatro que lhe era caro, demonstra a maturidade do público e, indirectamente, também da validade desse teatro plebeu e espectacular. Lemaître já não pôde abandonar Robert Macaire e, além das inúmeras representações de *L'auberge des Adrets*, em que as falas mudavam de noite para noite, em 1843 teve de inventar uma continuação das aventuras da personagem, numa peça em cuja composição colaborou na primeira pessoa e que se intitulava justamente *Robert Macaire*. O alegre assassino transformou-se em banqueiro empreendedor que tinha como objectivo vender as acções de uma sociedade de seguros que existia só de nome. A crítica à burguesia especuladora do reinado de Luís Filipe era de tal forma corrosiva que o espectáculo foi proibido após poucas sessões. Mas tal não significou o fim da personagem. À semelhança do que sucedera com as máscaras da *commedia dell'arte*, Robert Macaire saiu do teatro para se tornar protagonista de romances e contos, sobretudo de uma série extraordinária de litografias que Honoré Daumier vinha publicando nos jornais satíricos.

Entre outros dramas de Victor Hugo transformados em êxitos por Frédérick, conta-se ainda *Ruy Blas*, levado à cena no teatro da Porte St.-Martin em 1841, onde ele interpretou com particular empenho trágico o papel do protagonista, o servo que se torna ministro por amor à rainha, mas que depois é vítima de chantagem por parte do vilão e tem de matar-se. Porém, aos poucos, foi-se apercebendo de que o seu verdadeiro papel seria o de Dom César de Bazan, o cavalheiro maltrapilho e descontraído, que no drama de Dumas é uma personagem periférica. Sucedeu então que uma das muitas sociedades dramáticas que forneciam os textos aos teatros do *boulevard* lhe propôs uma peça na qual Dom César era o herói epónimo. *Dom César de Bazan* de Dumanoir e Dennery foi levado à cena um ano depois de *Robert Macaire* ter sido forçosamente eliminado do cartaz e foi um êxito estrondoso, como se Robert Macaire se tivesse transformado numa antiga personagem: o tema de fundo da sua interpretação, sobre a qual abundam entusiásticas descrições dos cronistas, pode ser definido em duas palavras como a exibição da *nonchalance* ou a elegância da miséria.

A ambientação histórica dos dramas e representação de cenas de vida contemporânea contêm uma mesma exigência realista, exigência que, não obstante o cuidado com os pormenores, permanece ao longo de toda a primeira metade do século confinada à redução da «cor local», sem encontrar uma concretização real nas formas; não só porque a imagem da realidade passada é como que filtrada através das lentes de um sonho, mas também porque a realidade presente é realizada com uma forte acentuação dos contrastes e das cores, que a tornam, no fim de contas, não menos irreal e distante. Para recuperar o sentido da realidade quotidiana o teatro devia aliar--se à tradição do drama burguês de Lessing e de Diderot. A Comédie-Française está, por uma vez, na vanguarda, acolhendo desde 1827 um drama de Picard, *Les trois quartiers*, que introduzia o espectador nos salões da alta-roda parisiense. Com este espectáculo, a Comédie redescobre o seu público, que já não podia ser constituído por poucos *aficionados* da tragédia clássica em alexandrinos, negadores pertinazes de todos os valores do espectáculo contemporâneo a começar pela mudança do lugar, mas sim pela nova classe dirigente saída do Império Napoleónico, a alta burguesia capitalista, capaz de competir pelo nível de vida, cultura e requinte com a aristocracia do *ancien régime*.

Por volta de 1850, muitos teatros não subsidiados de Paris tinham abandonado a sua vocação popular e faziam concorrência à Comédie e ao Odéon, mesmo no plano da elegância e da selecção do público. Basta recordar o Renaissance, o Gymnase, o Porte St.-Martin. E, naturalmente, adequaram o seu repertório às exigências desse público mais requintado e seleccionado: a Comédie e o Odéon permanecem os lugares privilegiados do teatro clássico, mas no que toca as novidades estão abertas as hostilidades.

O novo repertório é, em grande parte, constituído justamente por aquela revisitação do drama burguês que assume como ambiente privilegiado o salão onde tem lugar a vida social, onde se encontram as belas damas, os capitalistas, os banqueiros, os aristocratas: a sala branca e dourada, ricamente mobilada foi o ambiente cenográfico mais utilizado; as roupas das actrizes não eram diferentes das *toilettes* das senhoras elegantes; representar bem significava comportar-se em cena com a mesma elegância natural com que as pessoas da alta-roda estão na sociedade. Uma vez mais o teatro chama a si a tarefa de reflectir a sociedade que conta, mas já não se trata, como nos séculos XVII ou XVIII, de um reflexo ampliado, idealizado ou disfarçado nos trajes dos antigos heróis: aquela que se reflecte é a verdadeira sociedade parisiense, que ambiciona ser o modelo da sociedade europeia.

Após a vaga de liberdade romântica, o teatro francês regressa à sua vocação classicista: uma norma não escrita mas suficientemente precisa determina a forma de representar dos actores, cujos pólos dialécticos são constituídos pela expressividade apaixonada e pela rigorosa aderência às regras da *bienséance* mundana.

Porém, uma normativa igualmente precisa preside à estruturação dramatúrgica dos textos. Após um longo período em que os palcos franceses foram dominados pela personalidade de Eugène Scribe (1791-1861), que sozinho e com a ajuda de muitos colaboradores mais ou menos «negros», produz um número incrível de textos (aliás de diferentes temáticas), a escola dramática francesa foi representada por uma tríade de autores cujas obras constituíram ao longo de uma centena de anos o «grande repertório» não só francês, mas europeu: Emile Augier (1820-1889), Alexandre Dumas filho (1824-1895) e Victorien Sardou (1831-1908). O ano de 1852 é, neste sentido, uma data histórica: a representação na Comédie da *Dama das Camélias* do principiante Dumas marca a afirmação desta escola. Com esta afirma-se também, enquanto instrumento crítico e princípio normativo (ainda que negado *qua talis*) o conceito de teatralidade. Francisque Sarcey foi, entre 1870 e 1900, o crítico mais escutado em França. A crítica havia assumido, a partir de meados do século, graças ao impetuoso desenvolvimento da imprensa quotidiana, um papel decisivo na formação da cultura teatral (mas não nos podemos esquecer de que a crítica militante existia já no século anterior: o *Mercure de France* e o *Mercure Galant* incluíam regularmente recensões teatrais). Francisque Sarcey sustentava, portanto, que o teatro tem leis certas e absolutas (leis, precisava, e não regras, em homenagem ao cientismo positivista que já entrara na linguagem comum) resultantes do facto de uma obra de teatro ser feita para ser escutada «por muitas pessoas reunidas que formam o público». Na realidade, como Aristóteles havia extraído a sua teoria da análise das tragédias de Ésquilo, Sófocles, Eurípides, assim Sarcey derivava a sua ideia de teatralidade das obras dos novos clássicos: Augier, Dumas e Sardou. E tudo o que não se enquadrava nessa ideia, simplesmente não era teatro. A teatralidade consistia essencialmente na capacidade de iludir e de interessar o público: a ilusão que nasce de uma sábia mescla de realismo e de convencionalidade; o interesse que resulta da capacidade de criar no público a expectativa de como irá acabar, enganando continuamente as suas previsões e mantendo uma unilateralidade absoluta no desenvolvimento da acção e no tom.

Victorien Sardou, o mago do teatro, como era chamado, foi o mestre indiscutível da teatralidade pura. As suas *pièces*, baseadas num desenvolvimento rigoroso e lógico da acção, interrompido por súbitos golpes de teatro que invertem uma conclusão que parecia logicamente previsível, são, em certos casos, verdadeiros livros policiais: *Ferréol* (1875), *Fedora* (1872). Interessantes também para leitura, pelo menos enquanto não se percebe o truque, os dramas de Sardou estão repletos de diligentes anotações de encenação, relativas à acção coreográfica e à mímica dos actores, e nisso consiste, talvez, a sua mais real «teatralidade». A representação dos textos de Victorien Sardou exigia de facto uma encenação elaborada, designadamente a nível coreográfico: nos momentos corais, constituídos por recepções, a acção dispersava-se em diversas ramificações que, no seu conjunto, deviam fornecer a imagem coerente e legível da vida de um salão elegante.

Alexandre Dumas não é igualmente hábil a organizar o jogo do *suspense* e não esconde que o seu principal interesse se centra nos problemas de carácter social e moral, sobretudo naqueles que dizem respeito à relação entre os sexos e o lugar da mulher na sociedade: o tema da mulher perdida que se redime moralmente no amor sem, no entanto, conseguir encontrar um lugar na vida social é recorrente nos seus dramas. Não admira, portanto, que Dumas, mais do que Sardou, tenha sido caro às grandes actrizes do século, desde Charlotte Doche, que «criou» o papel de Margarida Gautier, passando por Aimée Desclée, que foi a sua mais apaixonada intérprete, a Sarah Bernhardt, que conferiu à já mítica personagem o estatuto de heroína trágica. De resto, Sarah Bernhardt foi a actriz que soube devolver peso cénico às grandes personagens femininas de Racine: a sua interpretação de Fedra foi de uma intensidade arrasadora, apesar de a actriz não hesitar em recorrer aos mais evidentes artifícios expressivos; como havia feito ao interpretar Margarida Gautier, cuja morte transformava numa espécie de apoteose, como se atingida pelo fulgor dos deuses invejosos que a querem junto deles, Sarah executava «uma estupenda pirueta que é certamente um dos efeitos mais extraordinários que jamais se viram nos palcos do teatro dramático». Dumas filho não poupa críticas aos preconceitos a que, no entanto, adere, e a solução do conflito entre a exigência moral profunda e o preconceito social transforma brilhantes conversadores e elegantes senhores em heróis trágicos. Para Dumas, a exigência moral e preconceito diziam sempre respeito às relações com os membros de uma mesma classe social: a sua crítica nunca tomava em consideração relações de poder e, além disso, o preconceito, que era preciso combater, era visto como aceite de boa-fé.

HISTÓRIA DO TEATRO

Ter-se-á de esperar que Henri Becque escreva em 1879 *Les corbeaux* – drama não por acaso rejeitado por quase todos os teatros parisienses (o *boulevard* já competia em elegância com os teatros oficiais) antes de ser representado, em 1882, na Comédie-Française – porque, ainda que não sejam postas a nu as relações de opressão entre as classes, são-no pelo menos os chamados valores da sociedade burguesa, revelando-se impiedosas e sórdidas questões de interesse.

A tradição que Dumas recupera não se esgota nem com ele, nem com Becque. Será perpetuada, em Itália, por um Dumas mais modesto, Paolo Ferrari, defensor oficial dos mesmos preconceitos que Dumas soubera combater. Em Inglaterra será perpetuada por Oscar Wilde, subtraindo-se, aliás, à problemática moral, julgada fictícia ou inexistente, reduzindo assim as relações entre as personagens a um puro jogo de sociedade, cujos supremos valores são a elegância e a discrição. E ainda, no século xx, Thomas S. Eliot procurará nesses manequins de salão uma alma, uma ânsia de redenção e de infinito. Todavia, será Eugène Ionesco com *La cantatrice chauve* (*A Cantora Careca*), o seu único drama poderosamente corrosivo, a demonstrar até que ponto as conversas dos salões burgueses são apenas uma vã tentativa de comunicar reciprocamente, através de sons considerados significantes, mas que na realidade são ocos, de um vazio interior.

26

Os miseráveis italianos

As companhias nómadas, que a partir de meados do século XVI haviam levado o teatro a todos os cantos da Europa, desapareceram quase por completo no século XIX. Na Alemanha havia ainda muitas nos tempos de Goethe, mas, a pouco e pouco, foram arrasadas pelos teatros nacionais ou municipais que surgiam em quase todos os centros; em França cedem ao domínio absoluto dos teatros parisienses. Só em Itália continuaram a ser a estrutura portante do teatro, aliás eram o teatro, pois as raras tentativas de criar companhias estáveis – a Reale Sarda, a Companhia do duque de Módena – tiveram uma curta existência, quer antes, quer depois da unificação nacional.

Existia entre as várias companhias uma hierarquia *de facto*, mas se as mais importantes – as que eram recebidas por teatros de um certo nível das maiores cidades italianas: o Rei de Milão, o Carignano de Turim – gozavam de pleno direito do título de «primárias», as outras, que frequentavam as arenas, ou os teatros mais pobres, ou que representavam mesmo nas salas e nas praças das aldeias, deviam definir-se «secundárias» ou «terciárias». Estas companhias chegavam aos centros mais isolados da península, onde representavam na maioria das vezes em barracas improvisadas ou numa área fechada pelos cobertores que os próprios camponeses levavam, e eram quase sempre pagas em géneros, na medida em que a pobreza dos camponeses fazia com que, no século XIX, a circulação de dinheiro fosse ainda bastante limitada.

Os rastos deixados por estas companhias são extremamente escassos, confiados geralmente a uma memória que se vai apagando, mas até 1950 ainda existia um número considerável. Eu próprio tive oportunidade de ver uma a representar, em Trentino, um repertório formado essencialmente por melodramas franceses de que falámos no capítulo anterior (*As Duas Órfãs, A Cega de Sorrento, O Patrão das Ferrarias*). E, em Roma, a Companhia Doriglia-Palma foi, talvez, a última herdeira directa e consciente desta tradição.

Herdeiras directas, por sua vez, dos comediantes *dell'arte*, as companhias de prosa italianas mantiveram muitas das suas características: o teatro é, para elas, antes de mais, um ofício que se transmite de pai para filho, embora não faltem de vez em quando recém-chegados atraídos pela paixão pelo teatro ou por uma actriz, ou estimulados pelo gosto pela aventura ou pelas vicissitudes da vida. Os «filhos da arte», como então se dizia, aprendiam este ofício interpretando ainda de fraldas, nos braços da mãe legítima, o papel dos filhos do pecado e, aos poucos, todos os papéis que o repertório exigia que fossem desempenhados por crianças ou jovens. Abandonadas as máscaras de Pantaleão e de Arlequim que, todavia, regressavam pontualmente nas farsas ou nas sessões dedicadas à exumação do teatro antigo, a estrutura das companhias estava agora estreitamente ligada ao princípio do «papel». O «papel» implica uma especialização muito menos determinada do que a «máscara» da *commedia dell'arte*, compreendendo todas as «partes», ou seja, todas as personagens que competem, por hierarquia ou capacidade, a um certo actor.

Na terminologia teatral italiana «papel» corresponde ao francês *emploi* (*rôle* significa «parte») e ao inglês *line of business*. Com efeito, o princípio organizativo dos papéis entra bastante tarde no teatro italiano: quando as máscaras se tornaram um apêndice marginal, acabando depois por desaparecer completamente, os actores de uma companhia foram classificados simplesmente como «homens» e «mulheres». Em França, sobretudo na Comédie-Française, a organização por papéis é mais antiga e, principalmente, mais pormenorizada do que alguma vez foi em Itália. Mas, mesmo em Itália, os papéis tiveram uma função decisiva na produção dos espectáculos por causa das rigorosas exigências técnicas determinadas pelo próprio facto de as companhias italianas terem permanecido sempre companhias «itinerantes». Por muito que estivessem conscientes da necessidade de mudar de praça a cada 15-30 dias, quando corria bem, os actores, precisamente os das companhias maiores, procuravam sempre explorar ao máximo uma «praça» para evitar os custos e os incómodos das frequentes deslocações, mas nos centros maiores também era mais difícil que uma comédia pudesse estar em cartaz mais de três ou quatro noites; geralmente, os actores tinham de mudar o espectáculo diariamente. De tarde ensaiava-se (nem sempre) e à noite representava-se. Saber de cor um repertório de trinta ou quarenta textos era evidentemente impossível, de modo que os actores tinham de improvisar as falas que não tivessem conseguido perceber da boca do ponto, sem se afastarem do tom da personagem, e tinham de possuir um repertório mímico que suprisse a insuficiência dos ensaios. Tudo isso exigia uma especialização que, já não sendo aquela totalmente definida das máscaras, se centrava, no entanto, numa série limitada e homogénea de personagens: os papéis. Seja como for, uma companhia italiana compreendia sempre um actor principal e uma actriz principal aos quais cabiam as partes de protagonistas, muitas vezes identificadas com o herói bom e a mulher virtuosa; dois «amantes», como se continuou a dizer nos primeiros tempos, mas que, mais tarde, foram definidos como actor principal jovem e actriz principal jovem, geralmente com características de exuberância ou ingenuidade (apesar do papel da «ingénua» poder ser um papel específico); uma segunda mulher à qual estavam reservados os papéis das adúlteras que se tornaram tão importantes nas últimas décadas do século que frequentemente as actrizes principais os queriam para elas; uma mãe e um pai nobres, destino frequente dos actores principais envelhecidos, mas igualmente rejeitados por eles, como era o caso de Ernesto Rossi que continuava a interpretar Romeu quando já havia passado dos sessenta anos; um «brilhante», ao qual cabiam as personagens cómicas ou, de certa forma, ligeiras, mas que com o passar do tempo assume também a parte do «*raisonneur*»; e, por último, os dois papéis mais estilisticamente determinados, a saber, o «tirano», que se identifica com o vilão, o «*villain*» de isabelina memória, e o actor cómico, ligado, como diz o nome, às personagens cómicas do teatro molieresco e goldoniano, mas que acabou por se tornar uma simpática e rechonchuda figura, delicadamente cómica, capaz de consolar e de dar um tom afectuoso. Na parte inferior, nas companhias maiores, um número mais ou menos considerável de «genéricos», que tinham de se adequar a qualquer parte menor que lhes fosse atribuída.

Só os actores principais passavam de uma personagem para outra completamente diferente graças à sua maior versatilidade – dote extremamente apreciado e pelo qual se tornou famoso, entre outros, Alamanno Morelli (1812-1893) – ou graças à capacidade de adequar qualquer parte à sua personalidade, ou seja, de se representarem a si próprios na parte que lhes cabia, como terá dito Stanislavski.

O repertório mudou muito, obviamente, ao longo do século, mais para as companhias primárias do que para as outras, ligadas ao drama sentimental do fim do século XVIII e ao melodrama francês de ambiente histórico e contemporâneo. O único ponto fixo ao longo de todo o século foram as principais comédias de Goldoni, tanto que o dialecto veneziano fazia parte da bagagem técnica de todos os bons actores. Todavia, não faltaram companhias especializadas no repertório goldoniano: nos anos 1830, 1850, a de Francesco Augusto Bon, que se reclamava directo descendente de Goldoni, mesmo enquanto dramaturgo; e desde 1870 a companhia Moro Lin, da qual fez parte o grande Emilio Zago.

Antes de meados do século, Shakespeare fez a sua aparição nos palcos italianos, modificado obviamente e muitas vezes improvisado, mas nas suas grandes personagens os actores italianos encontraram modo de exteriorizar a sua personalidade, na maioria das vezes inquietante, de matadores: Tommaso Salvini (1829-1915) foi exímio nas partes que exigiam mais dinamismo e violência, ao passo que Ernesto Rossi (1829-1898) tinha predilecção pelas personagens mais subtis e pensativas, tornando-se a identificação Salvini-Otelo e Rossi-Hamlet um lugar-comum da crítica italiana. Quer Rossi, quer Salvini foram, ou disso se gabavam, alunos de Tommaso Modena, intérprete personalizadíssimo das tragédias alfierianas: o mito conservou a memória do longo sibilo em que Modena transformava o *u* de «*lunga*» no verso com que Saul condena o sacerdote «*a cruda morte, e lunga*» (a morte cruel e longa). Como Modena, Salvini e Rossi representaram muito pontualmente em Itália. Mas enquanto Modena estava refugiado no estrangeiro por motivos políticos, Salvini e Rossi, como mais tarde Duse, iam para o estrangeiro em longas *tournées*, à procura de novos públicos e novos rendimentos. De modo que não se pode dizer que tenham realmente feito parte da cultura teatral italiana.

Alamanno Morelli, intérprete também ele de *Hamlet* e autor de uma versão bastante pesada desse texto, dedicou-se, principalmente após 1860, às personagens da alta burguesia, sendo, por isso, o actor preferido de Paolo Ferrari, o imitador italiano de Dumas. A Morelli é-lhe atribuído o mérito de ter dado maior dignidade ao aparato cénico que, em Itália, permaneceu sempre extremamente modesto, e elegância mundana aos trajes e à apresentação dos actores.

A história do teatro italiano oitocentista é, seja como for, a história dos seus actores. Aliás, as memórias das encenações e dos espectáculos entendidos como um todo são, apenas, memórias de míseros acessórios e de uma multidão representada por poucos figurantes atabalhoados, e isso não porque a indicação simbólica fosse considerada cabal, como no teatro isabelino, mas simplesmente por negligência ou pobreza. As inovações técnicas e cenográficas dos teatros franceses e alemães nunca chegaram à prosa italiana, cuja cena foi sempre constituída, pelo menos até aos salões de Morelli, por quatro bastidores e uma tela de fundo pintados sumariamente e por géneros de forma a adaptarem-se a muitos textos diferentes: o nomadismo das companhias não permitia o transporte de complexos aparatos cenográficos, nem de trajes adequados para o figurante que era recrutado nos diferentes lugares por onde passavam, nem os modestos teatros em que as companhias de prosa actuavam estavam dotados com cenas e guarda-roupas suficientemente ricos. Mas, com efeito, ao longo do século XIX em Itália, o verdadeiro teatro, no sentido mundano do termo, foi o teatro de ópera. Por este, o público elegante estava disposto a despender um valor significativo se necessário, enquanto os municípios e as academias disponibilizavam contributos a fundo perdido. No teatro de ópera perpetua-se a tradição do grande espectáculo barroco e, além dos nomes dos cantores famosos, de Tamagno, passando por Strepponi, à espanhola Maria Malibran, imortalizaram-se os cenógrafos igualmente famosos, como Francesco Bagnara e Pietro Bertoja, em actividade no Fenice de Veneza, ou de Alessandro Sanquirico, criador de uma verdadeira escola no Scala de Milão, dos quais ainda se conservam muitas maquetas de cenários.

No teatro de prosa não existia nenhum princípio de encenação, como se havia desenvolvido na Alemanha a partir dos «ensaios de leitura» de Goethe, no sentido de orientar a interpretação individual de cada parte no quadro da interpretação de conjunto do texto – sabia-se muito bem que cada um interpretaria a personagem segundo os esquemas do seu papel –, nem no sentido de coordenar os movimentos de cada actor e os dos eventuais figurantes em representações mais ou menos complicadas, como faziam os directores de cena franceses contemporâneos (Laloue, Harel, Duponchel). A única coordenação consistia em dar maior espaço e o relevo possível à acção do protagonista, ao matador, como se dizia, entendendo justamente que as figuras dos actores principais subordinavam a si quaisquer outras considerações e concentravam em si a atenção do público.

Não que estas exigências de realização não fossem sentidas, ou que alguns directores não tentassem impor a sua interpretação ou a sua direcção cénica, mas é precisamente a recorrência do tema, no seus termos mais elementares, que demonstra qual era o hábito comum.

História de actores que, aliás, está condenada a permanecer exterior, anedótica, associada, na melhor das hipóteses, a pormenores interpretativos ou à veleidade de reformar o teatro criando um repertório italiano, ligado, sobretudo, à obra de Vittorio Alfieri (1749-1803), em nome de quem se procurava periodicamente restaurar o equilíbrio clássico também na representação. Mas as áridas tragédias do autor de Asti tinham muito pouco impacto no público ou se o tinham devia-se exclusivamente ao violento claro-escuro passional que a interpretação impunha às personagens. A própria Carlotta Marchionni, actriz principal da Reale Sarda entre 1832 e 1840, que foi uma das mais moderadas actrizes italianas, transfigurou a personagem de Mirra, incestuosamente apaixonada pelo próprio pai, reduzindo-a à dimensão de uma fúria de bacante intercalada com pausas de profunda doçura. A personagem assumiu uma dimensão completamente diferente na interpretação de Adelaide Ristori, que encarnou uma figura dorida e introvertida e inventou um gesto que impressionou até o delicado público parisiense: após se ter ferido de morte, a Mirra de Ristori procurava cobrir pudicamente a ferida, recolhendo-a sobre as pregas do vestido, como se a própria ferida fosse a marca da sua paixão vergonhosa.

Alfieri entrou sempre no repertório como uma espécie de álibi: o classicismo, a doutrina do «belo ideal», foi para os actores uma espécie de falso ideal. Quão falso era demonstra-o o próprio actor alfieriano por antonomásia (mas, mais que um actor, foi um professor), Antonio Morrocchesi, que, desejando que cada verbo tivesse o seu correspondente mímico, propôs interpretar dezoito versos de uma parte do *Orestes* alfieriano com uma sucessão de vinte e quatro poses diferentes – uma espécie de frenesi barroco do gesto, uma linguagem de surdos--mudos não circunscrita às mãos, mas que envolvia o corpo todo. Alfieri, tão empenhado em reduzir tudo – personagens, situações, palavras – ao mínimo indispensável, teria ficado horrorizado.

O facto de nas lições de declamação de Marrocchesi (1832) ser atribuída igual importância à mímica e às posturas, demonstra qual a importância que os actores italianos davam ao gesticular e, indirectamente, que na intensidade e na profundidade

HISTÓRIA DO TEATRO

do gesto residia grande parte do segredo do sucesso de actores como Gustavo Modena, Adelaide Ristori, Tommaso Salvini e Ernesto Rossi, que não eram avessos ao gesto mais intensamente violento, nem receavam avivar uma paixão, embora depois tentassem controlar o ritmo da acção amplificada e condensar a expressão em poses classicamente plásticas. Este uso da mímica talvez fosse levado às últimas consequências unicamente nas companhias menores por actores desconhecidos, aos quais o público plebeu, que enchia os teatros ao ar livre – as arenas, sendo a mais famosa a do Sol em Bolonha – ou as salas dos pequenos centros, não impunha nenhum limite de *bienséance*. Talvez tenha sido em alguns destes actores na sua absoluta extroversão, na sua impudência, que a escola italiana encontrou a sua máxima, mas ignorada, expressão.

Os violentos ataques dos cultores do equilíbrio clássico a esses actores, a esta forma de representar, soam hoje aos nossos ouvidos como outros tantos apaixonados elogios. Quando muito o limite estava no ofício. Aquele ofício do qual deviam ter orgulho e que, ao invés, por um típico complexo de inferioridade em relação aos mais ricos e bem organizados teatros estrangeiros, os actores mais famosos queriam reformar e acabar com escolas e academias; o ofício, que constituía a originalidade do teatro italiano, transmitira aos actores uma série de clichés, de gestos rígidos para representar determinados sentimentos – ciúme, ira, amor –, pelo que os comediantes usavam muitas vezes indiscriminada e repetidamente esse repertório de gestos.

Este património da tradição mímica foi codificado por Alamanno Morelli, que passou da actividade teatral para o ensino. Morelli procurava dar ordem e «dignidade» ao teatro italiano e, segundo as mais belas tradições escolares, fê-lo nos seus escritos, ditando uma série de normas consideradas necessárias e invioláveis como as «leis» aristotélicas. Porém, o *Prontuário das Poses Cénicas*, por ele publicado em 1854, acabou por se tornar, contra todas as suas intenções, a codificação da tradição mímica do teatro italiano, uma espécie de dicionário de gestos,

OS MISERÁVEIS ITALIANOS

tanto é que a catalogação é feita por ordem alfabética, sem ter em conta o conteúdo, ou as diversas qualidades dos gestos considerados, isto é, se se trata de simples reacções naturais, de gestos tornados espontâneos pelo uso social ou, em suma, de acções voluntárias. Morelli, certamente menos arguto e profundo que Engel, que de resto provavelmente conhecia (a tradução italiana é de 1818-1819), considerava que todos os gestos tinham uma necessidade natural. Destes gestos naturais ele queria fixar os elementos essenciais, mas não fez mais do que enumerar as formas mímicas que os actores italianos tinham construído para exprimirem, da forma mais icástica, valores psicológicos abstractos. Vale a pena ler algumas entradas deste dicionário para ter uma ideia de qual era a linguagem cénica dominante em Itália no século XIX:

FUROR: Tirar o chapéu, voltar a pô-lo, calcá-lo na cabeça, atirá-lo ao chão, apanhá-lo, desfazê-lo em pedaços; caminhar em grandes passadas desordenadas, ora direito, ora inclinado. Ora as mãos nos cabelos, ora tirar o gibão, desabotoá-lo, desapertá-lo; deter-se um instante aqui e ali. Bater com força com o punho nos móveis, virar cadeiras de pernas para o ar, partir frascos, louça, bater com o punho na nuca, fechar, abrir portas, sentar-se bruscamente, pisar, revoltar-se, saltar em pé.

ORGULHO: Um braço com a mão enfiada no colete a meio do tronco e o outro estendido de lado com o cotovelo ligeiramente virado para a frente e cabeça direita.

Esta era, note-se, a pose clássica de Napoleão.

Nos últimos trinta anos do século, saídos de cena os grandes tragediógrafos, os actores italianos foram adequando o seu modo de representar à diferente atmosfera cultural e às exigências do novo repertório burguês. Alguns não foram insensíveis às seduções do verbo naturalista que se difundia pela Europa nesses anos, entre eles, Giovanni Emanuel, que negou resolutamente o princípio da redundância da representação em relação ao texto, sustentando que o comportamento do actor deve ser natural e comum, mesmo quando o texto estiver escrito em versos e com uma linguagem cuidada: Emanuel construía as suas personagens a partir do interior, exprimindo-se com uma rede gestual densa e minuciosa, rompendo na dicção com o fluir uniforme e profundo da frase poética. Sobre ele se disse que na interpretação das personagens antigas envergava a toga como se de um casaco de trazer por casa se tratasse, mas também que forçava o tom das personagens negativas a ponto de as transformar em símbolos grotescos. Ermete Zacconi (1857-1948), que foi aluno de Emanuel, interpretou em sentido restritivo as indicações da escola naturalista e estudou repropor os sintomas das patologias psicológicas que, a seu ver, constituíam a essência de todas as personagens.

No entanto, o acontecimento que abalou a vida teatral italiana e a própria imagem do actor foi a entrada em cena de Elenora Duse, ainda hoje considerada a melhor actriz de todos os tempos. Pouco dotada no plano físico e vocal (como muitos outros grandes actores, recorde-se Lekain e o próprio Ekhof), Duse rompeu com todos os estilemas e convenções da representação italiana, designadamente com a expressividade exteriorizada e violenta, com a plasticidade da pose, com as fórmulas estereotipadas que funcionavam como sinais das paixões (veja-se Morelli), mas, por outro lado, rompeu também com as regras do bom comportamento adoptadas pelas actrizes suas contemporâneas (em particular por Virginia Marini). A sua representação foi considerada vulgar por detractores, sendo definida por todos eles como nervosa: intercalava longos silêncios cénicos com momentos de intenso, mas minucioso, movimento; os seus gestos eram geralmente insignificantes, apesar de em certos momentos não se horrorizar com opções artificiais e grosseiras, cruzava as pernas, brincava com os botões dos interlocutores; a frase saía-lhe da boca entrecortada e desarticulada: «aos solavancos», como disse um cronista. Quando se tornou intérprete das tragédias de Gabriele D'Annunzio, o seu estilo mudou radicalmente e ela encontrou forma de dar intensa vida cénica mesmo às personagens mais arcaicamente estetizantes com atitudes sonhadoras, com intensos silêncios, com a negação ou a brusca interrupção do gesto, que exprimiam sentimentos reprimidos.

Em Itália, à semelhança de toda a Europa, a produção dramatúrgica foi muito intensa. O teatro, mesmo o teatro de prosa, era uma indústria e precisava de abundante matéria-prima. Mas o «grande repertório» da segunda metade do século era constituído essencialmente pelos dramas de Dumas e de Sardou, importados de França: Odette, Fedora, Cesarina, Margarida Gautier foram as personagens com que de bom grado se depararam Duse, Marini, Tessero e outras *prime donne* italianas. De resto, os dramaturgos italianos não produziram nada digno de nota, com excepção de duas obras-primas: *El nost Milan* de Bertolazzi e *Cavalleria rusticana* de Verga. Um trabalho dialectal e um feito único.

27

Modelos orientais: Turquia e Índia

Das três grandes civilizações que, juntamente com a civilização cristã-ocidental, marcaram, unificando-os, povos e culturas diferentes, a civilização muçulmana, que dominou largamente a bacia mediterrânica e o Médio Oriente confrontando-se com o cristianismo e colocando em questão não só a sua supremacia mas também a sua sobrevivência, pode dizer-se que não produziu teatro.

Pode ser que tenha a ver com a absoluta austeridade do culto islâmico, que se reduz essencialmente à oração e à leitura da palavra, e com a sua vocação iconoclasta. A verdade é que os raros fenómenos teatrais da região islâmica devem ser considerados remanescências das civilizações mais remotas, limitadas ao âmbito local, ou, pelo contrário, recentes importações. A única forma que teve uma certa divulgação foi o teatro das sombras, baseado na utilização de personagens fixas, entre as quais emerge como protagonista Karagöz, o bobo bonacheirão ainda bem vivo na cultura popular, principalmente na Turquia visto que a televisão turca lhe dedica muitos programas. Alguns estudiosos acreditaram poder vislumbrar em Karagöz a fenomenologia particular de uma imagem colectiva característica de toda a zona mediterrânica, correspondente à máscara napolitana do Polichinelo.

A Turquia, talvez por influência da civilização bizantina à qual se sobrepunha a otomana, foi o país islâmico onde o teatro teve um maior desenvolvimento desde tempos remotos. Convém, talvez, relembrar que só na Turquia existem rituais religiosos muçulmanos que contemplam actuações de dança: os ritos da liturgia das ordens monásticas dervixes. *Devr* significa, justamente, rotação e, portanto, dança; um destes ritos consiste numa dança em que os monges rodopiam sobre si próprios até as suas amplas vestes brancas se levantarem como um guarda-chuva – e esta imagem sugestiva simbolizaria o movimento dos céus.

Desde os primeiros anos da implantação otomana que se recordam, na Turquia, grandes festas de carácter espectacular, de gosto definitivamente barroco, onde carros faustosos em forma de animais gigantescos, de ilhas ou de barcos desfilavam em procissão, parando para que os seus ocupantes, ao que parece artesãos das corporações, representassem breves cenas. Estes espectáculos, que se assemelham de forma singular aos *pageants* ingleses, tinham lugar na área do hipódromo, antigo lugar das festas e dos espectáculos bizantinos.

Mas, à parte o teatro das sombras com Karagöz e outros espectáculos de marionetas (*kukla*), a forma de teatro dramático e popular mais difundida na Turquia, antes da ocidentalização do país, era a *orta oyunu*, com características decididamente originais. A *orta oyunu* (nome recente que significa jogo do centro) era representada por companhias de actores profissionais e itinerantes e tinha lugar num espaço elíptico e definido, a cada espectáculo, através de cordas que separavam os actores dos espectadores em volta. A representação consistia num prólogo e numa verdadeira acção dramática. O prólogo, como o famoso dos *Pagliacci* de Leoncavallo, era apresentado sozinho, isto é, era uma personagem (Pisecar) que tinha como função introduzir a acção seguinte e conversar com o actor cómico, o *kavuklu*, caracterizado por um longo chapéu pontiagudo e pela sua escassa capacidade para permanecer no tema da conversa, do qual frequentemente saía em longas e sonhadoras divagações. A acção central era gerida por personagens fixas, mas não é muito claro se estas representavam pessoas, como o mago, ou antes instituições, como a magia. Em todo o caso, a representação era marcada por uma mímica muitas vezes grotesca e intensa. As personagens femininas eram naturalmente interpretadas por homens.

Em 1839, o sultão Abdul Mecit I deu início ao vasto plano de reformas económicas e socioculturais que virá a fazer da Turquia um país moderno e ocidental. Após a queda do império,

HISTÓRIA DO TEATRO

este plano foi desenvolvido e concluído por Mustafá Kemal, chamado *Ataturk* (Pai da Pátria). Ambos contribuíram de modo nada formal, com financiamentos até significativos, para o desenvolvimento de um teatro inspirado no teatro ocidental: em 1870, um empresário arménio obteve o privilégio de ficar com o monopólio dos teatros de Istambul, mas, em contrapartida, tinha a obrigação de abrir novos teatros nos diversos bairros da cidade. Em 1916 foi fundado um conservatório de teatro e de música. Em 1930, o teatro foi oficialmente incluído entre as actividades de interesse cívico.

É claro que a forte, e programada, influência europeia (basta pensar que o primeiro teatro oficial de Istambul se chamava Teatro Francês) não permitiu o desenvolvimento de formas cénicas, nem de uma dramaturgia particularmente originais: até ao presente a Turquia não deu contributos particularmente relevantes no âmbito da cultura cénica europeia, quando muito deu contributos significativos do ponto de vista dramatúrgico. Entre os muitos autores que seguiram a via indicada por Ibrahin Sinasi (1827-1871), o pai da dramaturgia turca moderna, foi o grande poeta Nazim Ikmet que continuou com a dramática e magnânima luta pelo comunismo através da sua poesia lírica e da sua acção política. Um empenho social semelhante foi igualmente partilhado por aquele que é considerado o mais importante autor turco contemporâneo: Refik Erduran.

Bem diferente é a situação das duas outras grandes civilizações orientais, a hindu e a budista, onde o teatro representa, pode dizer-se desde sempre, um dos mais importantes e significativos elementos da vida cultural, religiosa e civil.

A raiz sânscrita *nrt*, da qual deriva o termo *natya* (drama), é a mesma raiz da palavra que serve para indicar a dança que, aliás, é o seu principal significado (as origens míticas do *nô* japonês remontam, segundo uma antiga tradição, ao canto e à dança de uma deusa).

No teatro indiano remonta, segundo a tradição religiosa, à divindade: terá sido o próprio Brama a dá-lo aos homens,

MODELOS ORIENTAIS: TURQUIA E ÍNDIA

fixando os preceitos num quinto *Veda* que, no entanto, não chegou até nós juntamente com os outros quatro livros sagrados do hinduísmo. É, aliás, absolutamente improvável que este quinto *Veda* alguma vez tenha existido: o único testemunho é o de um tratado que remonta sensivelmente ao século I d. C., e tem origem não num *Veda*, mas em fontes muito mais antigas, o *Nâtya Sâstra* (Antologia de Normas do Drama) de um autor também ele verosimilmente mítico, Bharata (a palavra significa precisamente «autor»).

Bharata afirma que o *Veda* do teatro, por ele resumido, foi doado por Brama a todos os homens, a todas as castas, pois mesmo os mais humildes deviam poder elevar o espírito e aprender as normas morais através do teatro; por isso, as salas onde têm lugar as representações têm de ser divididas por quatro colunas em outras tantas áreas, reservada cada uma delas a uma casta. Bharata insiste no conteúdo educativo do teatro no qual «se encontram todos os ramos do saber»: o drama é «uma imitação das acções e da conduta das pessoas, é rico em várias emoções e configura diversas situações. [...] Descreve as acções de homens bons, maus e medíocres e é fonte de coragem, alegria e conselhos», definição em que ressalta o conceito de «imitação de acções» já presente na *Poética* de Aristóteles. Em relação a esta, o *Nâtya Sâstra* dá a estranha sensação de uma sistematização intelectual extremamente complexa mas sem referências concretas, na medida em que não há memória de teatro anterior ou contemporâneo ao período em que o tratado foi escrito.

Com efeito, as primeiras obras dramáticas que chegaram até nós remontam apenas aos séculos IV-V d. C., isto é, ao período em que floresceram os maiores dramaturgos indianos: Sudraka e Kalidasa. Os seus dramas, entre os quais se destacam *A Carroça de Argila* e *O Anel de Sakuntala*, estavam repletos de prosa e de versos: a prosa servia principalmente para a progressão da acção, ao passo que as partes em verso, que eram cantadas e dançadas, constituíam, se não pausas líricas, seguramente momentos de sublimação, e articulavam-se em muitos actos,

HISTÓRIA DO TEATRO

entre cinco a dez, precedidos de um prólogo. As personagens são muitas e as suas aventuras, extraídas às vezes dos poemas épicos da saga do herói Rama (*Ramayana*) ou do *Mahabarata*, ou completamente inventadas, são várias e igualmente numerosas. A unidade da acção é assegurada pela presença do herói, ou, aliás, pelo facto de todos os fios da trama se cruzarem com ele. Por muito que seja difícil encontrar aquilo que, em termos europeus, poderíamos definir como uma investigação psicológica, a atenção do dramaturgo indiano centrava-se principalmente nos «sentimentos» das personagens (*bhava*) das quais devia brotar o sentimento geral da representação (*rasa*) que o actor transmitia ao espectador com todos os meios da comunicação cénica – movimentos do corpo, mímica, entoação vocal, trajes, gestos e assim por diante – definidos pela tratadística com o termo abrangente de *abhinaya*.

A relação que se estabelece entre o *bhava*, sentimento representado, e o *rasa*, sentimento comunicado ou mesmo sentimento vivido pelo espectador e pelo actor, é extremamente delicado, na medida em que o *rasa* é um sentimento no estado puro sem causas reais (a virtualidade do teatro, dirá Artaud). Por conseguinte, os meios com que tal sentimento é comunicado são muitos e complexos: não se reduz à simples «identificação» psicológica de carácter naturalista, estende-se à acção simbólica, à evocação convencional ou à simples indicação de um facto ou de um pensamento. Estas acções, estas evocações, estas indicações resumem-se principalmente a um repertório de gestos cuidadosamente codificado, cuja complexidade é acrescida pela total ausência de elementos cenográficos num contexto dramatúrgico que prevê uma mudança de cena contínua. Em *A Carroça de Argila* de Sudraka, que é um drama sem grandes variações, na medida em que o tema não se inspira nas gestas de um deus ou de um herói, mas nos amores de Ciarudatta – nobre votado à miséria pela sua generosidade – e da cortesã Vasantasena, a acção desloca-se continuamente da casa de um dos protagonistas para a rua, para o jardim e, num episódio, uma personagem passa através dos oitos pátios do palácio da

MODELOS ORIENTAIS: TURQUIA E ÍNDIA

cortesã, assistindo a acontecimentos não representados: é claro que o actor devia ilustrar com a mímica as suas reacções e os seus sentimentos, diferentes consoante o lugar em que se encontrava, bem como dar indicações imediatas da alteração da situação ambiental. E as diferentes relações entre as personagens também são tornadas explícitas a nível gestual. Por exemplo, o actor que falava, «à parte», de si para si, indicava essa situação com um preciso e codificado gesto com as mãos: mantinha o polegar e o mindinho dobrados para a frente.

Os gestos das mãos assumiam uma importância completamente particular, compreendendo não só os normais gestos indicativos ou representativos de uma acção ou de um sentimento, como também uma série de gestos conceptuais codificados por uma secular tradição ritual, não teatral. Tais gestos, chamados *mudra*, são, com efeito, os mesmos da celebração dos rituais védicos, embora a sua área semântica sofra uma sensível variação na utilização teatral. Estes poderão ser comparados a um alfabeto para surdos-mudos e podem, realmente, representar simples letras, porém, na acção teatral assumem geralmente um valor hieroglífico e tornam-se sinais de conceitos, mas de conteúdo simbólico: assim o *mudra* da vogal *i* é definido «cabeça de gazela» pelo seu valor significativo e, por extensão, simboliza o deus Xiva-Isvara.

Contudo, o facto extraordinário não reside tanto na possibilidade de usar gestos qualitativamente tão diferentes como o natural estender dos braços para implorar, o convencional levantar da mão para cumprimentar, o indicativo dobrar dos dedos para esclarecer a situação de «aparte», e ainda gestos simbólicos como colocar as mãos em forma de lírio para simbolizar a pureza ou o *mudra* hieroglífico de um conceito, mas sim na co-presença de todos estes gestos diferentes e na sua combinação com os comportamentos mímicos mais disparatados e contrastantes.

O exemplo mais acabado de tais co-presenças e combinações é, talvez, o da *katakali*, uma das danças clássicas da Índia. Dissemos dança, mas este termo é um tanto ou quanto impróprio,

HISTÓRIA DO TEATRO

dada a constante fusão de géneros espectaculares, característica, pode dizer-se, de todo o teatro oriental. A *katakali* aproxima-se do nosso *ballet* ou da nossa pantomima, na medida em que as suas personagens nunca usam, ou quase nunca, expressões verbais: dois cantores acompanhados por uma pequena orquestra de instrumentos de percussão narram uma história extraída do poema épico *Ramayana* que envolve, além do herói Rama, as divindades do Olimpo hinduísta. A *katakali* está ligada à religião não só pelo tema, mas também pela minuciosa ritualidade dos seus preparativos; além disso, enquanto as representações de prosa começavam ao nascer do Sol (como sucedia, talvez, no antigo teatro grego), as *katakali* são nocturnas, ocupam aliás a noite inteira, característica essa que partilham com muitas outras formas de espectáculo, do teatro de sombras javanês, o *wayang*, aos espectáculos sacros de pequenas comunidades indianas como o *chhau* das aldeias kurnis da Purulia, uma região de Bengala Ocidental. A tela de fundo apresenta um céu estrelado, sendo colocado um grande candeeiro a óleo no limite posterior da área cénica. O espectáculo começa com dois homens que desdobram uma grande tela multicolor, emergindo por trás desta a primeira personagem. Os actores da *katakali* – com excepção das mulheres, cujos papéis são desempenhados por intérpretes de sexo masculino, e dos monges – envergam vestes sumptuosas sem referências realísticas ou históricas: um corpete adornado e, por cima das calças, amplas saias de cores berrantes. Na cabeça têm um chapéu em forma de cúpula ao qual se acrescenta, nas personagens divinas, uma espécie de auréola.

As máscaras são sobretudo fortes caracterizações, na medida em que aderem ao rosto do actor e se movem sob o impulso dos seus músculos exercitados. Cada máscara tem uma cor de base, na qual está inscrito um desenho complexo que define a tipologia da personagem. Em muitos casos, esta função é atribuída à barba, em pêra ou redonda, mas sempre fortemente estilizada: a barba branca indica um homem mau, ou até um chimpanzé, a barba negra é característica dos caçadores, enquanto a vermelha denota os espíritos. Muitas vezes saem dentes da boca. As personagens femininas não usam máscaras, mas são fortemente maquilhadas de forma a tornarem femininas e sedutoras as feições dos homens que as interpretam. Estes actores mimam os episódios narrados – muitas vezes em diálogo – pelos cantores, um pouco como na Idade Média se pensava que o teatro romano era representado. Em tal acção mímica, que se poderia também definir como uma *abhinaya* da narração (segundo o significado primário deste vocábulo que é «ilustração»), centra-se o complexo e variado repertório de gestos que referimos, mas a sua intensidade, diria a sua quantidade, é enormemente ampliada pela ausência de diálogo verbal entre as personagens que, embora «conversem», o fazem com meios unicamente mímicos e gestuais. Quando pára de falar, o actor da *katakali* reage minimamente ao discurso do seu *partner*, e permanece quase imóvel. O movimento de quem fala é, ao invés, frenético: as mãos comportam-se segundo as figuras dos *mudra*, ou executam gestos de reacções espontâneas, ou representam icasticamente um sentimento; o rosto, embora fortemente maquilhado, é muito móvel, cada parte, sobrancelhas e boca em particular, tem funções representativas precisas; a figura, muitas vezes dobrada para diante, acompanha a dança dos pés, que contribuem para a expressão de significados precisos, conforme as plantas dos pés se apoiem ou não completamente no terreno, e se estão viradas para o interior ou para o exterior, etc. Os termos «diálogo», «discurso», «conversa» não foram empregues de forma casual, nem metafórica: na *katakali* não prevalece a acção, mas sim o «diálogo», embora não em termos verbais. Não faltam verdadeiras acções, como os duelos ou as provas a que se submete o herói, no entanto, a trama desenrola-se principalmente graças à comunicação dos protagonistas entre eles, num diálogo muitas vezes denso e intervalado por longos monólogos que não se podem absolutamente identificar com os «solos» do *ballet* europeu, na medida em que aquela tão intensa e complexa mímica nunca é figuração abstracta mas veículo cénico e icástico para transmitir informações. Diálogo

HISTÓRIA DO TEATRO

concreto, portanto, pois a emoção, tal como investe e determina o tom vocal na comunicação verbal, também investe e determina os gestos, apesar de minuciosamente codificados, dos *mudra*, não menos do que aqueles aparentemente mais livres do acto de representação. Por conseguinte, só de forma extremamente parcial e imprópria a *katakali* poderia ser definida como uma dança: é também, se não mesmo exclusivamente, teatro dramático, aliás, o termo significa «representação-narrada»; é dança enquanto toda a mímica e o gesticular dos actores diminui num ritmo musical definido.

Nem a preparação de um actor da *katakali* é parecida com a de um bailarino europeu. Com efeito, não necessita de particulares dotes acrobáticos, mas sim do controlo preciso de cada músculo do corpo de forma a executar gestos frequentemente imperceptíveis, porém, necessários para dar uma *nuance* particular ao discurso. A preparação é longa e difícil sobretudo porque ele deve possuir e ser capaz de seguir todo o complexo repertório de gestos que constituem o código heterogéneo da linguagem *katakali*, através da qual o actor comunica o *rasa*, o sentimento puro da história narrada. Naturalmente o grau de compreensão dos espectadores é directamente proporcional ao seu conhecimento desse código – transmitido aos actores mediante um longo e difícil estudo –, que é apenas aproximativo em diferentes níveis. Os actores, apesar de na Índia como em toda a parte serem desprezados e rejeitados, são depositários de uma linguagem só por eles compreendida e adequadamente utilizada.

Entre as danças dramáticas do subcontinente indiano, a *katakali* é decerto a mais importante e a mais conhecida. Há diversas variantes, entre elas destaca-se o *krishnattam* (drama dançado de Krishna) particularmente significativo pela sua íntima conexão que desde sempre o liga à religião e ao culto, representado sobretudo no templo de Guruvayur, em Kerala. A mímica e a acção não são substancialmente diferentes das da *katakali*, mas algumas personagens usam impressionantes máscaras lenhosas e de grandes dimensões. Brama tem uma

MODELOS ORIENTAIS: TURQUIA E ÍNDIA

máscara de quatro rostos, a bruxa Puthana usa uma máscara negra decorada nas faces com meias-luas brancas e vermelhas e com grandes dentes que irrompem dos lábios vivos: é a bruxa que procura matar o menino Krishna, que, no entanto, lhe suga dos seios a vida juntamente com o leite.

No *epos* divino também se inspiram, de modo geral, as outras formas de espectáculo que abundam nas regiões da Índia: o *jatra* (literalmente: ir em procissão) de Bengala, cujo drama originário versava sobre a vingança de Krishna contra o rei Kamsa, mas que, mais tarde, admitiu qualquer episódio da vida do Deus. O *jatra* é constituído por vários elementos conjugados de diferentes formas: dueto com dança e diálogo, canto a solo e narração, canto devocional, representação. Há muita acção, frequentemente duelos com espada conduzidos acrobaticamente. O canto, que predomina nas suas várias formas, é partilhado pelo actor e pelo coro. A maquilhagem é mais moderada e o traje quase quotidiano, ou seja, não se trata de um teatro muito absorvente do ponto de vista espectacular, o que explica a sua ampla difusão.

O *nautanki*, difundido sobretudo no Punjab e no Rajastão, é um autêntico melodrama e tem lugar numa grande plataforma rodeada pelo público. A história principal fala sobre a princesa Nautanki, que se pôs a si própria em cheque por uma aposta geralmente perdida, uma história tecida com episódios aventurosos, com bandidos nobres, breves combates, seduções. As personagens usam trajes que se inspiram em diferentes épocas, desde a túnica do século XVII ao sari contemporâneo. O gesticular, amplo mas concreto, torna-se mesmo inquietante nas cenas de sedução, representadas em termos abertamente eróticos.

O motivo sexual domina igualmente o *bhavai*, onde o sexo é concebido como uma via de iluminação mística, embora o conteúdo narrativo verse sobre temas de carácter quotidiano. No decurso de um espectáculo representam-se nove ou dez cenas deste género, sem relação entre si. Os actores saem em procissão dos camarins, abrindo alas no meio da multidão. O director traça no terreno uma pequena circunferência que se torna a área cénica, ou, melhor, a área sagrada (*paudh*). A estilização destas cenas simples e ousadas (tanto é que as mulheres não assistem a elas) é muito forte, sendo as convenções definitivamente explicitadas: os efeitos luminosos são empregues, sobretudo, para concentrar a atenção nas poses de uma personagem e conseguem-se graças ao aproximar-se de um outro actor com o candeeiro; uma sequência de diálogo, que completa um processo de pensamento ou um incidente, é sublinhada por uma intensa frase de dança. De igual modo, as personagens são definidas por rigorosas convenções de trajes e de mímicas: as humildes não usam maquilhagem, nem trajes de época, ao passo que os reis têm grandes bigodes e ricos ornamentos; o modo como se cobrem com o véu exprime determinados sentimentos. Os actores desempenham diversos papéis, mas não têm necessidade de mudar de roupa; uma diferente inclinação do turbante e a mudança do ritmo da maneira de andar podem ser suficientes.

Muito comum no Norte do país, principalmente na cidade de Varanasi, é o *ramlila*, ou dança de Rama (existem ainda o *krishnalila* e, mais genéricos, os *raslila*, ou seja, dramas-dança). A estrutura ideal é constituída por duas plataformas fronteiras, uma de cada lado da rua, nas quais estão as míticas personagens de Rama (o bem) e Ravana (o mal). O confronto entre os dois princípios opostos ocorre, obviamente, no centro, com a intervenção ainda de outras personagens e acompanhado por cantos corais. Quando as personagens principais falam do cimo da plataforma, o director sugere-lhes abertamente as falas (como nos Maios do Apenino toscano-emiliano), falas que o autor repete soletrando as sílabas de forma a dilatar o tempo da representação. E o povo repete em coro. Nos actores não são raros fenómenos de transe. Os papéis de Rama e dos seus irmãos são interpretadas por rapazes muito jovens e de família brâmane – cujos rostos são pintados com requintados motivos lineares – que ostentam na cabeça uma coroa dourada. A personagem de Hanuman usa, ao invés, uma enorme máscara em forma de elmo, pintado de vermelho com grandes olhos

MODELOS ORIENTAIS: TURQUIA E ÍNDIA

vermelhos e bigodes enormes. O *ramlila*, às vezes, também é representado em teatros com proscénio, por actores profissionais, mas a sua dimensão própria é a dimensão religiosa da cidade em festa.

Estas são algumas das principais formas de teatro indiano. Outras referem-se ao culto de Ganesha, o deus elefante, ou da deusa Kali. À parte a comum temática religiosa trata-se de espectáculos muito diversos, quer do ponto de vista do conteúdo, quer da encenação e das modalidades de apresentação, quer da gestão diletante ou profissional, directamente cultual ou profana. Estas formas teatrais têm uma evolução igualmente veloz, embora dentro dos limites bastante rígidos do «género» tradicional: fizemos referência ao alargamento da escolha temática, originalmente limitada a uma única história, ou do número dos actores e à transferência do espectáculo para outros lugares diferentes dos tradicionais; em muitos casos, são introduzidos elementos novos, como no *jatra* a personagem de Vivek, inserida em 1911, uma espécie de consciência que reprova, cantando, as personagens que se comportaram mal.

28

Modelos orientais: Japão e China

O teatro oriental funda-se, em grande parte, num profissionalismo de carácter corporativo. Vimos alguns exemplos, a propósito do teatro indiano. No Extremo Oriente prosperam, desde tempos muito remotos, escolas e academias de representação, surgindo na Europa apenas no século xx à margem de qualquer tradição do teatro ocidental. Na China, a primeira escola de arte teatral parece que foi instituída na época Tang, isto é, entre os séculos vii e ix d. C., com a finalidade de instruir actores, músicos e dançarinos destinados ao teatro de corte. E, desde o fim do século xiv, que Zeami, filho do primeiro grande actor japonês de que há memória, Kwanami Kyotsugu (1333-1384), fala de escolas. Zeami Motohyo (1363-1444) foi quem deu ao teatro *nō* a sua forma definitiva, quer no plano da representação, quer no plano da estrutura dramatúrgica, elementos de resto considerados inseparáveis a ponto de se sustentar que o actor devia ser também o autor dos textos que interpreta. Não se tratava de escolas apenas no sentido de uma genérica tradição estilística, mas de uma autêntica actividade didáctica organizada, na qual a aprendizagem se fazia através da experiência empírica e de um *cursus studorium*, uma série de estádios em que o futuro actor, que tinha de começar o seu estágio de sete anos, aprendia determinados elementos da técnica e do património linguístico, literário e cultural do teatro. Após Zeami, as escolas de *nō* floresceram em grande número para fazer face às exigências do público nobre, que fazia deste género teatral a sua distracção intelectual preferida. Mas, à volta do século xviii, o seu número reduziu-se a cinco escolas oficialmente reconhecidas: Kwanze, Komparu, Kongō, Hōshō e Kita. Cada uma destas escolas conserva uma tradição familiar e o papel de

MODELOS ORIENTAIS: JAPÃO E CHINA

Mestre é transmitido de pai para filho (que pode ser também um filho adoptivo, ou seja, o seu aluno predilecto). Cada escola aprende de cor todo o património dramatúrgico da família, o repertório, que pode ir dos 150 aos 250 textos, ao passo que o Mestre guarda o «segredo», que transmite só ao filho.

O segredo da escola de Zeami, que ele chama a flor do seu *nō*, consiste na capacidade de o actor parecer sempre novo e imprevisível ao público, isto é, se, por um lado, revela quanto o conceito de resultado artístico estava ligado ao de sucesso (ainda que Zeami distinga sempre a aprovação dos entendidos da dos leigos), por outro, demonstra quanta subtileza e cuidado artesanal os actores tinham de prodigalizar em todos os espectáculos, tendo em conta os estreitos limites entre os quais era possível a variação. Quem eram os entendidos é fácil imaginá-lo: não tanto, ou não só, as pessoas cultas, quanto, e sobretudo, a nobreza militar. Do século XV ao século XVII, o *nō* aperfeiçoa-se cada vez mais, ao ponto de ter de se refugiar nos castelos feudais, onde o público tinha de seguir o espectáculo com o libreto em frente dos olhos: tradição de requinte cada vez mais abstracta e intangível, mas considerada importante por salvaguardar os valores morais do Japão antigo. O *nō* era considerado indispensável à formação dos samurais, que, por seu turno, estavam proibidos de frequentar o *kabuki*, teatro popular.

O *nō* é, talvez, o espectáculo mais linear e mais despojado, na sua plenitude e complexidade, de elementos espectaculares exemplares: cenografias, figurantes, acessórios, luzes. A sua evolução de formas de espectáculo mais populares e predominantemente dançadas – *dengaku, bungaku* e, sobretudo, *sarugaku* – dá-se, provavelmente, através de sucessivas depurações até à altura em que Kwanami e Zeami fixaram a forma aristocrática e cristalina do *sarugaku-no-nō*, o *sarugaku* da arte, ou a arte por excelência: o *nō*.

A estrutura do teatro do *nō*, aliás, do seu palco, que era erguido habitualmente num pátio ou, seja como for, ao ar livre, é fixada por Zeami entre 1400 e 1435: uma plataforma quadrada com cerca de seis metros de lado, cuja área é delimitada por quatro colunas que sustentam o tecto de pagode, mas à qual é preciso acrescentar a parte terminal da ponte, que liga o palco aos camarins dos actores. Do lado direito do palco há uma varanda onde se encontra o coro. Do lado posterior, ao invés, uma escadinha liga o palco à plateia, mas o seu valor é apenas simbólico porque nunca é usada. Na parede do fundo está desenhado o único elemento cenográfico-ornamental do *nō*: um velho pinheiro de tronco nodoso, em frente do qual, na área que pertence ainda à ponte e que constitui os bastidores (*atoza*), senta-se a orquestra. Entre a varanda do coro e a ponte foi construído um pequeno salão, onde os actores às vezes se retiram, saindo de cena.

O *nō* é um espectáculo com duas personagens: o *shite* (protagonista) e o *waki* (deuteragonista), às vezes acompanhados por um *tsure* (companheiro) que não fala. Muitas vezes intervém também o *kyogen* (o palhaço), que, antes da separação do *nō* da farsa, chamada precisamente *kyogen*, tinha a função de diminuir a tensão do drama com as piadas, ao passo que, mais tarde, servia apenas para dar espaço ao deuteragonista para prestar alguns esclarecimentos durante uma curta ausência do *shite*. O *shite* é, muitas vezes, sobretudo nos textos de Zeami, um sonho ou uma visão do *waki*, termo que significa espectador ou hóspede, mas que poderia igualmente significar evocador, médium. O *waki* é o primeiro a entrar em cena e, depois de um breve prelúdio orquestral, descreve o lugar em que se encontra. Entretanto, através da ponte, avança o *shite*. O *waki* vai ao seu encontro e convida-o a falar. O *shite*, dançando, narra a sua história na terceira pessoa e desaparece de seguida. Ele é, na verdade, o espírito de uma personagem famosa pelas suas gestas ou pelo seu fim doloroso, ainda não completamente purificado da recordação da vida terrena e das suas paixões. Após um breve intervalo ente o *waki* e o *kyogen*, o *shite* reaparece com outras vestes, com o seu verdadeiro aspecto de quando viveu e sofreu. O *waki*, que talvez esteja sonhando ou tem diante dos olhos uma visão irreal (o *kyogen*, com efeito, quando permanece em cena, não vê nada), convida-o novamente a

MODELOS ORIENTAIS: JAPÃO E CHINA

falar, e o *shite* revive, dialogando com o coro, a sua história. Esta é a imutável estrutura do *nō*. A personagem do *shite*, obviamente, pode mudar: pode tratar-se de um príncipe valoroso, de um samurai morto por não renegar a sua fidelidade, de uma mulher que perdeu o seu amor e o seu filho. Mas o desenrolar do drama é sempre o mesmo. E, por conseguinte, o espectáculo atravessa sempre as mesmas fases. Os trajes mudam consoante o tipo de personagens, mas, enquanto o *waki* não tem máscara, o *shite* usa sempre uma de expressão placidamente neutra, bem longe das máscaras do teatro mais antigo, com feições encolerizadas violentamente deformadas. Cada personagem, ao desenvolver a sua acção, passa por uma série de pontos obrigatórios: da ponte através da qual faz a sua entrada e onde pode fazer uma ou mais paragens, à pequena porta pela qual se sai e se volta a entrar, aos pontos particulares do palco que, embora sem referências concretas, contém as referências abstractas nem por isso menos vinculadoras. As únicas referências físicas e concretas são as colunas: a dianteira à direita é designada por coluna do *waki*, porque em frente dessa se senta o deuteragonista para ouvir a narração do *shite*, cujo ponto de referência é, ao invés, a coluna da retaguarda à esquerda, onde ele se detém na sua primeira entrada.

Os movimentos, que conduzem o actor para o palco e que passam insensivelmente da simples translação para a dança, são quase sempre movimentos rectilíneos e sem desvios que não sejam o dançante ondear da figura, uma vez que o movimento linear dá o sentido da distância infinita, anulando qualquer possível mensuração empírica e contribuindo para transportar o espectador para o mundo de uma perfeição sonhada e imaterial. Este movimento unidireccional é, como os gestos, o que resta ao fim de um longo processo de selecção e de depuração: o mínimo indispensável da perfeição. Os gestos do *nō* são poucos e seleccionados e podem ter valor ornamental ou denotativo, com fundamento metafórico, neste caso convencional: um gesto indica toda uma acção; para chorar basta pôr a mão nos olhos, pois neste gesto se concentra a acção, alguns passos mais adiante simboliza o fim de uma viagem. Mas, por outro lado, levantar o rosto significa, por convenção, consolação, êxtase, assim como luar; apontar com o leque (vergasta) à direita quer dizer montar a cavalo, à esquerda descer do cavalo, ao passo que o bater do pé serve para chamar a atenção do espectador.

A acção do *nō* não deve fragmentar-se numa série de gestos, estes têm de se fundir numa imagem objectiva da qual se liberta, diz Zeami, um «encanto subtil»: o conhecimento e a execução perfeita de cada personagem, de cada gesto permanecem frios e repetitivos se não forem personalizados pela postura do actor, numa sempre nova *facilitas* de execução. Qualquer personagem que interprete, o actor nunca deverá esquecer a doçura da expressão. O espectador deve ver no palco cortesãs e damas de corte, homens e mulheres do povo, camponeses ou toscos e até mendigos ou párias, mas ter a impressão de que cada um deles usa, como ornamento, um ramo florido. Isso só poderá ser alcançado se houver uma constante inspiração no modo de ser dos nobres da corte, no seu comportamento altivo, na contenção que os distingue da gente comum: da imitação das suas maneiras elegantes e requintadas nasce o «encanto subtil» que, pelo seu desvanecer no próprio momento em que desponta, é irrepetível.

No jogo requintado e intangível de uma sociedade elegante esgota-se, portanto, o *nō*, cuja originalidade é a da flor no momento da sua aparição, jogo abstracto da inteligência que lê, além das formas delicadas, uma essência que não se pode exprimir, e de uma sensibilidade que experimenta, para lá da inteligência, uma emoção antiga que se renova. Jogo cujo requinte acaba por se transformar em frigidez de antiquário.

Pode dizer-se que há séculos que o *nō* permanece imutável de forma a não permitir ao espectador iniciado outra possibilidade a não ser a de avaliar a precisão do gesto interpretativo: uma companhia *nō* é muito semelhante a uma orquestra especializada em música antiga.

O papel do teatro «clássico» é actualmente desempenhado, no Japão, por uma forma de espectáculo de origem plebeia, o *kabuki*. Se as origens do *nō* são míticas, remontando à dança de uma deusa, as do *kabuki* são históricas e remontam à dança de uma mulher, aliás, provavelmente prostituta, de nome O Kuni, que viveu nos primeiros anos do século XVII. Quão desprezado fosse este teatro pelas classes mais elevadas di-lo o seu próprio nome, provavelmente derivado de uma raiz ligada ao conceito de excesso, e quão este estivesse ligado ao prazer, ao divertimento demonstra-o o facto de, a princípio, as companhias terem sido constituídas exclusivamente por mulheres, mais ou menos abertamente dedicadas à prostituição e, mais tarde, após terem sido proibidas de representar – não, repare-se, de se prostituir –, por jovens, objecto dos desejos e dos prazeres sodomíticos de soldados; e demonstra-o ainda o facto de os teatros ficarem situados nos bairros de casas de chá. Um *kabuki* podia durar até dez, doze horas, apesar de a duração clássica ser de cinco ou seis; nos grandes teatros, as pessoas comiam, bebiam, conversavam, brincavam e, de vez em quando, observavam o espectáculo – ou melhor, observavam-no sempre pelo canto do olho e, de quando em quando, concentravam-se nele. (De resto, a religiosa atenção com que se vê um espectáculo é completamente europeia, embora mesmo na Europa haja excepções: nos teatros venezianos de Setecentos, os palcos serviam para receber e namoriscar, só estavam atentos quando se cantavam as arietas. No Oriente, dada a habitual longa duração dos espectáculos, a atenção é sempre muito mais relaxada: os espectadores do teatro de sombras javanês, o *wayang*, que dura toda a noite, sentam-se, juntam-se a falar e retomam os seus lugares sem que ninguém se lamente de ser perturbado. O mesmo sucedia, até há algumas décadas, na Ópera de Pequim.)

O espectáculo *kabuki*, tal como se definiu no período clássico, isto é, quando as companhias de mulheres e de rapazes foram substituídas pelas dos homens nos primeiros anos do século XVIII, decorria, em parte, no meio do público: à semelhança do *nō*, também o palco *kabuki* está ligado aos camarins por meio de uma ponte que, no entanto, não se situa no fundo da sala, mas atravessa todo o comprimento da mesma para chegar ao palco. A esta ponte, chamada «caminho florido», os

HISTÓRIA DO TEATRO

actores regressam muitas vezes nos momentos culminantes da sua acção, que se desenrola no meio dos espectadores, ou melhor, por cima das suas cabeças. Aliás, em qualquer teatro há dois «caminhos floridos» paralelos, de modo a que dois contendentes possam trocar as suas falas defrontando-se ao longe, em dois pontos diferentes da sala, parecendo que a acção faz ricochete do palco para uma ponte ou para a outra.

Ao contrário do *nō*, o *kabuki* é um espectáculo muito movimentado e intenso. Sobre um palco, entre 20 a 27 metros, aglomera-se uma quantidade de personagens, cuja acção é sempre viva e, com frequência, violenta, cristalizando-se, às vezes, numa espécie de *tableau* nos momentos culminantes, quando, por exemplo, o herói aparece para impedir uma injustiça gritando: «Alto!» As mudanças de cenários e de roupas são frequentes e, muitas vezes, feitas à vista, não faltando os truques cénicos, como aparições, alçapões, etc.: já no século XVIII se usava um palco giratório que permitia rápidas mudanças de ambientação. A cenografia e a mímica nunca foram realistas, pelo menos segundo o significado que os ocidentais dão a esta palavra. As convenções são imensas e pesadas: uma tela negra solta no fundo quer dizer noite, levantar os ombros violentamente significa ódio ou ciúme, empurrar para trás as caudas do traje, cólera. A forma do traje e a maquilhagem do rosto indicam o tipo de personagem. Além disso, os criados trazem os acessórios para o palco e ajudam-nos a mudar-se. Não há, portanto, nenhuma possibilidade de ilusão (embora os elementos cenográficos, templos ou casas, sejam construídos com rigor), mas o *kabuki* é, no entanto, extremamente concreto e material.

Nascido como divertimento popular, o *kabuki* desenvolveu quase naturalmente a sua tendência para elementos visuais e espectaculares. Este, à semelhança de todos os espectáculos do Extremo Oriente, é um misto de dança, canto e representação, aliás, a princípio tratava-se de uma série de números, *sketches*, danças, canções, acrobacias, que, mesmo quando foram unificados num tecido dramático – embora não tão fundidos como no *nō* –, permaneceram elementos indispensáveis. Acresce ainda que

MODELOS ORIENTAIS: JAPÃO E CHINA

o *kabuki*, mercê do seu carácter popular, realizou esta dialéctica de renovação-tradição, muitas vezes característica dos espectáculos dedicados a um público predominantemente plebeu, que pretendia encontrar no espectáculo certos heróis e, mais ainda, determinados fatos, danças e músicas, mas que gosta que as histórias mudem, que as situações e os problemas sejam sempre novos. Por isso, o *kabuki* sofreu uma contínua evolução, quer no plano da representação – que, na segunda metade do século XVII se inspirava nos movimentos secos e geométricos das marionetas, cujo teatro estava a atravessar um período de enorme sucesso –, quer no da temática e das situações dramáticas.

Esta evolução dramatúrgica está já presente na produção do maior autor japonês, Chikamatsu Monzaemon, que escreveu quer para o teatro *kabuki*, quer para o das marionetas: nos primeiros anos da sua actividade, que se estende de 1675 a 1725, ele extraiu os seus temas do mito e da história, mas, depois, a partir de cerca de 1703, quando escreveu o seu texto mais famoso, *O Duplo Suicídio de Sanezaki*, inspirando-se num facto de crónica, começou a abordar cada vez mais temas contemporâneos. Assim, embora não se tivesse renunciado aos temas históricos e mitológicos (seleccionados, no entanto, segundo critérios sempre novos), o mundo contemporâneo nos seus vários ambientes (no século XIX, inclusive o dos ladrões e das prostitutas) passou também a fazer parte do teatro japonês. Esse trouxe consigo uma contínua renovação do estilo de representação, já diversificado dada a variedade das escolas e das tendências, estilo que de moderado e geométrico se transforma em intenso e violento, retoricamente sonhador ou retoricamente amplificado (fala-se de gestos que duravam alguns segundos).

Por volta do final do século XIX, juntamente com as várias tentativas de reformar o *kabuki*, adequando-o à temática contemporânea, desenvolveu-se igualmente um teatro de formas declaradamente modernas e ocidentalizantes, sustentado por intelectuais empenhados politicamente no movimento liberal. Este «teatro da nova escola» (*Shimpageki*), que também era depreciativamente definido como «teatro dos politicantes» ou dos «estudantes», conseguiu afirmar-se sobretudo graças ao contributo literário de Kawakami Otojiro, e ao contributo cénico da sua mulher, a actriz Sada Yacco, que durante uma *tournée* pelo Ocidente, em 1899, teve um enorme sucesso e foi definida como a Duse japonesa.

Com estas premissas não foi difícil impor um repertório ocidental, com trabalhos de Shakespeare, Ibsen, Gorki. Tanto é que actualmente o novo teatro (*shingeki*) está lado a lado com o clássico, dispondo de lugares e de escolas próprios, visto que a preparação técnica continua a ser considerada indispensável, seja qual for o tipo de teatro em questão.

A Ópera de Pequim é o modelo de teatro clássico chinês mais conhecido universalmente. Definida como teatro clássico só em contraponto com o teatro de proveniência ocidental cuja boa sorte tem início em 1917 com o movimento pela revolução literária, a Ópera de Pequim (*Jing Xi*, literalmente teatro de Pequim) é, no entanto, de origem muito recente, remontando apenas a meados do século XIX. Não se trata, como poderia fazer parecer o nome, de um teatro estável, mas de um modelo cénico, cujas versões regionais (Ópera de Cantão, de Shaoshing, etc.) são suas variantes.

A história do teatro chinês é naturalmente muito mais longa e, a partir do século XIII, relativamente bem documentada, pelo menos do ponto de vista literário. Com efeito, remonta à época da dinastia Yuan (1280-1368) uma antologia de textos que há boas razões para se acreditar que constituíram durante muito tempo o repertório do teatro chinês. Trata-se de dramas em quatro actos, alternados com prosa e versos: a prosa constitui a parte dialógica, ao passo que os versos eram as partes cantadas, autênticas árias, ou canções com motivos populares, executadas apenas pelos actores principais. O tema é, habitualmente, uma simples história de amor com final feliz. Pelas suas características próprias estes foram os primeiros dramas chineses a serem conhecidos na Europa, onde influenciaram também alguns dramaturgos, entre os quais, por exemplo, Voltaire.

MODELOS ORIENTAIS: JAPÃO E CHINA

A segunda época feliz da dramaturgia chinesa coincidiu com a segunda metade da dinastia Ming, isto é, com o período entre 1550 e 1700: prosperou então aquele que é considerado o mais importante actor chinês, Tang Xian Zu (1550-1616): os textos deste período eram muito mais complexos e requintados do que os anteriores, destinando-se à classe rica e culta. A música e o canto desempenhavam um papel notável. Nesta época houve também uma grande evolução da profissão de actor, até porque muitos senhores se vangloriavam de possuir companhias dramáticas, algumas das quais podiam ser inteiramente constituídas por mulheres, raramente se tratava de companhias mistas. De modo que o teatro daquele período foi predominantemente um teatro de propriedade, mas nem por isso menos alicerçado na vertente profissional.

Este teatro, chamado *kun* em virtude da região de origem, dissolveu-se precisamente na sequência da decadência das classes ricas que constituíam o seu sustento económico.

No que a isso diz respeito, a Ópera de Pequim é infinitamente mais simples do ponto de vista literário, porém, pelo menos nas suas expressões mais prestigiantes que os ocidentais também puderam conhecer graças às inúmeras *tournées*, é igualmente mais intensa do ponto de vista espectacular.

A definição de «ópera», que traduz o genérico *xi* (jogo, representação) não está errada. Com efeito, a música constitui, se não necessariamente o elemento predominante, pelo menos o ponto de partida da génese deste teatro, tanto é que os papéis eram atribuídos em função das qualidades vocais dos intérpretes: o jovem corresponde mais ou menos ao tenor, o velho ao barítono, a mulher virtuosa à soprano, a cortesã ao contralto. Uma divisão, como se vê, não distante da do melodrama oitocentista europeu. Mas claro, como se dizia, o extraordinário e universal sucesso da Ópera de Pequim deve-se, em grande parte, à sua incrível intensidade espectacular: pense-se numa síntese de circo, melodrama, pantomima, representação dramática, executada com fatos riquíssimos e sem nenhuma coreografia além de alguns acessórios que podem assumir diversos significados referenciais. Repetimos que este é o modelo exemplar, na medida em que existiam e existem companhias de ópera reduzidas a poucos elementos (uma grande companhia pode ultrapassar largamente os cinquenta elementos, sem contar com os técnicos e a orquestra) e dotadas de um guarda-roupa de emergência, no entanto, permanece o elemento comum: a intensidade mímica e acrobática.

Parece que, actualmente, os teatros onde se representa a Ópera de Pequim são salas de espectáculo normais, mais semelhantes a cinematógrafos, e dotadas de um amplo proscénio. Nas salas tradicionais este proscénio tinha a forma e as dimensões de um verdadeiro palco saliente de tipo isabelino, fechado no fundo por uma cortina com duas passagens laterais. Nos três lados do palco estavam dispostos bancos ou degraus apoiados na parede de forma a deixar espaço para uma espécie de plateia, onde os espectadores se sentavam à volta da mesa de chá.

Um espectáculo de ópera quase nunca é constituído por uma única peça, mas por uma série de episódios extraídos de diversos dramas que, por sua vez, são constituídos por actos concebidos de forma a poderem ser extrapolados e representados à parte. Uma série de «números», embora baseados num fundamento narrativo: pode tratar-se de uma das muitas aventuras do alegre e particularmente atlético Sun Wu Gong, o rei dos macacos; ou do simples episódio da rapariga enamorada que quer atravessar um rio; de um momento da trágica história da mulher rejeitada pelo marido traidor que a quer matar, ou da lenda da serpente branca, o espírito que encarna numa mulher enamorada. Histórias extraídas principalmente da narrativa popular e não tanto de um orgânico *corpus* mitológico-religioso, como sucedia no teatro indiano.

Os trajes são sempre fortemente coloridos e tendem a ser muito ricos, pelo menos no que toca aos desenhos ornamentais. As personagens mais acrobáticas como Sun Wu Gong têm de usar naturalmente roupas leves que permitam agilidade nos movimentos. Mas as divindades ou os poderosos envergam pesados mantos de brocado de ouro, complexos e pesados cha-

MODELOS ORIENTAIS: JAPÃO E CHINA

péus e calçado que lhes aumentam a estatura. Os rostos são frequentemente pintados com sinuosas linhas de cor.

Mas o facto mais característico deste tipo de espectáculo é a estilização do gesto e do movimento. Estilização que se deve, por vezes, ao gosto da exibição acrobática: para conquistar a cidade dos deuses, os macacos saltam os muros com um duplo salto mortal; para evitar o golpe de espada um duelista salta por cima dela de pés juntos com os braços abertos e o rosto voltado; para avançar rápida e silenciosamente o coro caminha com os joelhos dobrados como nas danças russas. Existe uma relação absolutamente paradoxal entre a perfeita necessidade do gesto atlético e a sua redundância relativamente às exigências da acção empírica particular: o gesto é essencial e pletórico, absurdo e racional naquele momento. Porém, um outro tipo de estilização nasce da pureza do desenho na representação pantomímica. Aqui, o espectador ocidental, habituado aos excessos descritivos de Marcel Marceau, não consegue perceber como é que a redução dos movimentos ao mínimo e a concentração de um complexo fenómeno na única dimensão da mímica podem suscitar um sentimento tão intenso da realidade empírica e quase uma participação e uma compenetração no acontecimento. O episódio da rapariga que quer atravessar o rio é um exemplo clássico e célebre deste tipo de mímica: o barqueiro e a rapariga entram no barco e este ondeia temerosamente só porque os dois protagonistas dobram alternadamente os joelhos; o barco encalha na margem só porque a rapariga dá alguns pequenos passos para a frente, fingindo ser empurrada pela força de inércia. Falou-se de convencionalismo mais ou menos simbolicamente fundamentado. Claro, tal como no *nō*, existem alguns gestos significantes com base numa convenção arbitrária; de modo idêntico, a maquilhagem dos rostos e alguns comportamentos definem a qualidade social e psicológica da personagem. Mas, ao contrário da *katakali*, a Ópera de Pequim é legível para os não-chineses pelo menos em cinquenta por cento dos seus conteúdos narrativos. Talvez fosse o caso de falar sobretudo de realismo distanciado: não por acaso Brecht ficou fascinado com

Mei Lang Fang, quando o actor chinês veio à Europa em *tournée*. Contudo, não se havia apercebido de que o distanciamento da representação podia induzir a compenetração do espectador. A Ópera de Pequim, à semelhança do *nō* e do *katakali*, exige uma longa e grande preparação dos actores, quer no plano vocal, quer no plano mímico e acrobático. Por isso, na China, assim como no Japão, existiam (e ainda existem) escolas de representação em que a disciplina era tão dura ao ponto de roçar a crueldade – como se viu no filme de Zhang Ymou, *Adeus, Minha Concubina*.

A Ópera de Pequim era um elemento central da cultura popular urbana chinesa. A Revolução Cultural de 1966, sobretudo graças à mulher do presidente Mao, Jiang Qing (que fora actriz), levou a cabo uma absoluta renovação das formas e de conteúdos num curto espaço de tempo: não só substituiu as míticas histórias do rei dos macacos e da serpente branca pela exaltação dos heróis da guerra civil ou da construção do Estado socialista, como também exigiu que os actores usassem as divisas da armada vermelha, talvez complementadas com sapatilhas de *ballet* usadas pelos bailarinos europeus. Deixou intacta apenas a música antiga para a qual foram escritos novos versos. Os actores também eram os mesmos: uma corporação que possuía uma perfeita técnica teatral. Mas aquelas palavras e aqueles trajes já não se adequavam às danças acrobáticas: perdia-se o subtil equilíbrio entre a estilização do gesto e os valores da narração, dançava-se em bicos de pés como no Bolshoi. E os actores transformaram-se em difusores assalariados de uma mensagem política que o público não podia deixar de receber passivamente e que, além do mais, era transmitida com instrumentos completamente desadequados.

Terminada a Revolução Cultural, derrotada e condenada – mas não reduzida a autocrítica – a indomável Jiang Qing, a Ópera de Pequim, foi restituída às suas antigas e clássicas formas. Se tal significará consolidar a cultura tradicional de um povo ou cristalizá-la em termos museográficos, será a história a estabelecê-lo.

29

Naturalismo e realismo psicológico

O século xx é, no mundo ocidental, o século da vanguarda. Por «vanguarda» não se entende um movimento, nem uma escola, nem a adesão a um credo artístico em particular, visto que, historicamente, quando falamos em vanguarda nos referimos a uma série de movimentos muito diferentes entre si: do simbolismo ao cubismo, do surrealismo à pop arte, que não têm em comum a linguagem, nem a poética, nem a ideologia. A vanguarda é, sobretudo, num certo sentido, uma situação psicológica, cujas características se podem encontrar na atitude de rebelião e negação em relação ao que é comummente aceite, na tendência a orientar-se para um futuro pouco definido, mas também no sentimento de futilidade e de solidão que costumamos designar como alienação.

Além deste comportamento psicológico genérico, os movimentos de vanguarda partilham a ligação, pelo menos tentada ou prevista, entre produção e teoria. Como muitas vezes a teoria precede a prática, um outro traço característico dos movimentos e dos autores de vanguarda é o experimentalismo, entendendo-se este termo, quer do ponto de vista linguístico (experimentação do sujeito produtor no sentido de ver a que resultados conduzem determinadas combinações), quer do ponto de vista pedagógico (para controlar as reacções e o gosto do utilizador). Experimentar pode significar procura de leis absolutas para a criação da obra – o livro de Mallarmé – que não tenha as características da contingência e da possibilidade mas as da necessidade. No entanto, pode também significar tentativa de elaborar permanentemente novos temas e novos problemas e, neste sentido, o conceito de experimentalismo está associado à rejeição da tradição. Aliás, tal como o romantismo havia rejeitado a tradição clássica para procurar uma tradição diferente nos olvidados valores da Idade Média, a vanguarda rejeita a tradição europeia para explorar os valores dos povos primitivos ou das civilizações asiáticas. Esta é a obra-prima da vanguarda, que nega o valor absoluto da história da Europa e, portanto, da sua superioridade relativamente a outros povos: a escultura negra é mais bela do que a Vénus de Milo. Na realidade, a tradição europeia só é negada no plano intelectual, pois não pode deixar de pesar no plano histórico. Por isso, a vanguarda conta com três patrimónios culturais: um conhecido e repercorrido ao longo da sua evolução, os outros sentidos mais como hipóstases, como blocos unitários – a cultura «primitiva» e a oriental.

Podemos considerar que a história da vanguarda começou com o movimento ao qual todos os que lhe sucederam pretenderam definitivamente opor-se: o naturalismo. A exigência de verdade histórica, que se fizera sentir fortemente nos primeiros cinquenta anos do século XVIII, não foi decerto estranha ao aparecimento deste movimento. Aliás, o exemplo mais acabado de como esta «verdade» podia ser realizada no âmbito do teatro constitui, do ponto de vista mais puramente técnico-formal, um ponto de referência fixo: tratava-se da companhia do duque de Meiningen, dirigida por Ludwig Kronegk, que não só – como havia já feito o conde Von Brühl – quis reconstituir em palco ambientes historicamente credíveis, como também renegou, na medida do possível, o uso da pintura cenográfica para levar para o palco acessórios reais. Durante as suas inúmeras *tournées*, a companhia dos Meininger surpreendeu também pela perfeita disciplina de conjunto e contribuiu de forma significativa para definir a figura do encenador.

André Antoine (1858-1943), na segunda fase da sua actividade, irá dedicar-se às reconstruções históricas, inspirando-se explicitamente nos Meininger. Mas não é este o motivo pelo qual ele tem um lugar na história do teatro.

O naturalismo foi um movimento que se desenvolveu no seio da atmosfera cultural criada pelo positivismo. No campo literário, o seu expoente máximo foi Emile Zola, que pretendia que um romance fosse semelhante a um relatório científico sobre um fenómeno observado na natureza ou criado em laboratório. Que depois ele colocasse toda a paixão do seu empenho social e civil nos seus modos narrativos, é outra questão. De qualquer forma o gosto pelo experimental, que será o de todas as vanguardas, está já presente no próprio título da obra teórica de Zola: *O Romance Experimental.*

Por muito que o naturalismo literário e teatral pretendesse apreender e observar a realidade humana e social na sua banalidade quotidiana, de facto, o interesse maior era suscitado pelos fenómenos patológicos (não é por acaso que um dos expoentes máximos do positivismo em França era um médico), quer do ponto de vista social, quer individual. Razão pela qual a temática preferida verte sobre personagens repletas de taras hereditárias ou sobre situações socialmente doentes.

Tal como o romance deveria ser uma espécie de relatório científico, o espectáculo teatral devia apresentar-se como uma fiel reconstrução de um ambiente e de um acontecimento: o progresso no teatro consiste – sustentava Zola – na progressiva eliminação dos elementos convencionais que o mantêm distante da realidade efectiva. E Jean Jullien, que, com Emile Zola, foi o teórico do naturalismo teatral, sustenta que os actores devem mover-se e falar como se estivessem na casa deles, sem nunca se reportarem ao público e que, por conseguinte, o quadro da cena (*emplacement du rideau*) devia ser como uma quarta parede, transparente para o público – que assim se encontrava na situação de testemunha casual de um acontecimento, de uma *tranche de vie* – mas opaca para os actores. Talvez por acaso, mas decerto instintivamente, desde o primeiro espectáculo com que inaugurou o seu teatro após algumas tentativas diletantes, no Cercle Gaulois, que Antoine aderiu a esta poética. A noite inaugural do Théâtre Libre teve lugar a 30 de Março de 1887, num pequeno ambiente cuja atmosfera, suja e poeirenta, será durante muitos anos o símbolo da vanguarda teatral. Representava-se a adaptação de uma novela de Zola: *Jacques*

Damour, não havia cenários, só os móveis da copa da mãe de Antoine, coisas verdadeiras, portanto, que não podiam senão favorecer a natureza da acção. Desde aquele dia, o Théâtre Libre tornou-se o reconhecido centro do teatro naturalista, tendo sido exemplo para outras iniciativas (entre elas destaca-se a grande notoriedade do Freie Bühne de Berlim).

Ora, na verdade, o repertório do Théâtre Libre foi, quando muito, heterogéneo: os textos de autores naturalistas – de Zola, dos Goncourts, de Daudet, de Curel – não foram representados com maior frequência do que os dos «poetas» inspirados em Catulo Mendes. No entanto, foram apenas esses espectáculos que caracterizaram a experiência de Antoine. O que do Théâtre Libre se tem memória, ou seja, que teve uma forte influência em França e no exterior, foram as encenações em que eram representados os aspectos tétricos, patológicos ou violentos da realidade social. As personagens que perturbaram os espectadores do Théâtre Libre não foram certamente as do duque de Enghien ou da rainha Fiammetta nas *pièces* homónimas de Léon Henrique e de Catulo Mendes, mas sim o da desafortunada serva Germinia Lacerteux, já idosa e feia mas tomada por um desejo insaciável, interpretada por Réjane, uma actriz *boulevardière* – *boulevard* tornara-se em sinónimo de teatro de café e cómico – que Antoine soubera transformar (impressionou, sobretudo, a cena das crianças que merendam servidas pela desgraçada que arrasta o seu ventre dolorido à volta da mesa); ou a personagem de Jacques Bouchard, no drama de Pierre Wolff, em que o próprio Antoine interpretou o comerciante de vinho, quase mudo, ocupado a enxaguar os copos atrás do seu balcão.

Antoine construía a sua personagem com uma série de pequenos gestos fortemente individualizados, rejeitando qualquer forma de tipificação e dando relevo aos sintomas de uma patologia transformada em modo de ser do indivíduo. Um seu discípulo italiano, Ermete Zacconi, sem apreender o significado profundo deste modo de actuar de Antoine, procurará, ao invés, representar em termos científicos os sintomas das personagens doentes suas predilectas: exemplar foi a sua interpretação de Osvaldo nos *Espectros* de Ibsen, onde tentou mostrar a evolução da sífilis hereditária.

Após a afirmação acima referida no seu teatrinho de vanguarda, Antoine passa para o fausto do teatro oficial. Nem por isso esqueceu as suas origens, pelo que a representação da vida quotidiana será recorrente nos seus espectáculos. Todavia, começou cada vez mais a confrontar-se com os clássicos, interpretando-os – sobretudo no período em que foi director do Odéon – com argúcia filológica: o seu Tartufo foi memorável a quem lhe tirou toda a exterioridade vulgar e hipocrisia para fazer dele um cavalheiro de boas maneiras. E, naturalmente, perpetuando a tradição dos Meininger, encenou com minucioso rigor arqueológico textos de teor histórico, como de resto já fizera no Théâtre Libre, mas desta feita com muitos mais meios à disposição.

Antoine não deixou escritos de carácter declaradamente teórico, mas pode deduzir-se a sua posição a partir dos apontamentos dos seus diários e de algumas cartas dirigidas a críticos e a actores. Os pontos de maior relevo são dois: numa implícita polémica com Sarcey, Antoine gaba-se de ter representado no seu teatro textos «que teatro não são», onde se pode ler a tensão que se estenderá a todas as vanguardas teatrais de não se limitarem a um simples reformismo, centrando-se numa total refundação da linguagem teatral. O segundo ponto diz respeito ao actor: Antoine, ele próprio um excelente actor, considera-o um puro instrumento. E uma vez que chegou a censurar Henry Becque por não ter percebido como é que os seus dramas deviam ser representados, leva-nos a pensar que tivesse em mente uma terceira personagem que se entrepõe entre actor e autor, ou seja, o encenador, entendido como aquele que sabe compreender o significado profundo da obra para lá da própria consciência do seu autor.

Desde os tempos em que se dedicava ao teatro suportando pessoalmente grande parte das despesas dos espectáculos encenados na Sociedade Moscovita de Arte e Literatura, que Kostantin Alexeev – conhecido pelo nome artístico Stanislavski (1863-1938) – ficara fortemente impressionado com as perfeitas *mises-en-scène* da companhia dos Meininger. Por isso foi perfeitamente natural que as primeiras representações do Teatro de Arte de Moscovo, por ele fundado juntamente com o escritor Vladimir Nemirovitch Dantchenko em 1898, tivessem em vista os mesmos valores de reconstrução arqueológica e de movimentos de conjunto complexos e aparentemente casuais, mas na realidade perfeitamente ordenados. Cada representação era precedida por um longo e cuidadoso estudo da época em que a acção se desenrolava, quer se tratasse da Rússia dos boiardos, como no caso de *Zar Fëdor* de Alex Tolstoi, ou da Roma republicana no caso do *Júlio César* shakespeariano.

Stanislavski manifestou o mesmo empenho cognitivo ao representar no palco ambientes contemporâneos: de forma a conhecer os hábitos de vida dos pobres de Moscovo, a companhia organizou uma «expedição» aos dormitórios públicos e aos ambientes mal-afamados da cidade, com o mesmo espírito com que se havia deslocado a Roma antes de encenar *Júlio César.* O resultado foi a encenação de *Na dne* (*No Fundo*) de Gorki, onde aquela vida miudinha que nos outros espectáculos servira apenas de pano de fundo (apesar de ser representada com minuciosa precisão) ao drama dos protagonistas, passava para primeiro plano: cada fala nascia no e do contexto de uma pequena acção quotidiana – jogar à cartas, coser, cozinhar – em que se consumava a vida dos miseráveis retratados por Gorki num texto, aliás, com tons nada realistas.

Estas experiências não são episódios, mas linhas de desenvolvimento da carreira artística de Stanislavski. Todavia, o evento mais significativo da sua «vida na arte» foi certamente o encontro com Anton Tchecov (1860-1904). A experiência tchecoviana significou, para Stanislavski, o esclarecimento definitivo do significado e dos valores fundamentais do teatro (na realidade do *seu* teatro): o minucioso realismo cénico e cenográfico permanece, mas com outro fim, ou seja, a revelação psicológica da personagem.

NATURALISMO E REALISMO PSICOLÓGICO

Em Dezembro de 1898, o Teatro de Arte representou com enorme sucesso *A Gaivota*, que antes havia sido clamorosamente vaiada em São Petersburgo. Em Outubro de 1899 foi a vez de *Tio Vânia*. As personagens deste drama em que nada acontece – Vânia descobriu logo no início que o professor Seriebriakov, ao serviço de cujo génio trabalhou toda a sua vida, não passava de um imbecil – foram imersas, por Stanislavski, numa atmosfera obsessiva: no primeiro acto lutam como possessas contra o calor e as melgas numa sucessão contínua de movimentos espasmódicos e nevróticos que mantêm sempre a tensão no limite do tolerável. Os objectos, sempre rigorosamente verdadeiros (embora sobre o fundo de uma cenografia pintada), e sobretudo os rumores exteriores ao palco – o ladrar de um cão, um canto longínquo –, dão credibilidade, antes de mais para o actor e depois para o espectador, ao lugar onde a acção decorre, além de terem um significado próprio.

Os brinquedos que a partir do segundo acto começam a invadir a casa das três irmãs (*As Três Irmãs*, 1901) marcam o progressivo ascendente da cunhada Natacha em casa delas, que acabará por expulsá-las sem que tenham podido realizar o seu sonho de voltar a Moscovo. O canto das cigarras e dos pássaros, banda sonora praticamente ininterrupta de *O Pomar das Cerejas* (1904), com a esbatida diminuição da luz criavam uma atmosfera de tristeza bucólica para o adeus das personagens à sua casa, e o eterno tema tchecoviano do arrependimento diluía-se numa elegia trágica.

Stanislavski não renunciou a esta minuciosa reconstrução ambiental nem mesmo depois do fracasso substancial das suas experimentações simbólicas e, na representação de *Um Mês no Campo* (1909) de Turgueniev, as personagens permaneciam imóveis ao longo de quase todo o segundo acto, enterradas num grande sofá, com o olhar fixo no vazio, tentando descobrir, numa cadência hesitante e fleumática, o fundo das suas almas.

Os elementos cenográficos, os acessórios, os sons e os rumores, o guarda-roupa não são apenas elementos de um quadro oferecido ao espectador, são também, e antes de mais, colocados em função da capacidade do actor para «reviver» a personagem. Pois a arte do teatro identifica-se com a arte do actor.

A vida artística de Stanislavski não é mais do que uma constante procura de uma ciência da arte da representação. Com um incansável fervor experimental procurou resolver este paradoxo, que pode igualmente formular-se com a pergunta: como entrar voluntária e não fortuitamente no paraíso da arte? Problemas românticos exigiam uma solução positivista, solução que Stanislaviski dá na sua grande obra teórica, no seu «sistema» compilado no volume *O Trabalho do Actor* (1924).

A arte do actor é a arte da revivescência (*perezivanje*): o actor deve reviver os sentimentos, as paixões, as próprias sensações da personagem que interpreta, para lhe dar uma vida da qual apenas traçou as grandes linhas. E reviver não *una tantum*, para depois reproduzir ao infinito a imagem que se criou, mas sempre que se é convocado a representar essa personagem. Portanto, não existem representações propriamente ditas, na medida em que cada noite, mesmo que seja a centésima, o actor sentirá os ciúmes de Otelo, as dúvidas de Hamlet. Ora, as sensações e os sentimentos são factos que se produzem espontaneamente no fundo da psique, são factos do subconsciente. Como será possível suscitá-los quando não são necessários? Stanislavski responde: através de estímulos oportunos exteriormente controláveis; o seu sistema é apenas uma psicotécnica que permite, justamente, estimular e controlar os factos psíquicos subconscientes. Assim como Proust, ao saborear de novo o gosto das *madeleines*, podia reencontrar as perdidas sensações de infância, executando um determinado gesto, assumindo uma determinada postura, o actor de Stanislavski pode trazer à memória uma emoção já vivida, um sentimento já experimentado, uma paixão já experienciada e comportar-se, pois, de forma espontânea como quem actualmente sente tais emoções, sentimentos ou paixões. O actor não revive sentimentos e paixões que não lhe pertençam, mas sim os seus próprios através do que Stanislavski define a «memória emotiva». Naturalmente tratar-se-á de sentimentos, emoções e paixões análogas às da personagem representada que, portanto, o actor deverá ter presente não só nos momentos em que está em palco, mas ao longo da sua vida. O actor terá de conhecer a sociedade em que a personagem vivia, a sua casa, a sua cidade, os seus amigos, o seu passado, isto é, terá de inventar a história da sua vida em função da qual se justificarão os actos que ele realiza no drama. E o encenador, o cenógrafo, os técnicos de luzes e do som terão de rodeá-lo de todos esses elementos que se pressupõe terem circundado a própria personagem. O realismo cénico de Stanislavski é determinado em função do realismo psicológico, realismo que se pode definir como um processo cognitivo e emocional do actor em relação à personagem.

Trata-se, pois, de um realismo absoluto, na medida em que aquilo que o espectador vê não é uma ficção, mas sim uma realidade psicológica que está a acontecer debaixo dos seus olhos.

30

Os símbolos e o artista de teatro

Nos escritos teóricos de Stanislavski e nos, raros e assistemáticos, de Antoine encontramos uma primeira definição da função do encenador. Não que um papel semelhante nunca tivesse existido antes no teatro, aliás: do *meneur du jeu* dos mistérios medievais ao director das companhias itinerantes italianas, do *didaskalos* da tragédia grega ao corego preconizado por Leone de' Sommi até ao director de cena que, nos teatros franceses, pensava sobretudo em orientar os movimentos de massas dos figurantes e em dar forma aos *tableaux*, havia frequentemente alguém que tinha a função de coordenar os vários elementos do espectáculo. Mas as funções desta personagem eram, na maioria das vezes, indeterminadas e marginais: raramente ele intervinha na forma de representar, o próprio guarda-roupa era escolhido geralmente pelos actores, ao passo que nas luzes, nas cenografias e nos engenhos pensavam os especialistas.

Como recordei anteriormente, Antoine, que apesar de ser essencialmente um actor, não tinha nenhuma confiança nos actores: considerava-os pessoas ignorantes e incapazes de perceber os valores e os significados de uma obra literária. Em seu entender, os actores não podem ser mais do que «*des mannequins, des marionettes, que l'auteur habile et agite à sa fantaisie*» (*). Por conseguinte, embora não fale explicitamente de encenador, as suas palavras evidenciam claramente que tem de haver alguém que indique aos actores como devem movimentar-se e representar segundo as intenções do autor, enfim, um intérprete que seja capaz de fazer uma leitura correcta do texto.

(*) «manequins, marionetas, que o autor veste e move segundo a sua imaginação». (*N. T.*)

OS SÍMBOLOS E O ARTISTA DE TEATRO

Para Stanislavski, o encenador é uma figura de transição: quando os actores dominarem a fundo a psicotécnica ele deixa de ser necessário; até aí desempenha uma função essencialmente pedagógica. Mas, na realidade, essa tarefa pedagógica é uma tarefa criativa. Entretanto, dirigindo a psicotécnica do actor, o encenador é capaz de condicioná-lo muito mais do que se se limitasse a dar apenas indicações exteriores, por muito minuciosas que estas possam ser; em segundo lugar, é o encenador que fornece aos actores a parte mais relevante das «circunstâncias dadas» sugerindo-lhes a conclusão da narração interrompida do drama, ou seja, imaginando o que sucede nas pausas entre um acto e o outro, o que fazem as personagens quando não estão em palco, ambientando o drama no seu contexto histórico e social. Muitas vezes substitui a imaginação do actor pela sua, inventando-lhe o passado de cada personagem, determinando os traços do seu carácter.

Contudo, tanto para Stanislavski quanto para Antoine, o encenador permanece uma personagem marginal, pelo menos em teoria. Para um, é no actor que se esgota a vida do teatro e, por isso, procurou dar dignidade social e profissional aos actores; para o outro, o encenador é, no fundo, um modesto substituto do autor.

A figura do encenador iria ganhar um significado mais preciso e uma função autónoma num outro clima cultural muito distante, aliás, programaticamente antitético ao do naturalismo ou ao do realismo psicológico. Só na sequência da actividade prática e da reflexão de homens do teatro como Adolphe Appia, Gordon Craig, Vsevolod Emilievitch Meyerhold, todos eles mais ou menos estreitamente ligados às concepções estéticas do movimento simbolista, o encenador começou por ser considerado a figura central do teatro, o único capaz de dar corpo a uma expressão artística autónoma, o criador do espectáculo.

A revalorização da arte face à ciência, em nome de um conhecimento mais nobre que não o do mundo empírico, ou seja, o conhecimento da realidade espiritual que se alcança apenas com a intuição poética, constitui igualmente uma crítica aos valores de uma sociedade utilitarista que ameaça aniquilar tudo quanto há de livre e sublime no homem. No plano positivo, uma arte que pretende desempenhar semelhantes funções deverá renunciar a tudo o que é atinente à realidade material das coisas, às anedotas, ao psicologismo, para alcançar o empíreo das formas puras: para os parnasianos o ideal da arte podia recuperar-se na escultura, assim como para os simbolistas se podia recuperar na música («música acima de tudo», escrevia Verlaine). É claro que o teatro adequava-se mais dificilmente do que outras formas artísticas aos cânones desta poética: o actor com o peso da sua presença física só pode reconduzir-nos à anedota do mundo empírico. Portanto, quase todos os teóricos do simbolismo que se dedicaram ao teatro, de Mallarmé a Albert Mockel, ao próprio Maeterlinck, polemizaram contra a presença do actor em palco. Mallarmé é fascinado pelo palco, mas quere-o vazio ou admite uma bailarina que, ao dançar, é capaz de anular o peso físico do próprio corpo; para Baudelaire e para Maeterlinck, o actor só é tolerado se conseguir parecer-se com uma estátua ou uma marioneta, ou seja, se conseguir descarnar-se e fazer-se esquecer. O teatro apenas pode ser harmonia de movimentos, de gestos, de cores, de sons orientados para um símbolo. Mas assim sendo, argumenta Gordon Craig, esta harmonia só pode nascer da intuição de um único criador, precisamente o artista de teatro, o encenador, que não é pintor, nem músico e que nem sequer é intérprete de um texto, mas o cultor de uma arte que tem as suas próprias leis e os seus próprios valores: o teatro.

Na prática cénica, o simbolismo havia tido um reflexo imediato na actividade teatral de Paul Fort, fundador do Théâtre d'Art em 1891, e de Aurelien Lugné-Poe, que em 1893 fundou mais um pequeno teatro chamado L'Oeuvre.

Paul Fort era um poeta e pensava que o teatro devia ser dominado pela palavra: segundo o seu desígnio, teatro de arte significava teatro de poesia. Mas os seus espectáculos, por muito aproximativos que fossem e às vezes francamente de mau

OS SÍMBOLOS E O ARTISTA DE TEATRO

gosto, são recordados pela sua orientação teatral, pelas ideias cénicas em si significantes. Em *La jeune fille aux mains coupées (A Moça das Mãos Cortadas)*, um texto poético de Pierre Quillard sobre o tema do amor incestuoso entre pai e filha, os actores representavam com voz lenta e monótona por detrás de uma cortina de musselina, sobre o fundo de uma tela de ouro emoldurada com tecidos vermelhos, enquanto no palco uma recitante, vestida com uma longa túnica azul, relia as falas das personagens e explicava os seus sentimentos.

No teatro dramático, até então, tratara-se sempre de inserir um drama numa moldura cénica tradicional, ou de ambientá-lo partindo das indicações concretas nele contidas. Daí em diante, quem leva à cena um texto considera-se livre para o fazer em moldes que não têm nenhuma relação de necessidade concreta com esse: uma obra poética sugere uma visão, e é esta que se procura realizar. E também se pode dizer que tal visão traduz a atmosfera do drama, mas a tautologia é evidente: «a atmosfera» é apenas a visão individual sugerida pelo texto.

Nos poucos espectáculos encenados no Théâtre d'Art e no Oeuvre regressam com frequência algumas invariáveis que constituem, por assim dizer, a sigla do teatro simbolista. A ideia de fazer representar os actores atrás de um véu regressa, por exemplo, na encenação de *La gardienne* de Henri Regnier (Oeuvre, 1894), sendo evidente a intenção de retirar aos actores o seu peso corpóreo, reduzindo-os a sombras fantásticas. A representação tem, na maioria das vezes, um tom estático, monótono, como se as personagens estivessem mergulhadas num mundo distante de onde as suas vozes provêm como ecos. «Lugné-Poe e Berthe Bady», escreveu Sarcey a propósito da representação de *'Tis Pity She's a Whore (Anabella*, na adaptação francesa do texto isabelino realizada por Maeterlinck), «tiveram a singular ideia de representar estas cenas encarniçadas com as mãos juntas, os olhos no céu, um modo de andar místico, passos lentos, a voz branca e monótona como a de uma santa saída de um fresco de Giotto.» As outras personagens do drama, no entanto, representavam com tons naturalistas, simbolizando o plano da vida empírica, enquanto os protagonistas, os irmãos incestuosos, arrastados pelo destino – e não pela paixão, como entendera John Ford – actuam numa dimensão absoluta.

Por diversos motivos estão ligados à tradição cultural simbolista os dois maiores representantes da primeira vanguarda teatral, ainda activos quando o simbolismo já não existia como movimento, em certa medida, organizado e concreto: o inglês Edward Gordon Craig (1872-1958) e o suíço Adolphe Appia (1868-1928).

A autonomia da arte do teatro, a sua dignidade e afirmação, a definição do artista de teatro são as maiores preocupações de Gordon Craig que, filho da maior actriz vitoriana, Ellen Terry, representou em algumas ocasiões quando era jovem, mas depois procurou realizar as suas aspirações artísticas no campo da encenação e da cenografia. Influenciado culturalmente por Nietzsche e Carlyle, ele proclamava em tom profético que o teatro, para poder viver, deve morrer: só o verdadeiro artista de teatro, aquele que será capaz de construir obras cénicas que sejam fruto unicamente da sua mente e, em parte, das suas próprias mãos, poderá voltar a dar-lhe vida. Para que a obra de arte teatral possa ser realizada é necessário banir do teatro tudo o que impede a expressão absoluta de valores absolutos, ou seja, de um lado tudo o que é anedótico, empírico, do outro tudo o que é casual. Sobretudo o que é casual: Craig está convencido, juntamente com Mallarmé, que a criação artística não é mais do que uma luta contra tudo o que não é absoluto e necessário, contra o acaso; luta que Mallarmé percebera ser desesperada: «*un coup de dès jamais n'abolira l'hasard*» (um lançamento de dados nunca eliminará o acaso). Para Craig, o anedótico, o empírico e o casual concretizam-se na figura do actor que ele, à semelhança de Mallarmé, Maeterlinck – o mais interessante dramaturgo da corrente simbolista – e Albert Mockel, queria substituir por uma marioneta. Aliás, por uma supermarioneta que, nos escritos mais moderados, Gordon Craig define como um actor com fogosidade a mais e egoísmo a menos, mas que

OS SÍMBOLOS E O ARTISTA DE TEATRO

na concepção originária é um autêntico autómato e enquanto tal não está sujeito às variações de humor, nem é dotado de ideias próprias que chocariam com as do encenador, pelo contrário, é completamente obediente e submisso a este. Além disso, a marioneta é descendente dos ídolos e, deste modo, só ela pode ser a protagonista do rito que é o teatro.

Mais uma vez Craig repete, conscientemente ou não, ideias já expressas pela escola simbolista francesa: o teatro é um rito. Ideia que, uma vez vulgarizada, se tornou quase axiomática para muitos historiadores. Na concepção de François de Nion, à imagem da de Craig, trata-se, no entanto, de um rito acabado, de uma visão da qual os espectadores apenas podem participar observando-a num reverente silêncio: nunca como então houve tanta distância entre o palco e a plateia; o espectáculo-rito é, ao mesmo tempo, uma obra de arte acabada e absoluta que só pode ser admirada de longe. O teatro é, portanto, visão – aliás o termo grego *theoria*, que compreende o conceito de visão, contemplação e conhecimento seria o termo mais adequado para o definir – visão do movimento silencioso, celebração do mistério do movimento. Com a sua ânsia de rigor e de pureza, Craig acaba por eliminar do teatro não só o texto, mas a própria palavra, o som e, por conseguinte, o artista de teatro (assim, o uso do termo «encenador» seria bastante impróprio) é aquele que cria a pura visão do movimento, que celebra o seu rito, que é o rito da própria vida.

O maior esforço de Craig para realizar a sua ideia de teatro foi a encenação de *Hamlet*, no Teatro de Arte de Moscovo, em colaboração com Stanislavski. Craig havia já dirigido um certo número de espectáculos em Inglaterra e fora (*Os Vikingues* de Ibsen, em 1903, em Londres, *Veneza Salva* de Otway, em Berlim, em 1906, e outros), mas é só em 1912 que atinge a sua plena maturidade, embora, quer pelo desacordo com Stanislavski, quer pelo carácter de Craig – incapaz, no fundo, de levar até ao fim um compromisso que lhe custasse esforço e sacrifícios excessivos – não faltassem discordâncias e compromissos. Em *Hamlet*, Craig realizou um cenário composto por altíssimos painéis fechados, que deveriam mover-se no decorrer do espectáculo seguindo passo a passo o alterar-se da situação ou, melhor, da ideia a que esse dava corpo. Porém, não foi tecnicamente possível e a posição dos painéis (*screens*) foi substituída por uma cortina fechada. Nas cenas da vida da corte, os painéis eram cor de ouro, ao passo que quando Hamlet estava sozinho se tornavam cinzentos: o ouro simbolizava o fausto corrupto da corte, o cinzento a tristeza da alma de Hamlet. As personagens também envergavam vestes douradas e a cena em que o rei e a rainha surgiam pela primeira vez parecia um mar de ouro. Mas mesmo o ouro, a revelar a falsidade daquele luxo, parecia ofuscado, como que visto através de um manto de fumo. Só na cena dos actores é que havia uma explosão de cores: o teatro é, para Hamlet, a única recordação da vida feliz.

Como se vê, o cenário era extremamente purificado, sem qualquer elemento descritivo: uma série de painéis perfeitamente lisos, dispostos de forma a criar uma escansão geométrica do espaço e não tanto um ambiente determinável, representação de um mundo diferente do da realidade empírica, um mundo com o qual nenhuma comunicação era possível.

Encontramos a mesma exemplificação dos elementos cenográficos e a mesma estruturação geométrica rigorosa nos desenhos (projectos cenográficos) de Adolphe Appia, que foi, como Craig, um excelente desenhador gráfico. No entanto, em Appia, a partição espacial é mais complexa em virtude da sua diferente concepção de teatro.

A reflexão de Appia sobre os problemas do teatro parte de um problema específico: como encenar o *Worttondrama* (drama de palavras e música) wagneriano, pelo que o seu primeiro ensaio sobre o teatro intitula-se precisamente *La mise en scène du drame wagnerien* (1895), ao qual se seguirão, em 1897, *La musique et la mise en scène* e, em 1921, *L'oeuvre d'art vivant*. Wagner, há que recordar, foi amplamente apreciado nos ambientes simbolistas, não só pelos seus valores musicais como também e, sobretudo, pelos seus princípios estéticos: a sua teoria da obra de arte total, o *Worttondrama*, se, por um lado, podia enaltecer os homens de teatro, por outro, era perfeitamente assimilável à teoria das «correspondências», que é o eixo da estética simbolista e segundo a qual a essência se alcança aproximando cores, sons, palavras. Tanto é verdade que a *Revue wagnerienne* se tornou o órgão dos simbolistas e não tanto dos wagnerianos.

Dada esta relação é bastante lógico que Appia, após um primeiro período em que, como transparece dos seus desenhos, concebe o cenário como um misterioso mundo de penumbra onde os símbolos são realizados principalmente com meios luministas (a este propósito é interessante o seu projecto de encenação de *Tristão e Isolda*, em que efectua a inversão da relação óbvia luz-escuridão, tornando-se esta emblema de vida e de alegria), tenha concebido o espaço como função directa da música, como cristalização do tempo musical, concepção exemplificada nos desenhos intitulados *Espaços Rítmicos*.

Para Appia, a música é a arte substancial: expressão pura, ou seja, como queria Schopenhauer, revelação da essência. Todavia, necessita do suporte intelectual da palavra. Wagner, realizando a síntese de música e palavra, fundou o perfeito conhecimento artístico; no entanto, não conseguiu traduzir a poesia da música e da palavra em termos espaciais, ou seja, realizar o sonho da obra de arte total. Contudo, segundo Appia, esta última passagem é apenas uma consequência necessária. Com efeito, a música é a origem do movimento: provoca-o e determina-o, marcando o compasso dos tempos. Portanto, o actor é o intermediário entre as artes do tempo e as artes do espaço, na medida em que o seu movimento determina a própria estrutura do cenário, que não pode ser pintada, bidimensional, mas deve desdobrar-se nas três dimensões, nem pode ser um simples espaço vazio, deve, pelo contrário, oferecer resistências ao corpo que se move, pelo que tem de ser constituída por elementos praticáveis, planos inclinados, degraus. A pintura será completamente excluída, ou permanecerá só com a função de sinal para indicar o significado empírico de um determinado lugar quando houver necessidade.

E o encenador? A sua função é, para Appia, transitória. Ele tem a tarefa de tornar explícitas, nas obras wagnerianas, os termos do movimento que nelas estão implícitos: o verdadeiro encenador é sempre o autor, e o autor do futuro deverá redigir o seu *Worttondrama* numa partitura em três linhas, sendo a terceira a notação do movimento e, consequentemente, do espaço. Quando os autores se derem conta destas necessidades, o encenador será um simples professor de ginástica. Aliás, ele continuará a ter uma sua função à margem da obra perfeita, da obra de arte total, ou seja, no teatro de prosa em que, não havendo música para determinar os tempos do movimento, estes podem desenvolver-se no âmbito flexível da compreensibilidade das palavras e da experiência empírica. Mas a este género inferior de teatro, Appia não dedica muita atenção.

Parcialmente diferente da de Appia e Craig foi a perspectiva de George Fuchs, director e encenador do Künstler Theater de Munique. Aqui, em colaboração com o cenógrafo Fritz Erler, ele encenou uma série de espectáculos (o primeiro, *Fausto* de Goethe, foi levado à cena em 1908) num dispositivo cénico constituído por dois elementos horizontais, duas espécies de torres e por um elemento vertical que as ligava: das diferentes combinações destes elementos, que podiam ser executadas com grande rapidez, resultava o ambiente cenográfico caracterizado por poucos acessórios ilustrativos.

Fuchs parte de um conceito de actividade artística bastante afastada do misticismo simbolista e estetizante, oriundo, ao invés, da mentalidade tecnicista dos cultores de artes aplicadas que trabalham no âmbito do movimento «secessionista». Para Fuchs, a arte tem uma função particularmente prática: satisfazer a necessidade psíquica de «intensificação da vida». O movimento rítmico do corpo do actor à altura da boca de cena transforma-se em emoção e provoca no espectador um aumento do ritmo vital. É, portanto, o actor, e não o encenador, quem cria a emoção específica do teatro, na medida em que «o drama é possível sem palavras ou sons, simplesmente como movimento rítmico do corpo humano». Tudo o resto é enriquecimento.

O encenador tem como tarefa enriquecer e, principalmente, valorizar a acção. Deve, por isso, abdicar da utilização da profundidade do palco, para favorecer a tendência do actor a reduzir ao máximo a distância entre ele e o público, pois a arte não é nada de objectivo, não é uma coisa em si, mas uma relação: no caso do teatro uma relação entre actor e público, da qual nasce uma emoção colectiva, isto é, socializante.

Assim, a proeminência do encenador, afirmada pela concepção rigorosa e absolutista de Craig, começa bem cedo a ser posta em causa no plano teórico. No plano prático, na realidade, esta posição, no mínimo hegemónica, está destinada a consolidar--se e a difundir-se, e só nos últimos anos a centralidade do actor e o conceito de «criação colectiva» começaram a ganhar espaço na práxis da produção teatral. As personagens de maior relevo na história do teatro, nestes anos, são quase exclusivamente os encenadores, até os autores perdem boa parte do seu prestígio.

Jacques Copeau (1879-1949), o fundador do Vieux Colombier – um pequeno teatro da *Rive gauche* que entre 1912 e 1924 teve uma ressonância europeia e de cuja escola sairão alguns dos maiores protagonistas do teatro francês entre as duas guerras, de Charles Dullin a Louis Jouvet – negou drasticamente o valor da produção dramática da época (apesar de estarem em actividade Pirandello e Crommelynck, Yeats e Shaw, Eliot e Claudel) e chegou a pensar poder condicioná-la positivamente criando um dispositivo cénico fixo que servisse de referência permanente aos escritores, assim como Shakespeare, compondo as suas tragédias, tinha em mente o dispositivo cénico isabelino. Encenador-animador-pedagogo (pedagogo tanto do público quanto dos actores), Copeau procurou fazer do teatro um centro de cultura e de elevação espiritual, relançando os valores clássicos da simplicidade e do equilíbrio. No início da sua carreira apresentava-se como encenador-intérprete, no sentido já explicitado quase dois séculos antes por Ekhof: o encenador, tal como o actor de Ekhof, tem como função descobrir a encenação

HISTÓRIA DO TEATRO

implícita no texto, mas acaba, se é que não o fez sempre, por sobrepor ao texto a sua visão. De resto, a análise dos problemas teóricos do teatro já não se centrava predominantemente na esfera das relações recíprocas do autor, encenador e actor, mas na do próprio significado da representação teatral dos valores formais e de conteúdo que o teatro deveria chamar a si. E, em virtude de os teóricos serem quase sempre encenadores, a reflexão torna-se com frequência uma premissa ou uma justificação da actividade prática, dentro em pouco uma «poética».

O mesmo se aplica, obviamente, a Appia, Craig e Fuchs, mas sobretudo a Copeau e a outros contemporâneos, em particular aos encenadores do teatro russo de vanguarda, que viveu, nos anos da revolução soviética, uma época muito quente e fecunda.

Meyerhold, Evreinov, Tairov e Vachtangov são os nomes mais prestigiados do teatro russo de vanguarda, cujas origens estão extremamente enleadas, quer na teoria, quer na práxis, na actividade dos simbolistas ocidentais. Os princípios da sua obra são os conceitos de convenção de estilização e de teatralidade. Zola, o líder do naturalismo francês, sustentara que as etapas do progresso do teatro foram marcadas pela superação das convenções. Gordon Craig contra-argumentara que as convenções são essenciais ao teatro: é por convenção que se admite que um acontecimento pode transferir-se para outro, que um determinado período de tempo seja contido num período mais breve. O teatro, para Craig, deve ser definitiva e abertamente convencional, como o é o teatro japonês em que levar a mão aos olhos, por convenção, significa chorar.

Segundo Vsevolod Meyerhold (1874-1942), a convencionalidade não é tanto um elemento estrutural quanto uma sigla caracterizadora do novo teatro, do seu teatro: o «teatro da convenção», a seu ver, é aquele que liberta o actor da cenografia, pondo à sua disposição um espaço a três dimensões, que orienta o ritmo da dicção e do movimento dos actores, que cria a encenação cujas «alusões» o espectador é convocado a com-

OS SÍMBOLOS E O ARTISTA DE TEATRO

pletar. No entanto, o teatro da convenção fixa a plasticidade estatuária, não procura uma variedade caleidoscópica, contentando-se com poucos movimentos essenciais, na medida em que a sensação do movimento nasce sobretudo da distribuição das linhas e das cores.

Os espectáculos de Meyerhold tiveram certamente, antes da revolução, estas características: na encenação do drama ibseniano *Hedda Gabler* (1906), os momentos de silêncio e de imobilidade eram muitos; os actores tinham à disposição um espaço de profundidade bastante limitado e cada um devia conferir à sua personagem uma atitude de estátua; o assessor Brak «imitava os movimentos de um fauno sobre um pedestal» e Hedda sentava-se como uma rainha numa enorme poltrona coberta de peles brancas. Ao longo da longuíssima cena em que Hedda encontra o seu antigo apaixonado Levbörg, os protagonistas não mudam nem sequer uma vez a sua atitude nem a posição do olhar: encaram-se de longe, cada um numa extremidade do palco, pronunciando as suas falas em tom abafado e frio.

Estranho destino – que, diga-se entre parêntesis – o de Henrik Ibsen (1828-1906), o primeiro e o maior dos dramaturgos escandinavos, que no final do século XIX estiveram muito em voga por toda a Europa, foi proibido nas escolas com princípios opostos: Antoine interpretou-o segundo os moldes do mais rigoroso naturalismo, Ermete Zacconi, seu epígono italiano, fez dos seus textos um banco de ensaios para exibir em termos mímicos os seus conhecimentos medicopatológicos, ao passo que, no outro extremo, Lugné-Poe e Meyerhold leram nos seus textos uma série de «correspondências», de símbolos que reconduziam a mais nobres e absolutas realidades. Estranho destino, mas só aparentemente, porque da tentativa romântica de reconstruir os temas da saga nórdica, um mundo distante, Ibsen passou para temas de fábulas e mesmo as personagens da sua produção mais madura, que parecem tiradas directamente da realidade contemporânea, mantêm uma profunda ambiguidade que as pode fazer ser interpretadas como alegorias morais ou até como símbolos metafísicos. Ambiguidade essa que é ainda mais evidente em Strindberg (1849-1912), não só pelas referências explícitas à teosofia oriental contidas em textos como *O Sonho*, mas também pela imediata possibilidade de hipostasiar em símbolos de comportamentos ou de eternos poderes espirituais as personagens de *O Pai* ou de *A Menina Júlia*.

Hedda Gabler é, talvez, o maior resultado que Meyerhold alcançou no âmbito do que se chamou o teatro da imobilidade; seria interessante poder determinar qual a distância entre espectáculos como este e a encenação stanislavskiana de *Um Mês no Campo*, onde os actores eram imobilizados num longo diálogo interior no qual as falas efectivamente pronunciadas serviam mais para velar do que para revelar. Porém, as investigações de Meyerhold neste sentido tinham começado um ano antes, em 1905, quando no Teatro Studio de Moscovo – aberto por Stanislavski para desenvolver o trabalho sobre o seu sistema, mas que, na realidade, produziu obras em direcção oposta – ele representou *Schluck und Jan* de Gerhart Hauptmann. A investigação da composição pictórica e do ritmo era exasperada neste espectáculo e, por conseguinte, muitas vezes superficial; basta recordar a cena em que as damas da corte, sentadas sobre cestas em forma de coretos, bordam todas uma única e longa fita em cadência, como uma única pessoa. A convencionalidade mostra-se aqui sob um outro aspecto, o da estilização: dois conceitos indissociavelmente ligados. «Estilizar uma obra ou um acontecimento significa trazer à luz [...], com todos os meios expressivos, a síntese de uma dada época e de um dado acontecimento.» Síntese que é igualmente interpretação, síntese de um determinado ponto de vista: encenando o *Don Juan* de Molière, Meyerhold sintetizou o século XVII como época de luxo e de ostentação.

Quão facilmente o uso do símbolo se pudesse inserir num semelhante teatro é imediatamente intuível e Meyerhold demonstrou-o em *Culpados e Inocentes* de Strindberg, usando sobretudo a cor com função simbólica: o amarelo, que simbolizava o pecado de Maurice e Henriette, faz a sua aparição

OS SÍMBOLOS E O ARTISTA DE TEATRO

sobre o fundo negro do cenário quando Maurice aceita as luvas e a gravata desta cor que lhe foram oferecidas. A cor impõe-se gradualmente e, no final, o quadro inteiro será invadido por um amarelo esplendoroso.

Alexandr Tairov (1885-1950) escancarava, portanto, uma porta aberta quando reafirmava no plano teórico os conceitos de simbolismo e de estilização. Mas a estilização que realizou nos espectáculos de teatro de *Kammerny* (de câmara) foi muito diversa, do ponto de vista formal, da do seu rival. O seu culto pelo movimento corpóreo levava-o a conferir grande importância à estrutura do plano do palco, que ele queria, à semelhança de Appia, capaz de oferecer resistência àquele movimento e, portanto, organizado em diversos andares ligados por escadas e praticáveis inclinados. O seu gosto e o dos seus cenógrafos, os irmãos Vesenin e Alexandra Exter, não distante do cubismo, levava-o a conceber o cenário como um mundo cristalizado e remoto, fora do tempo. Nesta atmosfera, que recordava uma Grécia pré-homérica, ele colocou vários dramas como *Famira-Kifared* (*Famira, o Citarista*) de Annenskij e *Fedra* de Racine. Com efeito, Tairov sustentava que as representações dos clássicos devem ter em conta a sua actualidade, ou seja, há que descobrir numa obra clássica aqueles elementos que, para o espectador actual, não perderam a sua capacidade de estímulo emocional, aproximando-se teoricamente do conceito moderno de leitura. Mas, na práxis teatral, esta actualidade era sobretudo de carácter formal ou, melhor, consistia na capacidade de um texto se adequar a uma visão já pronta na mente do espectador: por muito que se leia livremente a obra-prima de Racine, nunca se poderá relacioná-la com um ambiente de barbárie asiática, visto que o espectador está sempre consciente de se encontrar numa sala de teatro, diante de uma representação teatral e o actor procura dar relevo a esta situação com um gesticular artificial. O conceito de teatralidade é uma consequência necessária do convencionalismo e da estilização, derivando da matriz comum da polémica antinaturalista e antipsicológica: o espectador é, aliás, chamado a completar criativamente as «alusões» do espectáculo, sendo-lhe concedida uma larga margem à sua imaginação já não sufocada pela minuciosa construção realista. Neste sentido, «teatralidade» é, tal como «estilização» e «convencionalidade», sinónimo de anti-ilusionismo. Mas ainda num outro sentido, o teatro da vanguarda russa é «teatral»: o seu motivo inspirador é frequentemente o próprio teatro, a sua história, a sua tradição, a sua linguagem.

Nikolai Evreinov (1879-1953), que foi o teórico mais rigoroso do conceito de teatralidade (ele falava da teatralidade como de um facto pré-estético no qual havia que procurar a origem de todas as artes), sustentava a necessidade de mergulhar de novo nas fontes da arte cénica, de inspirar-se nas épocas «teatrais», apagando da sua cultura o século XIX, antiteatral por excelência: constituir-se-á assim uma grande variedade de procedimentos e de hábitos cénicos, cuja eficácia será possível verificar e que servirá de base a uma nova arte do teatro. Tendo isso em vista, Evreinov fundou o Teatro à Antiga, com a finalidade de reconstruir já não a vida, mas o teatro do passado, e organizou dois ciclos de representações (1907-1908 e 1911-1912) dedicados ao teatro medieval e ao teatro espanhol do *siglo de oro*, no qual procurava reconstruir com rigor filológico, mas sobretudo com adesão espiritual, o teatro daqueles tempos.

Evreinov utilizou o teatro também para discutir, de forma satírica, o teatro contemporâneo. No Cabaret do Espelho Curvo encenou numerosos espectáculos sobre este tema, desde *Vampuka, nevesta afrikanskaia* (*Vampuka, a Noiva Africana*), paródia da ópera e da sua execução tradicional, ao primeiro acto de *O Inspector* de Gogol, representado quatro vezes: segundo o estilo de Stanislavski, do prestigioso realizador alemão Max Reinhardt (do qual, aliás, se pode dizer tudo excepto que tivesse um estilo definido), de Gordon Craig (uma visão do outro mundo no meio de ecrãs que subiam impetuosos em direcção ao céu), e formas tradicionais. Mas o espectáculo mais ameno desta série foi sem dúvida a *Quarta Parede*, uma violenta sátira do teatro naturalista, que representava a história de um realizador que, para encenar *Fausto*, a versão melodramática do

OS SÍMBOLOS E O ARTISTA DE TEATRO

Urfaust goethiano com música de Gounod, com o maior realismo possível, consegue não só suprimir o rejuvenescimento de Fausto e a própria personagem de Mefistófeles, como também renunciar à música de Gounod; faz os actores falarem em alemão, visto que é na Alemanha que se desenrola a acção e, enfim, considera necessário erguer a quarta parede entre o público e os actores, que só uma infausta convenção cénica permitira abolir: o público via as sombras dos actores através de uma janela sem, no entanto, entender as palavras deles.

Evreinov teorizou e realizou ainda uma forma cénico-dramatúrgica definida «monodrama», na qual todas as personagens são mostradas através dos olhos do protagonista: se este estiver apaixonado, a jovem será representada como um anjo e o pai, que se opõe àquele amor, como um verdadeiro monstro. Estranha antecipação de um procedimento tipicamente cinematográfico, em que o ver através dos olhos da personagem é realizado em termos físicos: a câmara de filmar substitui-se à personagem e mostra o que ele objectivamente vê, ao passo que no monodrama o protagonista aparece rodeado pelas suas fantasias.

A ideia da teatralidade do teatro, no sentido indicado pelas experiências de Evreinov, está na origem de um dos mais importantes espectáculos produzidos pela vanguarda russa, *A Princesa Turandot* de Carlo Gozzi, encenado no terceiro estúdio do Teatro de Arte de Moscovo por Evgueni Vachtangov (1883-1922). Teoricamente, o espectáculo deveria ter representado não tanto a fábula de Gozzi, quanto os actores da *commedia dell'arte* que a haviam representado no século XVIII e, nesse sentido, a associação com o teatro de Evreinov era imediata. Na prática, porém, foi muito mais. O teatro é concebido como uma festa, um alegre serão passado entre amigos: quem hoje é actor, amanhã poderá ser o espectador a quem o operário e artesão mostrarão os seus produtos. Por conseguinte, os actores recebem pessoalmente o público, acompanham os intervenientes aos seus lugares, entretêm-se a conversar. Os actores estão de fraque, as actrizes de vestido comprido de noite: vestidos de gala, mas segundo a moda contemporânea. O espectáculo é anunciado por quatro máscaras da *commedia dell'arte*: Truffaldino, Pantaleão, Briguela e Tartaglia. Ao levantar do pano, os actores dirigem-se à plataforma, num plano fortemente inclinado, instalada no palco, onde se amontoam em grande número os acessórios que lhes servirão de guarda-roupa – uma toalha fará de barba branca, uma outra de turbante, um pano servirá de manto. Há ainda exóticas calças curtas de seda e outros elementos de fatos verdadeiros, mas, por baixo, ver-se-á sempre o fato de noite moderno. Os actores não representam, portanto, os comediantes *dell'arte* (só nos limites em que estes podem ser considerados os emblemas da arte do teatro), mas eles próprios enquanto actores, ou seja, o que na profissão é agradável, elegante e cortês. O virtuosismo rítmico, e frequentemente acrobático, com que é realizado o espectáculo tem o mesmo significado: o nosso é um trabalho completo – parecem afirmar os actores –, aperfeiçoado, porque é o nosso dever para com o público. Aos espectadores são-lhes revelados todos os segredos da cena: um grupo de *zannis* (os assistentes de cena do teatro oriental) intervêm continuamente trazendo acessórios, modificando a disposição cénica através de cortinas e de outros elementos. O pano só cai entre o quarto e o quinto acto e então os *zannis* executam uma pantomima de forma a resumirem o que sucedeu e o que irá suceder. No entanto, o seu final não é o da comédia, mas sim um final triste: a única armadilha armada ao público para lhe fazer uma agradável surpresa.

A peça *Turandot* de Vachtangov foi representada em 1922, quando a Revolução já havia triunfado e o Estado soviético era uma realidade incontornável. As maiores personalidades da vanguarda teatral aderiram a ela, sendo a primeira de todas Vsevolod Meyerhold, a quem num curto espaço de tempo é confiada a direcção de um teatro com o seu nome e a da Secção do Comissariado para a Cultura que presidia os assuntos teatrais.

Meyerhold renunciou de imediato ao teatro da imobilidade, ao simbolismo estetizante que haviam caracterizado a sua pri-

OS SÍMBOLOS E O ARTISTA DE TEATRO

meira fase, mas não aos seus princípios fundamentais: a polémica contra o naturalismo e o psicologismo, que com razão
agora podia definir como formas típicas da cultura burguesa, e
a favor da teatralidade e da convencionalidade do teatro. Contudo, estes princípios deviam servir para criar uma nova forma
teatral que correspondesse à novidade dos conteúdos emergen-
tes da revolução proletária: o ritmo encantado dos seus velhos
espectáculos, as correspondências de linhas e de cores já não
eram suficientes. Era necessário algo capaz de exprimir o fer-
voroso trabalho de edificação da nova sociedade proletária e a
alegria de viver num mundo que se libertara da opressão das
classes. As novas fórmulas para realizar esta linha foram o
construtivismo e a biomecânica. A cenografia deveria deixar de
ser o ambiente em que o actor se movia, passando a ser o instrumento do seu trabalho – desenvolvimento extremo das teses
de Appia. «O lugar da cenografia pictórica foi tomado pela
máquina, que permitia apresentar uma riqueza e variedade de
movimentos cénicos até então desconhecida. [...] Cada parte da
máquina era posta em acção, ao passo que as partes meramente decorativas eram eliminadas. [...] O palco transforma-se numa
plataforma de trabalho à qual se dá forma através dos objectos»:
estruturas feitas de varas, de rampas, de trampolins, de grandes
rodas, de escadas, em que o actor, treinado pela biomecânica
no virtuosismo acrobático, interpreta as suas personagens num
frenético ritmo de acção física.

Numa densa série de espectáculos, os melhores resultados
obtidos por Meyerhold na linha do construtivismo e da biomecânica foram as representações de Les (*A Floresta*) de Ostrovskij
e de *Le cocu magnifique* (*O Magnífico Cornudo*). A trágica
farsa de Crommelynck, em que o ciúme induz Bruno a obrigar
a mulher a entregar-se a todos os homens da aldeia sem que
isso, no entanto, lhe possa dar a certeza da sua infidelidade, foi
representada sobre uma estrutura formada por uma escada, uma
rampa, plataformas, portas giratórias atrás das quais o girar das
rodas e das pás do moinho assinalava o intensificar-se da acção.
Os actores, sem maquilhagem, envergavam todos um uniforme

HISTÓRIA DO TEATRO

azul de operário: o ritmo da representação era vertiginoso, sobretudo nas cenas de massas, mas iam introduzindo tons de voz insolitamente modelados e doces. O protagonista era constantemente acompanhado por um *alter ego*, que reproduzia mimicamente todas as suas angústias. A acção, poder-se-ia dizer, deslocava-se continuamente de um andar para outro, de um instrumento para outro. Mas nem todas as produções de Meyerhold posteriores à revolução foram determinadas pela concepção construtivista e biomecânica. Muitas, principalmente aquelas em que o tema é dado pela crítica da sociedade do passado – *Trust D. E.* de Ehrenburg, *Bubus* de Faiko, *O Mandato* de Erdmann –, dão a ideia de um Meyerhold menos ligado às fórmulas, mais atento aos conteúdos, mais livre até na imaginação, em suma, mais rico e maduro.

Em 1926, Meyerhold encenou *O Inspector* de Gogol: o quadro da corrupção na sociedade e na burocracia do velho regime, já feroz na obra de Gogol, torna-se alucinante na realização meyerholdiana. Ele transfere a chegada do misterioso inspector da cidadezinha de província gogoliana para São Petersburgo e desenrola a acção em quinze quadros, nos quais integra muitas falas extraídas de outras obras de Gogol – sobretudo as *Almas Mortas* – para fazer praticamente uma síntese do que o autor havia dito sobre a ruína da antiga Rússia. Diante de uma estrutura semicircular, formada por quinze portas, é introduzido um pequeno estrado de três metros por cinco, de cada vez sempre com uma nova decoração, criando a sensação de uma fuga de salas: o edifício onde se desenrola a acção. Só a intervalos é utilizada toda a amplitude do palco, por exemplo, na cena em que os burocratas oferecem dinheiro a Chestlakov: à semelhança dos autómatos de um relógio de cuco eles saem à vez pelas portas do fundo, estendendo ao falso inspector maços de notas, que este agarra com gestos ávidos e mecânicos. O resto da acção, sempre agitada, estava concentrada na plataforma central, cuja estreiteza exigia dos actores um controlo prodigioso dos movimentos. Todas as personagens principais eram transpostas para uma dimensão grotesca que raiava o

OS SÍMBOLOS E O ARTISTA DE TEATRO

macabro: a humanidade era degradada até à bestialidade, ou petrificada no automatismo do manequim. Chestlakov e o presidente da Câmara eram permanentemente acompanhados por um duplo espectral; ao passo que Anna Andreevna estava rodeada por um bando de oficiaizitos que a cortejavam indicando ao espectador o perene e insatisfeito desejo de ninfomaníaca. Em Chestlakov a vulgaridade atingia o paroxismo, sem que a alta-roda em que pequeno trafulha caíra mostrasse aperceber-se disso: ele rebolava, coçava-se, espreguiçava-se, cuspia; bêbedo, dançava agarrando-se à senhora, quase despindo-a para se manter em pé. No meio de tanta ruína, a única concessão ao mito nascente do herói positivo foi Ossip, o servo de Chestlakov, que mantinha intacta a sua saudável afoiteza de camponês.

Porém, o astro de Meyerhold, personagem nem sempre moralmente límpida mas entusiasta e sincera, podendo artisticamente aproximar-se de Reinhardt pelo incansável fervor de imaginação e de Craig pelo rigor estilístico, caminhava para o seu crepúsculo. Na União Soviética, sob os auspícios de Zdanov e com a cumplicidade de Lunacarski, afirmava-se a doutrina do realismo socialista acompanhada do culto dos clássicos – «Regressemos a Ostrovski!» – que elegeu como pontífice teatral o velho Stanislavski, emblema dos máximos faustos do culto burguês pela análise psicológica. Meyerhold foi forçado a uma autocrítica em que nunca se deixou humilhar e, mais tarde, preso e assassinado. Maiakovski, amigo de quem havia encenado os grandes sonhos em tempos utópicos e corrosivamente críticos (*Mistério Bufo, As Pulgas*), precedera-o suicidando-se em 1930.

31

A dissolução do espaço cénico

A 10 de Dezembro de 1896, Lugné-Poe representara, no seu teatrinho simbolista do Oeuvre, o *Ubu roi* (*Ubu Rei*), de Alfred Jarry, uma estranha e violenta comédia inspirada, sob uma perspectiva grotesca, no *Macbeth* shakespeariano. A encenação, inspirada por sua vez na pobreza do teatro isabelino, teria de ser extremamente moderada: os actores deviam parecer--se com marionetas e, por conseguinte, fazer gestos secos e mecânicos. Os motivos pantomímico-descritivos tinham um forte destaque em tom fabulístico: um actor fazia de porta (tal como no *Sonho de Uma Noite de Verão* um actor faz de parede); a colina que um grupo de soldados tinha de descer era simbolizada por um guarda-vento. As roupas eram infantis e grotescas: Mère Ubu, uma Lady Macbeth trivial, estava vestida de criada; Bourgelas de bebé com touca e saia curta; os cavalos dos soldados eram representados por bastões com uma cabeça equina de cartão. A realização devia basear-se numa confusão matematicamente prevista. Mas quando Ubu, com uma túnica cinzento-aço e um chapéu de coco na cabeça, se dirigiu do fundo do palco para os espectadores, estendendo o braço, e gritou a sua primeira fala, «*Merdre!*» (*sic*), a sala agitou-se e o espectáculo transformou-se numa batalha dominada pela figura esguia e magra do protagonista, Firmin Gémier, o futuro fundador do teatro popular francês.

Este espectáculo continha muitos temas da segunda vanguarda: a violenta agressividade contra o público, o absurdo, o simbolismo sumário, o grotesco violento ao ponto de se tornar trágico, a dissolução da linguagem, repleta de neologismos e de expressões sem sentido, a crueldade, a redução da cenografia a poucos elementos indicativos.

A DISSOLUÇÃO DO ESPAÇO CÉNICO

O espectáculo de Jarry e Lugné-Poe é um nítido antecedente do niilismo corrosivo dos dadaístas, que nas suas representações, ou, aliás, no seus «serões» de 1920, dos quais os autores e seus amigos – Tristan Tzara, Philippe Saupault, Georges Ribesmont, Dessaignes – eram os protagonistas, procuraram pôr em causa a linguagem e a lógica, chegando à dissolução do espectáculo e à provocação directa dos espectadores. Nestes serões, os dadaístas apresentavam-se ao público em primeira pessoa, ou seja, sem a mediação de actores externos ao grupo: o espectáculo, se é que é legítimo chamar-lhe assim, podia esgotar-se na leitura de poesias, na apresentação de programas e de manifestos, em afirmações polémicas. Mas, às vezes, foram propostos trabalhos que conservavam um mínimo de estrutura dramática: é o caso das duas *Aventuras Celestes do Senhor Antipirina* de Tristan Tzara, a primeira das quais foi representada a 20 de Março de 1920, precisamente no Oeuvre. Trata-se de um «duplo quatrólogo», ou seja, de um monólogo a oito vozes, representado por dadaístas vestidos para a ocasião com roupas desenhadas por Picabia, que reevocavam os desenhos dos alienados. A cenografia, composta por uma roda de bicicleta e por algumas cordas esticadas ao longo do palco, era colocada em frente dos actores improvisados. As intenções subversivas da lógica teatral são claras: havendo oito actores para uma só personagem, esta perde a sua função unitária essencial da ficção cénica, além de que o discurso absurdo, desenrolando-se a várias vozes, não permite nenhuma identificação de carácter sociológico ou psicológico; a cenografia dissolve-se em poucos elementos sem sentido nem função, mas identificáveis por serem coisas reais. Não cria ambientação, mas filtra e, vagamente, impede a visão dos actores. Deste modo, é precisamente em virtude de a acção se desenrolar num palco que se explicita a subversão das relações lógicas que o palco até então comportara.

Num espectáculo posterior, *Coração Movido a Gás*, também sobre o texto de Tzara, representado em 1921, numa galeria de arte, as personagens eram Pescoço, Nariz, Orelha, Olho e Boca e Clitemnestra, dispersas em vários pontos da sala e interpretadas por actores em fatos emblemáticos. A dissolução da personagem é aqui realizada em termos anatómicos e salientada pelo facto de as falas, embora sendo substancialmente absurdas, terem uma mínima aparência narrativa. Há declarações de amor, discussões sobre o aborrecimento da representação, referências permanentes ao pseudoconversar dos salões que será caro a Ionesco trinta anos mais tarde: «Sim, eu sei-o – Obrigada, nada mal», etc. A história e as personagens são apreendidas, poder-se-á dizer, no seu perder-se, no próprio acto de uma dissolução que as revela como puras convenções.

Sucessivamente, os surrealistas, dirigidos igualmente na sua actividade teatral por André Breton, adoptaram um comportamento diferente: as suas peças recuperaram a estrutura dramática, as personagens, a história. Só que a ordem dos vários episódios é ilógica, ou os episódios concluem-se em si mesmos, as personagens são incoerentes e as situações imotivadas ou impossíveis. A única peça surrealista que permaneceu no repertório teatral, *Victor, ou les enfants au pouvoir*, é uma espécie de *grand guignol* de adultério e de morte e «*terriblement intelligent*». Quando no final todas as personagens estão mortas, a criada exclama: «*Mais, c'est un drame!*», um drama verdadeiro, mas transformado num absurdo pelo exagero dos seus elementos canónicos e pela presença de uma personagem impossível.

À semelhança dos dadaístas e dos surrealistas, os futuristas italianos não foram homens de teatro no sentido técnico e profissional do termo, antes artistas, escritores, poetas que consideravam o teatro não só um ponto de encontro ideal, como também o melhor instrumento de propaganda da sua ideologia vitalista, nacionalista e tecnocrata. No entanto, de entre todos foram os que dedicaram uma atenção mais constante e orgânica ao teatro, sobretudo no plano teórico, numa série de manifestos: o manifesto dos dramaturgos futuristas (1911), do teatro de variedades (1913), do teatro futurista sintético (1915), da

A DISSOLUÇÃO DO ESPAÇO CÉNICO

cenografia futurista (1915), do teatro da surpresa (1921). A contestação do teatro «passadista e burguês» ataca primeiro que tudo o plano dramatúrgico: a um drama analítico, baseado numa lógica dos eventos de facto impossível e na credibilidade abstractamente psicológica das personagens, os futuristas contrapõem um drama sintético, «isto é, brevíssimo [...] os nossos actos poderão ser instantes», que apreende numa única visão momentos cronológica e espacialmente distantes, mas conexos entre si através de analogias e de oposições profundas, não é necessário uma premissa para desenvolver uma série de episódios sucessivos pacientemente organizados, basta a intuição do núcleo essencial dos fenómenos. As personagens não têm conteúdo psicológico, mas revelam-se totalmente nas suas acções, que podem igualmente esgotar-se em simples gestos, de valor absoluto, ou não existirem de todo, permanecendo a acção entregue aos objectos.

As «sínteses» futuristas, obra sobretudo de Filippo Tommaso Marinetti (1876-1944) foram também representadas, não pelos futuristas, mas por uma companhia profissional normal que não podia ter uma preparação específica, nem um particular interesse ideológico. O seu significado permanece, por isso, confinado à dimensão literária. No plano cenográfico, Enrico Prampolini desenvolveu todas as premissas implícitas do gosto dos futuristas pelas máquinas e pela tecnologia, preconizando um cenário móvel e luminoso, em que o actor humano parecia banal e ultrapassado e era, portanto, desejável substituí-lo por supermarionetas de craiguiana memória, ou inclusive pelo actor--gás, «que, extinguindo-se ou procriando-se, propagará um odor muito desagradável, que emanará um sibilo de identidade bastante equívoca», suprema careta de escárnio ao matador do antigo teatro italiano.

O manifesto mais significativo é, talvez, o do teatro de variedades, definido como verdadeiro teatro condizente com a sensibilidade e a inteligência do homem moderno, na medida em que exalta o sexo face ao sentimento, a acção e o risco face à contemplação, a transformação e o movimento muscular face ao imobilismo, mas principalmente porque distrai o espectador da sua condição secular de *voyeur* passivo e o arrasta na loucura física da acção.

Este tema da necessidade de conferir ao público um papel activo e dinâmico, de arrastá-lo na acção e de alargar a acção cénica ao público, ou seja, de eliminar a distância contemplativa entre o palco e a plateia tinha o seu involuntário precedente no *Ubu Rei* de Jarry, apresentado por Lugné-Poe duas décadas antes no Oeuvre, e a sua realização efectiva nos serões futuristas e dada. Aos futuristas há que lhes reconhecer o mérito da precedência. Mas o problema será mais aprofundado nas reflexões de uma das personagens mais trágicas e fascinantes do teatro moderno: Antonin Artaud.

Não distante, inicialmente, das posições dos surrealistas, Antonin Artaud fundou, em 1926, um teatro que se intitulava precisamente Jarry. Artaud, que nasceu em Marselha em 1896 e faleceu num manicómio em 1948, apesar das várias tentativas de dar vida a iniciativas teatrais, nunca conseguiu encenar espectáculos que tivessem a plenitude e um peso suficientes, nem sequer no plano da pura provocação, para suscitar uma certa ressonância. Mesmo a encenação do seu único texto dramático *Les Cenci*, em que retoma um tema já tratado por Shelley num drama levado à cena por Paul Fort no Théâtre d'Art (a incestuosa e fria paixão do conde Cenci pela filha Beatriz a partir de uma anedota do século XVI), passou quase despercebida. Contudo, o peso de Artaud na evolução do teatro contemporâneo é incalculável e reside exclusivamente nos escritos teóricos, «descobertos» pelos homens do teatro após a publicação da obra completa, iniciada em 1956 por motivos fundamentalmente literários (além de ensaísta, Artaud foi poeta e romancista).

Para Artaud, o teatro é uma operação mágica, ou seja, cultura em acção, interessada: a sua função é fazer explodir os abcessos colectivos e trazer à tona todo mal, toda a imundície no indivíduo e na sociedade, sendo, por isso, negro e cruel. Mas a sua crueldade consiste igualmente na exteriorização do drama

A DISSOLUÇÃO DO ESPAÇO CÉNICO

essencial, em fazer sentir fisicamente a nossa submissão às leis da necessidade metafísica e, portanto, o constante perigo da nossa vida física e moral.

Estas propostas de carácter geral foram retomadas e desenvolvidas com o ardor dos neófitos pelos artaudianos dos anos 1960, por muito datadas que essas pudessem ser, ou seja, por muito que estivessem intimamente ligadas ao ambiente cultural parisiense dos anos 1930, dominado pelo movimento surrealista de André Breton. Entre esses neófitos distinguem-se, pela tentativa de compreensão rigorosa, Peter Brook e Charles Marowitz, que em 1963 organizaram um espectáculo intitulado, precisamente no âmbito do teatro da crueldade, quase uma «demonstração artaudiana»: *«Artaud for Artaud's sake»*. Mas as indicações mais fecundas, Artaud forneceu-as no plano da práxis cénica, que nunca o havia visto protagonista: o teatro, para ele, não era representação, mas realidade, ainda que realidade virtual; os seus elementos não devem, por conseguinte, valer por aquilo que representam, mas por aquilo que são. Nasceu em Artaud a imagem inolvidável de teatro possível mas nunca visto, em que, numa atmosfera ininterrupta de luzes, imagens, sons, movimentos, rumores, se agitam personagens que cresceram tanto ao ponto de se tornarem fantoches gigantescos. Falar de palco é incorrecto: neste espectáculo, o público «estará sentado no centro, em poltronas giratórias. Cada cena será representada sobre o fundo de paredes pintadas de cal. [...] Em cima haverá galerias de forma a que os actores possam perseguir-se uns aos outros de uma ponta à outra da sala». À imagem do teatro primitivo será restabelecida uma comunicação directa entre espectador e espectáculo, entre espectador e actor, na medida em que o espectador estará situado no centro da acção e envolvido por esta» (*«enveloppé»*).

A palavra mágica fora pronunciada: envolvimento. O público deixou de estar fora da acção, passando a estar no seu interior. Os actores actuam e falam entre os espectadores; institui-se entre uns e outros uma relação física, directa. O espectáculo deixa de ser uma visão longínqua, o teatro deixa, no limite,

HISTÓRIA DO TEATRO

de ser espectáculo se o termo for entendido segundo o seu significado etimológico de contemplação. A obra de arte completa, e, portanto, intangível e emoldurada – que encontrava o seu lugar ideal no teatro à italiana, em que o arco cénico fornece precisamente uma moldura, intransponível diafragma –, entra em crise. A criação desta nova relação pressupõe um lugar diferente do usado até então e as investigações nesse sentido, nos anos em que Artaud elaborava a sua visão de um novo teatro, embora tenham sido intensas ficaram quase sempre no papel.

Em 1910, no entanto, Max Reinhardt já havia fechado o público e actores num único espaço de uma catedral (*Das Mirakel*), e podia utilizar um teatro como o Grosses Schauspielhaus de Berlim, edificado por Hans Poelzig, em 1919, que continha os germes de uma nova concepção: o palco estava no interior de uma moldura rectangular muito alongada, mas, do outro lado, estava ligado, por umas escadas, a uma plataforma colocada na plateia, que, em certo sentido, era como que uma extensão do palco.

Em 1927, Walter Gropius, que dirigia o grande complexo da Bauhaus sobre a arquitectura e as artes aplicadas – onde Oskar Schlemmer procurava definir as leis do movimento no espaço, em espectáculos de marionetas ou com actores cujo corpo era «maquilhado» ao ponto de se tornar «abstracto» – elaborou para Piscator um projecto de «teatro total». Neste, a cena podia ser colocada, no fundo do grande anfiteatro elíptico, como um palco, ou, tirando parte das poltronas, tornava-se uma plataforma circular que penetrava, como a orquestra do teatro grego, na área do público que era rodeada por dois terços; ou ainda, fazendo girar em 180 graus uma grande plataforma que contém as filas das poltronas mais avançadas e a pequena no segundo caso, a cena podia ser colocada ao centro, como num circo.

Meyerhold sentira o obstáculo das velhas estruturas e os arquitectos M. Barchin e S. Vachtangov haviam preparado para ele o projecto de um pequeno teatro de forma elíptica como

A DISSOLUÇÃO DO ESPAÇO CÉNICO

aquele ideado por Gropius, com os espectadores dispostos em bancadas que ocupavam cerca de dois terços do perímetro, deixando livre um espaço amplo onde eram colocadas duas plataformas circulares, enquanto no arco da parede oposta aos espectadores se encontravam mais duas plataformas.

Na América, Norman Bel Geddes, arquitecto, cenógrafo e encenador, projectou, em 1928, uma cena anular para o Repertory Theatre, enquanto em França (onde, aliás, no final de 1919 Copeau e Jouvet haviam disposto a sala do Vieux Colombier de modo a que a cena descesse gradualmente para a plateia), Edouard Autant e Louise Lara retomaram no seu pequeno teatro, Art e Action, as experiências feitas neste sentido pelo polaco Szymon Syrkus. Este criara o seu teatro simultâneo arranjando uma sala, numa aldeia perto de Varsóvia, onde as várias plataformas cénicas eram colocadas em diferentes pontos, que podiam ser mudados, assim como a disposição dos actores; a acção tinha lugar em simultâneo em duas ou mais dessas plataformas.

Esta nova estrutura do edifício teatral confere certamente a possibilidade de uma diferente colocação do espectáculo mas, vendo bem, mantém um substancial isolamento recíproco do público e actores: colocada no centro ou no alto, ou num lado do teatro, a acção usufrui sempre de uma sua área onde os pontos de vista serão diferentes e menos rigidamente determinados, mas a questão teatral continua a decidir-se na contemplação. As soluções mais radicais, que recuperam e desenvolvem as propostas dos futuristas, dos simbolistas e de Artaud, serão experimentadas pela neovanguarda dos anos 1960.

32

Teatro e luta política

Muitos espectáculos da vanguarda soviética citados num dos capítulos anteriores tinham um carácter explícita ou implicitamente político. No *Inspector* de Meyerhold, por exemplo, a visão violentamente tendenciosa da história, que nenhum realismo jamais teria conseguido produzir, visava criar uma nova consciência, identificar, por contraste, os temas de uma nova civilização. Mas, nos anos seguintes, Meyerhold empenhou-se ferverosamente em temas bem mais quentes da luta política e, juntamente com Maiakowski, abordou os problemas actuais do Estado soviético: a persistência da mentalidade pequeno-burguesa (*Klop: O Percevejo*, 1929) e os abusos da burocracia (*Banja: O Banho*, 1930). Na encenação dos dois textos de Maiakowski, tal como o havia feito para *Misterija Buff* (*Mistério Bufo*) em 1918, Meyerhold aceitou a colaboração do autor que em todos os outros trabalhos havia sempre rigorosamente dispensado. Dela resultaram dois espectáculos incisivos e violentos, cuja sátira já não atingia o passado, mas sim os defeitos do presente, o arrogante burocrata de *O Banho* era representado «como um palhaço tonto e desajeitado» e diante da sua porta os postulantes, obrigados a esperas intermináveis, transformavam-se em manequins.

Com Meyerhold, morreu na União Soviética o verdadeiro teatro político substituído pela triunfalista exaltação das conquistas revolucionárias. Nos dias da Revolução e nos anos imediatamente a seguir, o teatro político havia vivido na URSS mais e mais fervorosas experiências. Partindo do princípio que o proletariado revolucionário era capaz de elaborar uma cultura própria, foi instituída uma secção de cultura proletária (*Proletkult*) cujos quadros eram formados não por intelectuais mas por operários. A. Bogdanov fundou igualmente uma Sociedade de Cultura Proletária, rapidamente liquidada, que aspirava a uma total autonomia em relação aos aparelhos do partido e do governo. O teatro, dada a sua dimensão social, surge imediatamente como o meio ideal para a colaboração cultural das bases e, portanto, no interior daqueles organismos, apareceram um pouco por todo o lado teatros de operários, que foram definidos auto-activos na medida em que não recorriam às fórmulas do teatro profissional, elaborando-as eles próprios, reportando-se sobretudo às manifestações de rua, aos cantos colectivos, aos debates públicos, aos «jornais vivos» que os soldados da Armada Russa já haviam encenado. Estes espectáculos foram instrumentos eficazes para a análise dos problemas quotidianos, tendo sido igualmente os primeiros indícios de uma verdadeira revolução cultural que o Outubro teatral proclamado por Meyerhold não podia certamente realizar.

Foi no âmbito da Proletkult que Sergei M. Eisenstein – o futuro grande realizador cinematográfico – fez as suas primeiras experiências, elaborando o seu conceito de «atracção» como violenta sensação emotiva imposta ao espectador em espectáculos onde associa brilhantemente os seus temas à cultura popular, do canto ao circo equestre. Mas a sua presença no *Proletkult* era já o sintoma da reconquista dos intelectuais, pelo que o teatro proletário soviético teve bem cedo de ceder o lugar à especialização dos profissionais.

Na Alemanha, à semelhança da União Soviética, o teatro foi consciente e programaticamente utilizado como instrumento de luta política: não faltavam premissas no plano social, nem no plano cultural. A revolução fracassada de 1919 deixara atrás de si um forte movimento proletário, que se sentia traído mas não ainda derrotado. Os seus melhores chefes, Karl Liebknecht e Rosa Luxemburgo haviam sido assassinados, mas a sua presença espiritual era mais forte que nunca. A violenta crise económica favorecia a conflitualidade social; os movimentos reaccionários pequeno-burgueses e militaristas organizavam-se provocatoriamente. Além disso, o teatro alemão desde a Primeira Guerra Mundial que estava a viver um período muito

HISTÓRIA DO TEATRO

intenso. Quanto à actividade de Georg Fuchs no âmbito da primeira secessão muniquense já nos pronunciámos anteriormente. Max Reinhardt (1873-1944) tinha à sua disposição dois teatros em Berlim, o Kammerspiel (Teatro de Câmara) e o Grosses Schauspielhaus, e podia dar livre curso a uma imaginação ecléctica e fervorosa, dos requintados e pungentes espectáculos de *cabaret* às encenações mais grandiosas e complexas: em 1909-1910 havia transformado a grande sala do Olympia Hall de Londres numa catedral gótica que continha actores e espectadores (*Das Mirakel: O Milagre*, de Vollmöller) e representara o *Édipo Rei* de Sófocles num circo, utilizando a pista à laia de uma antiga orquestra, encenando uma monumental cenografia de colunas e de degraus, e utilizando a luz para organizar o espaço. Reinhardt, por outro lado, fora também discípulo de Otto Brahm que, desde o século anterior – *Die Weber* (*Os Tecedores*) de Gerhard Hauptmann é de 1892 – com uma série de espectáculos ligados às concepções naturalistas de Zola e de Antoine, levara à cena as classes abjectas, confrontando assim o público com graves problemas sociais.

Uma temática mais claramente política fora introduzida no teatro pelo movimento expressionista, que, mais do que qualquer outro, pretendeu definir-se não só no plano estético, mas também no das exigências morais, focadas na libertação da personalidade humana. Foi sobretudo a segunda geração expressionista, definida como expressionismo de guerra, que deu a grande parte da produção artística, em particular teatral, um tom mais ou menos definitivamente propagandístico contra a guerra, bem como contra a opressão capitalista da personalidade. O facto de estas obras se revelarem patéticos apelos humanitários em vez de dar indicações de luta devia-se à componente mística, sempre presente mesmo nos mais politizados escritores expressionistas, entre os quais, a seguir a Wedekind e Hasenclever, se destacam em particular Fritz von Unruh, Georg Kaiser, Reinhard Goering e, sobretudo, Ernst Toller.

Um dos primeiros textos de Toller, *Die Wandlung* (*A Metamorfose*, 1919), em que a guerra e a estrutura social são acu-

TEATRO E LUTA POLÍTICA

sadas através da personagem do veterano, é representado na Tribüne sob a direcção de Karl Heinz Martin, que deu às cenas um tom contraído, reduzindo os gestos ao mínimo, embora desesperados, e a cenografia a algumas alucinantes indicações: as grades de uma janela, uma parede branca de cal, uma fogueira. Alguns anos depois, Erwin Piscator encenou *Hopplà, wir leben!* (*Viva, Estamos Vivos!*), o mais maduro e comprometido texto de Toller, em que o mito expressionista da essencial bondade do homem dá lugar a um desconsolado pessimismo, bem cedo amplamente justificado pelo suicídio da social-democracia alemã e do advento de Hitler.

O dado de maior relevo é, no entanto, o desenvolvimento que as organizações teatrais, ligadas directa ou indirectamente aos partidos políticos – o Partido Social-Democrata e o Partido Comunista em primeiro lugar, mas também o movimento católico –, tiveram na Alemanha: a Volksbühne, de inspiração social-democrata, foi a organização mais importante, ao passo que a Tribüne e o Proletarisches Theater (que tiveram a colaboração de K. H. Martin, Ernst Toller e Erwin Piscator) estiveram directamente empenhados em actividades de foro mais propriamente político e propagandístico. A par destas estruturas maiores, com excepção da Volksbühne que teve uma curta duração, floresceram, coordenando-se entre si em associações nacionais, miríades de grupos mais ágeis, capazes de intervir em situações não institucionais, isto é, nas fábricas, durante os comícios e nos grandes ajuntamentos políticos, ou simplesmente nas ruas. Muitos deles inspiravam-se nas iniciativas semelhantes que tinham sido tão importantes na Rússia revolucionária, chamando-se, por conseguinte, Proletkult ou Agit-prop. Aliás, a *tournée* de um grupo soviético, os Camisas Azuis, provocou uma imediata e radical imitação por parte de grupos de jovens alemães.

É provável que, por outro lado, este tipo de actividade teatral tenha sido de certo modo, se não determinada, pelo menos possível graças ao conhecimento directo ou indirecto da crítica formal do teatro burguês e dos resultados alcançados pela van-

HISTÓRIA DO TEATRO

guarda teatral italiana e francesa, além da soviética, daqueles anos: a possibilidade de fazer teatro fora dos edifícios canónicos, sem um texto dramaticamente estruturado, com personagens reduzidas a símbolos ou a alegorias, ou, ao invés, com actores que mantinham a sua própria identidade pessoal, era condição necessária, se não suficiente, para aquele tipo de actividade teatral.

Os espectáculos destes grupos iam desde coros falados de inspiração fortemente propagandística e predicatória às curtas cenas em que contracenavam duas personagens que encarnavam princípios ideológicos opostos, a acções mímicas compactas interpretadas por personagens fortemente caricaturais ou mesmo grotescas, a acções de massas que recordavam as realizadas por Evreinov na União Soviética. As relações espaciais eram, portanto, sempre diferentes: desde confundir-se na multidão, ao pequeno palco improvisado ou à grande arena de um estádio.

Estes grupos, às vezes profissionais, mas geralmente diletantes (apesar de recusarem a definição de diletantes em nome do global comprometimento político), haviam já inventado tudo aquilo que irá caracterizar o teatro político dos grupos após a Segunda Guerra Mundial, não só do ponto de vista formal, como também do ponto de vista organizativo: elaboração e responsabilidades colectivas, capacidade de pronta e diferenciada intervenção, envolvimento do público também ao nível da gestão, subordinação de resultados estéticos aos resultados políticos. Esta sistematização teórica foi partilhada, só em parte, pelo homem considerado o maior expoente do teatro alemão de esquerda, Erwin Piscator, quanto mais não fosse devido à sua inspiração implicar um complexo e grandioso aparato teatral.

Piscator é habitualmente referido como o primeiro que tentou dotar o teatro público alemão de uma teoria e de uma forma próprias. Como programa de um teatro político, ele sustenta, reportando-se às ideias dadaístas, que é necessário, antes de mais, banir a palavra «arte», com que tanto tinham enchido a boca, em particular nos últimos anos, os teóricos e os ence-

TEATRO E LUTA POLÍTICA

nadores do teatro burguês. Piscator não pretendia fazer arte, mas sim política, isto é, «pôr conscientemente em destaque e difundir a ideia da luta de classes». Tal não significa que se possam descurar os problemas formais, uma vez que produzir espectáculos «feios» seria sinónimo de um mau trabalho e trairia assim a própria missão revolucionária; é necessário, ao invés, promover com o público uma nova relação, baseada numa intencionalidade pedagógica em sentido racional, ou seja, não criar emoções estéticas ou sentimentais, mas fazer despertar o impulso cognitivo do espectador operário. Aliás, o teatro burguês viveu durante séculos baseado na ficção de que no teatro não existiam espectadores, quando na verdade estes devem transformar-se numa força vital. Piscator chega a afirmar, ainda que de forma contraditória, que o teatro proletário poderá prescindir dos actores profissionais, na medida em que a propaganda e o aprofundamento da ideia comunista não podem ser a tarefa de uma única profissão, mas a aspiração de uma colectividade. Ele não desenvolve este tema fundamental, mas, em contrapartida, elabora, na teoria e na prática, uma nova concepção do espectáculo teatral, adequada à propaganda e à análise política e social, concepção estranha a todas as questões de pureza artística: não se questiona, nem por um instante, o que é o teatro, quais são os seus elementos constitutivos, qual é a sua especificidade.

A posição de Piscator é igualmente negativa em relação ao naturalismo, o qual, a seu ver, é incapaz de exprimir as exigências das massas. De um ponto de vista formal, o novo conceito de teatro funda-se nas últimas conquistas da cenografia: iluminação eléctrica, palco giratório e por aí adiante. O espectáculo político deve ser capaz não tanto de mostrar acontecimentos avulsos, mas antes de analisar as suas conexões sociais e económicas, e de transportar os factos particulares na sua moldura histórica. O problema era, portanto, alargar «epicamente» o quadro dramático, introduzindo elementos narrativos e descritivos. Piscator, para esse efeito, propôs organizar a acção cénica em diferentes planos representativos, introduzir no espectáculo notas explicativas, diapositivos ou passagens filmadas. Entre estes vários elementos instituía-se uma conexão dialéctica, ou causal, pelo que o «facto» aparentemente privado que se desenrolava no palco era explicado como efeito de uma causa aparentemente remota: os acontecimentos históricos que eram projectados nos filmes ou ilustrados pelas legendas e pelos diapositivos. O objectivo de Piscator era, no fim de contas, o de contrair numa enorme rede de conexões e de relações a história do mundo, como demonstrou de uma forma quase emblemática com o mais sublime dos seus espectáculos, *Rasputin*, levado à cena em Novembro de 1927. O aparato cenográfico era constituído por um enorme hemisfério em tela, que queria representar precisamente o mundo; os segmentos de que se compunha podiam rapidamente abrir-se e deixar aparecer uma ou mais partes do palco, nas quais se desenrolavam as cenas do drama. No hemisfério eram projectados filmes, cuja visão resultava distorcida em virtude da inclinação da tela, que documentavam os grandes eventos militares e políticos de alguma forma ligados à carreira de Rasputin na corte dos Romanov, de modo que o destino do monge-salvador-ministro assumira uma tríplice função: didáctica, na medida em que comunicava dados de facto objectivos, ampliando o argumento no espaço e no tempo para esclarecer a dependência dos factos representados cenicamente de outros distantes; dramática, uma vez que substituía cenas representadas cuja realização teatral fosse complicada e pouca incisiva; de comentário, quando se dirigia directamente ao espectador criticando, acusando e interpretando (e, neste caso, o filme não era projectado no hemisfério, mas num ecrã colocado ao lado, e servia de «calendário» para situar cronologicamente os acontecimentos).

Nem todos os espectáculos de Piscator tiveram a complexidade espectacular e a grandiosidade barroca de *Rasputin* (barroca é igualmente a ideia de representação total do mundo), mas a ideia-chave era a mesma em todos: em *Viva, Estamos Vivos!* de Toller, o destino de Thomas que, despertando da longa letargia da loucura reencontra todos os seus companheiros de armas da luta revolucionária integrados no sistema social, é posto dramaticamente em contacto com a guerra e a revolução, cujos principais acontecimentos eram projectados num filme; em *Koniunktur* (1928), a arquitectura cénica – um grande poste para a perfuração – era construída sob o olhar dos espectadores, e a sua edificação assinalava as etapas do drama sobre a procura de petróleo, enquanto o filme mostrava o jogo de interesses da grande finança imperial.

Qual o significado propriamente político que estes espectáculos podiam ter, em que o espectador devia sentir-se fatalmente esmagado por eventos maiores do que ele e condicionado, por muitas evocações que se pudessem fazer aos valores da iniciativa revolucionária, por um determinismo férreo, é difícil de dizer. Contudo, tinham obviamente um grande valor no plano cognitivo («desencadear o impulso cognitivo do público operário»), bem como no plano da tomada de consciência, na medida em que Piscator era genial ao encenar com extrema clareza o gigantesco material envolvido.

Muitos dos conceitos que formam o centro do pensamento e da práxis teatral de Bertolt Brecht – os do «teatro épico», por exemplo, ou o «efeito de distanciamento da representação» – estão já presentes, ainda que em breves referências, nos escritos de Piscator. Seria absurdo fazer disso uma questão de prioridade: Brecht e Piscator trabalhavam com uma certa proximidade, entre 1925 e 1929, e com base nos mesmos princípios ideológicos. É necessário antes de mais sublinhar a importância destes conceitos para a realização de um teatro politicamente significativo.

A carreira de Brecht foi muito mais longa e complexa do que a de Piscator, que após o advento do nazismo fugiu para a América onde, não podendo produzir mais, acabou por abrir uma escola da qual foi aluna Judith Malina, a animadora do Living Theatre. Brecht, nascido em Augusta em 1898, foi crítico dramático de vários jornais e ao mesmo tempo *Drammaturg* nos Kammerspiele de Munique. Quando Hitler ascendeu ao poder, fugiu para a Escandinávia e, mais tarde, para a América, onde conseguiu enganar a Comissão da «Caça às Bruxas», regressando por fim à Europa. Após uma curta estada na Suíça, estabeleceu-se na Alemanha comunista onde teve a possibilidade de dirigir um teatro com grandes meios, o Berliner Ensemble. Morreu em 1956. Poeta e romancista, além de dramaturgo e encenador, foi decerto um dos maiores vultos do teatro contemporâneo.

A sua produção dramática, que se estende de 1918 – o ano em que escreve *Baal* – a 1953, tem o seu apogeu, de um ponto de vista ideológico se não mesmo literário, entre 1928-1933, quando produziu uma série de dramas que definiu didácticos (*Lehrstücke*): *Der Jasager und der Neinsager* (*O que diz que sim. O que diz que não*), *Die Ausnahme und die Regel* (*A Excepção e a Regra*), *Die Horatier und die Kuriater* (*Os Horácios e os Curiácios*), *Die Massnahme* (*A Decisão*); breves dramas em que era examinado um problema moral ou político em particular, resolvido geralmente através de um processo.

Naturalmente há obras anteriores, como *Mann ist Mann* (*Um Homem É Um Homem*), e, posteriores como *Mutter Courage und ihre Kinder* (*Mãe Coragem e os Seus Filhos*) ou *Leben des Galilei* (*Vida de Galileu*) – em que o quadro dramatúrgico é mais complexo e articulado – que são mais ricas e palpitantes do que os dramas didácticos, mas é nestes que Brecht dá os exemplos mais claros daquilo que entendia por teatro político: um instrumento de conhecimento dialéctico e de análise marxista-leninista. Os dramas didácticos não são tão úteis aos espectadores quanto aos autores que, adoptando uma postura activa e consciente diante de um dado problema, conseguem apreender os seus termos efectivos e indicar as suas possíveis soluções que não são necessariamente as do autor.

Nos dramas didácticos esclarece-se também o conceito fundamental da prática cénica brechtiana: «o distanciamento», sobretudo em *A Decisão*, onde quatro activistas comunistas contam, encarnando cada um à vez uma personagem, como e porque é que tiveram de matar um seu companheiro. Com efeito, representar de forma distanciada significa não fazer nenhum esforço para se identificar com a personagem que tem de representar, mas acusá-la e julgá-la, digamos assim, assumindo no juízo um ponto de vista determinado ou vários. Donde resulta uma representação essencial, que não reproduz realisticamente todos os gestos que uma dada personagem executou ou teria podido executar, só os gestos essenciais à compreensão dos motivos que levaram a personagem a agir de determinado modo, ou necessários para uma análise do problema em questão. De igual modo, o cenário não deverá reproduzir fielmente um dado ambiente, apenas os elementos que são caracterizadores ou funcionais: a cenografia brechtiana, em cuja concepção e elaboração foi determinante o contributo das ideias e da prática de Caspar Neher (1897-1962), não é constituída por cenários propriamente ditos, antes por acessórios que não devem ser verosímeis, mas, na medida do possível, efectivamente verdadeiros; devia sentir-se nele o peso do trabalho humano que os havia criado e o desgaste do uso. Quando, sobretudo após o seu regresso à Europa e ter assumido a direcção do Berliner Ensemble, Brecht desenvolverá a sua tendência para a perfeição artesanal do espectáculo, este gosto pelo acessório real, construído também ele, como todo o espectáculo, por um bom artesão, transformar-se-á quase numa sigla preciosística da sua prática cénica.

Ao distanciamento dos actores, que permanecem exteriores às suas personagens, corresponde o distanciamento dos espectadores, que continuam a estar perfeitamente conscientes de estarem no teatro: não de assistir, não sendo vistos e como por acaso, a um acontecimento real, mas de assistir à reprodução de um acontecimento realizado em laboratório. O prazer que daí resulta – e este conceito de prazer (*Spass*), Brecht introdu-lo no seu *Kleines Organon für das Theater* (*Breviário de Estética Teatral*) só em 1948, depois de a experiência dos dramas didácticos estar totalmente concluída – é o prazer mais próprio do homem moderno, do homem que vive numa era científica: o prazer do conhecimento. Com efeito, o distanciamento do espectador dá-se não só porque, faltando a identificação do actor com a personagem, ele não pode, por sua vez, com uma típica transferência psicológica, identificar-se com o protagonista, o herói, o bom, mas também porque os elementos que constituem o espectáculo são alheios uns aos outros: as canções sobrepõem-se ao texto falado, a cenografia à mímica e por aí adiante. O espectáculo brechtiano, épico, é um espectáculo feito de contrastes dialécticos relativamente aos quais o espectador, sempre lucidamente racional, é convidado a tomar posição.

O conceito de epicidade é igualmente uma das condições em que se baseia o distanciamento. Brecht contrapõe – mais no plano da dramaturgia do que no do espectáculo – o teatro épico ao teatro dramático. No teatro épico as cenas não estão concatenadas entre si por uma conexão de consequencialidade e de necessidades, mas separadas precisamente como elementos dialécticos. O espectador é informado, através de cartazes, de didascálias ou de outro meio, do conteúdo da cena; deixa de estar, portanto, em tensão para saber qual será o fim e ficará atento ao mecanismo evolutivo, isto é, como é que uma certa coisa sucede, quais são as causas, os pontos de apoio.

O teatro político é, para Brecht, tal como para Piscator, instrumento de conhecimento do mecanismo social. Todavia, este mecanismo não se conhece representando as causas e os efeitos, ou seja, colocando um facto público junto de um facto privado, antes estudando ao pormenor o reflexo da organização geral: não é preciso mostrar os grandes produtores de armas para analisar a guerra como fonte de rendimento, basta a pobre vivandeira, Mãe Coragem que, se quer sobreviver com o seu próprio comércio, tem de sacrificar a Moloch todos os seus filhos. E, todavia, nem Brecht, na senda de Piscator, desenvolve a ideia que poderia ter fundado verdadeiramente o teatro político, entendendo-se o termo não como teatro de temática política, mas como teatro que se manifesta na actividade política: apenas por um instante toma consciência de que a compreensão do real se atinge experienciando-o, não assistindo a ele, e, por conseguinte, só quem é actor (em sentido obviamente geral) pode perceber a fundo os mecanismos do fenómeno analisado. Tanto mais que no século xx o espectáculo teatral é manifestamente insuficiente como meio de comunicação analítica (e as tentativas de Piscator de transportar o teatro para fora de si demonstram-no amplamente).

33

O regresso da vanguarda

Os movimentos mais corrosivos da vanguarda, tanto na teoria como na prática, haviam decomposto o teatro nos seus vários elementos: o texto, a cenografia, o guarda-roupa e a representação, a coreografia e as luzes, e até o espaço e o público, ora se colocavam como um repertório de elementos que podiam ser combinados entre si das mais diferentes formas com vista a um resultado genérico, ora sem nenhuma finalidade predeterminada. É este o sentido, se quisermos, mais exterior do conceito de experimentação teatral e próximo, de certo modo, do conceito de experiência química: procura juntar-se um certo gesto com um certo som e observa-se a reacção. A encenação deixou de ser uma estrutura, em certa medida, rígida e conhecida: o autor já não pode saber *a priori* como o seu texto será representado, nem o actor como deverá representá-lo. Assim, em contrapartida, o repertório alargou-se enormemente: tudo pode ser representado de qualquer maneira. Copeau apercebera-se muito bem de tudo isto e quis restaurar a unidade da linguagem cénica presente nas grandes épocas do teatro antigo.

Com efeito, o resultado conseguido parece ser este: de agora em diante cada espectáculo fará história por si próprio, no sentido de que não pode ser descrito como a variante de um género, nem como a consequência de um determinado ponto de partida (a escolha de um texto, por exemplo, mas unicamente a partir do seu interior). Obviamente sobrevive durante muito tempo um sector do teatro que continua a usar esquemas seguros e consolidados: o teatro *boulevardier* de Sacha Guitry, por exemplo, o teatro «à antiga italiana» que a vaga revolucionária do futurismo e o sucesso alcançado pela dramaturgia de Luigi Pirandello (1867-1936), colocando directamente em causa a

O REGRESSO DA VANGUARDA

fórmula desse teatro, não conseguiram perturbar. Mas, em traços gerais, este modo de conceber o teatro torna-se comum no período entre as duas grandes guerras ao ponto de a vanguarda parecer vir esgotando a sua própria função. Por outras palavras, tal poderia significar que a vanguarda superara a sua própria marginalidade, que se integrara no teatro oficial, que as suas propostas eram geralmente aceites.

As coisas naturalmente não são assim, pois não só cai o gosto da provocação, como também não há intensidade da transformação formal. Se a estrutura do espectáculo é aberta, é-o dentro de limites precisos da racionalidade e da determinação de algumas conexões fundamentais: o conceito de interpretação é redefinido, mas não abolido, as relações espaciais são mais flexíveis, mas não totalmente móveis.

O homem que, mais do que qualquer outro, contribuiu para divulgar a proposta fundamental da vanguarda e adaptá-la às exigências do teatro oficial, do «grande» teatro, foi seguramente Max Reinhardt, o ecléctico actor, empresário e encenador a que já nos referimos em mais de uma ocasião. Há algo de simbólico no facto de ele ter encenado o mesmo texto, o *Sonho de Uma Noite de Verão* em doze versões diferentes, a primeira das quais remonta a 1905 (Neues Theater de Berlim) e a última a 1933 (Florença, Giardino di Boboli). Não faltou sequer uma interpretação cinematográfica (1935).

Na primeira versão, Reinhardt dava continuação, pelo menos nas cenas que se desenrolavam em Atenas, à tradição oitocentista de reconstituição do ambiente antigo: as roupas inspiravam-se igualmente no classicismo levado ao auge por Winckelmann. O ponto central da representação era constituído pelas cenas no bosque, que foi um verdadeiro bosque, feito de árvores verdadeiras e visto, graças a uma inteligente utilização do palco giratório, em angulações sempre diferentes.

Mas poucos anos depois, em 1909, este fausto histórico-realista foi totalmente abandonado. Adaptando-se aos princípios do Künstlertheater de Munique, que acolhia a representação, Reinhardt utilizou um palco pouco profundo e forneceu ao

HISTÓRIA DO TEATRO

espectador apenas indicações cénicas limitadas: o famoso bosque era representado por quatro despojados troncos de árvore. Deu-se continuação a este processo de simplificação cénica, em 1925, no Josephstadttheater de Viena onde, estando a cenografia reduzida a simples tapeçarias, a representação do ambiente era confiada às roupas dos actores; em sentido literal o bosque tornara-se vivo, plantas e arbustos eram representados por figurantes vestidos de folhagem. Dois anos depois, na edição do Schauspielhaus de Salzburgo, a corte de Atenas já não estava vestida com simples túnicas clássicas, mas ostentava elaborados e reluzentes trajes barrocos (tanto é que esta encenação é comummente conhecida como «edição barroca»).

Não se pode esquecer as diferentes valências interpretativas destas representações, mas o dado mais importante é que a encenação é considerada uma variável independente que se sobrepõe ao texto. Igualmente significativa é, neste sentido, a obra de um outro realizador alemão que, à semelhança de Reinhardt, teve experiências no âmbito do teatro expressionista: Leopold Jessner, que foi director do Staatstheater de Berlim durante os anos 1920. Jessner orientou muitos dos seus espectáculos mais significativos com base numa particular ordem cenográfica que determinava o desenrolar da acção e também, por consequência, o significado geral do espectáculo: trata-se de uma escadaria monumental (*Stufenbühne* = palco em degraus) que recordava bastante o esquema de base de muitos «espaços rítmicos» de Appia. Esta escadaria assumia diversas configurações, bem como diversos significados: em *Guilherme Tell* de Schiller (1919), exprimia o desejo veemente de liberdade, no *Ricardo III* shakespeariano (1920), traduzia em termos físicos as várias fases da escalada ao poder e à queda que se seguia ao triunfo. Jessner comportava-se, portanto, de forma antitética em relação a Reinhardt: enquanto este renovava continuamente as suas propostas cénicas, Jessner adequava, em certo sentido, os textos a uma única imagem fundamental, mas trata-se de uma imagem suficientemente neutra e abstracta capaz de assumir valores totalmente diferentes na altura da síntese que se opera na representação.

O REGRESSO DA VANGUARDA

Esta forma de conceber a encenação comporta riscos evidentes: antes de mais o significado da interpretação tende a apoiar-se predominantemente no elemento cenográfico e no guarda-roupa; não por acaso, Gordon Craig era, antes de mais, um cenógrafo; em segundo lugar, a intuição interpretativa que desaparece facilmente numa ideia brilhante, um exemplo canónico deste «teatro ideia» é a famosa encenação de *Hamlet*, com trajes modernos realizada por Tyrone Guthrie, no Old Vic de Londres em 1938. É uma jogada muito fácil decidir vestir os actores de antigos romanos, ou com roupas do século XIX, ou todos de amarelo, ou ainda fazê-los representar nus: a encenação torna-se essencialmente uma operação de alfaiataria, porventura com resultados previsíveis.

De qualquer modo, não foi assim tão superficial a atitude experimental que se pode encontrar nos teatros, e até mesmo nos teatros oficiais, da Europa de Leste, sobretudo na Polónia e na Checoslováquia, países que conheceram uma extraordinária prosperidade teatral entre as duas guerras. Talvez pela proximidade geográfica e cultural da vanguarda soviética ou pela contínua tensão política e nacional, em particular na Polónia, as realizações destes dois países raras vezes foram exercícios vazios.

Na Polónia, Leon Schiller, em actividade em Varsóvia e, mais tarde, frequentemente na província, inclusive por causa das persecuções censórias, encenou alternadamente textos de autores contemporâneos, como o soviético Tretiakov e Brecht, e textos da escola romântica polaca. Recordem-se, sobretudo, as suas interpretações de *As Aves* de Mickiewicz (1932) e da *Não divina comédia* de Krasinski (1926). Em particular na *Não divina comédia*, Schiller dedicou grande parte do espectáculo às cenas das massas, relegando para segundo plano o drama íntimo do protagonista e desfrutando da instalação cénica constituída igualmente por escadarias e praticáveis para tornar perceptível o crescendo da rebelião, restituindo ao espectador o que o autor havia confinado à narração. A estes espectáculos, baseados nos textos clássicos, Schiller chamava-lhes «teatro monumental» e concebia-os como o *epos* eterno da aspiração dos povos à liberdade do que propriamente como acção de carácter directamente propagandístico e político.

Mais acentuado é o gosto experimental dos maiores realizadores checoslovacos. Karel H. Hilar, que foi durante um longo período director do Teatro Nacional de Praga, atribuía grande importância à cenografia e à sua capacidade de impor ao espectador o significado global do espectáculo. Mas, pelo menos durante o período em que se aproximou das experiências biomecânicas de Meyerhold, esteve igualmente atento ao estilo de representação, impondo aos actores um gesticular seco e marionetista, mas ao mesmo tempo violento e agitado. Recordando sempre a sua formação expressionista, deu a muitos dos seus espectáculos uma tonalidade macabra e violenta: por exemplo, no marloviano *Eduardo II*, em que se centrou muito na homossexualidade do protagonista.

A personagem mais significativa do teatro checoslovaco foi, no entanto, Emil F. Burian, que, curiosamente, permaneceu à margem da vida oficial do teatro, fundando, aliás, o seu próprio teatro que quis sempre considerar um organismo dinâmico inclusive no nome, que mudava de ano para ano: em 1933 chamava-se D 34 (= *diavadlo*, ou seja, teatro, 1934), em 1934 D 35 e por aí adiante. Burian possuía uma excelente formação musical (fora inclusive director de orquestra), o que o induziu frequentemente a ter em conta o ritmo, quer da dicção quer do movimento, a força motriz dos seus espectáculos: ritmo e luz, uma vez que Burian não tinha simpatia alguma pelos ouropéis cenográficos. As leituras específicas dos textos e das personagens nasciam, porém, do interior e não propriamente de uma opção de certo modo predeterminada. Mas os realizadores polacos e boémios que, naqueles anos, contribuíram para definir a multiforme e complexa imagem do teatro europeu foram muitos mais. Neste clima formou-se também Tadeusz Kantor. Muitos foram também os dramaturgos de grande nível internacional, como Karel Capek, autor do futurista *RUR* (a primeira história de robô) ou como os polacos Stanislaw I. Witkiewicz e Witold Gombrowicz.

O REGRESSO DA VANGUARDA

Entre os mestres que conduziram a renovação do teatro europeu nas primeiras duas décadas do século, recordamos Jacques Copeau. Na verdade, Copeau, embora muito atento aos estímulos que chegavam das propostas práticas e teóricas de Craig, de Appia e de Fuchs, tem uma posição bastante diferente, preocupado não tanto com a renovação da cena, que ele considerava sobretudo uma consequência (ou uma premissa), quanto com o crescimento de uma nova dramaturgia. Com efeito, é o único que tem uma formação não directamente teatral ou artística, mas sim literária. Por outro lado, à semelhança de Stanislavski, pensava que uma verdadeira e global renovação do teatro só podia derivar de um novo modo de conceber a formação dos homens de teatro (actores, em primeiro lugar, mas também técnicos e organizadores): uma formação não baseada apenas numa aprendizagem de ordem técnica, mas também num conhecimento humanista. Assim, o seu teatro foi, ao mesmo tempo, uma escola. O Vieux Colombier, que se colocou entre aqueles que hoje se chamariam teatros alternativos e teve um papel particular em França: embora permanecessem empresas privadas, distinguiam-se dos teatros comerciais, não só por se caracterizarem por um audacioso experimentalismo mas pela sua inspiração genericamente cultural e empenhada e por se dirigirem a um público intelectualmente elitista, porém, não decerto *bohèmien*.

A influência de Copeau foi enorme. O seu prestígio cresceu de tal modo que foi chamado, por um curto período, a dirigir a Comédie-Française. Mas, muito antes disso, foram os seus alunos, ou homens que lhe eram próximos, a determinar o clima da cultura teatral na Paris dos anos 1930. São os homens do Cartel, uma colaboração de carácter organizativo, que não lesava minimamente a autonomia artística de cada teatro: Louis Jouvet e Charles Dullin, alunos de Copeau no Vieux Colombier, Gaston Baty e Georges Pitoeff, um emigrante russo com uma vida romântica e aventureira. De entre eles, Dullin foi aquele que mais se interessou pelos problemas de ordem pedagógica: para ele, escola e teatro identificavam-se – não por acaso havia chamado ao seu teatro Atelier. O ensino coincidia, em parte, com a preparação dos espectáculos e baseava-se no método de improvisação. No entanto, o espectáculo pautava-se por uma minuciosa previsão de encenação em que se inseriam os resultados da improvisação.

Muito diferentes no temperamento e inspiração, os homens do Cartel acreditavam sinceramente nos valores da poesia no teatro e do teatro. Não admira por isso que esses tenham sido protagonistas do relançamento do repertório contemporâneo e, talvez pela última vez, encenadores e autores trabalharam juntos, se não mesmo em colaboração: Dullin com Marcel Achard e Armand Salacrou, Jouvet com Jean Giraudoux, Pitoeff com H. R. Lenormand, que escreve uma apaixonante biografia dos cônjuges Pitoeff. Trata-se, na realidade, de autores demasiado ligados às contingências culturais e a um particular conceito de poesia, concebida como algo de agradavelmente sugestivo de acordo com os esquemas de um simbolismo tardio, mas que, de certo modo, eram capazes de fazer particulares solicitações aos seus encenadores.

Do ponto de vista dramatúrgico, o mérito maior de Pitoeff e de Dullin foi de ter imposto à consideração do público parisiense Luigi Pirandello, o autor mais denso do pensamento daqueles anos. Os temas da identidade, da subjectividade, do conhecimento, da comunicação foram interpretados em sentido tragicamente impressionista por Georges Pitoeff: as seis personagens da comédia homónima apareciam como que do nada, sob uma luz verde, transportados pelo ascensor do palco; o seu Henrique IV, quando descobria a sua verdadeira identidade saindo da ilusão da loucura saltava para cima de uma mesa e punha-se a sacudir os bastidores pintados da cenografia. Georges Pitoeff que, como Jouvet e Dullin, foi também, e talvez sobretudo, um actor, sentiu mais do que qualquer um dos quatro do Cartel, o estorvo da cenografia invasiva e realista: muitas vezes os seus *décors* limitavam-se a cortinas em que se perfilavam poucos elementos sugestivos. Dullin preferia os cenários estilizados, mas facilmente legíveis e coloridos de André Barsaq, com quem colaborou durante muito tempo: o maior sucesso da colaboração Dullin-Barsaq foi a encenação de *Volpone* de Ben Jonson (1928); Barsaq forneceu um quadro cenográfico estilizado, embora quase luxuoso na sua simplicidade, através de uma acção viva e quase dançada, qual *tourbillon* de personagens pitorescas.

Louis Jouvet teve uma noção mais extrovertida e vital do teatro, considerado quase um objecto de luxo e frequentemente financiado com os lucros do trabalho «verdadeiro», o cinematográfico. Ele não recuava diante das propostas cenográficas de Christian Bérard, que às vezes podiam parecer de gosto quase barroco. Jouvet, de resto, usava estas cenografias como um instrumento, reabsorvendo-as na globalidade do espectáculo. Na famosa encenação de *École des femmes* (1936), a preciosa elegância dos candeeiros coloridos torna-se parte da alucinante realidade resultante de uma interpretação centrada na dolorosa lucidez do protagonista, que se conhece muito bem a si próprio e o seu destino e, no entanto, como que arrastado por uma força inelutável, continua a ser ridículo procurando juntar a si a jovem amada. Com efeito, houve quem dissesse que se tratava de uma interpretação quase brechtiana. Louis Jouvet, como se disse, foi principalmente um autor, talvez o maior actor do século: a sua representação pontual e cruel, subtil e irónica, rica em mil inflexões que constituíam a contínua variação de um tom fortemente unitário, muito intenso quer na máscara sempre tensa, quer nos comportamentos, ao invés, relaxados e quase desalinhados do corpo, era não só o motivo de maior interesse, como também o ponto de partida e de chegada dos seus espectáculos.

34

A segunda vanguarda

A função dos teatros de facto reservados a determinadas elites intelectuais, como eram o de Dullin ou o de Baty, não se esgotou com o período histórico que os vira prosperar. No segundo pós-guerra, foram ainda homens criados naquela atmosfera que lançaram nos teatros privados de Paris os autores do que poderia ter sido um novo caminho da dramaturgia. Roger Blin, que trabalhara com Artaud por volta de 1930, conseguiu após muitas rejeições representar no Théâtre de Babylone, em 1953, *À Espera de Godot*, de Samuel Beckett, recebido como uma perturbante novidade. Alguns anos antes, em 1949, Jouvet encenara *As Criadas* de Jean Genet, mas tocará a Jean-Louis Barrault, último descendente da estirpe dos grandes actores--encenadores franceses, antes e depois de ter assumido a direcção do Odéon, a tarefa de oferecer as mais maduras interpretações das obras posteriores de Beckett (*Oh, Que Dias Felizes!* foi, aliás, escrito de propósito para a companheira de Jean-Louis Barrault, Madeleine Renaud) e de Ionesco.

Estes três autores, apenas próximos cronologicamente – sobretudo Genet que é um caso à parte –, constituíram a novidade mais importante do teatro europeu do pós-guerra. No entanto, convém precisar que só marginalmente influenciaram a história da encenação. À semelhança de todo o repertório, as suas obras foram tratadas como textos disponíveis para qualquer tipo de encenação: recentemente, George Wilson fez deslocar as quatro personagens de *À Espera de Godot* ao longo de um metafísico deserto branco seguindo longas e fadigosas trajectórias. Porém, a maior parte da vida teatral concentra-se agora nos grandes teatros de gestão pública, ou, em todo o caso, subsidiados pelo Estado. A concorrência dos novos meios audiovisuais – ao cinema, vem juntar-se nestes anos a televisão – e as crescentes exigências financeiras que o teatro de encenação implica tornam bastante problemática a sobrevivência do teatro, que permanece no entanto uma organização de carácter puramente artesanal.

Na Alemanha, a transição foi relativamente fácil, uma vez que quase todas as cidades do país de certas dimensões possuíam um Stadttheater, o teatro municipal, frequentemente herdeiro do Residenztheater da corte. Só na Alemanha Federal, antes da reunificação, havia pelo menos cento e trinta teatros deste género. Naturalmente, as autarquias concorrem entre si para obter os serviços dos encenadores e dos actores mais ilustres, empenhando-se às vezes para realizar espectáculos de puro prestígio, com custos cada vez mais exorbitantes.

O mesmo sucedia nos países socialistas, onde a forte burocratização favorecia talvez realizações de óptimo nível profissional, mas não tanto o desenvolvimento de novas ideias: muitos teatros moscovitas apostaram durante décadas e recorrentemente na exumação das grandes encenações de Stanislavski e de Vachtangov, desempenhando quase uma função museográfica.

Bem diferente era a situação em países como a Inglaterra, em que a tradição liberal impedia que se considerasse o teatro de outra forma que não fosse a normal actividade económica. Todavia, no princípio dos anos 1950 o Old Vic, tradicionalmente considerado a casa de Shakespeare, tornou-se a sede do National Theatre, sob a direcção de Laurence Olivier, enquanto o Memorial Theatre de Stratford-on-Avon se transformou na Royal Shakespeare Company: a estes teatros foram atribuídos os subsídios maiores, no entanto, aos teatros de província e aos grupos realisticamente definidos *fringe*, ou seja, marginais, destinou-se uma quota substancial.

Todavia, as mudanças maiores aconteceram em França e em Itália. Em Itália, os teatros estáveis, organizados a partir de 1948, tinham de superar a tradicional tendência para o nomadismo das companhias itinerantes, ao passo que, em França, o sistema dos teatros descentralizados pôs em causa o secular

HISTÓRIA DO TEATRO

monopólio parisiense da vida teatral: surgiram assim o Théâtre National de Estrasburgo, o Théâtre de la Cité de Lyon-Villeurbane e, no conjunto, dezanove centros teatrais que podiam contar com um património técnico e humano que em nada ficava atrás dos teatros subsidiados de Paris.

Muitas destas instituições não nasceram por exigências de carácter puramente organizativo ou político, mas pelo impulso de homens do teatro que procuravam criar nelas melhores condições de trabalho, bem como centros permanentes de iniciativa cultural: o Berliner Ensemble, criado por Brecht no sector oriental de Berlim, no velho Theater am Schiffbauerdamm, não era só uma estrutura organizativa, mas, como diz o nome, um conjunto técnico e produtivo capaz de dar apoio e estímulo às organizações de base, bem como uma escola onde se formaram actores dos mais preparados do nosso tempo, técnicos e cenógrafos de alto nível. No Berliner, Brecht realizou algumas das mais perfeitas encenações das suas obras: *Der aufhaltsame Aufstieg des Arturo Ui (A Resistível Ascensão de Artur Ui)*, em que Ekkehard Schall deu provas das suas extraordinárias capacidades mímicas e vocais, assim como no *Coriolano* toda a *troupe* exibiu também uma excelente preparação no plano acrobático; *Mãe Coragem e os Seus Filhos*, *A Ópera dos Três Vinténs*, e tantas outras. Mas, como era de prever, após a morte do mestre, o Berliner tornou-se o templo da ortodoxia brechtiana, o profissionalismo e o nível técnico prevaleceram sobre o gosto e o risco da invenção. É um pouco o destino, talvez resistível também ele, de todas as instituições do género. Após a queda do regime comunista e de ter passado por diferentes direcções (sendo a última a direcção fracassada de Zadek), o Berliner tornou-se um dos muitos teatros subsidiados.

Jean Vilar, retomando uma antiga iniciativa de Firmin Gémier, promoveu o Théâtre National Populaire, do qual foi durante muitos anos animador, com base num bem definido tema político-cultural: o teatro – sustentava – é uma componente essencial da cultura de um público e, portanto, a possibilidade

A SEGUNDA VANGUARDA

de aceder-lhe deve ser garantida a todos, independentemente das divisões de classe, como qualquer outro serviço público. Por teatro, Vilar entendia o grande teatro e, por conseguinte, em primeiro lugar o repertório clássico. Dos clássicos, fez edições pontualmente orquestradas, cenograficamente despojadas e representadas segundo os cânones da clareza enérgica e elegante: a mais famosa das encenações foi o *Cid* corneilliano (1951), interpretado por um actor ainda jovem, mas já no auge da sua fama, Gérard Philipe.

O Piccolo Teatro de Milão (que será o modelo exemplar de todos os teatros estáveis italianos) nasceu a partir de bases ideológicas não distantes das expostas por Vilar graças à iniciativa e vontade de um organizador e de um encenador: Paolo Grassi e Giorgio Strehler. O repertório de Strehler, de resto muito variado, teve dois pontos de referência constantes em Goldoni e Brecht, do qual apresentou *A Ópera dos Três Vinténs* numa edição memorável em 1956. Mas o resultado teatralmente mais acabado alcança-o com a encenação da última comédia de Pirandello, *Os Gigantes da Montanha*, de 1966: inspirando-se, por um lado, em Appia e, por outro, numa determinada pintura do século XIX italiano, Strehler criou uma atmosfera rarefeita e mágica, embora não sem referências históricas, em que a *troupe* dos actores trazia um ímpeto de consistência, absurda e quase brutal que, no entanto, se dispersava numa fantasiada e nostálgica reevocação.

Ao longo de vinte e cinco anos, de 1945 a 1970, Peter Brook trabalhou como encenador na Royal Shakespeare Company que, também por mérito seu, se tornou a mais prestigiada das instituições teatrais inglesas. Igualmente inovador no método de trabalho com os actores, Brook mostrou, nas suas encenações shakespearianas, uma forte propensão para a imagem ao mesmo tempo nítida e cruel, realizada com os instrumentos mais diversos, desde os cortes de uma fria luz branca e laranja usada para *Romeu e Julieta* (1947) à sinistra procissão de mendigos estropiados inserida em *Medida por Medida* (1950). Mas a encenação que Brook impôs à atenção de todo o mundo teatral foi o *Titus Andronicus* (1955), com Laurence Olivier como protagonista, em que a crueldade do tema foi quase sublimada numa dimensão místico-simbólica, expressa por complicados quadros em que o jogo, de outro modo frenético, dos actores se enregelava em longas pausas cheias de horror, ou por subtis indicações simbólicas como as fitas vermelhas para as mãos cortadas de Lavínia. Assim, em 1963, quando a vida teatral começou a ser agitada por novas efervescências, Brook foi dos primeiros a concentrar a sua atenção nas ideias formuladas por Artaud trinta anos antes: nasceu um espectáculo demonstrativo inspirado no teatro da crueldade e composto de vários fragmentos, entre os quais uma síntese de Hamlet organizada pelo americano Charles Marowitz, que inaugurava uma fórmula de revisitação e reestruturação dramatúrgica dos textos clássicos. A este espectáculo experimental seguiu-se a encenação de *Marat-Sade* (*A Perseguição e o Assassínio de Jean-Paul Marat Representados pelos Filodramáticos de Charenton sob a Direcção do Marquês de Sade*) do alemão Peter Weiss: os filodramáticos de Charenton são os loucos hospedados juntamente com Sade naquele manicómio. No palco circular, donde ninguém pode sair e que no fim será fechado por uma trágica grade, agita-se uma multidão de personagens que mistura os comportamentos obsessivos da sua loucura com os traços das personagens históricas que representam em segundo grau: também aqui à violência naturalístico-grotesca dos traços de representação, Brook sobrepunha momentos de puro valor simbólico, como as vergastadas infligidas a Sade com os cabelos de Charlotte Corday e acompanhadas por uma dilacerante nota de violino ou o derrame de sangue branco, vermelho e azul.

Em 1970, Brook deixa a Royal Shakespeare para organizar em Paris um Centro Internacional de Criação Teatral: os institutos teatrais têm agora ambições mundiais. Para este centro produziu *Orghast* (1971), um espectáculo baseado na investigação de uma língua artificial, de valor puramente teatral, e, mais tarde, *The Iks,* inspirado na vida de uma tribo africana

A SEGUNDA VANGUARDA

isolada. Em Inglaterra não faltam instituições teatrais que, embora usufruindo dos indispensáveis financiamentos públicos, mantêm uma total autonomia na gestão.

Em Paris, Ariane Mnouchkine fundou e dirigiu o Théâtre du Soleil com sede na Cartoucherie de Vincennes, uma antiga fábrica que permitiu a mais variada e flexível utilização do espaço cénico. Aqui realizou dois extraordinários espectáculos sobre a Revolução Francesa: *1789* e *1793*, utilizando precisamente esta disponibilidade espacial para envolver o público no espectáculo, como se fosse a multidão incrédula e feliz da Paris revolucionária.

Em Praga, Otomar Kreiča, após ter dirigido o Teatro Nacional, evidentemente intolerante com os limites impostos pelo carácter oficial dessa instituição, funda, em 1965, o teatro *za Branou* (No Parapeito), onde, em colaboração com Josef Svoboda, um verdadeiro mago da cenografia, reverdeceu os faustos dos tempos de Hilar e de Burian, produzindo alguns espectáculos de grande envergadura, como o *Lorenzaccio* de De Musset (1965), representado como uma espécie de *ballet* obsessivo mergulhado em luzes móveis e evocadoras, do qual emerge, e alternadamente desaparece, a imagem desdobrada do protagonista.

Entre os registos mais ou menos estritamente ligados às instituições teatrais e pertencentes à segunda geração podemos citar os franceses Roger Planchon e Patrice Chéreau e os alemães Peter Stein e Klaus M. Grüber, sendo estes propensos a recuperar os temas e as formas de uma experimentação mais arrojada.

Por outro lado, muitos homens do teatro, embora firmemente inseridos na área chamada oficial, nunca quiseram permanecer demasiado tempo ligados a uma instituição pública, oferecendo quando muito os seus serviços, ou colaborando com companhias privadas, ou gerindo uma companhia sua: é o caso do próprio Grüber, ou de Victor Garcia, autor, com a companhia catalã de Nuria Espert, de uma importante edição de *As Criadas* de Jean Genet.

Em Itália, este fenómeno é ainda bastante comum, aliás, em fase de recuperação: a maior parte dos encenadores e dos actores são profissionais liberais, chamados de vez em quando a colaborar na realização de um projecto em particular. Sem falar de Luchino Visconti, um dos maiores mestres italianos de encenação, basta citar os casos emblemáticos de Luca Ronconi e de Carmelo Bene. Ronconi colaborou com muitos e diferentes teatros, estáveis ou municipais, organizando também espectáculos líricos, como fazem cada vez mais frequentemente muitos encenadores. Mas os seus melhores espectáculos são aqueles que têm um tom de excepcionalidade, estruturando-se em espaços abertos ou projectados para o efeito. O exemplo mais significativo foi a encenação ao ar livre de uma adaptação de *Orlando Furioso*: as acções desenrolavam-se em vários palcos, ou acessórios móveis que sulcavam perigosamente a multidão; a área onde o espectáculo tinha lugar era o mundo e cada espectador era testemunha apenas das aventuras que encontrava, permanecendo excluído das das outras personagens. A encenação de *Orlando Furioso* é de 1968. Em 1972, Ronconi realizou uma edição da *Oresteia* em que todo o edifício foi construído para o efeito, como sucedia nos mistérios da Idade Média, para permitir o desenrolar da acção em andares com vários níveis. Como se de quando em quando Ronconi sentisse a necessidade de romper os limites espaciais impostos pelas estruturas arquitectónicas do teatro tradicional para regressar à liberdade preconizada por Artaud e pela vanguarda, à qual os mais ágeis grupos *fringe* nunca renunciaram.

Carmelo Bene trabalha isolado, com a sua própria e limitada companhia: as companhias privadas são igualmente subsidiadas com dinheiro público, directa e indirectamente, mas conservam total autonomia de gestão. Ao contrário de Ronconi, Carmelo Bene está perfeitamente à vontade nos limites do arco cénico e, todavia, há sempre entre ele e o público uma tensão agressiva, que nos seus primeiros espectáculos (na primeira edição de *Pinóquio*, por exemplo) se manifestava em comportamentos grosseiros e violentos, como o contínuo cuspir na direcção da plateia. Neste sentido, Bene, que aliás recusa qualquer etiqueta, pode considerar-se herdeiro da vanguarda dadaísta e futurista. Carmelo Bene é o criador absoluto dos seus espectáculos, que são de enorme complexidade e riqueza, apesar de se basearem essencialmente no interesse pela investigação vocal. A voz do autor, mesmo no âmbito de uma substancial unidade de tom, percorre uma gama fónica vastíssima: sussurrada, guturalizada, amplificada, choca, por assim dizer, com a palavra, tanto é que o som quase se transforma em imagem.

O teatro público ou semipúblico representa hoje a continuidade do teatro: mais direccionado para o aperfeiçoamento do que para a inovação, não põe em causa o seu papel, nem a sua imagem, e considera adquiridos os elementos fundamentais da linguagem cénica. Confia, com razão, a outros a função de colocar em causa as certezas adquiridas, e, com menos razão, se considera demasiadas vezes o absoluto do teatro.

Consistindo substancialmente na interpretação de um texto dramático, embora nos limites mais vastos que este conceito compreende após as revoluções da vanguarda clássica, o teatro público, ou, mais largamente, o oficial, é ainda hoje o reino do encenador e privilegia, portanto, os elementos coreográficos, cenográficos e vocais em relação aos elementos mímicos e gestuais. Nos grandes teatros é pura convenção dizer que se viu representar um actor: para lá da décima fila de poltronas percebe-se no máximo o esquema.

Nos anos 1960, prosperaram inúmeros grupos teatrais, que já não se definiam como vanguarda, mas sim como «alternativos», uma palavra que então começava a estar na moda. À polémica contra o prudente experimentalismo do teatro oficial aliava-se, muitas vezes, uma polémica de carácter político e, de forma reflexa ou directa, punha-se em discussão o próprio significado e o papel do teatro no contexto da civilização moderna.

Quem conduziu este debate com o máximo rigor e com grande originalidade foi um polaco, Jerzy Grotowski, talvez o último e o mais extremista dos grandes teóricos do teatro con-

HISTÓRIA DO TEATRO

temporâneo. Grotowski, que implantara em Opole um laboratório teatral mais tarde transferido para Wroclaw, parte de um axioma de carácter ontológico e de uma consideração histórica. Historicamente, o teatro, como meio de comunicação de massas, deve considerar-se definitivamente ultrapassado pelos instrumentos audiovisuais capazes de reproduzir o som e a imagem: em vão se procuraria reconstituir as imagens da realidade através do cenário, como se havia feito nos séculos XVII e XIX, com a precisão e a riqueza do cinematógrafo; e mesmo no plano da ilusão fantástica, os truques cenográficos parecem-se muito mais com jogos grosseiros de barracão face às mágicas possibilidades de visualização do cinema. E, por outro lado, do ponto de vista ontológico, o teatro não pode ser senão a arte do actor, pois o teatro pode existir sem fatos, sem cenografia, sem iluminotécnica, mas não sem o actor. Portanto, argumentava Grotowski, a escolha do teatro é forçada: o teatro apenas pode ser pobre, reduzido à presença essencial do actor. E a arte do actor consiste na revelação de si próprio, da sua íntima e profunda verdade, revelação que só pode obter-se graças a uma dura disciplina que permite anular as resistências do corpo. O espectáculo é o momento culminante, a verificação da iluminação de que o espectador é testemunha. O encenador é, portanto, o animador e o pedagogo, que actua com instrumentos propriamente maiêuticos e que, em função do espectáculo, reúne num todo coerente o trabalho dos diversos actores.

Esta centralidade do actor tinha como consequência óbvia os espectadores estarem perto dele, quase tocados, se não artaudianamente envolvidos pela sua acção. Com efeito, Grotowski, estruturando sempre de forma diferente as relações espaciais, reduz drasticamente o número de espectadores a poucas dezenas e, chamando-os precisamente a testemunhar, atribuía-lhes um papel, aliás, dependente também da ordem narrativa e do significado global do espectáculo: para o *Doutor Fausto* de Marlowe (1963) estavam dispostas na sala três mesas, como no refeitório de um mosteiro. Fausto, já derrotado, consciente do seu destino de danação reúne os amigos para um almoço de despedida: uma espécie de última ceia do rebelde. Os espectadores participam como convidados, juntamente com os actores, cuja acção que reevoca a história de Fausto decorre sobre as próprias mesas. E em *Akropolis* (1962), na qual a antiga lenda da ressurreição dos mortos reevocada no drama de Stanislaw Wyspianski é transportada para um campo de extermínio nazi, os actores abrem caminho por entre as cadeiras dos espectadores, mas sem que estes participem, para construir em torno deles e por cima das suas cabeças uma estrutura absurda de velhos tubos: a civilização do trabalho dos escravos, a civilização das câmaras de gás.

Em *O Príncipe Constante* de Calderón de la Barca (1964), ao invés, a acção desenrola-se entre quatro muros lenhosos, uma espécie de arena, ou de fosso dos leões: os espectadores são rigorosamente excluídos dela e podem observar o sacrifício do príncipe apenas levantando a cabeça por cima dos muros, como que observando uma operação cirúrgica.

Contudo, impressiona o facto de, além da definitiva supremacia concedida à expressão física dos actores (em todo o caso definitivamente excessiva sobretudo nos epígonos, quase uma exibição acrobática) sobre a palavra significante e da emoção que indubitavelmente a sua proximidade implica, os espectadores de Grotowski pressentirem uma ordem rigorosamente unitária e uma densidade significante que vai muito para além das revelações que ocorrem no gesto dos actores. E foi precisamente a consciência da fatal espectacularização do teatro que levou Grotowski a renunciar ao próprio espectáculo: os seus últimos ensaios, chamados metateatro, são uma espécie de festas, em que os actores-espectadores perseguem, agitando-se voluptuosamente, uma improvável autenticidade da experiência vivida.

Os espectáculos de Eugenio Barba, o aluno italiano de Grotowski, fundador do Odin Teatret de Holstebro (Dinamarca), nascem do mesmo tipo de trabalho do actor e, portanto, desenvolvem temas e formas já presentes no teatro grotowskiano. Todos os espectáculos são construídos com minucioso cuidado

HISTÓRIA DO TEATRO

artesanal e cada dificuldade a superar resulta numa imagem complexa e fascinante: o desvelar-se da loura rainha de *Ferai* (1969), que sai da clausura monástica das suas vestes como um esplêndido pássaro se desembaraça da casca do ovo, foi uma das visões mais emocionantes que o teatro contemporâneo conseguiu oferecer.

Mas a importância de Barba consiste principalmente em ter sabido libertar a perspectiva grotowskiana do seu invólucro mistificante, para torná-la terrena e socializá-la: a importância do teatro, reitera, está antes do espectáculo, no *training*, na investigação das próprias flexibilidades físicas e expressivas. A função social do teatro não deve ser procurada num problema de comunicação, mas sim num problema de elaboração, onde o que o trabalho produz é, antes de mais, a própria estrutura social, isto é, o grupo teatral ou a companhia. O espectáculo, mais do que o momento da comunicação é, pelo menos idealmente, o momento de troca e de averiguação.

Com estes pressupostos, Barba conseguiu criar um vasto movimento, diversamente denominado como teatro dos grupos, o terceiro teatro, exclusivamente constituído por jovens e destinado a não sobreviver ao particular momento histórico durante o qual, porém, parecia constituir a única alternativa concretamente fundada ao teatro oficial. O movimento do terceiro teatro continua a desenvolver-se de forma significativa actualmente (1995), sobretudo numa civilização teatral de contornos incertos e pouco conhecida internacionalmente como a da América Latina.

Em 1975, Tadeusz Kantor apresenta na Europa Ocidental o seu último espectáculo, *A Classe Morta*, que o consagra definitivamente como um dos maiores «artistas de teatro» (utilizando a definição craiguiana) do nosso século. Na verdade, Kantor já era amplamente conhecido nos meios artísticos mas não nos do teatro: muitos dos seus anteriores espectáculos situavam-se na zona de fronteira entre o teatro e a arte figurativa que na América foi definida como *happening*.

A *tournée*, que alguns anos antes a sua companhia Cricot2 levara ao Festival de Nancy e, mais tarde, a Itália, *A Galinha Aquática* suscitou consensos, sem, no entanto, despertar entusiasmo.

Na *Classe Morta*, crianças velhas vestidas de negro revivem, sentadas em quatro filas de carteiras, os dias da sua infância na escola: ritmadamente levantam-se, voltam-se a sentar, levantam o dedo para ir à casa de banho ou para responder às perguntas de um professor que não existe e do qual algumas delas tomam o lugar à vez, exibem os seus medos e as suas obsessões, como a mulher na primeira carteira (a senhora Kantor) que se levanta várias vezes para descobrir-se o peito, agitam-se durante o recreio numa ronda em volta das carteiras para depois serem obrigadas a ir para os seus lugares com a vassoura da contínua. Mas elas voltam a levantar-se, colocam a mulher sobre um instrumento ginecológico, mais parecido com um instrumento de tortura, que a obriga a abrir as pernas. Desencadeia-se uma guerra: as crianças cresceram, nos seus lugares nas carteiras sentam-se manequins. A turma é destruída. Porém, as crianças velhas já estavam mortas antes de começar o seu jogo, e cada uma delas não era mais do que uma figura da morte – embora esta se defina como alegoria e obsessão sobretudo na personagem da contínua. Kantor andava em torno das suas personagens. Raramente num espectáculo tão breve e tão aparentemente repetitivo e coral foi caracterizada cada personagem de forma tão precisa; raramente outros temas, da recordação às obsessões pela profundidade, do sadismo ao metafísico ameaçar da morte e do nada, foram desenvolvidos num premente e sempre rítmico sobrepor-se.

Cinco anos depois, em Florença, Kantor apresenta um outro grande espectáculo sobre o tema da violência mortal: a cena central é uma crucificação. Com *Wielopole, Wielopole!* encerra-se a estação da vanguarda contemporânea.

35

América, América!

Um dos acontecimentos mais inquietantes da história americana teve lugar, como todos sabem, num teatro: a 14 de Julho de 1865, um actor, descendente da mais famosa família de actores americanos, John Wilkes Booth, assassinou o presidente Lincoln num palco do Ford's Theatre de Washington. A história diverte-se, de vez em quando, a criar símbolos: este é um exemplo. Símbolo da dimensão espectacular da vida americana que talvez tenha levado um grande sociólogo, Ervin Goffmann, a escrever um célebre ensaio: *The Presentation of Self in Everyday Life* (*A Apresentação do Eu na Vida de Todos os Dias*); mas símbolo essencialmente do poder do espectáculo na sociedade americana.

Nos Estados Unidos, o espectáculo (teatro, cinema, televisão) sempre foi um negócio gigantesco, para além das próprias dimensões do *Great Country*, e a história do teatro americano é, de certa forma, um epítome, com algo mais, da história do teatro ocidental. O teatro americano tem todas as características positivas e negativas do mundo dos negócios: espírito de iniciativa e necessidade de renovação a que corresponde a adaptação ao gosto do público que nunca se tenta conduzir ou impressionar; possibilidade de controlo imediato com os instrumentos do mercado, mas eliminação de tudo o que o mercado não aceita rapidamente e, enfim, o tédio de si próprio e a rebelião.

À semelhança de qualquer outro bem, o teatro chegou de Inglaterra às colónias destinadas a transformarem-se nos Estados Unidos, que, cerca de 1650, se estendiam apenas ao longo da costa atlântica. Mas o teatro só pôde afirmar-se após a progressiva dissolução do preconceito antiteatral que muitos colonos de fé calvinista, seguidores obviamente de Cromwell, haviam difundido não só na New England puritana, mas também em colónias de confissão anglicana como a Virgínia.

Um pouco como sucede com os jograis medievais, as primeiras notícias de acontecimentos espectaculares na América foram transmitidas com as condenações que haviam provocado. Em 1665, precisamente na Virgínia, foi, de facto, instaurado um processo contra três colonos, acusados de terem encenado a representação de uma peça intitulada *Ye bar and ye cubb* (*A Ursa e a Sua Cria*). Contudo, não foram os três virginianos a debelar os preconceitos puritanos, mas sim uma série de tentativas levadas a cabo por actores que, como muitos outros emigrantes, tentaram a sorte no Novo Mundo. Um breve sucesso sorriu a uma actriz de que conhecemos apenas o pseudónimo, Monimia, talvez pela personagem de Otway, que organizou uma série de representações em Charleston, entre 1735 e 1737.

Alguns anos depois, em 1749, uma companhia de actores profissionais, dirigida por Walter Murray e Thomas Kean, representou por curtos períodos em Nova Iorque, em Filadélfia e nas cidades da Virgínia e de Maryland. A iniciativa não teve continuidade, mas era claro que o teatro já não era obra do demónio. Entretanto, em Inglaterra, o *Licensing Act* criara bastantes dificuldades às companhias de segunda linha, e foi justamente o director de uma dessas companhias que imaginou a extraordinária aventura de uma *tournée* para lá do Atlântico. Chamava-se Walter Hallam, mas será o seu irmão Lewis que irá desembarcar, juntamente com toda a companhia, em Yorktown, em 1752. Os Hallams partiram de Yorktown para uma longa *tournée* em que passaram por todos os principais centros da costa oriental, onde muitas vezes, seguindo o exemplo de Barbage – embora com o sistema de subscrições públicas –, conseguiram construir os primeiros teatros, na maioria das vezes a partir dos edifícios preexistentes. Lewis Hallam é, portanto, recordado como aquele que conseguiu implantar o teatro profissional na América do Norte.

HISTÓRIA DO TEATRO

Hallam morreu em 1754 e a sua herança ficou com David Douglass, que casou com a viúva de Hallam e assumiu a direcção da companhia, que em breve iria ganhar o título de American Players' Company. Empresário esclarecido, Douglass preocupou-se, por um lado, em construir novos edifícios com maior capacidade em vários centros e, por outro, em adequar-se ao gosto do público, bem cedo orientado para o teatro musical, ou melhor, um misto de prosa, canto e dança do género da *burletta* inglesa, provável antecessora do género que ainda hoje domina os palcos da Broadway: o *musical*.

A Guerra da Independência interrompeu o desenvolvimento do teatro americano, mas em 1820 já operavam muitas companhias que se aventuravam inclusive nas salas adaptadas ao teatro das novas cidades do Ocidente, assim como ao repertório europeu se acrescentavam dramas de escritores americanos, muitas vezes de carácter patriótico ou «de fronteira», fundadores das encenações *western*. A estrutura organizativa do teatro torna-se subitamente articulada e complexa, na medida em que às companhias chamadas «*road companies*» se juntavam companhias residentes ou estáveis, que actuavam permanentemente no teatro de uma cidade: estas diminuíram sensivelmente de número com o desenvolvimento das ferrovias que permitiram deslocações mais rápidas e cómodas às companhias itinerantes. Por outro lado, as próprias companhias itinerantes podiam basear-se numa estrutura por papéis (paralela mas diferente da que se afirmou sobretudo em Itália) e propor um repertório inteiro de espectáculos em cada centro, ou, ao invés, ser construída tendo em vista um único espectáculo a ser repetido o maior número de vezes possível em diferentes praças. Esta inovação que se deveu, ao que parece, ao dramaturgo irlandês Dion Boucicault, implicou uma forma de organização diferente da companhia, e sobretudo um modo diferente de preparar o espectáculo que, sendo único e destinado a durar, era muito mais cuidado do ponto de vista da encenação: assim o princípio da encenação introduzia-se na América de forma indolor.

AMÉRICA, AMÉRICA!

Mas o modo mais característico, irrepetível e romântico de realizar um teatro itinerante era o *show-boat*: barcos enormes, verdadeiros palácios flutuantes, percorriam o Mississípi e o Missouri para oferecer às cidades e às aldeias da costa, de New Orleans, St. Louis à cidade de Kansas, divertimentos e espectáculos de todos os géneros, da tragédia shakespeariana às variedades do *vaudeville*, às canções do *minstrelsy*, ao jogo absurdo do *burlesque*. Os *show-boats* entraram em crise com o desenvolvimento das ferrovias, mais precisamente em 1928, a Broadway dedicou a estes teatros flutuantes um dos seus musicais de maior sucesso.

Tal como sucedia na Europa, entre 1840 e o fim do século, assistiu-se nos Estados Unidos ao sucesso de actores que exerceram um particular fascínio sobre o público. O primeiro foi Edwin Forrest, mítico fundador da escola americana, em cuja forma de representação se quis encontrar também os traços característicos da jovem cultura democrática, identificados no vigor, na força, na confiança generosa. Com efeito, Forrest tinha, pelo menos, um temperamento conflituoso.

Todavia, os Booth e, sobretudo, o grande Edwin seguiram fundamentalmente os modelos europeus de inspiração clássica. Edwin foi, primeiro que tudo, um actor trágico e que desempenhava com particular à-vontade os papéis do teatro shakespeariano inspirados na civilização antiga, como Coriolano ou Bruto: a sua representação era idealizada e inspirada, apaixonada e ao mesmo tempo controlada, segundo os ditames de uma poética bastante partilhada na Europa e na América, codificada por um actor quase tão prestigiado quanto ele, James Murdoch, que foi assim o primeiro teórico americano do teatro.

Na verdade, foram as mulheres, como muitas vezes sucede, que deixaram as marcas mais originais na história da representação em dois sentidos: ou criando uma série de personagens marcadas por uma expressividade tão violenta ao ponto de parecer histérica, sendo o caso de Cora Mowatt e de Laura Keene, que faziam da emoção e da sensibilidade nervosa o conteúdo essencial das suas heroínas, favorecidas pelo repertó-

HISTÓRIA DO TEATRO

rio melodramático; ou, pelo contrário, delineando a imagem de uma feminilidade pura, amável, eternamente alegre e feliz, que viria a ser o ideal bastante meloso da mulher americana e perpetuado em tantas comédias cinematográficas, caso de Maude Adams, de Viola Allen e de Julia Marlowe, todas activas nos anos 1880 (seria interessante comparar este ideal de mulher com aquele proposto pelas bailarinas de Florenz Ziegfeld que, nas suas célebres *Follies* de 1907, se propunha glorificar a rapariga americana). Estes dois modos de ser actriz foram considerados autênticas escolas: a escola da emoção e a escola da personalidade (G. B. Wilson).

O interesse predominante do público pelo grande actor foi influenciado pela máquina organizadora do teatro americano. Conscientes do chamamento, muitos actores preferiam não se associar a nenhuma estrutura de produção (companhia ou teatro), mas de desfrutar de si próprios como indivíduos, apresentando-se como *guest star* nos espectáculos de diferentes companhias, habitualmente em papéis shakespearianos. Naturalmente, este modo de actuar, além de constituir uma original perturbação da organização, fazia ir por água abaixo a estrutura cenográfica dos espectáculos que, por ocasião da visita dos actores convidados, tinha de ser reestruturada de forma a valorizar ao máximo a atracção especial. Com efeito, este sistema começou a ser abandonado quando Nova Iorque, aliás, a Broadway, se tornou o centro absoluto da vida teatral americana, e o número de representações começou a aumentar vertiginosamente: o primeiro sucesso de grandes dimensões remonta a 1852 e foi alcançado com uma adaptação dramática do romance de Henriette Beecher-Stowe *Uncle Tom's Cabin* (*A Cabana do Pai Tomás*) que esteve em cena durante quatrocentas sessões seguidas. Mas, em 1943, o musical *Oklahoma* estará em cartaz ao longo de 2248 noites.

A centralização na Broadway foi, por outras razões, um momento decisivo na história do teatro dos Estados Unidos: significou, antes de mais, a reestruturação dos edifícios teatrais e novos horizontes para a encenação. A personagem dominante à época, correspondente à mudança de século, foi David Belasco (1859-1931), autor de textos de inspiração melodramática (não por acaso alguns deles foram adaptados a libretos de ópera: *Madame Butterfly* e *A Rapariga do Ocidente*, com música de Puccini), mas também empresário e, no sentido pleno do termo, encenador.

Na verdade, o mérito das primeiras reestruturações que tiveram em conta as exigências da tecnologia moderna é atribuído sobretudo a Steele Mackaye, que compreendeu que o teatro de prosa também tem as suas próprias exigências e em função das quais as dimensões exageradas do edifício podem revelar-se uma má opção. Assim, Mackaye, também ele empresário e encenador, construiu uma jóia tecnológica, o Madison Square Theatre, mas de dimensões bastante reduzidas (com capacidade máxima de novecentos lugares). Belasco entendeu o sentido das iniciativas de Mackaye, em cujos teatros (o segundo, o Lyceum, tornou-se em 1992 Belasco Theatre) desenvolveu, sobretudo, a instalação de iluminação eléctrica.

Belasco foi o campeão do realismo, principalmente no plano cenográfico: um outro actor-encenador, Augustin Daly, desenvolvê-lo-á também no plano da representação. O percurso do realismo cénico não foi muito diferente do seguido pelo teatro europeu no mesmo período e, aliás, a sua origem remonta à *tournée* de Charles Kean, que importou de Inglaterra o gosto pelas reconstruções históricas. Com efeito, se alguns dos espectáculos mais complexos de Belasco foram precisamente reconstruções históricas (formidável, aliás, a encenação da sua *Du Barry* onde o desenvolvimento dos numerosos figurantes criou efeitos de massas dificilmente imitáveis), muitos outros baseavam-se, ao invés, nas imagens do ambiente e da vida contemporâneas. Belasco foi igualmente campeão da cenografia tridimensional e concreta, cujo uso se tornara possível graças aos dispositivos técnicos, mas, mais do que qualquer outro, apostou nas novas possibilidades da iluminotécnica para criar efeitos atmosféricos e ambientais. Em certo sentido, preparou e tornou possível a própria realização da escola «poética», cujos

HISTÓRIA DO TEATRO

maiores expoentes foram cenógrafos que seguiam a lição de Craig e de Appia: Lee Simonson, Robert E. Jones e Norman Bel Geddes, que trabalhou também com Reinhardt e encenou para ele a edição americana de *Das Mirakel* (*The Miracle*, 1923). Belasco tornou ainda possível o neo-realismo dos anos 1930 defendido pelo Group Theatre.

Regressando aos problemas da organização teatral, a hegemonia da Broadway implicou uma concentração substancial de toda a actividade produtiva e a submissão da produção teatral ao capital financeiro e à empresa comercial de distribuição. Os espectáculos eram preparados na Broadway e, em seguida, enviados em *tournée* pelos teatros da enorme cadeia que um poderoso sindicato monopolista havia organizado. Na melhor das hipóteses, os textos eram vendidos às poucas companhias de província que tinham sobrevivido. O próprio Belasco arriscou-se a ser esmagado pelo poder financeiro do Theatrical Syndicate: só o seu enorme prestígio e uma afortunada combinação conseguiram salvar a empresa. Por outro lado, as leis antimonopólio abrandaram uma pressão que estava a tornar-se mortal.

Contudo, a ideia de que a Broadway não podia significar senão o sinistro comercialismo e supressão de qualquer valor estético e cultural radicara-se profunda e não de todo injustamente nos ambientes intelectuais, de tal modo que se procuraram diferentes saídas: foram, antes de mais, as grandes instituições financeiras a sustentar uma iniciativa teatral sem fins lucrativos, mas o New Theatre, desejado, entre outros, por Pierpont Morgan, célebre pela sua fortuna, bem como pelas suas colecções, teve uma curta existência. Em 1915, estrearam-se na Broadway, os Washington Square Players com os quais R. E. Jones projectou as suas primeiras cenografias; em 1918, deram vida ao Theatre Guild, uma das mais estáveis empresas da Broadway, um feliz equilíbrio entre as exigências do mercado e as da produção culturalmente qualificada e inovadora. Porém, ainda em 1915, formara-se em Greenwich Village, já então sede da *bohème* artística, um grupo de actores, chamado Princeton

Players, ao qual aderiu aquele que, em breve, se tornaria o mais importante autor do teatro americano, Eugene O'Neill (1888--1953).

Estas experiências constituem os antecedentes distantes do teatro *off-Broadway* dos anos 1950. Mas são sobretudo o pressuposto imediato da mais importante iniciativa teatral americana entre as duas guerras: o Group Theatre, aliás, nasceu e afirmou-se graças ao apoio directo do Guild, em 1931. O seu significado histórico é determinado por diversas características: a importância atribuída à formação do actor, que era educado segundo uma reelaboração original do sistema de Stanislavski baseada na acentuação do momento de auto-análise de tipo psicanalítico. Não por acaso, os fundadores do Group, Harold Clurman e Lee Strasberg, foram, além de encenadores imediatamente cortejados pela Broadway, também óptimos pedagogos: Strasberg tornar-se-á, após a guerra, director do Actor's Studio, uma escola de onde saíram actores como Marlon Brando ou Eli Wallach. Em segundo lugar, no Group Theatre colaboravam actores e dramaturgos, sendo que estes últimos cuidavam muitas vezes em primeira pessoa da encenação das suas obras. Finalmente, pela primeira vez, um teatro na América se propôs também como teatro de ideias, politicamente empenhado: Clifford Odets, o maior dramaturgo ligado ao Group, escreveu obras inequivocamente políticas, como *Waiting for Lefty* (1935). Por conseguinte, o realismo cénico e representativo, que era a marca do Group, não derivava apenas de uma opção estética, mas também de uma opção ideológica, tendo, por isso, a profundidade e interiorização que o realismo cenográfico de Belasco não soubera alcançar.

Os homens do Group colaboraram com outra iniciativa, a primeira que pôs globalmente em causa a gestão totalmente privada do teatro americano. Com efeito, o Federal Theatre não nasceu por razões de ordem cultural ou estética, antes por razões de ordem puramente económica e social. Era a expressão, no domínio dos profissionais do espectáculo, do *New Deal* rooseveltiano, e da confiança keynesiana na iniciativa pública como

HISTÓRIA DO TEATRO

instrumento para pôr de novo em movimento os mecanismos enguiçados do sistema económico. Em poucas palavras, o Federal Theatre foi criado para dar trabalho aos actores desempregados. Mas talvez nunca um teatro público se tenha revelado um tão laborioso centro de experimentação e investigação. Apesar de não terem surgido ideias particularmente originais: foram redescobertos os *living newspapers* que em Inglaterra haviam sido instrumentos de luta política seguindo o exemplo da Rússia e da Alemanha revolucionárias; deu-se espaço ao teatro dos negros; mas, sobretudo, foram constituídos grupos com a tarefa precisa de verificar novas fórmulas cénicas e dramatúrgicas. Não se podem esquecer as colaborações de homens de génio, como George Bernard Shaw de Inglaterra e, como Orson Welles, que encenou um *Macbeth* interpretado por actores negros e ambientado no Haiti (1935) e um *Júlio César* que evocava as vicissitudes da Itália fascista (1937).

A empresa, dirigida por uma mulher de vívida inteligência e de horizontes largos, Hellie Flanagan, prosperou ao longo de quatro anos, mas o empenho político de muitos colaboradores veio a revelar-se fatal: o Congresso interveio para pôr cobro a uma iniciativa que se sentia perigosamente pintada de vermelho.

A guerra revelou-se para a Broadway, assim como para muitos outros sectores da economia estado-unidense, um excelente negócio. Contudo, imediatamente a seguir, com o aumento desmesurado dos custos de produção, o teatro, em particular o grande espectáculo do *musical* que era o elemento catalisador, demonstrou não saber aguentar a concorrência da televisão, e a Broadway entrou numa lenta decadência. O enfraquecimento do estímulo do grande centro propulsor favoreceu as iniciativas de carácter local, em particular dos teatros municipais e regionais, e dos teatros universitários. Mas mesmo a estes níveis, o teatro demonstrava já não poder caminhar pelas suas próprias pernas do ponto de vista económico: o financiamento público, saído da porta federal entrava pela janela das autonomias locais (ou das fundações, entidades privadas que de algum modo subtraem o teatro aos automatismos de mercado).

AMÉRICA, AMÉRICA!

No entanto, o período mais excitante do teatro americano (e talvez mundial) destes últimos anos iria prosperar à margem de todas estas estruturas organizativas. Já se fez referência à emigração do teatro *off-Broadway*, à procura de custos mais contidos: as leis implacáveis da economia logo se fizeram sentir mesmo longe da *Great White Way* e esses teatros depararam-se com dificuldades dificilmente superáveis. Estamos no início dos anos 1960, e foram os lugares enormes como cafés, galerias de arte, armazéns, se não mesmo as casas particulares, a acolher iniciativas teatrais forçosamente cada vez mais pobres: uma nova *bohème* teatral, fervorosa e idealista, se reconstruía na esteira da *bohème* artístico-literária de Greewich Village.

Os cafés do Village foram precisamente os primeiros a acolher os espectáculos da «segunda vanguarda», como então se conviera chamar-lhe: o Café Cino e, principalmente, o Café La Mamma, gerido por uma mulher negra, Ellen Stewart, que em muitas ocasiões demonstrou um génio empresarial notável, descobriu não só alguns dos maiores dramaturgos e encenadores desta nova vanguarda, como também encenadores que se iriam tornar a última esperança da Broadway, como Tom O'Horgan que dirigiu o último musical de grande sucesso, *Hair*.

Em 1965, Joseph Chaikin, apresentou no Café La Mama *América Hurrah!* de Jean Claude Van Italie, uma trilogia grotesca sobre a vida americana em que as personagens eram deformadas, transformando-as em grandes bonecos de expressão idiota, ou sublinhando a sua impossível naturalidade numa situação absurda, ou seja, forçando este realismo até à abstracção. O próprio Chaikin havia colaborado, nos anos anteriores, com um grupo que, a dada altura, com uma síntese talvez excessiva, recuperou os valores da vanguarda teatral dos anos 1960: o Living Theatre.

Característica desta nova vanguarda foi a complexa multiplicidade de movimentos e de tendências que compreendia, alguns deles focavam-se na revisão global da linguagem e do próprio conceito de teatro, enquanto outros faziam depender esta revisão de uma atitude de rejeição dos valores da civilização ocidental, designadamente da civilização americana.

Do ponto de vista da linguagem teatral, a primeira dessas propostas foi também a mais radical. Aliás, trata-se de um movimento que, no rigor do termo, não pode sequer ser definido como teatral, e que foi liderado por artistas figurativos, em geral ligados à *pop art* (popular). Estes artistas realizaram, a partir do fim dos anos 1950, acções ou ambientações, que definiram diversamente como *performances* (execuções), *events* (eventos), *environments* (ambientações) ou *happennings* (acontecimentos): foi este último termo, introduzido por Allan Kaprow em 1959, que se impôs para designar fenómenos muito diversos entre si. De uma forma geral, um *happenning* é precisamente algo que sucede, mas, na verdade, é uma acção programada, ainda que com base num programa aberto, e não significa nada para além de si próprio: pode tratar-se de um homem que sai de um monte de imundície ou que enche um balão para depois o deitar fora, ou ainda, no limite, de um cubo de gelo colocado numa rua a derreter; os limites entre arte figurativa, teatro e acontecimento real tendem a diluir-se. Apesar de o movimento se ter esgotado rapidamente, teve uma grande importância teórica, na medida em que mudava mais uma vez os limites do conceito de teatro (como de resto os do conceito de arte), excluindo a necessidade não só de um espaço teatral definido, do texto e da sua interpretação, mas também da representação e da ficção. O Living Theatre também se deparou, a dada altura da sua actividade, com problemas e experimentações desse género que, em alguns casos, condicionaram as suas realizações mais intrincadas. Mas o seu percurso define-se ao longo de um período muito mais longo e complexo, e os resultados são absolutamente diferentes.

Fundado, no ano já distante de 1947, por dois jovens judeus, Julian Beck e Judith Malina, que constituíram sempre o seu núcleo essencial, o Living trabalhou inicialmente na nova dramaturgia americana e europeia. E foi provavelmente o encontro

AMÉRICA, AMÉRICA!

com um dramaturgo, Kenneth Brown, que determinou as escolhas. De Brown, o Living representou em 1960 *The Brig* (*A Prisão*), que descreve o dia numa cadeia militar, dominado pela imposição como um fim em si mesma e pela anulação da personalidade. A representação baseava-se em modelos de minucioso e feroz realismo e a própria preparação do espectáculo foi conduzida de forma a que os actores percebessem, quase no seu próprio corpo, a rigidez da opressão. Nesta altura, a ideologia libertária e anárquica do Living definiu-se de forma definitiva e o grupo assumiu uma missão simultaneamente política e teatral. O Living propunha-se realizar esta missão em dois planos paralelos e interdependentes: propondo-se a si próprio como modelo de comunidade fundado na total igualdade dos membros, no trabalho, na solidariedade recíproca, com a realização de espectáculos capazes de envolver o espectador na dramática urgência de refundar a estrutura do sistema social. A escolha da linguagem teatral dependia destas duas exigências: não se tratava, portanto, de experimentar em abstracto as suas possibilidades, mas de aproveitar todas as suas capacidades de comunicação e sedução. Em 1961, o Living, também por causa das perseguições de que era alvo na América, transferiu-se para a Europa, onde realizará os seus espectáculos de maior envergadura: *Frankenstein* (1965), *Antígona* (1967), *Paradise Now* (1968). Os primeiros dois são verdadeiros espectáculos, embora os espectadores sejam, em certa medida, envolvidos e atingidos pela acção que se desenrola, em parte, precisamente no meio deles, não por um vazio gosto experimental, mas para que o público sinta sobre si, directamente, o peso dos eventos e a sua exacta responsabilidade nos mesmos.

Em *Frankenstein*, a Criatura, representada por um perfil desenhado no cenário com tubos de néon, é construída com os corpos de homens perseguidos e mortos no meio do público; na *Antígona* é atribuído ao público o papel dos Argivos, dos inimigos de Tebas, enquanto os actores são os Tebanos agressores. Em ambos os espectáculos, todos os actores estão sempre em cena: na *Antígona* desenvolvendo o conteúdo do texto, a *Bearbeitung* brechtiana de Sófocles mantida na íntegra, em complexas figurações por vezes de carácter representativo, outras de carácter requintadamente simbólico. São, portanto, espectáculos de conjunto dos quais toda a companhia é responsável. Espectáculos cujo conteúdo não é fácil resumir: conquanto a intenção seja a de passar uma mensagem ideologicamente determinada, nunca se transformam em *slogan* predicatório.

Com *Paradise Now*, ao invés, o espectáculo dissolve-se, apesar de o quadro ser teoricamente rígido e complexo, aliás, em demasia: o público, completamente integrado na acção, apenas compreende o desenvolvimento quando são pronunciados *slogans* e palavras de ordem. O impulso vital do Living Theatre parece esgotar-se com este espectáculo que procura usar mais recursos do que aqueles que o teatro pode fornecer.

Como já sucedera na Europa após a Primeira Guerra Mundial, muitos outros grupos americanos se empenharam no plano político de uma forma ainda mais directa, ou seja, participando em acções de luta específicas. Nunca ninguém atingiu no plano da elaboração intelectual, nem no plano mais puramente teatral, o nível do Living. Todavia, há que recordar o Bread and Puppet Theatre, talvez o menos «grupo» de todos em virtude de se apoiar nas capacidades do seu animador, Peter Schumann, um escultor de origem alemã. Os actores do Bread and Puppet são sobretudo manobradores de grandes e pequenos fantoches com os quais contam também histórias complexas (*The Cry of People for Meat, O Grito de Gente por Carne,* 1969), ou que, em particular nos anos conturbados da Guerra do Vietname, se misturavam com as manifestações de rua nas quais o elemento teatral se fundia sem a possibilidade de instituir qualquer divisão do espaço.

O trabalho de outros grupos e companhias teve, ao invés, um carácter definitivamente formalista: foi assim com os espectáculos de rua dirigidos por Richard Schechner, particularmente interessado na questão do envolvimento físico e espacial dos espectadores. Os temas que Schechner desenvolvia nos seus

AMÉRICA, AMÉRICA!

espectáculos prendiam-se com a liberdade sexual e a repressão social, embora se tratasse mais de pretextos temáticos ou de opções intelectuais que de reais motivos de inspiração.

Completamente depurado de qualquer motivo de carácter conteudístico parece ser o discurso teatral conduzido, nos primeiros anos da década de 1970, por Richard Foreman e por Bob Wilson. Todavia, sobrevive em ambos um laivo de representação e de narração. Nos espectáculos de Foreman aparecem sempre as mesmas personagens, Max e Rhoda, mas a referência aos factos da vida é narrada por uma voz gravada e não efectivamente representada. O que sucede no palco é constituído por uma trama de acções e de gestos em si destituídos de qualquer possibilidade de remissão narrativa. São acções semelhantes às dos *happennings*: a mulher, que na maioria das vezes está nua, tem de caminhar com uns sapatos muito pesados, ou vacilando sob uma pilha de livros, ou é esmagada na cama por um saco enorme. As relações entre os objectos, ou entre os actores e os objectos, são absurdas, mas evidenciadas, estranhas, tornando-se assim perceptíveis. O objecto de atenção são estas relações e não a linguagem cénica.

A característica mais evidente dos espectáculos de Wilson está na sua duração: seis, oito e até doze horas. Esta longa duração não resulta de uma superabundância de material ou dos factos apresentados, mas da lentidão da execução ou da repetição ao infinito do mesmo gesto ou da mesma acção. Ao início *The Deafman Glance* (*O Olhar do Surdo*, 1970) estão em palco um rapaz negro surdo (e o actor é-o efectivamente), a sua mãe e duas crianças deitadas no chão: depois de uma longa imobilidade, dá a um deles um copo de leite, põe-no na cama e apunhala-o com extrema doçura, repetindo a operação com o outro. Tudo é executado com um abrandamento tão evidente que a curta acção dura uma hora, na medida em que é precisamente o tempo visualizado pelo olhar do surdo, um olhar distante, afectuoso e admirado, que colhe a realidade na única dimensão do visível, dilatando-a a ponto de englobar as suas coordenadas ausentes.

HISTÓRIA DO TEATRO

O protagonista (não tanto como actor quanto como princípio organizador) dos sucessivos espectáculos de Wilson foi um jovem com lesões cerebrais, pelo que a dilatação do tempo já não estava fundada no abrandamento, mas na repetição exasperada. Em *Einstein on the Beach* (*Einstein na Praia*, 1976) a *silhouette* de um antigo comboio desloca-se lentamente sobre o fundo, enquanto uma rapariga percorre, dançando para a frente e para trás infinitas vezes, a diagonal do palco. Esta repetição rítmica do mesmo gesto altera o nível perceptivo do espectador, enfraquecendo-o e ao mesmo tempo exasperando-o, assim como está alterada, em relação aos padrões normais, a percepção do jovem com lesões cerebrais.

Os espectáculos de Wilson, que se socorre, como Foreman, de actores diletantes, são no entanto complexos e caros. Não se trata de uma excepção no quadro da vanguarda americana, que nos últimos anos pôde usufruir do apoio financeiro das universidades e das fundações. Mas o tecido daquele vasto movimento que genérica e impropriamente definimos como «segunda vanguarda» é ainda constituído por uma miríade de grupos pobres, muitas vezes de nível semiamador, relegados para localidades e lugares improvisados, que pontualmente se impõem à atenção com fulgurantes *exploits* (é o caso do Squat Theatre), cujo trabalho dificilmente poderia ser definido como «teatral» cinquenta anos atrás.

36

Os últimos vinte anos

Cerca de 1980, quando o Living Theatre estava em *tournée* por Itália, fui um dia ter com Julian Beck e Judith Malina ao hotel onde estavam hospedados. A dada altura da nossa serena conversa, mas vagamente embaraçante, perguntaram-me o que é que, na minha opinião, o Living poderia fazer. A recordação dessa pergunta ainda hoje me comove: eles, que haviam representado as agitações e as aspirações de toda uma época, que já faziam parte da história e do mito, perguntavam-me a mim, um professorzinho de província, o que é que deveriam fazer. Mas, na verdade, era justo que assim fosse, precisamente porque tinham perfeitamente expressado um período da história e se tinham profundamente identificado com ele que, de súbito, tendo mudado os valores e as aspirações que eles próprios muito haviam contribuído para criar, sentiam ter desaparecido a terra que os alimentou.

Desde aquela altura o mundo transformou-se. A mim parece-me ter caído numa espécie de Idade Média tecnológica, que não é exactamente a «próxima Idade Média» prevista num conhecido romance de ficção científica. Há ainda um império, mas os feudatários já não parecem muito dispostos a obedecer às suas directivas e fazem alegremente guerra sem terem sido autorizados. Os Russos e até os Gregos (!) disseram estar dispostos a ajudar militarmente os Sérvios em nome não de um ideal de justiça ou de coincidência de interesses, mas sim de uma fé ortodoxa comum e, portanto, os muçulmanos dos países árabes e turcos estavam prontos a ajudar os irmãos muçulmanos da Bósnia: não só regressou o racismo, como também as guerras de religiões. De religiões sem fé.

Isso no que respeita à macroestrutura. Nos pequenos fenómenos do dia-a-dia, que de certa forma têm a ver com o teatro, destaca-se o regresso dos feirantes: já não se produzem nas «praças públicas», mas para televisão e, todavia, uma vasta audiência – igualmente, dir-se-ia, ignorante e néscio quanto os frequentadores das feiras citadinas e pobres camponeses de cuja credulidade fala Camporesi – escuta-os arrebatado e, o que mais conta, conquista os elixires do amor. Se é verdade que a *commedia dell'arte* nasceu nas bancas de charlatães, poder-se-á esperar um novo Renascimento? Por outro lado, as praças e o metro são invadidos por um regresso da teatralidade generalizada que faz pensar nas *performances* dos jograis e das suas microcompanhias.

Por outro lado, parece, ao invés, viver-se no *Empire Romain de la decadence*: a liberdade sexual, um dos valores defendidos pelo Living, tornou-se de tal forma óbvia que a vida dos mais jovens parece uma grande *ronde*, porém, mais parecida com aquela descrita por Petrónio do que com a de Schnitzler. «É como beber um copo de água», dissera pouco clarividente o pobre Lenine. Talvez um pouco de champanhe não fizesse mal, mas a facilidade da coisa não parece ter debelado a obsessão.

Permiti-me estas divagações não só porque, para falar do teatro dos últimos vinte anos, o historiador cede, de facto, o lugar não ao cronista mas ao simples espectador, que não tem grandes responsabilidades académicas e ao qual é concedida uma certa liberdade de dialogar, mas também devido ao facto de se terem feito esses discursos com o regresso do Living.

Com efeito, há alguns meses que o Living está de novo na Europa, dirigido unicamente por Malina, visto que Beck morreu há alguns anos. Porém, o mais interessante foi o espectáculo que o Living propôs nesta sua enésima *tournée* europeia, após uma paragem de dez anos em Nova Iorque onde trabalhou num teatro, ou, melhor, num espaço miserável mas multifuncional da Primeira Avenida: *Misteries and smaller pieces*, um espectáculo encenado em 1964. Quando o vi, pareceu-me completamente novo, mas depois, ao ouvir Malina e ao reler as descrições da época, dei-me conta de que, além do elenco de intérpretes completamente renovado, a estrutura cénica e textual do espectáculo era idêntica ao de trinta anos atrás – só que a Bósnia tomara o lugar do Vietname.

Este não é um caso único: embora com motivações completamente diferentes, Giorgio Strehler está a desenterrar as suas antigas encenações e voltou a propor as goldonianas, *Le baruffe chiozotte* e *Il campiello*. Dir-se-á que mudando os actores, o espectáculo torna-se outro – é verdade, mas é uma velha história: o actor muda todos os dias, embora permaneça o mesmo. Poder-se-á dizer, quando muito, que nestes casos o actor deixou de ser o intérprete mais ou menos mediato de um texto, para ser o intérprete da encenação. E, seja como for, não podemos deixar de recordar que os únicos grandes actores do teatro contemporâneo foram, pelo menos em Itália, também autores e encenadores: Eduardo de Filippo, Dario Fo e Carmelo Bene. Mas historicamente a questão é outra.

Se nos perguntarmos quem são as personagens de maior relevo deste último quartel, há que responder antes de mais com dois nomes: Peter Brook e Bob Wilson. Wilson é ainda bastante jovem, apesar de ter começado a sua actividade em 1967, Peter Brook tem, ao invés, setenta anos.

Exactamente por causa da sua idade Peter Brook representa, por um lado, a continuidade, e, por outro, a ruptura. Em 1971, Brook deixa a Royal Shakespeare Company e muda-se para Paris onde funda, conjuntamente com Micheline Rozan, o Centre International de Créations Théâtrales, reunindo um grupo de actores de diferentes nacionalidades e culturas. Com este grupo faz uma longa viagem por África e pela Pérsia, onde organiza um megaespectáculo, mais um percurso que uma representação: *Orghast*. Após esta experiência de carácter requintadamente experimental, o grupo fixa-se num pequeno teatro da extrema periferia a norte de Paris, Les Bouffes du Nord, onde produz grande parte dos espectáculos, recomeçando com Shakespeare: *Timão de Atenas* foi levado à cena a 15 de Outubro de 1974. Trata-se de um pequeno teatro, construído entre dois séculos e deixado muito tempo ao abandono: Brook não o restaurou, as rugas do tempo vêem-se todas ao ponto de se respirar uma atmosfera de romântica nostalgia, como que a dizer que o teatro é um precioso achado de outros tempos. O palco foi arrancado e, por consequência, o espaço cénico, indicado pela presença do arco cénico, pode estender-se à vontade pela plateia. E, com efeito, em todos os espectáculos de Brook, o limite do espaço da acção é marcado pelas primeiras filas de espectadores normalmente sentados no chão.

Quem tiver oportunidade de ver um espectáculo encenado neste espaço tão particular e cheio de assonâncias, é levado a crer que esse não pode sobreviver fora daquele teatro. Ao invés, todos os espectáculos de Brook têm feito longas *tournées* no estrangeiro, às vezes foram estreados também em diferentes lugares. Adaptando-se de cada vez a diferentes situações espaciais, os espectáculos naturalmente mudam: acontece um pouco o contrário do que sucede nas reposições de antigas encenações – o jogo dos actores permanece largamente o mesmo, ao passo que se transformam a disposição cénica e coreográfica e, sobretudo, o impacto emotivo do espectador. Para Brook, foi muito importante o encontro com Jerzy Grotowski que, no entanto, significou não uma subversão mas sim uma confirmação e radicalização. Tal como Grotowski, Brook sempre pensara que o teatro se esgota no actor, sustentando que os espectáculos não se constroem, preparam-se: como num jogo de futebol, o treinador cuida da preparação atlética e define a táctica de jogo, mas depois são os jogadores que entram em campo e fica tudo nas mãos deles. E é precisamente isso que permite a adequação a novas e diferentes situações espaciais. Contudo, é estranho: quem viu alguns espectáculos de Brook, de Grotowski ou de Barba, não consegue deixar de ter a impressão de que se trata de espectáculos do próprio Brook, de Grotowski, de Barba, mais profundamente marcados pela personalidade do encenador do que pela dos actores. Leiam-se as crónicas: com excepção da atenção em tempos reservada a Ryszard Cieslak, sobretudo nas interpretações de *O Príncipe Constante*, raramente

OS ÚLTIMOS VINTE ANOS

se analisa o trabalho de actores muitas vezes verdadeiramente extraordinários – considera-se antes o espectáculo no seu desenvolvimento, no seu conjunto e, em suma, como obra do encenador.

De qualquer modo, o encontro com Grotowski levou Brook a renunciar em definitivo aos dispositivos cenográficos para se entregar completamente à representação dos actores, ajudados apenas pelas suas roupas e por alguns acessórios simples. O actor de Brook, no entanto, não é chamado a revelar o seu eu profundo, mas sim a narrar a história, a criar o tempo, o espaço, as situações da narração e, naturalmente, a personagem.

Em *La conférence des oiseauxs* (Avinhão, 1979), extraído de um conto persa, os actores representam os pássaros, porém, fazem-no sem o auxílio de asas postiças ou de máscaras (como havia feito Aristófanes), só com uma série de acções mímicas e de modulações vocais de qualidade não directamente mimética, mas vagamente evocativa, e com alguns pequenos acessórios que simbolizam o carácter humano do pássaro. O homem não desaparece nunca no animal que representa, pelo contrário, num segundo momento destaca-se completamente dele, tornando--se o manipulador de pequenas marionetas com as quais estabelece uma relação que poderíamos definir dialéctica. O centro da acção é constituído pela travessia do deserto, um vaguear durante o qual alguns caem e outros se dispersam: os sobreviventes chegarão por fim à casa de Sigmor, onde encontrarão a luz, ou seja, eles próprios – homens e pássaros.

A inspiração oriental deste espectáculo é clara não só na escolha do texto de partida, mas também em muitas soluções de coreografia e de representação, das quais a mais evidente é precisamente a utilização de marionetas manobradas à vista, que evoca o *joruri* japonês. Todavia, a presença do teatro oriental no teatro europeu, ao longo das últimas décadas, merecia um capítulo à parte.

No Bouffes du Nord, depois de *Timão de Atenas*, Brook encenou outros dois espectáculos shakespearianos – *Medida por Medida* (1978) e *A Tempestade* (1990, sendo a terceira vez que

Brook regressa a este texto). Neste último espectáculo os actores narram e criam igualmente com a sua acção a atmosfera e o espaço da narração: a cena do naufrágio recorda o poder icástico e o virtuosismo mímico da Ópera de Pequim. Contudo, pelo menos neste caso, importa recordar os dois extraordinários actores africanos: Situgui Kouyate que deu a Próspero uma serenidade sublime meio helénica, meio oriental, e Bakary Sangaré, um negro com o poderoso físico de pugilista, que na personagem de Ariel sabe tornar-se verdadeiramente mais leve que o ar – encontramo-lo numa varanda, a quase dois metros do chão, sem o termos visto sequer saltar.

Uma grande narrativa épica é o espectáculo mais famoso produzido por Brook neste últimos anos: *Mahabharata (A Grande Poesia do Mundo*, 1985). Espectáculo épico em todos os sentidos: pelas dimensões (dura uma noite inteira como os espectáculos de sombra indonésios, ou é dividido em três dias como os mistérios medievais), pelo número de actores (entre vinte e trinta) e pelas personagens envolvidas, pelo ritmo descontraído e solene, pelo tom narrativo em que muitas vezes é evidente a influência de Brecht, e, naturalmente, pelo texto de partida que é um dos mais longos poemas épicos da literatura mundial.

Resumir ou, com maior razão, descrever este espectáculo é empresa evidentemente impossível. Basta recordar como à total ausência de cenografia, estando o dispositivo estável reduzido a um riacho e a uma poça de água rodeados de um pouco de areia, corresponde uma enorme riqueza de referências e de técnicas coreográficas e de representação: o efeito de distanciação brechtiano e a crueldade artaudiana, o cantor popular de histórias, as convenções hieráticas do drama dançado indiano, as marionetas e as artes marciais. Os actores falam com a pronúncia acentuada da sua língua materna. No entanto, todos estes diversos elementos se mesclam num espectáculo unitário. Um espectáculo que parece livre celebração da arte do teatro, é o mais significativo do ponto de vista ideológico dos espectáculos produzidos por Brook com a sua *troupe* de actores que têm uma cor de pele, uma língua e uma cultura diferentes. Como visão de uma sociedade dividida à beira da autodestruição, esta *Grande Poesia do Mundo* – escreveu David William – é entendida por Brook como reflexão mitológica muito próxima da realidade actual.

Completamente diverso é o percurso de Bob Wilson que, tendo abandonado o seu grupo americano, se apresenta mais claramente como artista autónomo e solitário. Além dos Estados Unidos, trabalhou na Alemanha, em França e em Itália com um elenco de actores e de colaboradores sempre diferentes. Tendo partido, como vimos, de um compromisso de carácter terapêutico, Wilson apresenta os seus espectáculos como obras concluídas e absolutas do único criador que é ele próprio – encenador, cenógrafo e coreógrafo. Creio que o caso paralelo mais próximo que podemos identificar é o de Gordon Craig.

Mas, no que respeita à estrutura dos espectáculos, depois do *monstre* de *Ka Mountain*, que durava sete dias (encenado, veja-se a coincidência, na Pérsia, como o *Orghast* de Brook), deu-se uma definitiva reviravolta no percurso de Wilson. Embora continuando a chocar a sensibilidade perceptiva do espectador, Wilson usa agora instrumentos muito diferentes: os seus espectáculos já não se baseiam na obsessiva repetição de um movimento, mas num lento desenrolar-se de uma acção tão sinuosa quanto rigidamente controlada. Além disso, nestes últimos espectáculos prevalece a interpretação de um texto dramático e melodramático que, aliás, adopta movimentos de *ballet*.

Todos este elementos estão presentes no *Martyre de Saint-Sébastian* (1988), levado à cena pela Ópera no Bobigny, um dos grandes teatros da cintura parisiense. O texto de D'Annunzio, reduzido de 4000 para cerca de 700 versos, é representado por dois actores sentados na linha do proscénio, enquanto a complexa acção coral e dramática se desenrola em termos exclusivamente mímico-coreográficos diante de cenografias minimalistas sobre cujo fundo aparecem visões longínquas, muito baixas no horizonte perspectivado, de um bosque e de uma fantástica Roma, que também poderia ser Nova Iorque. Moderado e abstracto, por um lado, o espectáculo é, por outro, rico em elementos simbólicos que vão do ilusório paraíso mundano do prólogo, onde senhoras e cavalheiros vestidos de branco se encontram, se reúnem, se cortejam repetindo sempre os mesmos movimentos, num ambiente branco de velas, até ao paraíso do epílogo, também ele completamente branco, mas de uma alvura encadeante de neve e de algodão-doce onde se movem ursos brancos e coelhos na grande paz que precedia o pecado original, até aos dois intérpretes do santo: uma bailarina clássica e um jovem vestido de marinheiro, inocente e vagamente idiota como uma criança demasiado crescida.

Para os últimos espectáculos de Wilson, poder-se-ia usar os títulos musicais que muitas vezes Whistler adoptava para os seus quadros. Assim, o *Orlando*, do romance de Virginia Woolf, levado à cena no Ódeon de Paris em 1993, poder-se-ia definir como uma «Sonata para cenografia e actriz», onde a actriz (Isabelle Huppert, a última revelação do cinema e do teatro francês) realiza um virtuoso solo de acções mímicas e gestuais, de pose, de percursos estudadamente livres, mudando continuamente de roupas e estilemas, ao passo que o texto, que perde qualquer valor significante, é vocalizado numa vasta série sonora e musical. Tudo isso diante de um fundo feito de luz, também ele num contínuo transmutar de imagens geométricas, que às vezes reduz a actriz a pura silhueta, para em seguida lhe restituir o seu peso tridimensional. Um jogo formal de gélida intensidade com todo o fascínio da grande abstracção.

Dadas estas premissas, o encontro de Wilson com o teatro oriental não é inesperado, pelo contrário, é quase fatal. É um encontro directo: no Maio musical florentino de 1994, Wilson leva à cena duas peças *nō*, uma com intérpretes italianos, outra com actores japoneses. É uma nova prova de rigor formal e medida depurada: basta recordar o cenário para *Hanjo*, constituído por uma parede branca sobre um pavimento igualmente branco e disposta obliquamente em rápida perspectiva.

No lado mais distante abre-se uma porta negra que projecta uma sombra igualmente negra – depois as cores invertem-se. Um jogo? Talvez, mas Wilson disse: «O que me atrai no teatro japonês é o formalismo, a simplicidade, a pureza e a proximidade com a natureza. Detesto o teatro naturalista pela sua artificialidade.»

A subversão é significativa, na medida em que a natureza não é pura nem simples: o que a torna pura e simples é o princípio da abstracção que, para Wilson, evidentemente, se identifica com a compreensão.

Ariane Mnouchkine (que continua a sua experiência de já trinta anos com o Théâtre du Soleil na Cartoucherie de Vincennes) também se confrontou com o teatro oriental. Parece uma moda, mas é antes uma necessidade cultural: a nossa vida desenrola-se agora numa dimensão planetária e os encontros já não têm lugar no espaço fechado da escola nacional; tal como o comércio, a arte e a ciência vivem de trocas entre mundos outrora distantes – este é também o sentido da Escola de Antropologia Teatral que Eugenio Barba organiza todos os anos num ponto diferente do planeta.

Porém, o encontro de Mnouchkine com o teatro oriental teve um carácter absolutamente particular, resultando num verdadeiro acto de fecundação ou, se preferirmos, numa experiência química. Com efeito, de 1981 a 1984, a encenadora levou à cena uma série de dramas shakespearianos (*Ricardo II, Henrique IV* e a *Décima Segunda Noite*) de acordo com as formas cénicas do *kabuki* e da *katakali*, mostrando como a posse de diferentes linguagens cénicas se pode transformar não só num formidável instrumento criativo, como também interpretativo: as formas orientais têm, de facto, revelado em Shakespeare valores inéditos e significados imprevisíveis, como de resto sucedeu, feitas as devidas ressalvas, com o filme shakespeariano de Kurosawa. Mais recentemente, em 1990, encenou a trilogia de Orestes, com o título *Os Atridas*, mas sem que o partido tomado fosse tão unívoco.

HISTÓRIA DO TEATRO

**

O gosto pelo espectáculo de vastas dimensões, que remonta também ele ao teatro oriental ou, se preferirmos, ao dos mistérios medievais, regressa nos dois mais importantes espectáculos realizados nos últimos dez anos por Luca Ronconi – ao qual, aliás, se deve reconhecer o grande mérito de ter encenado um dos textos mais extraordinários da dramaturgia italiana: *As Duas Comédias em Comédia* de Giovan Battista Andreini (1622).

Em Maio de 1986 apresentou em Prato, para o Teatro Regionale Toscano, a sua edição, a única italiana, de um drama de Arno Holz, um dos mestres do naturalismo alemão: *Ignorabimus*, história sombria de cinco personagens que tendem a recuperar a verdade de trágicos acontecimentos que constituem o antecedente do drama, uma verdade que leva todos à morte.

Para representar esta história sombria, inspirada no mito de Édipo, Ronconi mandou construir um palco encastrado, cujo peso evidente pairava sobre personagens qual ameaça do passado. Nesta excepcional ambientação, o drama desenvolvia-se a um ritmo freneticamente lentíssimo (passe o oximoro) que o fazia durar doze horas, com uma caprichosa banda sonora de fundo que reproduzia todos os ruídos do mundo em redor.

O elenco era inteiramente feminino, mesmo as quatro personagens masculinas eram interpretadas por mulheres que foram escolhidas pelo extraordinário *exploit* a que souberam dar vida: Marisa Fabbri, Edmonda Aldini, Francesca Nuti, Anna Maria Gherardi – Delia Boccardo desempenhava o papel de Marianne. Esta escolha conduzia a um resultado tão intenso, quanto paradoxal. Não havia, evidentemente, nenhuma intenção de provocar um contraste cómico entre a personagem e o intérprete, contraste que, ao invés, permanecia subliminar criando, na representação de cada actriz, uma tensão individual que nunca desaparecia, sobrepondo-se à tensão interpessoal que aumentava tragicamente até à explosão da aparição do espectro da gémea suicida.

Cinco anos mais tarde, Ronconi representa o vasto poema dramático de um outro autor de língua alemã, o austríaco Karl Kraus, do qual o encenador aceita o desafio. Com efeito, o

OS ÚLTIMOS VINTE ANOS

prefácio da edição impressa inicia com estas palavras: «A encenação deste drama, cuja dimensão ocuparia, segundo medidas terrestres, cerca de dez noites, é concebida para um teatro de Marte.» Talvez Kraus não soubesse que os mistérios da Idade Média podiam durar mais de vinte dias. Em todo o caso, o espectáculo de Ronconi não durava mais de três horas. Tal não significa que Ronconi tivesse reduzido o texto a um décimo da sua dimensão original (600 páginas impressas): simplesmente as diversas cenas, de resto avulsas e não sequenciais, desenrolam--se em simultâneo. Como já sucedera vinte anos antes em *Orlando Furioso*, nestes *Últimos Dias da Humanidade*, o espectador não pode seguir um percurso linear; mas, ao contrário do que acontecia em *Orlando Furioso*, aqui ele não encontra os acontecimentos, procura-os, percorrendo as várias cenas que estão a decorrer mesmo quando ninguém as observa.

O espectáculo foi realizado no grande armazém de uma velha fábrica de Turim em via de desmantelamento. A cenografia, disposta numa fila dupla que divide em três partes o espaço da acção, é toda ela adereços. O aderecista desempenhou, neste caso, a função do historiador e do investigador: Silvio De Stefanis, que soube reunir um extraordinário conjunto de máquinas tipográficas, locomotivas, máquinas, utensílios e mobília rigorosamente da época (a acção tem lugar nos anos imediatamente anteriores à Primeira Guerra Mundial). Só no fim os mais de cinquenta actores se reúnem em procissão na via central, onde Massimo de Francovich pronuncia a grande tirada final de *Criticón*.

A encenação dos *Últimos Dias da Humanidade* atingiu um custo inaudito – um desperdício (uma *dépense* diria Georges Bataille) sumptuoso, comparável apenas ao dos grandes espectáculos de corte do Renascimento tardio e do século XVII. Mas, como os entreactos da *Pellegrina*, representados no Teatro degli Uffizi quatro séculos antes, trata-se de um *unicum* na história do teatro contemporâneo.

Se se quisesse estabelecer uma hierarquia pouco simpática, e igualmente pouco significativa dada a circulação internacional dos homens do teatro dos nossos dias, dos teatros dos vários

HISTÓRIA DO TEATRO

países pelo seu valor global e médio, o primeiro lugar, pelo menos na Europa, seria hoje, certamente, dos países de língua alemã. O que já aconteceu em dois momentos da história: no período romântico e naquele que assinala a passagem do gosto expressionista à *Neue Sachlichkeit*, entre 1919 e 1930.

No Kammerspiele de Munique, na Schaubühne de Frankfurt, no Deutsches Theater de Berlim, como no Burgtheater de Viena podem ver-se quase todos os dias espectáculos de alto nível técnico e artístico, com excelentes elencos de actores, preparados e modestos como os queria Kronegk um século atrás. Tudo isto é sustentado pela constante presença de um público dos mais competentes e apaixonados. Há que acrescentar ainda que são alemães os dois autores mais significativos do século xx após a tríade Beckett, Ionesco e Genet: Heiner Müller e Thomas Bernhard.

Entre os registos mais conhecidos no domínio internacional continuam a produzir espectáculos de alto nível os dois autores referidos no capítulo anterior, Peter Stein e Klaus Grüber, que trabalharam também em França e em Itália e que recentemente se dedicaram, com resultados relevantes, à encenação de tragédias da Antiguidade Clássica, um tema que nas últimas décadas parece ter-se tornado atraente para muitos.

Em 1980, Peter Stein voltou a encenar no teatro romano de Óstia antiga a trilogia de Orestes, já apresentada em recinto fechado em Frankfurt. A representação durava do ocaso à aurora, invertendo a ambientação temporal dos tempos de Ésquilo, quando os espectáculos duravam da aurora ao ocaso. Embora construído com grande atenção à unidade do estilo, o espectáculo culminava com algumas imagens de particular intensidade como, no início do Agamémnon, a entrada do coro constituído por velhos reformados vestidos com casacos e calças escuras, que caminhavam penosamente apoiados às suas bengalas ou, no fim da própria tragédia, a aparição improvisada de Clitemnestra coberta de sangue.

Stein tinha ainda colaborado com uma espécie de introdução à representação de *As Bacantes* euripidianas, dirigida por Grüber, para a Schaubühne de Frankfurt. Uma representação, em

420

última instância, do narcisismo que se desenrolava num amplo espaço vazio e fortemente iluminado, com pavimento lacado, mas desconexo, sobre o qual estão espalhadas folhas de salada e bagos de uva que o coro das bacantes apanha, até que Penteu vem arrumar aquela desordem juntamente com um grupo de varredoras. Com efeito, no conjunto do espectáculo, uma espécie de horror pela natureza, e se as personagens principais estão nuas, estão-no somente porque os seus comportamentos educados e quase rituais podem parecer precisamente uma negação da própria natureza.

Demonstrando grande destreza política e consciência histórica, o governo alemão salvaguardou-se bem da mudança, na sequência da queda do Muro, dos nomes das ruas e das praças de Berlim dedicadas não só às grandes figuras do socialismo, mas também às medíocres e muitas vezes culpadas personagens da nomenclatura da RDA. Assim como se salvaguardou da intervenção na direcção do Volksbühne, o teatro que foi de Piscator e que sempre manteve estreitos laços com organizações operárias. No Volksbühne tive oportunidade de assistir a dois dos mais emocionantes espectáculos dos últimos vinte anos: recorde-se que este capítulo foi escrito por um espectador.

O primeiro é uma edição de um dos textos brechtianos mais profundos, *Der gute Mensch von Sezuan* (*A Boa Alma de Sezuan*), levada à cena em Outubro de 1994. A encenação de Andreas Kriegenburg renunciou a qualquer referência à representação modelo do Berliner, criando um espaço cénico continuamente modificado por um sábio uso do palco giratório que concilia três paredes cinzentas em várias configurações. A actriz que interpreta o papel de Shen-Te é muito jovem, e é precisamente a sua juventude que torna irremediável a vulgaridade desavergonhada com que se apresenta, que passa num certo sentido facilmente para a crueldade de Shui-Ta, na qual se transforma envergando simplesmente um vestido negro. Com excepção dos deuses, todos os outros intérpretes estão vestidos de cinzento e, portanto, pouco se destacam das paredes cinzentas da cenografia, como se o ambiente não só determinasse, mas quase absorvesse o homem e as suas acções. Os deuses são a única mancha branca do espectáculo, mas como os intérpretes são três velhíssimas (e heróicas) actrizes que exibem, em vez de esconder, a sua decrepitude adoptando comportamentos ora senilmente infantis ora senilmente despudorados, o candor das suas vestes (que são principalmente camisas de noite) não consegue introduzir uma nota de esperança ou de optimismo. E o espectáculo acaba desaparecendo numa neblina profunda.

Rosa Luxemburg. Rote Rosen für diche (*R.L. Rosas Vermelhas para Ti*) é um tipo de revista, construída pelo encenador Johann Kresnik a partir do libreto de George Tabori. O fio condutor que, em certa medida, consegue manter ligados os diferentes quadros é constituído pela filiação de Ulrike Meinhof na Rosa de Luxemburgo, filiação que se materializa no último quadro. A personagem de Meinhof é interpretada sempre pela mesma actriz, enquanto a de Rosa vai sendo representada por todas as actrizes da companhia, com a consequência de que Rosa tem cem faces – a teórica genial, a revolucionária pura, a irónica, a doce, a violenta, a muda, a obscena – e desemboca na carnal efectividade do seu empenho; Meinhof, ao invés, permanece encerrada na abstracção da sua pureza. No entanto, trata-se de um espectáculo riquíssimo, tecido de história e de desilusão, de análise e de arrependimento, mas sobretudo de piedade pelas protagonistas que põe em cena e por nós próprios. Poder-se-ia definir como uma tragédia em forma de revista.

Um espectáculo talvez igualmente intenso e perturbador vem da Rússia e foi realizado pela companhia dos jovens alunos da escola do Teatro Maly de São Petersburgo (Leninegrado: aqui, ao invés, os nomes alteraram-se e voltaram a alterar-se), dirigidos por Lev Dodin. *Claustrophobia* encena a ruína moral e intelectual de uma geração que perdeu de uma só vez todos os seus pontos de referência. Estamos numa escola de dança – um espaço absolutamente branco com uma grade e cinco grandes

OS ÚLTIMOS VINTE ANOS

janelas. Mas as paredes, o pavimento e o tecto são absolutamente permeáveis e de todos os lados entram e saem os fantasmas e a realidade, misturados e indistinguíveis, ao ponto de a sala se dilatar num universo – como escreveu Franco Quadri. A narração dramática, constituída essencialmente por uma série de episódios e não tanto por um desenvolvimento unitário, resvala continuamente para dança, canto, acção pantomímica, até ao final devastador onde uma orquestra toca sem sons e uma cantora canta sem voz.

Dada a multiplicidade dos elementos postos em jogo, com uma perfeição técnica inesperada, por actores tão jovens, *Claustrophobia* recorda a Ópera de Pequim. Mas unicamente por isso, visto que não adoptou nenhum estilema oriental.

À excepção de Dodin, todas as personagens citadas neste capítulo já estavam em actividade e eram artisticamente maduras antes de 1975. Tal não significa que depois não tenha acontecido nada, mas apenas que uma nova geração ainda não emergiu. E, por outro lado, explica o gosto pelas reposições de que se discorria ao início.

Mas as pessoas e as coisas a que dediquei estas breves referências são só a ponta do icebergue, os mestres oficialmente reconhecidos. Talvez nunca como agora prosperaram tantas centenas de pequenos teatros e de pequenas companhias jovens que geralmente têm curta duração. Mais do que da ideia barbiana de «terceiro teatro» talvez nasça do desenvolvimento do sector terciário e da procura de uma ocupação. Mas isso não obsta que em alguns minúsculos teatros de Paris tenha visto espectáculos mais excitantes do que aqueles, muitas vezes presunçosos, dos grandes teatros subsidiados do centro (Chaillot, Colline) e da periferia (Nanterre, Saint-Denis), ou daqueles geralmente aborrecidos da Comédie-Française.

Além do mais, nem os teatros oficiais, nem os que outrora teriam sido definidos como *underground*, têm procurado nestes últimos anos refundar a ideia do teatro e a sua linguagem, como tinha sucedido, ao invés, com as vanguardas do início do século e da dos anos 1960.

Nem muito menos no campo da ópera lírica que, não obstante a intervenção de personagens como Strehler e Ronconi e algumas tímidas inovações de alta-costura, parece estar definitivamente cristalizada no seu dispositivo oitocentista. Ao passo que mais complexo poderia ser o discurso sobre a dança em que, paralela à museificada tradição do *ballet* chamado «clássico», existe uma outra linha, desde Isadora Duncan a Merce Cunningham e Pina Bausch, e cujo desenvolvimento não parece de todo concluído.

Para concluir, gostaria de citar um último fenómeno que, na verdade, tem pouco a ver com o teatro de prosa. O fascismo (mas não só ele), alguém se recordará, sonhara com o «teatro dos vinte mil». Hoje os únicos espectáculos capazes de chamar vinte mil espectadores são os concertos de *rock*, que se tornaram verdadeiros espectáculos, nos quais a música embora sendo certamente um elemento central, não é absolutamente o único. O fanatismo dos roqueiros pode suscitar alguma perplexidade, mas com efeito trata-se de um fanatismo bom: no outro «espectáculo de massas», os jogos de futebol, muitas vezes mata-se – nos concertos *rock* ama-se. Vale a pena perguntar porquê. Talvez a causa deva ser procurada em duas necessidades dramaticamente prementes do nosso tempo: a do calor e a do esquecimento.

Bibliografia essencial

Obras gerais e nacionais

APOLLONIO, M., *Storia del teatro italiano*, Florença, 1964.

BLANCHART, P., *Histoire de la mise en scène*, Paris, 1949.

BROCKETT, O., *History of the Theatre*, Boston, 1978.

CHENEY, S., *The Theatre*, Nova Iorque, 1972.

D'AMICO, M., *Dieci secoli di teatro inglese*, Milão, 1981.

DECUGIS, N.-RAIMOND, S., *Le décor de théâtre en France du Moyen Age à 1925*, Paris, 1953.

DEVRIENT, E., *Geschichte der deutschen Schauspielkunst*, Berlim, 1905.

DOGLIO, F., *Teatro in Europa* (4 vols.), Milão, 1982-1989.

EVREINOFF, N., *Histoire du théâtre russe*, Paris, 1947.

GREGOR, J., *Das Österreichisches Theater*, Viena, 1948.

GREGOR, J., *Weltgeschichte des Theaters*, Zurique, 1933.

JOMARON, J. (org.), *Le Théâtre en France*, Paris, 1988 (2 vols.).

KINDERMANN, H., *Theatergeschichte Europas*, Salzburgo, 1957-1970 (9 vols.).

LEECH, C.-CRAIK, T.W. (org.), *The Revels History of Drama in English*, Londres, 1975 (7 vols.).

MOUDOUÈS, R.M. (org.), *Il teatro a Parigi*, Roma, 1994.

MOUSSINAC, L., *Le théâtre des origines à nos jours*, Paris, 1956.

NICOLL, A., *The English Theatre*, Londres, 1936.

NICOLL, A., *The Development of the Theatre*, Londres, 1932.

PROFETI, M.G., *Introduzione allo studio del teatro spagnolo*, Florença, 1994.

SHERGOLD, N.D., *A History of the Spanish Stage,* Oxford, 1960.

SOUTHERN, R., *The Seven Ages of the Theatre*, Londres, 1962.

TAYLOR, A., *The Story of English Stage*, Oxford, 1967.

VALBUENA PRAT, A., *Historia del Teatro Español*, Barcelona, 1956.

WICKHAM, G., *Storia del teatro*, trad. it., Bolonha, 1988.

WILSON, G.B., *Three Hundred Years of American Drama and Theatre*, Engelwoods Cliffs, 1973.

Teatros extra-europeus

AA.VV., *Les Théâtres d'Asie*, Paris, 1961.

AHUJA, R.L., *The Theory of Drama in Ancient India*, Ambala, 1964.

AND, M., *A History of Theatre and Popular Entertainment in Turkey*, Ancara, 1962.

BALESTRINI, N.-SANGUINETI, E., *L'Opera di Pechino*, Milão, 1971.

BOWERS, F., *Japanese Theatre*, Nova Iorque, 1962.

CHUNG-WEN Shih, *The Golden Age of Chinese Drama*, Londres, 1976.

CUISINIER, J., *Le théâtre d'ombres à Kalentan*, Paris, 1957.

DOLBY, W., *A History of Chinese Drama*, Londres, 1976.

EBERLE, O., *Cenalora*, Alten, 1955.

GARGI, B., *Folk Theatre of India*, Washington, 1966.

HOLAS, B., *Les masques Kono*, Paris, 1952.

KEENE, D., *Nō. The Classical Theatre of Japan*, Tóquio, 1966.

LORENZONI, P., *Storia del teatro giapponese*, Florença, 1961.

MAROTTI, F., *Trance e dramma a Bali*, Turim, 1976.

MUCCIOLI, M., *Il teatro giapponese*, Milão, 1962.

ORTOLANI, B., *Teatro Nō. Costumi e maschere*, Roma, 1970.

PISU, R.-HARUO TOMIYAMA, *L'Opera di Pechino*, Milão, 1982.

PROKO, L. C., *Guide to Japanese Theatre*, Boston, 1973.

SAVARESE, N., *Teatro e spettacolo fra Oriente e Occidente*, Roma-Bari, 1992.

SCOTT, A.C., *The Classical Theatre of China*, Londres, 1947.

WILLIAMS, F.E., *The drama of Orokolo*, Oxford, 1940.

ZEAMI, *Il segreto del Nō*, trad. it., Milão, 1966.

Antiguidade Clássica

ALBINI, U., *Interpretazioni teatrali. Da Eschilo a Aristofane*, Florença, 1972-1981 (3 vols.).

ALBINI, U., *Nel nome di Dioniso*, Milão, 1992.

ANTI, C., *Teatri greci arcaici*, Pádua, 1947.

BALDRY, H.C., *I Greci a teatro*, trad. it., Roma-Bari, 1994.

BEARE, W., *I Romani a teatro*, trad. it., Roma-Bari, 1993.

BIEBER, M., *The History of Greek and Roman Theatre*, Princeton, 1961 (2ª. ed.).

CAMPO, L., *I drammi satireschi della Grecia antica*, Milão, 1940.

DÖRPFELD W.-REISCH, E., *Das griechische Theater*, Atenas, 1896.

DUPONT F., *L'acteur roi*, Paris, 1985.

FLICKINGER, R., *The Greek Theatre and its Drama*, Chicago, 1911.

GHIRON BISTAGNE, P., *Les acteurs dans la Grèce antique*, Paris, 1976.

MOLINARI, C. (org.), *Il teatro greco nell'età di Pericle*, Bolonha, 1994.

NAVARRE, O., *La comédie des moeurs chez Aristophane*, Toulouse, 1931.

BIBLIOGRAFIA ESSENCIAL

NEPPI MODONA, A., *Gli edifici teatrali greci e romani*, Florença, 1961.
PARATORE, E., *Storia del teatro latino*, Milão, 1957.
PICKARD CAMBRIDGE, A., *The Dramatic Festival of Athens*, Oxford, 1968 (2ª. ed.).
POHLENZ, M., *Die griechische Tragödie*, Göttingen, 1954.
SÉCHAN, L., *Études sur la tragédie greque dans ses rapports avec la ceramique*, Paris, 1926.
SITTL, K., *Die Gebärden der Grieschen und Römer*, Leipzig, 1890.
UNTERSTEINER, M., *Le origini della tragedia greca*, Turim, 1955.
WEBSTER, T.B.L., *Greek Theatre Production*, Londres, 1970 (2ª. ed.).

Idade Média

ALLEGRI, L., *Teatro e spettacolo nel medioevo*, Roma-Bari, 1988.
ALT, H., *Theater und Kirche*, Berlim, 1846.
BONIFACIO, G., *Giullari e uomini di corte nel '200*, Nápoles, 1907.
CHAMBERS, E.K., *Medieval Stage*, Oxford, 1903.
COHEN, G., *Le théâtre en France au Moyen Age*, Paris, 1948.
COTTAS, V., *Le théâtre à Bysance*, Paris, 1931.
D'ANCONA, A., *Le origini del teatro italiano*, Turim, 1891.
DOGLIO, F. (org.), *Il contributo dei giullari alla drammaturgia italiana delle origini*, Roma, 1978.
DRUMBL, J., *Quem Quaeritis*, Roma, 1981.
DRUMBL, J. (org.), *Il teatro medievale*, Bolonha, 1989.
FARAL, E., *Les jongleurs en France au Moyen Age*, Paris, 1910.
KONINGSON, E., *L'espace théâtral médiéval*, Paris, 1975.
MENENDEZ PIDAL, R., *Poesía juglaresca y juglares*, Madrid, 1924.
MOLINARI, C., *Spettacoli fiorentini del Quattrocento*, Veneza, 1961.
MONE, F.J., *Schauspiele des Mittelalters*, Karlsruhe, 1846.
MULLER, G.R. (org.), *Le théâtre au Moyen Age*, Paris, 1981.
PETIT DE JULEVILLE, L., *Les mystères*, Paris, 1880.
REICH, W., *Der Mimus*, Berlim, 1903.
REY-FLAUD, H., *Le cercle magique*, Paris, 1973.
SEPET, M., *Le prophètes du Christ*, Paris, 1878.
TOSCHI, P., *Dal dramma liturgico alla sacra rappresentazione*, Florença, 1946.
YOUNG, K., *The Drama in the Medieval Church*, Oxford, 1933.

Renascimento e Barroco

ATTOLINI, G., *Teatro e spettacolo nel Rinascimento*, Roma-Bari, 1988.
BAUR-HEINHOLD, M., *Baroque Theatre*, Nova Iorque, 1967.
BENTLEY, G.E., *The Seventeenth Century Stage*, Chicago, 1968.
BIURSTROM, P., *Giacomo Torelli and Baroque Stage Design*, Estocolmo, 1961.

HISTÓRIA DO TEATRO

CARANDINI, S., *Teatro e spettacolo nel Seicento*, Roma-Bari, 1990.

CHAMBERS, E.K., *The Elisabethan Stage*, Oxford, 1923 (4 vols.).

CRUCIANI, F., *Il teatro del Campidoglio e le feste romane del 1513*, Roma, 1968.

CRUCIANI, F.-SERAGNOLI D. (org.), *Il teatro italiano nel Rinascimento*, Bolonha, 1987.

DEIERKAUF HOLSBOER, W., *L'histoire de la mise en scène dans le théâtre français de 1600 à 1672*, Paris, 1933.

DEIERKAUF HOLSBOER, W., *Le théâtre du Marais*, Paris, 1954.

DIEZ BORQUE, J.M., *Sociedad y teatro en la España de Lope de Vega*, Barcelona, 1978.

FERRONE, S., *Attori, mercanti corsari*, Turim, 1993.

GUARDENTI, R., *Gli Italiani a Parigi*, Roma, 1990.

GUARINI, R. (org.), *Teatro e cultura della rappresentazione*, Bolonha, 1988.

GURR, A., *The Shakespearean Stage, 1574-1642*, Cambridge, 1970.

HARBAGE, A., *Shakespeare's Audience*, Nova Iorque, 1941.

HODGES, W., *Shakespeare and the Players*, Londres, 1948.

JAQUOT, J. (org.), *Le lieu théâtral à la Renaissance*, Paris, 1963.

LANCASTER, H. C., *A History of French Dramatic Literature in the Seventeenth Century*, Paris, 1929.

LEA, K.M., *Italian Popular Comedy*, Oxford, 1934.

LECLERC, L. (Celler), *Les Décors, les costumes et la mise en scène au XVII siècle (1615-1680)*, Paris, 1869.

LYONNET, H., *Les premières de Molière*, Paris, 1921.

LYONNET, H., *Les premières de Pierre Corneille*, Paris, 1923.

MAGNE, E., *Gaultier Gargouille*, Paris, 1911.

MAMONE, S., *Il teatro nella Firenze medicea*, Milão, 1981.

MOLINARI, C., *Le nozze degli dèi*, Roma, 1968.

MONGREDIEN, G., *Les grands comédiens du XVII siècle*, Paris, 1927.

NICOLL, A., *The World of Harlequin*, Cambridge, 1963.

NICOLL, A., *Stuart Masques and the Renaissance Stage*, Londres, 1937.

PIRROTTA, N.-POVOLEDO E., *Li due Orfei*, Turim, 1975.

RIGAL, E., *Le théâtre français avant la periode classique*, Paris, 1901.

RUFFINI, F., *Teatri prima del teatro*, Roma, 1983.

SCHERER, J. *La dramaturgie classique en France*, Paris, s.d.

SOUTHERN, R., *The Staging of Plays Before Shakespeare*, Nova Iorque, 1973.

SPRAGUE, A.C., *Shakespearean Players and Performances*, Cambridge (Mass.), 1953.

TAVIANI, F.-SCHINO, M., *Il segreto della commedia dell'arte*, Florença, 1969.

TESSARI, R., *La commedia dell'arte nel Seicento*, Florença, 1969.

WICKHAM, G., *Early English Stage. 1300 to 1600*, Londres, 1963 (2 vols.).

ZORZI, L., *Il teatro e la città*, Turim, 1977.

Da Restauração inglesa a Lessing

ALASSEUR, C., *La comédie Française au 18ème siècle*, Paris, 1967.

BALDINI, G., *Teatro inglese della Restaurazione e del Settecento*, Florença, 1955.

BENJAMIN, W., *Ursprung des deutschen Trauerspiels*, Frankfurt no Meno, 1963.

BENTLEY, G.E., *The Jacobean and Caroline Stage*, Nova Iorque, 1941--1956.

BOSWELL, E., *The Restoration Court Stage. 1660-1702*, Harvard, 1932.

BRAGNAM, G.C., *Eighteenth Century Adaptations of Shakespeare*, Berkeley, 1956.

BRANDT, G.W. (org.), *German and Duch Theatre*, Cambridge, 1993.

GAIFFE, F., *Le drame français au XVIIIe siècle*, Paris, 1910.

GUCCINI, G. (org.), *Il teatro italiano nel Settecento*, Bolonha, 1988.

HOGAN, Ch. B., *Shakespeare in the Theatre, 1701-1800*, Oxford 1952--57 (2 vols.).

KINDERMANN, H., *Conrad Ekhof Schauspieler Akademie*, Viena, 1956.

LAGRAVE, H., *Le thêatre et le public à Paris de 1715 à 1750*, Paris, 1972.

LENNEP, W. van (org.), *The London Stage 1660-1800*, Carbondale (Ill.), 1968.

LESSING, G.E., *Drammaturgia d'Amburgo*, Bari, 1956.

MANN, O., *Lessing*, Leipzig, 1948.

ODELL, G.C.D., *Shakespeare from Betterton to Irving*, Londres, 1921.

OLIVIER, J.J., *Henri-Louis Lekain de la Comédie Française*, Paris, 1907.

OLIVIER, J.J., *Voltaire et les comédiens interprètes de son théâtre*, Paris, 1900.

OMAN, C., *David Garrick*, Londres, 1958.

PIETSCH-ERBERT, L., *Die Gestalt des Schauspielers auf der deutschen Bühne des XVII und XVIII Jahrhunderts*, Berlim, 1942.

RICHARD, K.-THOMSON P. (org.), *The Eighteenth Century Stage*, Londres, 1972.

ROUGEMONT M. de, *La vie thêatrale en France au XVIIIe siècle*, Paris--Genebra, 1988.

SCHLOSSER, R., *Vom Hamburger Nationaltheater zu Gothaer Hofbühne, 1707-1779*, Hamburgo, 1896.

SMITH, D. F., *Shakespeare in Eighteenth Century*, Londres, 1928.
SUMMERS, M., *The Restoration Theatre*, Londres, 1934.
THOMAS, D. (org.), *Restoration and Georgian England*, Cambridge, 1991.
WILD, N., *Dictionnaire des théâtres parisiens au XXe siècle*, Paris, 1989.
WILSON, J. H., *A Preface to Restoration Drama*, Cambridge (Mass.), 1968.

Período Romântico
ALLEVY, M.A., *La mise en scène en France dans la première moitié du XIXe siècle*, Paris, 1938.
ALONGE, R., *Teatro e spettacolo nel secondo Ottocento*, Roma-Bari, 1988.
APPELTON, W.W., *Madame Vestris and the London Stage*, Nova Iorque, 1974.
BALDICK, R., *La vie de Frédérick Lemaître*, Paris, 1961.
BEAULIEU, H., *Les théatres du boulevard du crime*, Paris, 1905.
BISSEL, C.H., *Les conventions du théâtre bourgeois contemporain*, Paris, 1930.
BRACHVOGEL, P. E., *Das Nationaltheater bis zu Iffland*, Berlim, 1877.
BRUFORD, W.H., *Theatre, Drama and Audience in Goethe's Germany*, Londres, 1950.
CARLSON, M., *The French Stage in the Nineteenth Century*, Metuchen, 1972.
COSTETTI, G., *Il teatro italiano nel 1800*, 1901 (Bolonha, 1978).
DESCOTES, M., *Le drame romantique et ses grands créateurs*, Paris, 1955.
FERRONE, S. (org.), *Il teatro dell'Italia unita*, Milão, 1980.
FLETCHER, R., *English Romantic Drama (1795-1843)*, Nova Iorque, 1966.
FOULKES, R. (org.), *Shakespeare and the Victorian Stage*, Cambridge, 1986.
GATTI, H., *Shakespeare nei teatri milanesi dell'800*, Bari, 1968.
HALLIDAY, F.E., *The cult of Shakespeare*, Nova Iorque, 1957.
LOEWY, S. *Deutsche Theaterkunst von Goethe bis Reinhardt*, Viena, 1923.
LUNARI, G., *Henry Irving e il teatro inglese dell'800*, Bolonha, 1961.
LYONNET, H., *Le théâtre en Italie*, Paris, 1900.
MASTERSTEIG, M., *Das deutsche Theater im neunzehnten Jarhundert*, Leipzig, 1924.

BIBLIOGRAFIA ESSENCIAL

MAYER, D., *Harlequin in its Element: the English Pantomime 1806--1830*, Harvard, 1969.

MELDOLESI, C., *Profilo di Gustavo Modena*, Roma, 1971.

MELDOLESI, C.-TAVIANI F., *Teatro e specttacolo nel primo Ottocento*, Roma-Bari, 1991.

NEBOUT, P., *Le drame romantique*, Genebra, 1970 (1895).

PETERSEN, J., *Schiller und die Bühne*, Berlim, 1904.

RICHARDS, K.-THOMPSON, P. (orgs.), *Essays on Nineteenth Century British Theatre*, Londres, 1971.

STAHL, E. L., *Shakespeare und das deutsche Theater*, Estugarda, 1947.

TOFANO, S., *Il teatro all'antica italiana*, Milão, 1965.

TROIZKIJ, S., *Ekhof, Schröder, Iffland, Devrient, Fleck, Seydelmann. Die Anfänge der realistichen Schauspielkunst*, Berlim, 1949.

Século XX

AA.VV., *Le théâtre moderne. Hommes et tendences*, Paris, 1965.

ANDERS, F., *Jacques Copeau et le Cartel des Quatre*, Paris, 1959.

ANGELINI, F., *Teatro e spettacolo nel primo Novecento*, Roma-Bari, 1988.

ARTIOLI, U., *Il ritmo et la voce*, Milão, 1984.

ARTIOLI, U., *Teorie della scena dal Naturalismo al Surrealismo*, Florença, 1972.

ATTISANI, A. (org.), *Enciclopedia del teatro del Novecento*, Milão, 1980.

BABLET, D., *Le décor de théâtre de 1870 à 1914*, Paris, 1965.

BARBA, E., *Alla ricerca del teatro perduto*, Pádua, 1965.

BARBA, E., *La corsa dei contrari*, Milão, 1981.

BARTOLUCCI, G., *The Living Theatre*, Roma, 1970.

BÉHAR, H., *Étude sur le théâtre dada et surrealiste*, Paris, 1967.

BERNHEIM, A.L., *The Business of the Theatre*, Nova Iorque, 1932.

BINER, P., *The Living Theatre*, Lausana, 1968.

CHIARINI, P., *Bertolt Brecht*, Bari, 1967.

CHIARINI, P., *Il teatro tedesco espressionista*, Bolonha, 1958.

CHIARINI, P., (org.), *Il teatro della repubblica di Weimar*, Roma, 1978.

CAPRIOLO, E., *Il Group Theatre di New York*, Bolonha, 1960.

CRUCIANI, F., *Jacques Copeau o le aporie del teatro moderno*, Roma, 1971.

DENKLER, H., *Drama des Expressionismus*, Munique, 1967.

DHOMME, S., *La mise en scène contemporaine d'André Antoine à Bertolt Brecht*, Paris, 1959.

EWEN, F., *Bertolt Brecht. His Life, His Art and His Time*, Nova Iorque, 1967.

HISTÓRIA DO TEATRO

GONTARD, D., *La décentralisation théâtrale en France (1895-1952)*, Paris, 1973.

HENDERSON, J.A., *The First Avant-garde (1887-1894)*, Londres, 1971.

HORT, J., *La vie héroique des Pitoeff*, Genebra, 1966.

JACQUOT, J.-BABLET, D. (orgs.), *Les voies de la création Théâtrale*, Paris 1973-1980 (15 vols.).

JEHRING, H., *Von Reinhardt bis Brecht*, Berlim 1951-1961 (3 vols.).

KOURILSKY, F., *Le théâtre aux États-Unis*, Bruxelas, 1967.

KOURLISKY, F., *Le Bread and Puppet Theatre*, Lausanne, 1971.

MAROTTI, F., *Gordon Craig*, Bolonha, 1961.

MAROTTI, F., *La scena di Adolphe Appia*, Bolonha, 1966.

MAZZOCCHI DOGLIO, M.A., *Il teatro simbolista in Francia*, Roma, 1978.

MORTEO, G. L., *Il teatro populare in Francia*, Bolonha, 1960.

POESIO, P.E., *Jean Louis Barrault*, Bolonha, 1961.

PUPPA, P., *Teatro e spettacolo nel secondo Novecento*, Roma-Bari, 1992.

RIPELLINO, A.M., *Majakovskij e il teatro russo d'avanguardia*, Turim, 1959.

RIPELLINO, A.M., *Il trucco e l'anima*, Turim, 1965.

ROBICHEZ, J., *Le symbolisme au théatre*, Paris, 1957.

SHANK, T., *Theatre in Real Time*, Lodi, 1980.

SCHECHNER, R., *La cavità teatrale*, trad. it., Bari, 1968.

STYAN, J.L., *Max Reinhardt*, Cambridge, 1982.

STYAN, J.L., *Modern Drama in Theory and Practice*, Cambridge, 1981 (3 vols.).

TEMKIN, R., *Grotowski*, Lausana, 1968.

TINTERRI, A., *Il teatro italiano dal Naturalismo a Pirandello*, Bolonha 1990.

TREZZINI, L., *Teatro in Polonia*, Bolonha, 1962.

VEINSTEIN, A., *Du Théâtre Libre a Louis Jouvet*, Paris, 1955.

Índice onomástico

Achard, Marcel, 380
Ackermann, Charlotte, 263
Ackermann, Konrad, 243, 248, 257
Adam de la Halle, 86
Adams, Maude, 398
Addison, Joseph, 229
Alard, irmãos, 175
Alberti, Leon Battista, 109-111, 116, 118, 122
Aldini, Edmonda, 418
Aleotti, Giovanni Battista, 137
Alfieri, Vittorio, 295,
Allen, Viola, 398
Alleyn, Edward, 207, 209, 210
Andreini, Giovan Battista, 418
Andreini, Isabella, 150
Andronico, Lívio, 67, 69, 75, 77
Annenski, Innokenti, Fedorovitch, 347
Antoine, André, 326-329, 334, 335, 345, 364
Appia, Adolphe, 16, 335, 338, 340-342, 344, 347, 351, 376, 379, 385, 400
Apuleio, Lúcio, 130
Arias de Peñafiel, 198
Ariosto, Ludovico, 121, 125, 183
Aristófanes, 42, 43, 51, 52, 55-61, 67, 413

Aristóteles, 33, 34, 43, 44, 46, 51, 53-55, 116, 119, 165, 250, 286, 303
Artaud, Antonin, 10, 22, 32, 304, 358-361, 382, 386, 388, 390, 414
Augier, Emile, 285, 286
Autant, Edouard, 361

Baccio del Bianco, 193
Bady, Berthe, 337
Bagnara, Francesco, 294
Bakary, Sangaré, 414
Balthasara, Franzisca, 198
Barba, Eugénio, 391, 417
Barbaro, Daniele, 116, 117, 122
Bardi, Giovanni de, 132
Bargagli, Girolamo, 133
Barrault, Jean-Louis, 382
Barry, Elizabeth, 225
Barry, Spranger, 234
Barsaq, André, 380, 381
Baty, Gaston, 379, 382
Beaumarchais, Pierre-Augustin Caron de, 177, 247
Beaumont, Francis, 211
Beck, Johann Friedrich, 242
Beck, Julian, 404, 409, 410
Beckett, Samuel, 382, 420
Becque, Henri, 288, 329
Beerbohm Tree, Max, 268
Belasco, David, 399-401

Bellerose (Pierre Le Messier), 163, 167-170
Bene, Carmelo, 388, 389, 411
Bérard, Christian, 381
Berg, Alban, 256
Bernhard, Thomas, 420
Bernhardt, Sarah, 282, 287
Bernini, Gian Lorenzo, 136
Bertoia, Francesco,
Bibiena (Galli da Bibbiena), família, 136
Bibiena, Antonio, 138
Bidermann, Jakob, 239
Blin, Roger, 382
Boccardo, Delia, 418
Boileau-Despreaux, Nicolas, 247
Bonarelli, Prospero, 127
Booth, família, 397
Booth, Edwin, 397
Booth, John Wilkes, 394
Boucicault, Dion, 396
Brahm, Otto, 364
Brando, Marlon, 401
Bread and Puppet Theatre, 406
Brecht, Bertolt, 179, 229, 248, 323, 369-372, 377, 384, 385, 414, 431
Breton, André, 356, 359
Bricegirdle, Anne, 225
Brockmann, Johann, 263-265, 267
Brook, Peter, 359, 385, 386, 411-415
Brown, Kenneth, 405
Brühl, Otto von, 261, 262, 267, 270, 326
Brunelleschi, Filippo, 122
Buckingham, duque de, 228
Buontalenti, Bernardo, 122, 130, 132, 134, 135, 137

Burbage, James, 201-203
Burbage, Richard, 207, 209, 217
Burian, Emil Frantitchek
Burnacini, Ludovico, 136, 138
Byron, George Gordon, 268

Cailleau, Herbert, 101-103
Calderón de la Barca, Pedro, 136, 150, 184, 189, 191-193, 199, 391
Capek, Karel, 378
Caudí, José, 190
Cecchi, Giovan Maria, 120
Cecchini, Pier Maria, 150-152
Cecílio, 75
Cervantes, Miguel de, 184, 195
Cesariano, Cesare, 116, 117
Chaikin, Joseph, 403
Champmeslé, Mlle. (Marie Desmares), 169
Chaperon, Philipe-Marie, 277
Chéreau, Patrice, 387
Chikamatsu Monzaemon (Sugimori Nobumori), 319
Chilly, 278
Choquet, Louis, 103
Cibber, Colley, 232
Cibber, Teophilus, 232
Ciceri, Eugène, 276, 277, 280
Cieslak, Riszard, 412
Cini, Giovambattista, 124, 131, 134
Clairon, Mlle. (Claire-Joseph Leris), 178
Clurman, Harold, 401
Congreve, William, 222, 226, 227, 229
Copeau, Jacques, 196, 343, 344, 361, 374, 379

ÍNDICE ONOMÁSTICO

Cormon, Eugène, 279
Corneille, Pierre, 165-167, 177, 233, 241, 242, 247, 254, 277
Craig, Edward Gordon, 160, 268, 335, 336, 338-340, 342-344, 348, 353, 357, 377, 379, 392, 400, 415
Crommelynck, Fernand, 343, 351
Cueva, Juan de la, 192
Cundall, Henry, 209
Curel, François de, 328

Daguerre, Louis-Jacques, 276, 277, 281
Dalberg, Wolfgang, 256, 266
Daly, Augustin, 399
D'Annunzio, Gabriele, 298, 415
Daudet, Alphonse, 328
Davenant, William, 222, 223, 233
D'Azincourt (Joseph-Jean--Baptiste Albouy), 217
De Cordoba, Hernando, 183
De Filippo, Eduardo, 411
De Francovich, Massimo, 419
Delaroche, Hippolyte Paul, 277
Delavigne, Casimir, 282
de l'Espine, Jean, 154
Dennery, Adolphe, 283
De Soulas, Josias, 167
De Stefanis, Silvio, 419
Devrient, Ludwig, 262, 267
Diderot, Denis, 179, 180, 246, 247, 249-251, 284
Doche, Charlotte, 287
Dodin, Lev, 8, 422, 423
Doebbelin, família, 263
Dorat, Claude Joseph, 250

Doriglia-Palmi, Companhia, 290
Dorval, Marie, 281
Douglass, David, 396
Dryden, John, 220, 221, 225, 228-230, 233
Duclos, Mlle. (Marie-Anne de Châteauneuf), 178
Dullin, Charles, 219, 343, 379--382
Dumanoir (Pinel Ph., *chamado*), 283
Dumas, Alexandre, filho, 9, 285--288, 293, 299
Dumas, Alexandre, pai, 280-283, 293, 299
Du Parc, Mme. (Thérèse de Gorla), 169
Dupeuty, Désiré-Charles, 279
Duse, Eleonora, 293, 298, 299, 320

Ehrenburg, Ilya Grigoryevich, 352
Eisenstein, Sergei M., 363
Ekhof, Konrad, 247-249, 252, 253, 267, 298, 343
Eliot, Thomas S., 288, 343
Elisabethan Stage Society, 271
Engel, Johann J., 250, 252, 253, 266, 297
Epicarmo, 72
Erdmann, Nikolai Robertovitch, 352
Erduran, Refik, 302
Erler, Fritz, 342
Ésquilo, 9, 38, 39, 41, 42, 45-53, 76, 286, 420
Espert, Nuria, 387
Etherege, George, 226, 229

Eurípides, 169
Evreinov, Nikolai Nikolaevitch, 344, 348, 349, 366
Exter, Alexandra, 347
Exter, Vesenin, 347

Fabbri, Marisa, 418
Farquhar, George, 222
Ferrari, Paolo, 288, 290, 293
Fielding, Henry, 230, 232
Figueroa, Roque de, 198
Filémon, 60
Fiorilli, Tiberio, 171
Flanagan, Hellie, 402
Flavio, Biondo, 109
Fleck, Johann F., 265
Fo, Dario, 411
Ford, John, 338
Foreman, Richard, 407, 408
Forrest, Edwin, 397
Fort, Paul, 358
Fouquet, Jean, 105
Francesco de'Nobili, *chamado* Cherca, 125
Frulovisi, Tito Lívio, 112
Fuchs, Georg, 342, 344, 364, 379
Fulton, Robert, 276

Garcia, Victor, 387
Garnier, Robert, 155
Garrick, David, 229, 231-234, 245, 251, 252
Gay, John, 229
Geddes, Norman Bel, 361, 400
Gelosi, Companhia, 150, 151, 159
Gémier, Firmin, 354, 384
Genet, Jean, 382, 387, 420
Gherardi, Anna Maria, 418

Gherardi, Evaristo, 152, 176
Giraudoux, Jean, 380
Godwin, Edward, 268
Goering, Reinhard, 364
Goethe, Johann Wolfgang von, 256-258, 260, 262, 263, 265-267
Gogol, Nikolai, Vasilevitch, 348, 352,
Goldoni, Carlo, 142, 152, 153, 219, 245, 292, 385, 411
Goldsmith, Oliver, 228
Gombrowicz, Witold, 378
Goncourt, Edmond e Jules de, 328
Gonzales de Arévalo, Isidoro, 190
Gorki, Máximo, 320, 330
Gottsched, Johann Christoph, 241, 247-250, 252, 255
Gozzi, Carlo, 153, 349
Grassi, Paolo, 385
Grazzini, Anton Francesco (Lasca), 121, 148
Gréban, Arnoul, 9, 101, 103
Green, John, 229
Greene, Robert, 208, 209
Gropius, Walter, 360, 361
Grotowski, Jerzy, 389-392, 412, 413
Group Theatre, 400, 401
Grüber, Klaus M., 387, 420
Gryphius, Andreas, 238, 239, 241, 254
Guerin, Robert, 160, 161
Guéru, Hugues, 160, 161, 164
Guitry, Sacha, 374
Guitti, Francesco, 137
Guthrie, Tyrone, 377
Gwynn, Nell, 227

ÍNDICE ONOMÁSTICO

Hallam, Lewis, 395, 396
Hallam, William, 395
Hardy, Alexandre, 155, 162, 163, 165, 167
Hasenclever, Walter, 364
Hauptmann, Gerhard, 346
Hawlitt, William, 268
Hemminges, John, 209
Hensel, Marie, 248
Henslowe, Philip, 202, 207, 210, 212
Herondas, 72
Heywood, Thomas, 211, 218
Hilar, Karel Hugo, 378, 387
Hill, Aaron, 250
Hilverding, Johann Peter, 243
Holberg, Ludwig, 241
Holz, Arno, 418
Horácio, 55, 78, 116
Houdar de la Motte, 177
Hugo, Victor, 280-283
Huppert, Isabelle, 416

Ibsen, Henrik, 320, 329, 339, 345
Iffland, August Wilhelm, 243, 256, 260- 262, 265-267
Ikmet, Nazim, 302
Immermann, Karl, 270, 271
Ingegneri, Angelo, 127-129
Inghirami, Pietro, 114, 115
Ionesco, Eugène, 288, 356, 382, 420

Jacques de Moelles, 102
Jadoco del Badia, 114
Jannings, Emil, 171
Jarry, Alfred, 354, 355, 358
Jean de la Taille, 155
Jean de l'Espine, 154
Jessner, Leopold, 376

Jodelle, Etienne, 155
Jolliphus, Joris, 241
Jones, Inigo, 139, 211, 223
Jones, Robert E., 400
Jonson, Ben, 139, 211, 212, 221, 381
Jouvet, Louis, 343, 361, 379-382
Jullien, Jean, 327

Kaiser, Georg, 364
Kalidasa, 303
Kantor, Tadeusz, 378, 392, 393
Kaprow, Allan, 404
Kawakami, Otojiro, 320
Kean, Charles, 267-269, 399
Kean, Edmund, 267, 268
Kean, Thomas, 395
Keene, Laura, 397
Kemble, John, 268, 269, 273
Kemp, William, 209
Killingrew, Thomas, 223
Klinger, Friedrich Maximilian, 255, 265
Koch, Heinrich G., 257, 265
Kotzebue, August von, 256, 260
Krasinski, Zygmunt, 377
Kraus, Karl, 418, 419
Kreiča, Otomar, 387
Kronegk, Ludwig, 326, 420
Kwanami, Kyotsugu, 312, 313
Kyd, Thomas, 209, 216, 218

La Bruyère, Jean, 61
La Caverne, Mlle., 156
La Chaussée, Pierre-Claude Nivelle, 245, 253
Laloue, M.F., 280, 294
Lanci, Baldassarre, 122, 124, 131
Lara, Louise, 361
La Racune, Mlle., 156

Lecouvreur, Adriana, 178
Legrand, Henri, 160, 161
Lekain (Henry-Louis Cain ou Kain), 178, 181, 252, 298
Lemaître, Frédérick, 282, 283
Le Noir, Charles, 165
Lenormand, Henri-René, 380
Lenz, Jakob Michael Reinhold, 255
Lesage, Alain René, 177
Lessing, Gotthold Ephraim, 247--253, 255, 284
Leto, Giulio Pompónio, 112-115, 118, 122
Lillo, George, 244, 249
Lily, John, 211
Lindsay, David, 200
Living Theatre, 369, 403, 404, 406, 409
Lohenstein, Daniel Caspar von, 238, 239, 254
Lotti, Cosimo, 193
Lovati, Lovato, 109
Löwen, Johann F., 250
Lugné-Poe, Aurelien, 336, 337, 345, 354, 355, 358
Lulli, Giambattista, 176
Lunacarski, Anatoli Vasilevitch, 353

Mackaye, Steele, 399
Macklin, Charles, 234
Maeterlinck, Maurice, 336-338
Mayakovski, Vladimir Vladimi-rovitch, 353, 362
Malibran, Maria, 294
Mallarmé, Stéphane, 325, 336, 338
Malina, Judith, 369, 404, 409, 410
Malone, Edmund, 271

Maquiavel, Nicolau, 120
Marcadé, Eustache, 9, 101
Marceau, Marcel, 323
Marchionni, Carlotta, 295
Marinetti, Filippo Tommaso, 357
Marini, Virginia, 298, 299
Marivaux, Pierre Carlet de Chamblain de, 136, 152, 176, 177, 253
Marlowe, Christopher, 209, 218, 241, 390
Marlowe, Julia, 398
Marowitz, Charles, 359, 386
Mars, Mlle. (Anne-Françoise--Hippolyte Boutet), 281
Martin, Karl Heinz, 365
Martini, Francesco di Giorgio, 117
Matazzone da Calignano, 84
Mei Lang Fang, 324
Meininger, Companhia, 326, 329, 330
Menandro, 60, 67, 76
Mendes, Catulo, 328
Mercier, Louis-Sébastien, 246, 247, 274
Mestres Cantores (*Meistersingers*), 236, 237, 241
Meurice, Paul, 279
Meyerhold, Vsevolod Emilevitch, 335, 344-346, 350-353, 360, 362, 363, 378
Michel, Jean, 101
Mickiewicz, Adam, 377
Mnouchkine, Ariadne, 387, 417
Mockel, Albert, 336, 338
Modena, Gustavo, 296
Molière (Jean-Baptiste Poquelin), 61, 152, 158, 169-172, 174, 176, 233, 281, 346

ÍNDICE ONOMÁSTICO

Montdory (Guillaume de Gilbert), 165-167, 169
Montfleury, Antoine-Jacob, 169, 170
Morales de Medrano, Juan, 198
Morelli, Alamanno, 292, 293, 296-298
Moro Lin, Angelo, 292
Morrocchesi, Antonio, 295
Mowatt, Cora, 397
Müller, Joseph-Ferdinand, 242, 420
Murdoch, James, 397
Murray, Walter, 395
Musset, Alfred de, 387

Neher, Caspar, 371
Nemirovitch-Dantchenko, Vladimir Ivanovitch, 262, 330
Nestroy, Johann Nepomuk, 257
Neuber, Friederike, Caroline, 248, 249, 252, 255
Neuber, Johann, 242, 247
Névio, Gneu, 69
Nicolau de Trevet, 109
Nion, François de, 339
Nuti, Francesca, 418

Odets, Clifford, 401
Oddi, Sforza, 150
O'Horgan, Tom, 403
O Kuni, 317
Olivier, Laurence, 383, 386
Olmedo, Alonso, 198
O'Neill, Eugene, 401
Ópera de Pequim (Jing Xi), 317, 320-324, 414, 423
Ostrovski, Aleksander Nicolaevitch, 351, 353
Otway, Thomas, 220, 339, 395
Pacúvio, 75

Palladio, Andrea, 122
Parigi, Alfonso, 135
Parigi, Giulio, 139
Paulsen, Paul Andreas, 242
Payne Collier, John, 271
Peele, George, 208
Pellegrino da Udine, 122
Phelps, Samuel, 269
Philipe, Gérard, 385
Philips, Ambrose, 229
Picard, Louis-Benoît, 284
Piccolomini, 150
Pirandello, Luigi, 270, 343, 374, 380, 385
Piron, Alexis, 170
Piscator, Erwin, 360, 365-369, 372, 373, 421
Pitoeff, Georges, 379, 380
Pixérécourt, Guilbert de, 278, 279
Planché, James Robinson, 271
Planchon, Roger, 387
Plauto, Tito Maccio 64, 67, 69, 75, 76, 109-111, 113, 114, 119, 129
Poel, William, 271
Poelzig, Hans, 360
Poliziano, Angelo, 128
Pólo, Zuan, 125
Prampolini, Enrico, 357
Pratina, 37, 38, 42
Préville (Pierre-Louis Dubus), 177
Princeton Players, 400-401
Prisciano, Pellegrino, 110
Pudovkin, Vsevolod Illarionovitch, 179

Quillard, Pierre, 337
Quin, James, 230, 232, 233, 245
Quinault-Dufrène, 178

Racine, Jean, 155, 168, 169, 177, 211, 233, 241, 247, 24, 277, 287, 347
Regnier, Henri de, 337
Reinhardt, Max, 348, 353, 360, 364, 375, 376, 400
Réjane, Gabrielle-Charlotte (Gabrielle-Charlotte Reju), 328
Renaud, Madeleine, 382
Renolds, Robert, 241
Ribesmont, Georges, 355
Ricci, Francesco, 193
Riccoboni, Luigi, 176, 250
Rich, John, 229, 231
Richelieu, Armand-Jean du Plessis, 172, 174
Ristori, Adelaide, 295, 296
Ronconi, Luca, 388, 418, 419, 424
Roqueplan, Joseph-Etienne-Camille, 277
Rossi, Ernesto, 291-293, 296
Rowe, Nicholas, 229
Rubé, Auguste-Alfred, 277
Rueda, Lope de, 183, 192, 195, 197
Ruzante (Angelo Beolco), 125

Sachs, Hans, 237, 239
Sada Yacco, 320
Saint-Albine, Remon, 250
Saint-Alme, Prosper, 280
Salacrou, Armand, 380
Salvadori, Andrea, 135
Salvini, Tommaso, 292, 293, 296
Sanquirico, Alessandro, 294
Santurini, Francesco, 138
Sarat, Agnan, 159
Sarcey, Francisque, 286, 329, 337

Sardou, Victorien, 285-287, 299
Saupault, Philippe, 355
Scala, Flaminio, 149, 150
Scarron, Paul, 156, 166, 167
Schall, Ekkehard, 384
Schechner, Richard, 406
Schiller, Friedrich, 255, 259, 260, 262, 264-267, 282, 376
Schiller, Leon, 377
Schinkel, Karl F., 261
Schlemmer, Oskar, 360
Schönemann, Johann F., 243, 249
Schreyvogel, Joseph, 257
Schröder, Ludwig, 257, 263--265, 267
Schröder, Sophie, 248
Schumann, Peter, 406
Scribe, Eugène, 285
Séneca, Lúcio Aneu, 67, 69, 70, 77, 109, 113
Serlio, Sebastiano, 116, 118, 124, 155
Settle, Elkanah, 221
Shakespeare, William, 9, 191, 207, 209, 211, 212, 217-223, 227, 229, 231, 233-235, 241, 244, 254, 255, 257, 259, 261-265, 267, 269-271, 277, 292, 320, 343, 383, 385, 386, 411, 417
Shaw, George Bernard, 343, 402
Sheridan, Richard Brinsley, 228, 230
Siddons, Sarah, 268
Sidney, Philip, 212, 213, 217
Simonson, Lee, 400
Sinasi, Ibrahin, 302
Situgui, Kouyate, 414
Skelton, John, 200
Sófocles, 9, 41, 42, 44, 45, 49-54, 76, 127, 128, 286, 364, 406

ÍNDICE ONOMÁSTICO

Sommi, Leone de', 116, 125-127, 334
Stanislavski, Konstantin Sergeevitch, 179, 180, 292, 330-335, 339, 346, 348, 353, 379, 383, 401
Stein, Peter, 387, 420
Stewart, Ellen, 403
Stranizky, Joseph, 239, 242
Strasberg, Lee, 401
Strehler, Giorgio, 385, 411, 424
Strepponi, Giuseppina, 294
Strindberg, Johan August, 346
Sudraka, 303, 304
Sue, Eugène, 278, 279
Svoboda, Joseph, 387
Syrkus, Szymon, 361

Tairov, Alexander, 344, 347
Talma, François-Joseph, 277, 281
Tamagno, Francesco, 294
Tang Xian, Zu, 321
Tapia, Roque Francisco de, 190
Tarlton, Robert, 208, 209
Tasso, Torquato, 128
Tautin, 278
Tchecov, Anton Pavlovitch, 330, 331
Terêncio, Afro Públio, 64, 67, 71, 75, 76, 79, 110, 113, 114, 119
Terry, Ellen, 338
Téspis, 35, 41, 42, 52
Tessero, Adelaide, 299
Tieck, Ludwig, 263, 264, 266, 270, 271
Tirso de Molina (Gabriel Téllez), 150, 184, 185, 192
Toller, Ernest, 364, 365, 368
Tolstoi, Aleksei Nikolaevitch, 330

Torelli, Giaccomo, 138
Torres, Naharro B., 183
Tourneur, Cyril, 218
Tretiakov, Sergei Mikchailovich, 377
Turgueniev, Ivan Sergueievitch, 331
Turia, Riccardo di, 187
Tutilão, monge, 89
Tzara, Tristan, 355

Unruh, Fritz von, 364

Vachtangov, Evgeni, 344, 349, 350, 360, 383
Valleran Le Conte, 158, 162-164, 167
Van Itallie, Jean-Claude, 403
Varez, 281
Vega Carpio, Félix Lope de, 150, 184, 185, 192, 193, 195, 198
Velten, Johannes, 241, 242
Verga, Giovanni, 299
Vigny, Alfred de, 281
Vilar, Jean, 384-386
Visconti, Luchino, 388
Vitrúvio, Marco Pollione, 66, 109, 111, 112, 115-118, 122, 128, 131
Volmöller, Karl Gustav, 364
Voltaire (François-Marie Arouet), 177, 178, 181, 243, 253, 320
Vondel, Joost van den, 241

Wagner, Heinrich Leopold, 236, 240, 255, 340, 341
Wallach, Eli, 401
Walshingham, Francis, 208

Washington Square Players, 400
Webster, John, 218, 271
Wedekind, Franz, 364
Weiss, Peter, 386
Welles, Orson, 402
Wilde, Oscar, 288
Wilson, Bob, 8, 407, 408, 411, 415-417
Wilson, George, 398
Witkiewcz, Stanislaw J., 378
Wolff, Pierre, 262, 328
Woolf, Virginia, 416
Wren, Christopher, 223

Wycherley, William, 222, 226
Wyspianski, Stanislaw, 391

Yeats, William Butler, 343

Zacconi, Ermete, 298, 328, 345
Zago, Emílio, 292
Zanini, Mafio, 148, 183
Zeami Motohyo, 312-314, 316
Zhang Yimou, 324
Ziegfeld, Florenz, 398
Ziegfeld, Follies, 398
Zola, Emile, 327, 328, 344, 364

Índice

Prefácio 7

Uma história do espectáculo teatral 13
1. O teatro dos povos primitivos 18
2. As origens da tragédia grega e os coros dos sátiros 33
3. O espectáculo trágico no século v a. C. 41
4. Aristófanes e a comédia antiga 55
5. Os teatros helénicos e romanos 62
6. Os espectáculos romanos 67
7. Mimos e jograis da Idade Média 78
8. O drama litúrgico 88
9. Mistérios e representações sagradas 96
10. O classicismo humanista e a recuperação
das antigas formas cénicas 108
11. O teatro erudito italiano do século xvi 119
12. O melodrama: forma electiva do Barroco 132
13. *Commedia dell'arte* 141
14. O teatro pré-clássico francês 154
15. Autores e actores do *Grand Siècle* 165
16. A Comédie-Française no século xviii 173
17. A Espanha do século de ouro. Espectáculos religiosos . . 182
18. O teatro dos *corrales* 191
19. Teatros e companhias da Inglaterra isabelina 200
20. O espectáculo isabelino 211
21. A Restauração e a fortuna de Shakespeare 220
22. Alemanha, berço do repertório europeu 236

23. Em direcção ao teatro burguês 244
24. Os românticos, a história e Shakespeare. 254
25. O *boulevard* parisiense 272
26. Os miseráveis italianos 289
27. Modelos orientais: Turquia e Índia. 300
28. Modelos orientais: Japão e China. 312
29. Naturalismo e realismo psicológico 325
30. Os símbolos e o artista de teatro. 334
31. A dissolução do espaço cénico. 354
32. Teatro e luta política 362
33. O regresso da vanguarda. 374
34. A segunda vanguarda. 382
35. América, América! 394
36. Os últimos vinte anos 409

Bibliografia essencial. 425

Índice onomástico 433

ARTE E COMUNICAÇÃO

1. *Design e Comunicação Visual*, Bruno Munari
2. *A Realização Cinematográfica*, Terence Marner
3. *Modos de Ver*, John Berger
4. *Projecto de Semiótica*, Emilio Garroni
5. *Arte e Técnica*, Lewis Mumford
6. *Novos Ritos, Novos Mitos*, Gillo Dorfles
7. *História da Arte e Movimentos Sociais*, Nicos Hadjinicolau
8. *Os Meios Audiovisuais*, Marcello Giacomantonio
9. *Para uma Crítica da Economia Política do Signo*, Jean Baudrillard
10. *A Comunicação Social*, Olivier Burgelin
11. *A Dimensão Estética*, Herbert Marcuse
12. *A Câmara Clara*, Roland Barthes
13. *A Definição da Arte*, Umberto Eco
14. *A Teoria Estética*, Theodor W. Adorno
15. *A Imagem da Cidade*, Kevin Lynch
16. *Das Coisas Nascem Coisas*, Bruno Munari
17. *Convite à Música*, Roland De Candé
18. *Educação pela Arte*, Herbert Read
19. *Depois da Arquitectura Moderna*, Paolo Portoghesi
20. *Teorias Sobre a Cidade*, Marcella Delle Donne
21. *Arte e Conhecimento*, Jacob Bronowski
22. *A Música*, Roland De Candé
23. *A Cidade e o Arquitecto*, Leonardo Benevolo
24. *História da Crítica de Arte*, Lionello Venturi
25. *A Ideia de Arquitectura*, Renato De Fusco
26. *Os Músicos*, Roland De Candé
27. *Teorias do Cinema*, Andrew Tudor
28. *O Último Capítulo da Arquitectura Moderna*, Leonardo Benevolo
29. *O Poder da Imagem*, René Huyghe
30. *A Arquitectura Moderna*, Gillo Dorfles
31. *Sentido e Destino da Arte I*, René Huyghe
32. *Sentido e Destino da Arte II*, René Huygue
33. *A Arte Abstracta*, Dora Vallier
34. *Ponto, Linha, Plano*, Wassily Kandinsky
35. *O Cinema Espectáculo*, Eduardo Geada
36. *Curso da Bauhaus*, Wassily Kandinsky
37. *Imagem, Visão e Imaginação*, Pierre Francastel
38. *A Vida das Formas*, Henri Focillon
39. *Elogio da Desarmonia*, Gillo Dorfles
40. *A Moda da Moda*, Gillo Dorfles
41. *O Impressionismo*, Pierre Francastel
42. *A Idade Neobarroca*, Omar Calabrese
43. *A Arte do Cinema*, Rudolf Arnheim
44. *Enfeitada de Sonhos*, Elizabeth Wilson
45. *A Coquetterie, ou A Paixão do Pormenor*, Catherine N'Diaye
46. *Uma Teoria da Paródia*, Linda Hutcheon
47. *Emotion Pictures*, Wim Wenders
48. *O Boxe*, Joyce Carol Oates
49. *Introdução ao Desenho Industrial*, Gillo Dorfles
50. *A Lógica das Imagens*, Wim Wenders
51. *O Novo Mundo das Imagens Electrónicas*, Guido e Teresa Aristarco
52. *O Poder do Centro*, Rudolf Arnheim
53. *Scorsese por Scorsese*, David Thompson e Ian Christie
54. *A Sociedade de Consumo*, Jean Baudrillard
55. *Introdução à Arquitectura*, Leonardo Benevolo
56. *A Arte Gótica*, Wilhelm Worringer
57. *A Perspectiva como Forma Simbólica*, Erwin Panofsky
58. *Do Belo Musical*, Eduard Gusdorf
59. *A Palavra*, Georges Gusdorf
60. *Modos & Modas*, Gillo Dorfles
61. *A Troca Simbólica e e Morte – I*, Jean Baudrillard

ARTE E COMUNICAÇÃO

62. *A Estética*, Denis Huisman
63. *A Troca Simbólica e a Morte – II*,
Jean Baudrillard
64. *Como se Lê uma Obra de Arte*,
Omar Calabrese
65. *Ética do Construir*, Mário Botta
66. *Gramática da Criação*,
Wassily Kandisnky
67. *O Futuro da Pintura*, Wassily Kandinsky
68. *Introdução à Análise da Imagem*,
Martine Joly
69. *Design Industrial*, Tomas Maldonado
70. *O Museu Imaginário*, André Malraux
71. *A Alegoria do Património*, Françoise Choay
72. *A Fotografia*, Gabriel Bauret
73. *Os Filmes na Gaveta*,
Michelangelo Antonioni
74. *A Antropologia da Arte*, Robert Layton
75. *Filosofia das Artes*, Gordon Graham
76. *História da Fotografia*, Pierre-Jean Amar
77. *Minima Moralia*, Theodor W. Adorno
78. *Uma Introdução à Estética*,
Dabney Townsend
79. *História da Arte*, Xavier Barral I Altet
80. *A Imagem e a Sua Interpretação*,
Martine Joly
81. *Experiência e Criação Artística*,
Theodor W. Adorno
82. *As Origens da Arquitectura*,
L. Benevolo e B. Albrecht
83. *Artista e Designer*, Bruno Munari
84. *Semiótica da Publicidade*, Ugo Volli
85. *Vocabulário de Cinema*,
Marie-Thérèse Journot
86. *As Origens da Pós-modernidade*,
Perry Anderson
87. *A Imagem e os Signos*, Martine Joly
88. *A Invenção da Moda*, Massimo Baldini
89. *Ver, Compreender e Analisar as Imagens*,
Laurent Gervereau

90. *Fantasia*, Bruno Munari
91. *História da Linguagem*, Julia Kristeva
92. *Breviário de Estética*, Benedetto Croce
93. *A Invenção da Paisagem*, Anne Cauquelin
94. *História do Teatro*, Cesare Molinari